# LOS MASONES

César Vidal

# Los masones

## La sociedad secreta más influyente de la historia

Planeta

Diagonal, 662-664, 08034 Barcelona (España)

Ilustraciones del interior: Bettmann/Corbis, Corbis, G. Bruneau/Grazia Neri/Corbis Sygma, Gianni Dagli Orti/Corbis, Origlia Franco/Corbis Sygma, Roger Wood/Corbis, Zen Icknow/Corbis

Primera edición: enero de 2005
Segunda edición: febrero de 2005
Tercera edición: febrero de 2005
Cuarta edición: febrero de 2005
Quinta edición: marzo de 2005
Sexta edición: marzo de 2005
Séptima edición: marzo de 2005
Octava edición: abril de 2005
Depósito Legal: M. 14.836-2005
ISBN 84-08-05699-9
Composición: Anglofort, S. A.
Impresión y encuadernación: Mateu Cromo Artes Gráficas, S. A.
Printed in Spain - Impreso en España

# Índice

## Tercera parte
## DE NAPOLEÓN A NAPOLEÓN III

## Cuarta parte
## LA CONEXIÓN OCULTISTA



## Quinta parte
## UN MUNDO EN BUSCA DE SENTIDO

## Sexta parte
## LA MASONERÍA EN LA GRAN CRISIS ESPAÑOLA DEL SIGLO XX

# Introducción

La masonería, en general, y los masones, en particular, son desconocidos del gran público. Se podría señalar que es lógico que así sea en la medida en que nos estamos refiriendo a una sociedad secreta y a sus miembros. Sin embargo, semejante ignorancia carece de sentido y de justificación puesto que nos estamos refiriendo a un fenómeno de especial importancia en la historia universal. Aún habría que ir más lejos. Se trata de un fenómeno sin el cual resulta imposible explicar de manera cabal no pocos acontecimientos de acusada relevancia acontecidos en el curso de los tres últimos siglos.

Esa ignorancia, acompañada de un silencio consciente, ha venido adobada, de manera especial en las últimas décadas, por una vaga visión, por otro lado, positiva, de la masonería. La leyenda rosada —que se ha impuesto, justo es decirlo, con enorme facilidad— presenta a la masonería como una sociedad discreta que no secreta, imbuida de valores filantrópicos, dedicada única y exclusivamente a causas nobles, defensora del bienestar social y exenta de participación en conducta negativa alguna, incluida la conspiratoria. Su poder, caso de aceptarse su existencia, no iría más allá del que posee cualquier ONG medianamente organizada para llevar a cabo sus tareas humanitarias.

Esta leyenda rosada contrasta vivamente con la leyenda negra que ha ido unida a la masonería a lo largo de los siglos. De acuerdo con ésta, prácticamente no ha existido trastorno histórico que no aparezca vinculado a la acción de los masones, que serían, a su vez, enemigos declarados de todo lo bueno y lo justo, y que se han coaligado históricamente con la conspiración judía mundial, si es que no son meros instrumentos de la misma.

Ciertamente, la ciencia histórica no puede dar como cierta ninguna de las dos leyendas, y no puede hacerlo porque son parciales en su consideración de los datos documentales de que disponemos, porque no toman en consideración la realidad sino más bien pretenden adaptar ésta a una visión preconcebida y porque, por añadidura, carecen de una perspectiva global que permita con un mínimo de rigor comprender el devenir histórico de la masonería y de los masones.

La presente obra constituye una visión global de ese fenómeno complejo que es la historia de la masonería que pretende abordar en todos y cada uno de sus aspectos esenciales sin omitir ninguno. Dado lo amplio del tema, no pretende ser exhaustiva —de hecho, algunos de sus capítulos cuentan con material que permitiría la redacción de varias monografías extensas—, pero sí abarca sus aspectos más importantes siquiera en lo que a su influencia histórica se refiere. En ese sentido, como irá descubriendo el lector, resulta obvio que la no mención, por desidia, ignorancia o interés, de la masonería en no pocos procesos históricos sólo puede contribuir a impedir su cabal comprensión y a una distorsión, en ocasiones, punto menos que total de la verdad histórica.

En este panorama de la masonería me he extendido con algo más de detenimiento en el caso de España. Se ha pasado en nuestra nación en el curso de los últimos años de la leyenda negra a la rosada con una facilidad que causa pasmo. Si durante el franquismo las referencias a la masonería se nutrían en buena medida de leyendas, prejuicios e informes policiales —informes que no pocos investigadores actuales se empeñan en eludir demostrando una imperdonable parcialidad y un escaso criterio—, desde los años setenta se ha ido implantando una leyenda rosada que orilla, por no decir oculta, la participación de la masonería en acontecimientos esenciales en un empeño de proporcionarnos una imagen positiva, casi idílica, de la misma que, con la totalidad de las fuentes, es imposible de sostener. Existen excepciones notables a esa visión tendenciosa, pero no puede decirse que sean las dominantes en ciertos sectores del mundo académico y no digamos ya mediático. La presente obra no sostiene la pretensión de haber abordado, siquiera señalado, todos los problemas historiográficos relativos a la acción de la masonería en la historia de España, pero sí los señala y en algunos casos de no poca importancia llega a conclusiones que, desde nuestro punto de vista, son difíciles de discutir.

La estructura de la presente obra es lineal y sencilla. Me refiero en primer lugar al tema de los verdaderos orígenes de la masonería —que la leyenda rosada procura omitir en la medida en que roza cuestiones tan esenciales e incómodas como la del contenido ocultista y esotérico de su cosmovisión—, paso a continuación a su desarrollo en el siglo XVIII y su vinculación con cuestiones en apariencia tan dispares como el ocultismo, la revolución o la creación de un nuevo panorama cultural y político, y, continuando esa línea de análisis global, llego hasta nuestros días. Estamos viviendo aún los episodios a los que me refiero en el último capítulo y, por tanto, no puede más que señalarse algunos de sus elementos a la espera de que la perspectiva histórica y la documentación sean más amplias que en la actualidad.

La lectura de este libro no debe ser obligatoriamente lineal. Por supuesto, puede seguirse su orden cronológico, pero también es plausible una lectura salteada que busque detenerse en aquellos aspectos más atractivos para el lector, como pueden ser el papel de la masonería en la historia de España, su vinculación con el ocultismo o su relación con determinados escándalos de la posguerra. Lejos de parecerme poco recomendable, encuentro esa manera de abordar este texto incluso recomendable para personas no acostumbradas a sumergirse en textos de carácter histórico.

Por último, el autor desea expresar que, a su juicio, el mejor libro es aquel que permite el diálogo con su contenido. A lo largo de los capítulos que se inician ahora, se van a recorrer jalones de una historia apasionante y sugestiva. Los datos quedan expuestos en su desnudez. El lector, desprovisto de prejuicios y cargado de espíritu crítico, es el que tiene que extraer sus propias conclusiones. Que así sea.

*Madrid, noviembre de 2004.*

PRIMERA PARTE

# El surgimiento de la masonería

CAPÍTULO PRIMERO

# En el principio era... ¿qué?

## Del Neolítico a un suelo más firme

La cuestión de los orígenes históricos de la masonería es uno de los primeros aspectos con que debe enfrentarse el historiador cuando se acerca al estudio de tan peculiar fenómeno. De entrada, debe señalarse que ni siquiera los masones —y las fuentes relacionadas con los mismos— presentan una opinión unánime al respecto. Para un número no escaso de masones, el inicio de la masonería se encontraría en las Constituciones de Anderson de inicios del siglo XVIII y cualquier intento de dar con unos orígenes previos no pasaría de ser un delirio sin base ni sentido. Sin embargo, aunque la existencia de esta posición resulta innegable en la actualidad, no ha sido la mayoritaria históricamente —ni siquiera en el momento presente— y esa circunstancia contribuye a explicar de manera cumplida las manifestaciones diversas que ha tenido la masonería a lo largo de los siglos. Por ejemplo, en la Biblia masónica de Heirloom,[1] en la sección de preguntas y respuestas concernientes a la masonería se afirman, entre otras cosas, las siguientes:

> P. ¿Cuál es la probable antigüedad?
>
> R. Está admitido que la masonería desciende de los Antiguos misterios...
>
> ...
>
> P. Nemrod. ¿Quién era?

R. Las tradiciones dicen que era un masón y que empleó a 60 000 hombres para construir Nínive.

...

P. ¿Cuáles son los 12 orígenes de la masonería generalmente aceptados?

R. La religión patriarcal, los Antiguos misterios, el Templo de Salomón, los cruzados, los caballeros templarios, los colegios romanos de artífices, los rosacruces, Oliver Cromwell por razones políticas, el pretendiente de la restauración de la Casa de Estuardo, el trono británico, sir Christopher Wren, el Dr. Desaguliers y otros en 1717.

Desde un punto de vista histórico, buena parte de esas afirmaciones son disparatadas e incluso ridículas —¡el puritano Cromwell fundando la masonería!— pero dejan de manifiesto que los propios masones no dudan incluso actualmente en retrotraer los orígenes de la masonería a la más remota Antigüedad, y que la conectan de manera indubitable con religiones de carácter pagano y mistérico. Poco puede dudarse de entrada, pues, que a inicios del siglo XXI las teorías no son, desde luego, escasas.

## La teoría megalítica

Para C. Knight y R. Lomas[2] el origen de la masonería habría que remontarlo a las tribus que durante la Prehistoria llevaron a cabo la construcción de los monumentos megalíticos y, de manera muy especial, aquellos en los que se combinan —supuestamente, todo hay que decirlo— el dominio de la construcción y de la astronomía. Tal sería presuntamente el caso de Newgrange en el río Boyne y del famoso Stonehenge. Según estos autores, la masonería ya habría existido, por lo tanto, en un período de tiempo situado entre los años 7100 y 2500 a. J.C. Esa sabiduría concentrada en torno a observatorios astronómicos —la máquina de Uriel, por seguir el vocabulario de Knight y Lomas— habría sido llevada a Oriente con anterioridad a un diluvio que asoló el planeta y que habría tenido lugar en torno al 3150 a. J.C.

Semejante sabiduría —oculta, por definición— habría sido

conservada a través de los sacerdotes judíos del Templo de Salomón. De allí precisamente la habrían recibido los templarios durante el siglo XII d. J.C.

De acuerdo con esta teoría, por lo tanto, el saber masónico se remontaría a la Prehistoria, habría sido ya albergado en el seno de agrupaciones de sabios astrónomos que, antes del Diluvio Universal, la habrían pasado a Oriente. Allí, esta peculiar explicación de los orígenes de la masonería entroncaría con dos teorías que, como tendremos ocasión de ver, son más antiguas. Nos referimos a aquellas que conectan el nacimiento de la masonería con la construcción del Templo de Salomón y con los caballeros templarios nada menos que dos mil doscientos años después.

La teoría megalítica plantea problemas históricos de no escasa envergadura. De entrada, resulta indemostrable que los constructores prehistóricos de Stonehenge, por citar un ejemplo bien conocido, fueran astrónomos y poseedores de una sabiduría esotérica oculta. A decir verdad, hoy por hoy, sólo podemos especular con la finalidad del citado monumento siquiera porque carecemos totalmente de fuentes que puedan aclararnos indubitablemente el enigma.

Aún más inconsistente es la tesis de que los supuestos sabios de Stonehenge transmitieran su saber a Oriente antes del Diluvio Universal acontecido en el cuarto milenio antes de Cristo. Ciertamente, la práctica totalidad de las mitologías y religiones de la Antigüedad contienen referencias a un diluvio y las coincidencias deberían obligar a una reflexión a antropólogos e historiadores, pero de ahí a señalar que antes del mismo llegaron a Oriente sabios constructores de megalitos media un verdadero abismo.

No es menos ahistórica la afirmación de que esa sabiduría megalítica quedó depositada en las manos del sacerdocio judío que construyó el Templo de Salomón. El judaísmo de la época salomónica no contiene el menor vestigio de religiones relacionadas con el culto a los astros —como quizá fue la practicada por los constructores de Stonehenge— y aunque las fuentes históricas nos hablan de la construcción del Templo de Salomón, ésta ni corrió a cargo de los sacerdotes judíos ni estuvo vinculada a ningún rito de carácter ocultista. Sin embargo, éste es un aspecto que, como el de los templarios, abordaremos un poco más adelante.

## La teoría egipcia

La teoría megalítica recoge ciertamente algunos elementos de otras explicaciones sobre el origen de la masonería. Sin embargo, dista mucho de ser la más aceptada incluso entre aquellos que insisten en proporcionar a la sociedad secreta un rancio árbol genealógico. Mayor predicamento tienen, por ejemplo, los partidarios de retrotraer el origen de la masonería al antiguo Egipto. Éste es el caso de otros autores masones, entre los que ocupa un lugar destacado Christian Jacq. Novelista de éxito, Jacq ha sabido pasar de los libros de esoterismo —esoterismo muy impregnado por la doctrina masónica— a la redacción de novelas situadas en el antiguo Egipto cuyo mensaje masónico resulta, en ocasiones, muy poco sutil. Para Jacq, el origen de la masonería se halla vinculado al país de los faraones en el que no sólo habría surgido como una sociedad secreta encargada de transmitir secretos artesanales, sino, de manera muy especial, una sabiduría esotérica.

Jacq ha desarrollado esa teoría en alguna de sus novelas de manera escasamente velada —*El templo del rey Salomón*, por ejemplo—, pero ha sido aún más explícito en su obra dedicada a la masonería.[3] En ella, Jacq, que es masón, afirma tajantemente que el origen de la sociedad secreta no puede fijarse en 1717 con las Constituciones de Anderson como pretenden muchos,[4] que su origen es tan antiguo como el propio Adán[5] y que, por supuesto, Egipto tuvo un papel esencial en su configuración.[6]

Los argumentos empleados por Jacq resultan de una enorme endeblez histórica no sólo al referirse a los orígenes egipcios de la masonería sino al conectarla también con distintas religiones mistéricas de la Antigüedad. A pesar de todo, esta teoría resulta de un enorme interés para el historiador, no porque muestre las verdaderas raíces de la masonería, sino porque apunta al origen que, históricamente, la masonería ha afirmado tener. Se trataría de un origen esotérico, conectado con cultos iniciáticos y ocultistas asentados en el seno del paganismo, e impregnado de interpretaciones espirituales que chocan frontalmente con el mensaje contenido en la Biblia. Baste al respecto señalar que, como indica el propio Jacq, Adán no es en la tradición masónica el hombre que desobedeció a Dios y causó la desgracia del género humano, sino, por el contrario, «el antepasado iniciado que dio forma a la tradición esotérica y la transmitió a las generaciones futuras».[7] La masonería sería, por lo tanto, no una sociedad filantrópica o humanitaria, sino, fundamentalmente, la conservadora de «ideales "iniciáticos"»,[8] unos ideales presentes en la religión del antiguo Egipto, en las religiones mistéricas de la Antigüedad y en movimientos gnósticos y ocultistas históricamente posteriores.

La línea histórica que, supuestamente, uniría fenómenos tan diversos como el mitraísmo, Pitágoras o los albañiles egipcios resulta totalmente indemostrable desde una perspectiva historiográfica. Sin embargo, como veremos, ha resultado secularmente una constante nada marginal ni tangencial en el devenir de la masonería.

## La teoría mistérica

De hecho, Christian Jacq no es original —tampoco pretende serlo— en su exposición sobre los orígenes de la masonería. En buena medida, sus tesis resulta una variante de una de las teorías sobre las raíces de la sociedad secreta que más predicamento tuvieron durante el siglo XVIII, precisamente aquel en el que vio la luz de manera indiscutible. Nos referimos a la teoría que pretende conectar la masonería con una línea ininterrumpida de religiones paganas y cultos esotéricos que se pierden en la noche de los tiempos. Los masones que han defendido esa tesis son numerosos, pero quizá dos de los más relevantes fueran Thomas Paine en el siglo XVIII y Robert Longfield en el siglo XIX.

La personalidad de Thomas Paine es una de las más sugestivas de finales del siglo XVIII. Nacido en 1737 de origen cuáquero, Paine no tardó en apostatar de la fe cristiana de su familia para abrazar los postulados de la Ilustración en su forma librepensadora. De hecho, participó en la Revolución americana, pasó a Europa para tener un papel destacado en la francesa e incluso se convirtió en un abanderado del anticristianismo con su libro *La Era de la Razón*. Al final de sus días, Paine abjuró de sus posiciones religiosas y regresó a las creencias cuáqueras de su juventud, pero, previamente, había sido iniciado en la masonería e incluso había publicado una obra poco conocida —*Origins of Free-Masonry*—[9] donde expresaba su visión sobre los orígenes de la sociedad secreta. Las tesis de Paine tienen una enorme importancia no sólo porque revelan lo que creían muchos masones de su época, sino también porque él mismo se presentaba —y era tenido— como un defensor del racionalismo ilustrado contra la superstición religiosa.

Para Paine, la masonería era ni más ni menos que una religión solar, vestigio de las antiguas creencias de los druidas. Sus «costumbres, ceremonias, jeroglíficos y cronología» ponían de manifiesto tanto ese carácter religioso como esotérico que había sido transmitido también a través de los magos de la antigua Persia y de los sacerdotes egipcios de Heliópolis. En opinión de Paine, ese carácter solar era lo que la masonería tenía en común con el cristianismo. La diferencia estribaba en que «la religión cristiana es una parodia de la adoración del Sol, en la que ponen a un hombre al que llaman Cristo en lugar del Sol, y le dispensan la misma adoración que originalmente era dispensada al Sol». En la masonería, por el contrario, «muchas de las ceremonias de los druidas están preservadas en su estado original, al menos sin ninguna parodia». Paine reconocía que «se pierde en el laberinto del tiempo sin registrar en qué período de la Antigüedad, o en qué nación, se estableció primeramente esta religión». No obstante, indicaba su presunta adscripción a los egipcios, los babilonios, los caldeos, al persa Zoroastro y a Pitágoras, que la habría introducido en Grecia. Finalmente, la masonería habría sido introducida en Inglaterra «unos 1 030 años antes de Cristo». Este origen ocultista explicaba, siempre según el masón Paine, que «los masones, para protegerse de la Iglesia cristiana, hayan hablado siempre de una manera mística». Su carácter de religión pagana solar era «su secreto, especialmente en países católicos».

A continuación, Paine citaba en apoyo de sus tesis las simbologías de las distintas logias, párrafos de los ceremoniales de iniciación en la masonería e incluso su calendario, que daba —y da— tanta importancia a una fiesta solar como el solsticio de verano celebrado el 24 de junio, día de San Juan.

Paine aceptaba la tesis más conocida de que la masonería había estado relacionada con la construcción del Templo de Salomón, pero se negaba a situar en ese acontecimiento su origen. En realidad, desde su punto de vista, el Templo no era sino una muestra de ese culto solar encubierto propio de la masonería.

Como en el caso de otras teorías sobre los orígenes de la masonería, parece obligado señalar que su base histórica es nula. Sin embargo, ese hecho resulta relativamente secundario. Lo importante es que un masón de la importancia de Paine podía afirmar con toda claridad que la sociedad era secreta, que su secreto fundamental era su carácter pagano y ocultista, y que semejante secreto debía ser cuidadosamente guardado en países cristianos y, muy especialmente, en los católicos. Seguramente, en la actualidad habrá masones que discrepen de las tesis de Paine, pero no es menos cierto que otros las apoyan, como es el caso de la Gran Logia de la Columbia británica y Yukón, que las reproduce incluso en su página web.[10]

Por otro lado, esa conexión con ritos paganos a la hora de explicar los orígenes de la masonería distó mucho de quedar circunscrita a Paine que, en realidad, se limitaba a repetir lo que se le había enseñado en las logias. De hecho, Robert Longfield, uno de los eruditos masones de mediados del siglo XIX, repetiría en su *The Origin of Freemasonry* —una conferencia originalmente pronunciada ante los hermanos masones de la Logia Victoria, en Dublín— unas tesis muy similares. Para Longfield, la sabiduría que, presuntamente, comunicaba la masonería ya estaba presente en «las pirámides y el laberinto de Egipto, las construcciones ciclópeas de Tirinto en Grecia, de Volterra en Italia, en los muros de Tiro y las pirámides del Indostán». Las logias masónicas se habían «originado mil doscientos o mil trescientos años antes de la Era cristiana, y algunos siglos antes de la construcción del Templo de Salomón... los jefes fueron iniciados en los misterios de

Eleusis, los etruscos, los sacerdotes de Egipto, y los discípulos de Zoroastro y de Pitágoras».

Longfield se detenía en este momento de su exposición en describir los misterios de Eleusis —que, desde su punto de vista, eran «los más antiguos y más estrechamente parecidos a la masonería»— y, acto seguido, indicaba los eslabones de la cadena que conducía desde esa religión mistérica hasta la masonería del siglo XIX. Éstos eran Pitágoras, los adoradores del dios griego Dionisos, los esenios judíos, los druidas, los habitantes de Tiro y Sidón, los constructores del Templo de Salomón y, finalmente, los albañiles de la Edad Media. Una vez más, obligado indicar que las teorías del masón carecían de la menor base histórica. Sin embargo, esa circunstancia resulta secundaria en la medida en que nos permite ver el árbol genealógico de la masonería en que creían los hermanos de la sociedad secreta, por lo menos los que habían alcanzado cierto grado de iniciación a mediados del siglo XIX. Como podremos comprobar en capítulos sucesivos, esa creencia resulta absolutamente indispensable para comprender a cabalidad la esencia de la masonería su comportamiento histórico y también las reacciones que provocó. Sin embargo, de momento tenemos que continuar con la exposición de las teorías sobre sus orígenes y precisamente con una que, a pesar del éxito que estaría llamada a obtener, ni siquiera fue planteada por Paine o Longfield.

## La teoría templaria

La cuarta gran teoría sobre el origen de la masonería —imbricada no pocas veces en las dos ya mencionadas— es la que conecta su aparición con los caballeros templarios. De acuerdo con la misma, la sabiduría ocultista expresada en la construcción del Templo del rey Salomón habría sido descubierta en el siglo XII por los caballeros templarios. Ciertamente, la orden de los templarios habría sido disuelta por decisión papal —un episodio en el que la masonería vería la lucha milenaria entre la luz y las tinieblas— pero su sabiduría no habría desaparecido con la orden.

De hecho, algunos templarios habrían conservado esos conocimientos iniciáticos —especialmente los emigrados a Escocia en busca de refugio—, conformando con el paso de los siglos la masonería.

La tesis templaria es muy antigua y gozó desde el principio de un enorme atractivo para los masones en la medida en que permitía vincular su pasado con el de una orden militar prestigiosa y perseguida por la Santa Sede, y en que, por añadidura, facilitaba la expansión territorial en una Francia que conservaba una visión extremadamente idealizada de los templarios juzgados y ejecutados en su territorio. Sin embargo, como sucede con la teoría egipcia, una cosa es que haya gozado de predicamento durante siglos en el seno de la masonería y otra, bien distinta, que se corresponda con la realidad histórica.

La peripecia de los caballeros del Temple es, sin ningún género de dudas, uno de los episodios más apasionantes no sólo de la Edad Media sino de toda la historia universal. Orden militar en la que se seguían los votos de pobreza, castidad y obediencia, los templarios eran además combatientes aguerridos —les estaba prohibido retirarse ante el enemigo— que surgieron de las Cruzadas, una gigantesca epopeya encaminada, primero, a garantizar la libertad de acceso a los Santos Lugares que los musulmanes negaban a los cristianos y después a recuperar esas tierras para Occidente. Los templarios eran reducidos en número, pero su peso militar resultó muy notable. Buena prueba de ello es que Saladino, tras la victoria de Hattin, ordenó la ejecución de todos los prisioneros de guerra templarios, dado el pavor que le infundía su valor.

Sin embargo, los templarios no fueron sólo monjes y guerreros. También transmitieron a Occidente no escasa parte de la sabiduría oriental y, de manera bien significativa, terminaron por convertirse en banqueros de Occidente. Su enorme poder financiero acabaría despertando la envidia y la codicia de distintos gobernantes —en especial, el rey de Francia— y, con ellas, su ruina. El 18 de marzo de 1314 era quemado en París el maestre de los templarios, Jacques de Molay, tras un proceso que había durado más de un lustro. Desde su pira mortuoria, de Molay emplazó a

Felipe el Hermoso de Francia, a Guillermo de Nogaret, mayordomo del monarca, y al papa Clemente, desarticulador de la orden, para que antes de que concluyera el año comparecieran ante el tribunal de Dios a fin de responder del proceso y la condena de los templarios. De manera escalofriante, los tres emplazados fallecieron antes de que se cumpliera el año y además, en el caso de la dinastía reinante en Francia —una dinastía que no había tenido problemas de sucesión a lo largo de tres siglos—, se produjo una extinción dramática en breve tiempo.

El proceso de los templarios, íntimamente relacionado con su disolución por decisión papal, había sacado a la luz un cúmulo de acusaciones que iban desde la práctica de la sodomía a la utilización de la magia negra en ceremonias secretas y a la blasfemia idolátrica. Que Felipe de Francia, ansioso por obtener más fondos y despojador poco antes de los judíos, pretendía fundamentalmente llenar sus arcas parece fuera de duda; que Guillermo de Nogaret le sirvió buscando no el que resplandeciera la justicia sino beneficiar a su señor es innegable y que el papa Clemente se plegó a las presiones del monarca galo, en parte, por miedo y, en parte, por superstición parece muy difícil de discutir.

Tampoco puede cuestionarse que De Molay y otros acusados fueron sometidos durante años a tormento y que, posteriormente, renegaron de las confesiones suscritas bajo el efecto de la tortura, un hecho que precipitó precisamente su condena a la pena capital. Sin embargo, existe más de una posibilidad de que las acusaciones vertidas contra la Orden del Temple no fueran del todo falsas. A diferencia de los hospitalarios —la otra gran orden militar surgida de las Cruzadas—, que se ocupaban de enfermos, necesitados y heridos, los templarios no pusieron ningún énfasis en cuestiones relacionadas con el ejercicio de la caridad y no tardaron en entregarse a funciones de carácter bancario y, por si fuera poco, algunos de los miembros de la orden acabaron sintiéndose atraídos por corrientes gnósticas orientales y manteniendo unas relaciones sospechosamente cordiales con grupos como la secta musulmana de los *hashishim* o asesinos.

En qué medida esta suma de elementos en casos particulares se extendió a la totalidad de la orden resulta muy difícil de establecer. Que perdió buena parte de su carga espiritual primigenia y que no pocas veces funcionó más como una entidad crediticia que espiritual es innegable. Cuestión aparte es que, efectivamente, fuera culpable de los cargos formulados contra ella en el proceso orquestado por Guillermo de Nogaret siguiendo las directrices de Felipe el Hermoso. De hecho, cuando la orden fue disuelta y se procedió a juzgar a sus caballeros, en otras partes del mundo por regla general obtuvieron sentencias absolutorias. En España, por ejemplo, ninguno de los monarcas se opuso al proceso y, por el contrario, se permitió que los legados papales lo llevaran a cabo sin interferencias. El resultado fue que no se dictó una sola condena en el ámbito de Castilla, Navarra, Portugal o Aragón. Incluso puede añadirse que aunque los templarios tenían la posibilidad de cobrar una pensión procedente de los fondos de la disuelta orden y retirarse, prefirieron integrarse en su mayoría en otras órdenes militares, lo que no sólo no chocó con objeciones sino que recibió un inmenso apoyo. Aún más. Cuando antiguos templarios dieron origen a nuevas órdenes, como la de Montesa, la iniciativa fue acogida favorablemente tanto por las autoridades eclesiásticas como por las civiles. En términos generales, por lo tanto, la Orden del Temple —a pesar de lo que hubieran podido hacer algunos caballeros aislados— no se había visto contaminada por los hechos que se le imputaban y así se entendió de manera generalizada en la época.

En términos generales insistamos porque excepciones de enorme relevancia las hubo. Por ejemplo, un grupo de templarios franceses marchó a Escocia, donde Roberto el Bruce se enfrentaba con los ingleses —un episodio reflejado en parte por la película *Braveheart*—, y se pusieron a su servicio. El rey Roberto los acogió entusiasmado —no en vano eran magníficos guerreros y quizá incluso llevaban consigo fondos salvados del expolio de la orden— y los utilizó para vencer militarmente a los ingleses y conservar la independencia de Escocia. Hasta ahí todo entra dentro de lo normal. La cuestión, sin embargo, es que no faltan pruebas arqueológicas de que algunos de los templarios trasplantados a Escocia establecieron contacto con grupos de maestros albañiles —masones— que se expresaban mediante una simbología ocultista que, posteriormente, se relacionaría con las logias masónicas.

El caso más claro de lo que señalamos se encuentra en la capilla de los Saint Clair de Rosslyn. En este enclave, los símbolos templarios coexisten con otros utilizados más tarde por la masonería, sin excluir la cabeza del demonio Bafomet, una imagen —convengamos en ello— bien peculiar para ser albergada en el interior de una iglesia católica. No podemos determinar más allá de la hipótesis plausible cuál fue la relación exacta que los templarios establecieron con aquellos maestros albañiles. Cabe, desde luego, la posibilidad de que se relacionaran con ellos de una manera natural impulsada, por una parte, por el gusto que algunos caballeros habían mostrado ya en Oriente hacia cosmovisiones gnósticas, pero también, por otra, por el deseo de vengarse del papado y de la Corona francesa que habían acabado con su orden. En ese sentido, las muertes del papa Clemente y de los herederos al trono francés han sido interpretadas como asesinatos templarios, si bien tal supuesto no pasa de ser una especulación novelesca.

Durante los siglos siguientes, esa supuesta vinculación de algunos templarios aislados a la masonería se convirtió en un punto central de su historia y de su propaganda. Se insistió en que los templarios habían formado parte de la cadena de receptores de secretos ocultos existente desde el principio de los tiempos —un hecho más que dudoso— y se dio nombre de templarias a algunas obediencias masónicas, como la Orden de los Caballeros Templarios incardinada en el seno de la Gran Logia de Inglaterra u otras órdenes templario-masónicas en Escocia, Irlanda y Estados Unidos. La circunstancia no debería extrañar en la medida en que la masonería —como algunos templarios— se presentaba como enemiga declarada de la Santa Sede. La relación, por lo tanto, de algunos caballeros templarios con maestros albañiles escoceses del siglo XIV resulta innegable. Que además formaran parte de la cadena de transmisión de los secretos masónicos o que dieran lugar a su vez a obediencias masónicas diversas resultan ya cuestiones en las que pisamos un terreno mucho menos firme. De hecho, debe indicarse que si bien hay masones, como ya hemos visto, que abrazarían con gusto la creencia de una relación directa entre los templarios y la masonería, tampoco faltan logias que afirman —con razón— que la misma dista mucho de estar establecida de manera irrefutable.

## La teoría medieval

Con todo, y si bien la supuesta relación entre templarios y masones resulta cuando menos discutible, no puede decirse lo mismo de los antecedentes de la masonería que encontramos precisamente en los albañiles —*masons*, *maçons*— del final de la Edad Media. Aquí sí que nos encontramos con organizaciones bien definidas. En Inglaterra, por ejemplo, los albañiles se agrupaban en gremios que custodiaban celosamente las artes de su oficio, que sólo enseñaban su artesanado a personas muy concretas y que se reunían para descansar en cabañas que acabaron recibiendo el nombre de «logia». Hasta donde sabemos, estas agrupaciones de carácter laboral —uno de sus objetivos era burlar las ordenanzas (*Old Charges*) que fijaban emolumentos máximos por su trabajo de albañilería— se encontraban también sometidos a una reglamentación moral, por cierto, muy similar a la operante en otros gremios medievales.

Hasta nosotros han llegado unas ciento treinta versiones de las *Old Charges* que pueden fecharse en años cercanos al 1390. En virtud de estas ordenanzas, el albañil —masón— debía creer en Dios, aceptar las enseñanzas dispensadas por la Iglesia católica y rechazar todas las herejías; obedecer al rey, librarse de seducir a las mujeres —esposa, hija o criada— que hubiera en casa de su maestro, librarse de jugar a las cartas en determinadas fiestas religiosas y de frecuentar prostíbulos. Como podemos ver por estas fuentes, el hecho de ser albañil no resultaba, en términos esotéricos o de conocimiento iniciático, distinto de ser zapatero o herrero, fundamentalmente, porque las logias tenían una finalidad meramente profesional.

Sin embargo, a pesar de que no podemos hablar de masonería en sentido estricto en esa época, no resulta menos cierto que en esos gremios de albañiles se daban algunos aspectos que después serían aprovechados por los masones. Por ejemplo, los gremios de albañilería seguían unas reglas estrictas a la hora de admitir a sus miembros y de permitir el ascenso en los distintos grados. Además, el conocimiento que dispensaban se encontraba limitado a unos pocos y estaba estrictamente prohibido el transmitirlo sin permiso de los superiores. Finalmente, la pertenencia a estos gremios exigía la sumisión a una serie de normas, en parte, relacionadas con el catolicismo y, en parte, dirigidas sobre todo a los otros miembros encuadrados en el colectivo. Este conjunto de circunstancias explica, siquiera en parte, la atracción que la albañilería acabaría provocando en algunas sociedades secretas que surgirían ya a finales del siglo XVI. En ellas nos encontramos, al fin y a la postre, con los verdaderos antecedentes históricos —el resto no pasa de ser fábula o improbabilidad— de la masonería.

CAPÍTULO II

# El nacimiento de la masonería

## Antes de Anderson

Durante el final de la Edad Media y el Renacimiento, los gremios de albañiles no pasaron de ser agrupaciones artesanales que giraban en torno a las disposiciones indicadas en el capítulo anterior. Esta circunstancia resulta obvia siquiera por el hecho de que los registros de miembros de las logias de albañiles incluyen nombres precisamente de gente que pertenece al ejercicio de este oficio y no, como sucederá posteriormente con la masonería, los de personas que se denominan albañiles (*masons*, *maçons*), pero que rara vez —si es que alguna— tienen una conexión real con la masonería.

Con todo, ya a finales de la Edad Media encontramos documentos en los que aparecen aspectos que reencontramos en las logias masónicas posteriores. Así, el *Regius Manuscript* de 1390, conservado en el Museo Británico, es un poema en el que aparecen referencias a una masonería que podría ser especulativa. Obra de un sacerdote con casi total seguridad, en esta fuente hallamos por primera vez la expresión «*So Mote*» que luego aparecería en los rituales de la masonería.

De mayor importancia aún es el *Cooke Manuscript*, también conservado en el Museo Británico, donde, por primera vez, encontramos referencias a una masonería que es, sin duda alguna, especulativa y no gremial. Su autor lo escribió en 1450 y, como luego veremos, casi tres siglos después las Constituciones de Anderson tomaron bastantes elementos contenidos en este texto, como, por ejemplo, las referencias a las Artes y, de manera muy especial, la mención al Templo de Salomón.

A finales del siglo XVI y, sobre todo, durante el siglo XVII, se realizó una mutación de enorme importancia que derivaría en el nacimiento de la «masonería especulativa» o «masonería» a secas. De hecho, en 1583, un personaje llamado William Schaw fue nombrado por Jacobo VI de Escocia —que más tarde se convertiría en Jacobo I de Inglaterra— *Master of the Work and Warden General.* Quince años después, Schaw promulgaba los Estatutos que llevan su nombren en los que aparecían establecidos los deberes que los masones debían tener en relación con su logia. Pero aún de mayor relevancia resulta el segundo *Estatuto de Schaw* publicado en 1599, donde de manera apenas velada se hace una referencia a un conocimiento esotérico comunicado en el seno de la logia y además se indica que la logia madre de Escocia, Lodge Kilwinning 0, ya existía en aquella época. Estas circunstancias —nótese el aspecto secreto y esotérico de las fuentes citadas— han llevado a algunos a considerar a Schaw como el fundador de la masonería moderna.

Sea como sea, la primera iniciación masónica de la que tenemos noticia es la de John Boswell, Laird de Auchenlek. Boswell fue iniciado en la logia de Edimburgo, Escocia, el 8 de junio de 1600. La logia de Edimburgo era, originalmente, operativa o gremial, es decir, no tenía carácter ni secreto ni iniciático. Sin embargo, el texto referido a Boswell ya nos conecta con una masonería especulativa, como la que encontraremos en toda su pujanza a partir del siglo XVIII. Cabe, por tanto, la posibilidad de que a lo largo del siglo XVI se hubiera ido operando una mutación de los antiguos gremios —quizá impregnados de cierto esoterismo ocasionalmente en los siglos anteriores— en sociedades secretas de carácter ocultista en las que, poco a poco, los iniciados estaban dejando de ser albañiles para proceder de otros segmentos sociales.

Las primeras iniciaciones de las que tenemos noticia en Inglaterra son de algunas décadas posteriores. En 1641 tuvo lugar la de Robert Moray y cinco años después la de Elias Ashmole. La iniciación de Ashmole reviste una especial importancia para el historiador por varias razones. Una es que la documentación que nos ha llegado sobre la misma es, relativamente, importante ya que el propio Ashmole recordó el acontecimiento, así como una visita posterior que realizó a la logia de Londres en 1682, en su diario. La iniciación tuvo lugar el 16 de octubre de 1646 en Warrington, Cheshire, en una logia convocada expresamente con esa finalidad y en la que ya no había un solo miembro albañil. La segunda razón por la que el hecho reviste relevancia es que Ashmole mantenía relaciones estrechas con eruditos de la época, como Robert Boyle, Christopher Wren, Isaac Newton o John Wilkins, pero, a la vez, era un claro aficionado al ocultismo. De hecho, dedicaba buena parte de su tiempo a la alquimia y la astrología.

En 1686, la masonería tenía ya la suficiente importancia como para merecer una mención en la *Historia natural de Staffordshire,* de Robert Plot, y durante la última década del siglo XVII al menos existían siete logias en Londres y una en York que se reunían con regularidad. En 1705, el número de logias londinenses era de cuatro, y a ellas se sumaban una en York y otra en Scarborough. A la sazón, la masonería constituía ya una sociedad de patrones bien definidos. La codificación tendría lugar en la siguiente década.

## Las Constituciones de Anderson y la Primera Gran Logia de Inglaterra

El 24 de junio —solsticio de verano y día de San Juan— de 1717, las cuatro logias londinenses se reunieron en la Goose and Gridiron Tavern, situada en la St. Paul's Churchyard, y crearon la Gran Logia de Inglaterra (*The Grand Lodge*). En el mismo acto, los presentes eligieron al caballero Anthony Sayer como el primer Gran Maestro y resolvieron reunirse anualmente en una ceremonia que recibió el nombre de *Grand Feast.* Para la mayoría de los historiadores —y para no pocos masones— esta fecha constituye realmente el acta fundacional de la masonería especulativa. Sin embargo, el hecho de que la creación de la Gran Logia derivara de varias logias preexistentes señala claramente que el acontecimiento, a pesar de su enorme importancia, tuvo que venir precedido por una andadura anterior de la masonería que, como ya hemos apuntado, resulta difícil situar más allá del siglo XVI.

Tras la creación de la Gran Logia se produjo, eso sí, una expansión de la masonería, en la que fueron iniciados personajes como el doctor John Teophilus Desaguliers —que fue elegido Gran Maestro en 1719— y otros miembros de la Royal Society y de la aristocracia, como John, el segundo duque de Montagu, que, en 1721, fue el primer noble elegido Gran Maestro. También fue John Montagu el responsable de dar el paso de convertir la Gran Logia de un lugar en el que celebrar la *Grand Feast* anual en un cuerpo con funciones reguladoras. De hecho, en 1723 se publicaron las primeras Constituciones de la masonería conocidas vulgarmente como *Constituciones de Anderson*.

James Anderson nació en una fecha cercana a 1680 en Aberdeen, Escocia, pero en 1709 se trasladó a Londres para ocuparse de atender una capilla presbiteriana situada en Swallow Street. Los presbiterianos son una confesión protestante cuya fe se asienta de manera muy sólida en la Biblia, interpretada desde una perspectiva reformada. Sin embargo, Anderson tenía creencias que diferían considerablemente de las enseñadas por la confesión a la que pertenecía. No era el primer clérigo que atravesaba por esa situación y con seguridad no ha sido el único. Distintos autores masones han señalado que estuvo «tanto comercial como masónicamente motivado» para dar ese paso.[1]

El 29 de septiembre de 1721 recibió instrucciones de la Gran Logia de Inglaterra para «realizar un digesto de la antigua constitución gótica, convirtiéndolo en un método nuevo y mejor». El resultado fueron las *Constituciones de Anderson*, una de las fuentes absolutamente indispensables para el estudio de la masonería.

El texto de las *Constituciones* resulta de un enorme interés porque señala la filosofía de la sociedad secreta, así como el comportamiento que se espera de sus miembros y las líneas maestras de su organización. De hecho, la denominada porción histórica que precede al texto y que suele omitirse en algunas ediciones del mismo constituye toda una exposición iniciática y esotérica que pretende retrotraer la masonería a los tiempos más primitivos. Según Anderson, Caín ya habría sido un masón y habría construido una ciudad precisamente porque Adán, el primer ser humano, le habría comunicado un conocimiento nada desdeñable en geometría. También habían sido masones Noé y sus hijos. De hecho, algunos años después Anderson indicaría que el de noáquidas fue el primer nombre que recibieron los masones. Que un hombre crecido en la fe reformada pudiera realizar semejantes afirmaciones no deja de ser revelador, primero, porque carecen de base alguna en el texto de la Biblia y, segundo, porque implican la aceptación de una historia espiritual que colisiona frontalmente con ésta.

Dentro de esa supuesta cadena de transmisión del saber iniciático transmitido milenariamente por la masonería, Anderson se refería a continuación a Euclides, a Moisés, que habría sido un maestro masón, y, por supuesto, a Salomón y al Templo que había edificado en Jerusalén. Aquí precisamente es donde Anderson introduce una nota de notable extensión sobre la figura de Hiram Abiff, central en el imaginario masónico. No es tarea de una obra como la presente detenerse en un personaje como Hiram Abiff. Baste señalar que, descrito como «hijo de la viuda», de él deriva este sobrenombre extensible a todos los masones, y que el relato de su presunta muerte y resurrección por no querer revelar los secretos de la masonería forma parte esencial de los ritos de iniciación.

Señalemos, no obstante, que, a pesar de su importancia, no existe ninguna base histórica para creer en la existencia real de Hiram Abiff y que no pocos masones en la actualidad niegan el episodio de su resurrección —el paralelo con la vida de Jesús es demasiado obvio— o atribuyen a todo el relato un mero contenido simbólico. De Salomón Hiram Abiff, el conocimiento oculto custodiado por la masonería habría pasado, siempre según el texto de las *Constituciones*, a Grecia, Sicilia y Roma, donde habría dado lugar al estilo augusteo por el que, al parecer, Anderson sentía una rendida admiración. Como conclusión de esta exposición de más que dudosa historicidad, Anderson afirmaba incluso que el franco Carlos Martel había introducido la masonería en Inglaterra después de la invasión de los sajones. A partir de ese momento, la sociedad secreta habría perdurado en los gremios de albañiles de la Edad Media.

Sólo después de trazar ese cuadro —el de que la masonería es una sociedad iniciática poseedora de una sabiduría esotérica que se ha transmitido desde Adán—, Anderson pasa al aspecto regulador de las *Constituciones*. Según las afirmaciones contenidas en la parte del texto conocida como la Aprobación, Anderson afirma que se ha basado para su redacción en antiguos textos procedentes del otro lado del mar, de Italia y de Inglaterra, Escocia e Irlanda. Hasta donde sabemos, Anderson mintió a sabiendas al llevar a cabo esa afirmación porque nunca vio un texto italiano de ese tipo y es más que dudoso que pusiera su vista en alguno de origen irlandés.[2] Por si fuera poco, Anderson se permitió realizar alteraciones nada insignificantes en el contenido de *charges* tal y como aparecen en los textos de los gremios medievales en los que, supuestamente, se había guardado el saber masónico. De hecho, la invocación a la Trinidad contenida en esos documentos y cualquier otra referencia a la fe cristiana fue extirpada por Anderson del *charge* o encabezamiento primero. En éste —dedicado a Dios y la Religión—, las *Constituciones* indican que «un masón... si entiende correctamente el Arte, nunca será un ateo estúpido ni un libertino irreligioso. Pero aunque en tiempos antiguos a los masones se les encargó en todo país que fueran de la religión de ese país o nación, cualquiera que fuera, sin embargo ahora se piensa más útil obligarlos sólo a esa religión en la que todos los hombres concuerdan». En otras palabras, las *Constituciones* hacen referencia a una época previa en la que, supuestamente, los masones se habían mantenido —por lo visto no del todo convencidos— en el seno de las respectivas religiones mayoritarias en sus países concretos. Sin embargo, ahora había llegado la época en que los masones sólo tenían que sentirse obligados a «esa religión» sobre la que, supuestamente, existe un acuerdo universal. Esa actitud significaría que «la masonería se convierte en el Centro de Unión, y los Medios de conciliar la verdadera Amistad entre personas que habrían permanecido a una perpetua distancia». La declaración difícilmente puede ser más clara. Primero, porque desprovee de su carácter cristiano a los gremios de albañiles de la Edad Media, con los que afirmaba que la masonería estaba vinculada históricamente, e incluso atribuye aquél a un artificio, y, segundo, porque sitúa la masonería —una sociedad secreta custodia de un saber oculto— por encima de los vínculos que cada uno tuviera con su propia fe, ya que existía otra superior que unía a sus miembros. Esta circunstancia —que, de bien manera poco justificable, es pasada por alto por algunos estudiosos— convierte en inverosímil de raíz la tesis —tantas veces expuesta— de que la masonería es un club filantrópico cuya pertenencia no interfiere con las creencias religiosas, sean las que sean. En las *Constituciones de Anderson*, por el contrario, se afirma tajantemente que, en el pasado, los masones tenían el deber de amoldarse a la mayoría y que desde 1723 al menos se esperaba que consideraran su vínculo con los hermanos de la logia por encima de cualquier otra consideración.

No menos interesante resulta el segundo encabezamiento o cargo dedicado a los magistrados civiles, supremos y subordinados, que vuelve a incidir en ese vínculo superior a cualquier otro establecido por la iniciación en la masonería. Por supuesto, las *Constituciones* afirman que «un masón es un sujeto pacífico sujeto a los poderes civiles» y «que nunca se va a implicar en conjuras o conspiraciones contra la paz y el bienestar de la nación». Sin embargo, al mismo tiempo se indica que en caso de que un masón cometa un crimen, los otros miembros de la masonería «no pueden expulsarle de la logia, y su relación con ella permanece inalterable».

El encabezamiento III se ocupa de las logias y de las condiciones para ser admitido como miembro en ellas, a saber, «ser hombres buenos y veraces, nacidos libres, y de edad discreta y madura, no siervos ni mujeres, ni hombres inmorales ni escandalosos, sino de los que se hable bien». La descripción nuevamente resulta especialmente reveladora porque define a la masonería no como una entidad de carácter abierto y universal —como, por definición, son las iglesias— sino como un cuerpo de élite en el que se defienden claramente las diferencias por razón de condición social y sexual, y no sólo moral. Como tendremos ocasión de ver, la masonería ha sido históricamente más rigurosa con la preservación de las barreras sociales y sexuales que con la exigencia de los principios morales de sus iniciados.

Si los encabezamientos IV y V se dedican a los grados de la masonería y sus relaciones entre ellos, el VI se ocupa del comportamiento digno de un masón. Éste, en ocasiones, va referido de normas elementales de cortesía —como el hecho de no interrumpir, por ejemplo, a un maestro cuando habla—, a evitar discusiones en la logia sobre cuestiones espinosas como «la religión, las naciones o la política estatal», ya que los masones, al pertenecer «a la Religión universal arriba mencionada», son «también de todas las naciones, lenguas, estirpes y lenguas» y buscan sobre todo «el bien de la logia».

Sin embargo, el comportamiento del masón no debía ser únicamente cortés, sino que tenía que incluir también —lógico era— una notable dosis de secretismo. Por ejemplo, debía ser «cauteloso en sus palabras y comportamiento de manera que el extraño más perspicaz no sea capaz de descubrir o averiguar lo que no es adecuado que se conozca», lo que requerirá del masón que sepa manejar las conversaciones. De la misma manera, el masón debía comportarse con la suficiente prudencia como para «no permitir que familia, amigos y vecinos supieran del interés de la logia y otras cosas». Precisamente en este momento las Constituciones indican que la causa de ese secretismo se debe a «razones que no deben mencionarse aquí», si bien no resulta difícil identificar con ese conocimiento iniciático que la masonería decía custodiar desde los tiempos de Adán.

Ya hemos indicado que las *Constituciones de Anderson* son un texto indispensable para estudiar la masonería. Añadamos que además muestra las líneas maestras sobre las que se movería la entidad en los años siguientes. Sería, en primer lugar, una sociedad secreta cuyos miembros pondrían buen cuidado en conservar el sigilo, roto excepcionalmente al referirse a la pertenencia a ella de personajes que pudieran utilizarse con fines propagandísticos, como el duque de Montagu. En segundo lugar, la masonería mantendría una impronta iniciática y esotérica, absolutamente esencial ya que se presentaba como la custodia de secretos ocultos ya conocidos por Adán y que habían llegado hasta sus días a través de una cadena de transmisión que incluía a personajes como Pitágoras, Moisés, Salomón o los maestros albañiles de la Edad Media. Esa característica, como tendremos ocasión de ver, atraería a muchos deseosos de dar con una enseñanza espiritual diferente de la de las grandes confesiones y, a la vez, explica la suspicacia —si es que no hostilidad— con que la masonería iba a ser contemplada por las distintas iglesias. En tercer lugar, la masonería se constituía como una sociedad de élite de la que quedaban excluidos mujeres, esclavos y siervos y, por añadidura, cuyos vínculos se situaban por encima de cualquier otra relación humana. De hecho, aunque resultaba cierto que se esperaba que los masones no hicieran nada que pudiera ir contra el bienestar de su nación —un concepto por cierto bastante poco concreto—, no era menos verdad que la participación en conjuras y revoluciones no iba a implicar ni la expulsión de la fraternidad ni la pérdida de la protección que ésta dispensaría a sus miembros.

Sociedad secreta, sociedad esotérica, sociedad por encima de cualquier otro vínculo humano, incluidos los familiares y nacionales... así quedaba definida la masonería en las *Constituciones de Anderson* y así se comportaría de manera, por otra parte, coherente durante los siglos venideros.

SEGUNDA PARTE

# Farsantes y revolucionarios

CAPÍTULO III

# Reyes, innovaciones e iluminados

## La masonería entra en la alta sociedad

Las primeras logias masónicas de Inglaterra estaban formadas por artesanos —que sólo de vez en cuando eran albañiles— y burgueses, pero, como ya indicamos, no tardaron en entrar a formar parte de ellas miembros de la nobleza. En el caso inglés, el 24 de junio de 1721, el duque de Montagu fue elegido Gran Maestro, lo que significó un verdadero punto de inflexión. Durante los tres siglos siguientes, el Gran Maestro sería siempre un miembro de la nobleza o incluso de la familia real.

Las razones de la expansión de la masonería fueron diversas. Por un lado, para la gente que pertenecía a clases inferiores, el hecho de poder codearse con miembros de la aristocracia constituía, desde luego, un aliciente nada baladí a la hora de buscar la iniciación en la masonería. Por si fuera poco, era una circunstancia que no se veía opacada por la pertenencia a confesiones diferentes de la anglicana, como la católica o la judía. Por otro, tanto los hermanos de extracción más humilde como los aristócratas contaban ahora con la posibilidad, siquiera teórica, de recibir un conocimiento supuestamente oculto y mistérico.[1] Finalmente, el conocimiento establecido en el seno de la logia propiciaba la creación de relaciones privilegiadas en terrenos tan sugestivos como los negocios, la política o la influencia social. De manera bastante natural en ciertos colectivos, la búsqueda de personas a las que favorecer, ayudar o con las que contratar se realizaba en el seno de la logia. Ciertamente, los masones eran objeto de burlas por sus atavíos peculiares, o se veían censurados por su negativa a admitir mujeres en sus logias —desde luego, mucho menos de lo que sucedería en el día de hoy—, pero ninguna de esas circunstancias impidió su expansión.

Durante la cuarta década del siglo XVIII ya existían logias en Holanda, Francia, Alemania, el Imperio austriaco, algunos de los estados italianos y Suecia. Su crecimiento se debía, en parte, a la atracción que ejercía la supuesta entrega de un conocimiento esotérico —que además contaba con el marchamo de algunos aristócratas— y, en parte, a una admiración hacia Inglaterra como Estado constitucional, que se basaba más en la imaginación que en un conocimiento real del país. En 1737, en lo que resultó un enorme éxito para las logias, incluso el príncipe de Gales fue iniciado en la masonería.

Semejante avance no dejó de provocar recelos. La protestante Holanda —que se había enfrentado en el siglo anterior con Inglaterra por el dominio del mar— fue la primera en reaccionar contra la presencia de logias en su territorio. Así fue, en parte, porque captaban el contenido espiritual de sus enseñanzas y su absoluta incompatibilidad con el cristianismo y, en parte, porque no se le escapaba lo ideal que podía ser para una conspiración el disponer de una red de células secretas como eran las logias.

En 1737, fue Luis XV de Francia el que proscribió la masonería en Francia porque captaba su entramado doctrinal nada compatible con el del catolicismo y, por añadidura, porque tampoco se le escapaba el potencial subversivo que se oculta en cualquier sociedad secreta.

Finalmente, el 28 de abril de 1738, el papa Clemente XII se manifestó también en contra de la masonería. El documento papal prohibía a los católicos pertenecer a la masonería so pena de excomunión y fundamentaba la sanción en consideraciones de carácter doctrinal, esencialmente la imposibilidad de aceptar la cosmovisión masónica desde una perspectiva católica. La Santa Sede intuía las consecuencias políticas que podía tener la acción de los masones. Sin embargo, su juicio sobre ellos era medularmente espiritual y no puede decirse que resultara en absoluto descabellado.

La oposición de la Santa Sede perjudicó a la masonería en la medida en que limitó su crecimiento en algunos países católicos o incluso, como en el caso de España, lo impidió de manera total. Sin embargo, fue también utilizada de manera propagandística por los masones. De la misma forma en que Hitler y Stalin harían referencias recíprocas para justificar sus atrocidades, la masonería apuntó a la existencia de la Inquisición para labrarse una imagen pública de libertad, tolerancia y martirio. En 1744 fue juzgado en Portugal un masón inglés llamado John Coustos por el delito de fundar logias. El hecho de que fuera un extranjero impulsó a la Inquisición a dulcificar la pena que, finalmente, quedó reducida a la expulsión del suelo portugués. Sin embargo, en 1746 se publicó en Londres un libro titulado *The Unparalleled Sufferings of John Coustos*, y el resultado fue que millones de europeos —en buen número ingleses— sintieron una corriente de simpatía hacia los masones sólo igual en intensidad a la aversión experimentada hacia la Iglesia católica. La táctica, como tendremos ocasión de ver, se repetiría en adelante vez tras vez.

El mismo año en que la Santa Sede promulgaba su condena de la masonería, era iniciado en ella el príncipe Federico de Prusia, que pasaría a la Historia con el sobrenombre de El Grande. El episodio tuvo lugar en la noche del 14 al 15 de agosto de 1738 en el hotel de Kron, en Brunswick. El caso de Federico de Prusia resulta especialmente relevante en la medida en que desmonta de raíz los intentos —más propagandísticos que asentados en la Historia— de asociar la masonería con ideales y prácticas de libertad.

Admirado por Napoleón, convertido en un referente obligado por Bismarck y Hitler, Federico II de Prusia es, sin duda alguna, uno de los grandes genios militares de la Historia y un símbolo del militarismo prusiano. Sin embargo, difícilmente se le podría considerar un paradigma de la libertad.

Había nacido en Berlín el 24 de enero de 1712, en una época en que todavía España y Francia eran las grandes potencias europeas y Prusia no pasaba de ser un diminuto Estado en el este del continente sin demasiadas posibilidades de supervivencia. Muy influido por su madre, Sofía Dorotea de Hannover, Federico no hubiera querido ser rey ni mucho menos militar. Amaba, por el contrario, la música y el resto de las bellas artes, prefería utilizar el francés al alemán e incluso a los dieciocho años fraguó un plan para escapar a Inglaterra y evitar así el cumplir con sus obligaciones como heredero. No lo consiguió. En 1733, presionado por un padre que lo aborrecía y que identificaba las aficiones de su hijo con la estupidez más profunda, contrajo matrimonio con Isabel Cristina, hija de Fernando Alberto II de Brunswick, y aceptó volver a ser el príncipe heredero. Durante los siguientes años, fue feliz. Su padre, si no entusiasmado, estaba algo más tranquilo y le permitió retirarse a sus posesiones de Rheinsberg, donde entretenía las horas estudiando historia, leyendo filosofía y carteándose con escritores como Voltaire. Precisamente en esa época, como ya hemos señalado, fue iniciado en la masonería.

En 1740, su vida experimentó un verdadero seísmo. Su padre falleció y Federico no sólo se convirtió en el nuevo rey de Prusia sino que se vio envuelto en un conflicto dinástico que iba a desgarrar a Europa durante años. El fallecimiento del emperador de Austria había sido seguido por la coronación de su hija María Teresa. En teoría, el proceso era impecable porque se sustentaba en una pragmática sanción, pero la verdad es que la idea de una mujer rigiendo un imperio que se pretendía sucesor del romano resultaba cuando menos chocante. Federico estaba dispuesto a apoyar a María Teresa pero a cambio de la cesión de los ducados de Silesia. María Teresa se negó a plegarse a las pretensiones de Federico, especialmente porque consideraba que no era sino un monarca de medio pelo de un reino de tercera. Para sorpresa suya, Federico demostró poseer un instinto verdaderamente genial para la guerra. En 1741 descolló como un nuevo César en Mollwitz y al año siguiente revalidó su rápida fama con una victoria en Chotusitz. En 1742, María Teresa entregó Silesia a Prusia, convencida de que si no obraba así peligraba su propia corona.

Durante los años siguientes, Federico II no dejó de ampliar su territorio por la fuerza de las armas. En 1744 se apoderó de Frisia al morir sin herederos su último gobernante, y en 1745 volvió a derrotar a María Teresa, que había ido a la guerra, ansiosa de recuperar Silesia. A esas alturas, Europa se hallaba totalmente boquiabierta ante un monarca que no sólo era un genio militar sino también un prolífico escritor —sus obras completas ocupan treinta volúmenes—, un virtuoso flautista y un hábil político y reformador. Como no podía ser menos, también dispensaba su protección a los hermanos masones que acudían a él o a los que buscaba para ofrecerles cargos que no siempre estaban a la altura real de sus merecimientos.

Las cualidades de Federico II se verían sometidas a una verdadera prueba de fuego durante la guerra de los Siete Años (1756-1763). En el curso de la misma volvió a enfrentarse con Austria, que ahora formaba parte de una gigantesca coalición que agrupaba a Francia, España, Rusia, Suecia y Sajonia. El único apoyo que recibió el rey de Prusia —y no pasó realmente del ámbito económico— fue el de Gran Bretaña, que combatía contra Francia en tres continentes y que emergió de la contienda como señora de la India y de Canadá. El conflicto pudo haber acabado con Federico, que en el curso de una de sus derrotas llegó a pensar en suicidarse, pero, finalmente, su perseverancia y la retirada de Rusia de la guerra le permitieron emerger como vencedor. Incluso el hecho de que el zar no siguiera combatiendo contra él debe atribuirse en parte al menos a los méritos del rey de Prusia. El emperador ruso era un rendido admirador suyo y por eso prefirió abandonar el conflicto a verle humillado.

Durante los años siguientes, Federico se reafirmó en la tesis de que debía seguir enfrentándose con Austria por el control de los estados germánicos y de que en esa lucha la alianza con Rusia le sería indispensable. Gracias a una visión de la política europea que sería continuada por Bismarck en el siglo XIX y que sólo sería —erróneamente— abandonada por el káiser Guillermo II, Federico II se repartió Polonia con Rusia en 1764 y se anexionó los principados franconios de Baviera en 1779. Seis años después asestó un golpe inmenso a la dominación austriaca al crear el Fürstenbund, una alianza de príncipes alemanes que tenía como objetivo evitar la reconstrucción del Sacro Imperio romano-germánico bajo Austria.

Que Federico II era un genio militar, que gustaba de la cercanía de lo que hoy denominaríamos intelectuales y que atendía con diligencia a sus tareas de gobierno resulta innegable. Sin embargo, está por ver en qué medida todo eso encajaba —especialmente el descuartizamiento continuo de las naciones vecinas— con los ideales supuestamente filantrópicos de la masonería. Fuera como fuere, el rey prusiano constituyó un referente para los masones de su época en la medida en que sabían que podían contar con su protección y en que constituía una vía real para acceder al poder.

El ejemplo de Inglaterra y de Prusia no tardó en cundir. En 1739, a pesar del documento papal del año anterior en que se condenaba a la masonería, Luis XV llevó a cabo un cambio de su comportamiento previo y decidió adoptar una política de tolerancia que permitió la expansión de la sociedad secreta en Francia. Menos de un cuatrienio después, el Gran Maestro en Francia era Luis de Borbón-Condé, conde de Clermont y abad de Saint Germain des Prés. Sin duda, se trataba de un salto social importante, hasta el punto de que los masones franceses cambiaron el nombre de la Loge Anglaise por el de Grande Loge de France. En 1773 volvieron a cambiarlo por el de Grande Loge Nationale o Grand Orient.

A esas alturas, los masones franceses aspiraban —como había sucedido en Inglaterra— a contar con un Gran Maestro de sangre real. Difundieron rumores de que Luis XV había sido iniciado —un infundio que repetirían en relación con otros monarcas a lo largo de la Historia—, pero lo cierto es que no lograron convencer a su sucesor, Luis XVI, para que se iniciara. Al final tuvieron que conformarse con que su hermano menor, Carlos, el conde de Artois, aceptara entrar en la masonería en 1778. Cuarenta y seis años después, ese mismo Carlos sería coronado rey de Francia.

Los masones franceses habían contado con que Carlos de Artois aceptara ser elegido Gran Maestro. Sin embargo, Carlos rechazó esa posibilidad. Se dirigieron, por lo tanto, a Luis Felipe de Orleans, duque de Chartres, que era hijo del duque de Orleans, un primo de Luis XVI. Luis Felipe, aunque después de que se lo pidieran tres veces, aceptó convertirse en Gran Maestro.

En el Imperio austriaco, la masonería también realizó avances importantes. Curiosamente, uno de los terrenos donde logró algunos de sus adeptos más importantes fue en el de la música. Haydn había entrado en la masonería convencido de que le serían revelados arcanos relacionados con el conocimiento esotérico, algo que parecía tener su lógica si se creía que, supuestamente, Pitágoras había conocido secretos musicales. Wolfgang Amadeus Mozart —que fue iniciado en 1784— se vio atraído a la logia precisamente por la admiración que profesaba a Haydn. A esas alturas, los masones ya eran conocidos por las canciones que entonaban en las reuniones de las logias y comenzaba a nacer un curioso subgénero musical relacionado con la masonería. A diferencia del influjo de otras cosmovisiones, como el catolicismo, el protestantismo o la propia ortodoxia, la masonería no produjo grandes obras musicales y en la actualidad los autores que las compusieron —Blavet, Naudot, Taskin, Clérambault...— son, salvo para los especialistas, verdaderos desconocidos. Por lo que se refiere a Mozart, sus composiciones masónicas resultan muy inferiores al resto de sus obras. La única excepción fue *La flauta mágica*, una ópera en la que el compositor realizaba una propaganda de la cosmovisión de la masonería, aunque discutiera algunos aspectos como la exclusión de las mujeres de las logias. A esas alturas, desde luego, Mozart no era —ni lejanamente— el único masón que soñaba con innovaciones.

## Los nuevos movimientos

Como ya hemos señalado, uno de los elementos esenciales de la masonería, a la vez que uno de sus alicientes principales, fue su contenido esotérico. El que era iniciado en una logia contaba con ser partícipe de la revelación de misterios que, supuestamente, se retrotraían a las épocas más remotas. Históricamente, esta característica de la masonería ha sido uno de sus mayores atractivos, pero también uno de sus aspectos más delicados ya que, como tendremos ocasión de ver, nunca ha dejado de existir la posibilidad de que maestros masones crearan nuevos ritos y obediencias supuestamente conducentes a la revelación de esos conocimientos esotéricos. El carácter sincrético de su cosmovisión —que lo mismo puede verse referida al antiguo Egipto que a Pitágoras o a los druidas— ha facilitado además la integración en un solo corpus de las más diversas creencias.

Así, por ejemplo, en torno a 1750 surgió un nuevo rito, el denominado Royal Arch. Su origen no ha quedado establecido sin lugar a dudas. Para algunos autores debe atribuirse al caballero Andrew Ramsay, un escocés convertido al catolicismo por Fenelon.[2] Sin embargo, parece más posible que fuera establecido en 1743 en una logia situada en Youghal, Irlanda.[3] Sea como fuera, este rito iba a contar con una importancia extraordinaria en la medida en que pretende «responder a cualquier pregunta» relacionada con la masonería y «permanece aparte de todo lo demás en la masonería».[4]

El Royal Arch se presentaba vinculado con la orden militar de los templarios, un elemento de indudable atractivo para un público francés. Además contaba con otros aspectos iniciáticos de extraordinaria importancia. Entre ellos se encontraban una utilización importante del simbolismo cabalístico y, de manera muy especial, la revelación del Nombre del Gran Arquitecto o Palabra divina. Este arcano consistía —no hay secreto que al fin y a la postre no acabe saliendo a la luz— en la palabra Jahbulón. ¿Cuál es el significado de este término extraño sin paralelo en otras creencias? Generalmente, se entiende que se trata de una palabra compuesta por Jah, Bul y On, es decir, por la forma abreviada de Jehová; una corrupción de Baal, uno de los dioses combatidos en el Antiguo Testamento, y On, como nombre de Osiris. De ser cierta esta interpretación, el Dios de la masonería nunca podría identificarse con el de la Biblia, sino con un ente sincrético en el que se mezclan referencias al Antiguo Testamento con otras de religiones paganas combatidas en las Escrituras. No sólo eso. La iniciación en grados superiores implicaría la entrada en una forma de adoración condenada expresamente en la Biblia ya que Baal es una de las divinidades demoniacas atacadas por los profetas.[5]

De la misma manera que aparecieron nuevos ritos —y seguirían apareciendo—, también se fueron sumando grados. Originalmente, la masonería tan sólo había contado con los tres de aprendiz, compañero y maestro. Sin embargo, desde muy pronto, a esos tres se añadieron más —hasta llegar a 33 en algunos casos y a un número todavía superior en otros— en los que, supuestamente, se iban revelando nuevos conocimientos iniciáticos.

Tampoco faltaron las divisiones en el seno de un movimiento en el que constituía timbre de honor la supuesta conexión con corrientes esotéricas anteriores. Así, en 1751 la Gran Logia de Inglaterra se enfrentó con un serio problema cuando la logia de York alegó que se regía por una supuesta constitución masónica establecida en el siglo X por el rey Altestán. Que fuera así resulta más que discutible, pero de lo que no cabe duda es de que los yorkinos tomaron pie de esa situación para manifestar su independencia de Londres. Así, la Logia de York se constituyó en Antigua Gran Logia *(Antient Grand Lodge)* y motejó despectivamente a la londinense como Moderna. Comenzaba así un cisma que se alargaría por espacio de seis décadas.

La expansión en círculos influyentes de la sociedad —hasta el punto de alcanzar a algunas casas reales— y el conocimiento iniciático eran dos de las principales causas de la atracción que podía ejercer a finales del siglo XVIII la masonería. No concluía, sin embargo, ahí su influencia. A un notable y creciente peso social y a una cosmovisión esotérica —por no decir mesiánica— se sumaron pronto las conspiraciones que pretendían cambiar la configuración política de la época. Sin embargo, antes de entrar en ese aspecto debemos detenernos en un aspecto nada desdeñable, el de algunos de los aventureros que hicieron carrera en conexión con la masonería.

CAPÍTULO IV

# De Casanova a Cagliostro

Como hemos podido comprobar en el capítulo anterior, la masonería podía insistir en el carácter moral de sus ideas e incluso en el elitismo de sus hermanos. Sin embargo, lo cierto es que ese elitismo no pasaba de ser social en el sentido del Antiguo Régimen y que, éticamente, sus miembros no eran en absoluto superiores a la media de la sociedad en la que vivían. A decir verdad, a lo largo del siglo XVIII quedaría de manifiesto, una y otra vez, que la masonería tenía una especial capacidad para dar acogida en su seno a toda una caterva de estafadores, libertinos y vividores, a los que no sólo no expulsó de su seno, sino que incluso ayudó no pocas veces a huir de la justicia. Tampoco fue excepcional —como veremos en este capítulo— que las estafas perpetradas por estos hermanos acabaran incorporadas en el ideario de la masonería como si, en lugar de haber surgido de una mente entregada al fraude, poseyeran el más indudable marchamo de autenticidad. Posiblemente, las consecuencias de los actos de estos personajes —de los que en las páginas siguientes sólo ofrecemos algunos botones de muestra— fueron de escasa envergadura si se las compara con las derivadas del ánimo conspirativo de otros masones. Con todo, un acercamiento histórico a la masonería no quedaría completo sin detenernos, siquiera a vuelo de pájaro, en ellos.

## Casanova, el don Juan italiano[1]

La palabra Casanova ha pasado a casi todas las lenguas como sinónimo de libertino y seductor. Equivalente de don Juan —uno de los prototipos nacidos en el seno de la literatura española—, la diferencia con Casanova es que éste fue un personaje real y que además no le faltó el interés ni por el mundo esotérico ni por aventuras que excedieron del mundo de lo amoroso.

Giacomo Girolamo Casanova nació en Venecia el 2 de abril de 1725 en la calle de la Commedia, quizá como un indicativo premonitorio de lo que sería su vida. Sus padres eran también actores y se llamaban Gaetano Giuseppe Casanova y Zanetta Farussi. Con posterioridad, Casanova pretendería que su verdadero padre era un noble veneciano llamado Michele Grimani, pero no está suficientemente documentado y resulta más que posible que el vividor tan sólo pretendiera dotarse de sangre aristocrática.

Las frecuentes ausencias de sus padres —a fin de cuentas, cómicos de profesión— hizo que la educación del pequeño Giacomo recayera en su abuela materna, Marzia Farussi. De creer a Casanova, sus primeros años se caracterizaron por un estado de perpetua dolencia que sólo desapareció en 1733 gracias, según él, al uso de la magia. Fue precisamente este mismo año en el que falleció su padre.

En 1734, Casanova fue enviado a Padua, donde estudiaría con el doctor Gozzi. Sería precisamente en esta casa donde conocería por vez primera las delicias del amor al enamorarse de Bettina, la hija pequeña de su preceptor.

En 1738, Casanova era ya un estudiante de Derecho en Padua, aunque fue común que se presentara sólo a los exámenes y que pasara el resto del año en Venecia. Dos años después, con el respaldo del senador y aristócrata Alvise Malipiero, fue tonsurado con la intención de seguir la carrera eclesiástica, posiblemente la más democrática de la época en la medida en que permitía ascender socialmente a gente de la extracción más humilde pero dotada de talento. El joven Giacomo ansiaba ciertamente trepar por la escala social, pero, sin duda, no estaba hecho para llevar los hábitos. Aunque recibió las órdenes menores en enero de 1741 y se convirtió en abate, no se privó de vivir distintas aventuras amorosas.

En 1742, Casanova se doctoró en Derecho civil y canónico en la Universidad de Padua e ingresó en el seminario de San Cipriano. Duró poco. El muchacho apuntaba ya más que de sobra las maneras que lo caracterizarían en los años siguientes y lo acabaron expulsando por conducta inmoral.

Durante los años inmediatamente posteriores, Casanova desempeñó un par de cargos relacionados con eclesiásticos, pasó por la cárcel en alguna ocasión y siguió viviendo aventuras amorosas, como la mantenida con Bellino, un *castrato*, que, al fin y a la postre, resultó ser una mujer llamada Angiola Calori.

En 1746, Casanova conoció a un aristócrata veneciano llamado Matteo Giovanni Bragadin que le permitiría aprovecharse de su capacidad para engañar al prójimo. Bragadin tenía, como tantos nobles de la época, un cierto interés por lo esotérico y Casanova llegó a convencerle de que sus conocimientos de medicina procedían de una fuente sobrenatural. Como consecuencia de ello, Bragadin convirtió a Casanova en una especie de hijo adoptivo y le proporcionó una abundante cantidad de dinero que permitió al joven vividor llevar la existencia de un aristócrata adinerado durante un trienio.

Sin embargo, aquel coqueteo con el ocultismo —que, posiblemente, no pasó de mera charlatanería encaminada a obtener dinero— acabó teniendo sus consecuencias. En 1749, Casanova tuvo que huir de Venecia porque había llamado la atención de la Inquisición.

Trasladado a Cesena, Casanova viviría uno de los grandes amores de su vida, el que tuvo como objeto a una mujer llamada Henriette. La historia concluiría en febrero de 1750 cuando Henriette decidió abandonar a Casanova y regresar con su familia. Fue precisamente entonces cuando el joven veneciano, de camino a París, fue iniciado en la masonería.

La ceremonia tuvo lugar en Lyon, mientras se dirigía a París, y, desde luego, no puede decirse que resultara ayuna de beneficios.

A partir de ese momento, Casanova, que hasta entonces se había movido tan sólo por el norte de Italia,[2] decidió conocer mundo y su pertenencia a la masonería le proporcionaría una pléyade de contactos que le serían de especial ayuda. Naturalmente, cabe preguntarse por qué nadie en la masonería se preguntó sobre la conveniencia de permitir la iniciación de Casanova. Sin embargo, bien mirado, no le faltaban credenciales: había abandonado el sacerdocio, le perseguía la Inquisición, supuestamente contaba con conocimientos ocultistas y debía de tener un cierto encanto personal. En conjunto, resultaba más que suficiente.

En 1750, Casanova llegó a París. Su primera estancia estuvo fundamentalmente destinada a dominar las costumbres francesas y a seducir a Manon Balletti, la hija de una familia de intachable conducta. Tras pasar por Dresde, Praga y Viena, tres años después Casanova volvía a encontrarse en Venecia. En esta ciudad, el aventurero intentaría conseguir la mano de Caterina Carpeta, la hija de un próspero comerciante. Sin embargo, el padre de la muchacha no estaba dispuesto a ver a su hija en manos de un libertino y procedió a recluirla en un convento. Casanova, que no tenía mucha intención de trabajar como el resto de los seres humanos, volvió a reanudar su relación con Bragadin, que tan pródigo había sido con él, y a explotar sus presuntos poderes ocultos. Como no podía ser menos, la Inquisición volvió a fijarse en él y durante la noche del 25 al 26 de julio de 1755 lo arrestó, confinándolo en una prisión que se hallaba en el palacio ducal. De manera nada sorprendente, entre las pruebas incriminadoras que encontró la policía veneciana se encontraban sus vestimentas de masón.

Quizá otra persona se hubiera sentido acabada tras un episodio de ese tipo. No fue, desde luego, el caso del veneciano. Durante la noche del 31 de octubre al 1 de noviembre de 1756 consiguió escapar de su encierro y se encaminó a París, adonde llegó a inicios de 1757. Había escapado de la Inquisición y contaba con el respaldo de sus hermanos masones, de manera que fue recibido en la capital francesa como un verdadero héroe, lo cual —justo es reconocerlo— parece cuando menos exagerado.

No resulta extraño que tras ver la reacción de la sociedad bien pensante ante sus acciones decidiera perseverar por ese camino. Se convirtió así en uno de los creadores de la lotería nacional francesa —lo más tolerable de sus actividades en aquellos años— y encontró a otra persona a la que estafar con sus supuestos poderes mágicos. En esta ocasión se trató de la marquesa de Urfé. Como antes y después habían hecho otros charlatanes, Casanova se refirió a un conocimiento oculto que poseía e incluso prometió a la aristócrata que podría garantizarle el hecho de volver a nacer, pero esta vez dotada de sexo masculino. La marquesa creyó en todo a pies juntillas y durante los siguientes siete años se convirtió en la víctima ideal de Casanova. En el curso del tiempo que duró su relación, el habilísimo masón aventurero logró aligerarla del peso de no menos de un millón de francos de la época.

Con todo, el tren de vida que llevaba Casanova era demasiado despilfarrador como para depender únicamente de estafar a la pobre marquesa de Urfé. Así, en 1759 vendió su participación en la lotería e invirtió en una fábrica de seda. El negocio concluyó con Casanova encarcelado por sus socios y acreedores que le culpaban de fraude. Logró salir de la prisión gracias a la marquesa de Urfé, pero antes de que acabara el año era encausado por falsificar documentos mercantiles. Obligado por las circunstancias, el veneciano decidió abandonar Francia.

En el curso de los años siguientes, Casanova se dedicó a recorrer distintos lugares de Europa, llevando un tipo de vida aún más escandaloso si cabe. No le fue bien. En Colonia le acusaron de impago; en Stuttgart se vio mezclado en un turbio asunto de juego y encarcelado... no sorprende que en medio de tantos avatares, a su paso por Suiza, llegara a acariciar la idea de hacerse monje y abandonar aquella suma de desazones. La vocación religiosa le duró hasta que conoció a la joven baronesa de Roll, a la que se dedicó a perseguir. Desde luego, hay que reconocer que la capacidad para el engaño del veneciano era verdaderamente prodigiosa. Antes de que acabara el año —masón y delincuente— fue recibido por el papa Clemente XIII, que le nombró caballero de la orden papal de la Santa Espuela. No era la primera vez que un masón engañaba a la Santa Sede. No iba a ser tampoco la última y, desde luego, resulta bien revelador el comentario que Casanova realiza en sus memorias sobre el clero de Roma al afirmar que varios cardenales y prelados pertenecían a la masonería. Quizá ahí se encuentre la clave del reconocimiento que el papa dispensó al hermano Casanova.

En 1762, tras un dilatado periplo italiano, Casanova se hallaba de nuevo en París. Necesitaba dinero y recurrió, como era de esperar, a madame de Urfé. Sin embargo, a esas alturas la aristócrata deseaba, lógicamente, alguna prueba más sustancial de los poderes ocultos del veneciano. Sin arredrarse, Casanova anunció a la marquesa que su regeneración estaba a punto de llevarse a cabo e incluso se procuró la colaboración de su amante de la época, Marianne Corticelli. El primer intento se llevó a cabo en el castillo familiar de la dama, situado en Pontcarré. Resultó fallido y entonces se fijó como lugar para una segunda acción Aix-la-Chapelle. Fue justo en ese momento cuando la situación comenzó a complicarse para el veneciano. La Corticelli pidió más dinero so pena de contar a madame de Urfé que Casanova tan sólo pretendía estafarla y el aventurero —por enésima vez— engañó a la crédula aristócrata. No fue difícil. Bastó con que le dijera que la Corticelli estaba poseída por un espíritu inmundo y con que anunciara que la ansiada regeneración tendría que esperar.

No esperó mucho. Al año siguiente, 1763, y esta vez en Marsella, madame de Urfé fue sometida a la ceremonia de regeneración. Se trataba, sin duda, de una apuesta arriesgada porque aquélla consistía, nada más y nada menos, en que Casanova mantuviera relaciones sexuales con la aristócrata y así la «impregnara». Del embarazo fruto de ese coito mágico debía nacer, según las promesas de Casanova, una criatura que causaría la muerte de la marquesa y, a la vez, serviría de receptáculo para que siguiera viviendo otra existencia, esta vez como varón. No existen datos de que Casanova hubiera sido muy fecundo hasta ese momento y, para desgracia suya, tampoco lo resultó en la supuesta ceremonia de regeneración. Las consecuencias fueron fatales. Al descubrir que no estaba encinta, madame de Urfé perdió totalmente la fe en el hombre que la había estado estafando a lo largo de siete años y Casanova se vio privado de una generosa fuente de ingresos. El año terminó muy mal. El veneciano, a pesar de su experiencia, se enamoró de Marianne Charpillon, una prostituta que lo humilló una y otra vez y lo arrastró prácticamente a la ruina. No sorprende que el propio Casanova asegurara tiempo después que en ese momento había dado inicio el declive de su existencia.

Con todo, Casanova podría haber salido adelante con relativa facilidad. Su hermano masón, Federico de Prusia, le ofreció precisamente un puesto como jefe de un cuerpo de cadetes de Pomerania que le aseguraba un buen pasar. Sin embargo, el veneciano ignoraba que lo peor estaba por venir, era aún joven, ansiaba nuevos placeres y, bastante desilusionado, rechazó el ofrecimiento.

Hasta el 15 de noviembre de 1774, en que se le permitió regresar a Venecia aunque de manera temporal, la vida de Casanova fue un continuo vagabundear por diferentes naciones europeas —Polonia, Rusia, Francia, España...— sin conseguir asegurarse una fortuna y dando con sus huesos más de una vez en la cárcel.

El regreso a su ciudad natal estuvo cargado de esperanzas. Sin embargo, la realidad no resultó halagüeña para el ya maduro aventurero. Intentó, primero, ganarse la vida con actividades literarias, pero no lo consiguió. Finalmente, acabó sirviendo como informador de la Inquisición, la misma institución que le había tenido encarcelado tiempo atrás, y complementando esos ingresos con los derivados de actuar como secretario a ratos perdidos de un diplomático genovés llamado Carlo Spinola. Fue precisamente la relación con este personaje la que precipitó un nuevo descenso de Casanova en la escala social.

Carlo Spinola tenía un pleito pendiente a causa de una deuda con un tal Carletti. Casanova se prestó, a cambio de una comisión, a solventar la situación y con esa finalidad se dirigió al palacio de un noble llamado Carlo Grimani, donde se encontraba Carletti. Lo que debía haber servido para zanjar un problema, ocasionó otro. Carletti rechazó las pretensiones económicas de Casanova y, en un momento determinado, Grimani le apoyó. Finalmente, la discusión concluyó a golpes y Casanova, un hombre de cierta edad y de no buena situación social, llevó la peor parte. Sin embargo, una cosa era que se le humillara y se dudara de su valor y otra bien distinta que estuviera dispuesto a abandonar la idea de la venganza. Al poco tiempo saltó a la luz una alegoría titulada *Né amori né donne*, en la que se podía ver con bastante facilidad que Casanova alegaba que era hijo ilegítimo de Michele, el padre de Carlo Grimani, y que éste, a su vez, era el bastardo de otro noble veneciano. La satisfacción del desquite duró poco. El 17 de enero de 1783, Casanova tuvo que abandonar Venecia perseguido por las autoridades.

Durante los siguientes meses, la vida de Casanova fue un continuo vagabundear por Europa a la busca de un empleo que le asegurara la supervivencia. Del apuro le sacaría un hermano masón, el conde Josef Karl Enmanuel von Waldstein, que tenía un interés enorme por el ocultismo y que ofreció al veneciano un puesto como bibliotecario en su castillo de Dux, en la actual República Checa. En otro tiempo, Casanova hubiera rechazado la oferta como había hecho, por ejemplo, con la de Federico el Grande años atrás. Sin embargo, ahora no podía permitirse ese lujo. Aceptó el cargo y dio inicio a un periodo de su vida especialmente amargo.

Aprovechando que el trabajo que tenía que realizar no era pesado y le dejaba mucho tiempo libre, intentó relanzar su nunca triunfante carrera literaria y encontrar un empleo que le permitiera abandonar Dux. Fracasó en ambas pretensiones. Sus escritos —no pocos de ellos inéditos al tener lugar su fallecimiento— no alcanzaron el éxito y los empleos también brillaron por su ausencia, a pesar de que, una vez más, recurrió a sus hermanos masones, como fue el caso de Mozart, con el que se encontró en Praga en 1787.

La amargura de verse sin recursos, dependiente, humillado incluso por algunos de los sirvientes del castillo, acabó precipitando a Casanova en una depresión de cuyos efectos intentó liberarse redactando la *Historia de mi vida*. Iniciada en 1790, la primera redacción estaba concluida dos años después y constituye un fresco interesantísimo de la vida en el siglo XVIII, un siglo que se ha presentado propagandísticamente como el de las Luces y en el que, por el contrario, las clases y los personajes más supuestamente iluminados estaban inficionados por la afición al ocultismo, la credulidad más supersticiosa y la más despiadada amoralidad. De manera bien significativa, el relato se detiene en 1774, con su regreso —ilusionado y frustrado— a su Venecia. La obra no sería publicada completa hasta la década de los años sesenta, ya en pleno siglo XX.

En 1797, la República de Venecia desapareció tras ser invadida por las tropas de Napoleón, otro personaje en cuya vida, como tendremos ocasión de ver, tuvo una enorme repercusión la masonería. Es posible que Casanova hubiera deseado regresar entonces a su ciudad natal, pero en abril de 1798 una infección del tracto urinario convirtió en imposible un viaje semejante. Moría el 4 de junio de 1798. El príncipe de Ligne, testigo de sus últimos momentos en este mundo, afirmaría que había dicho: «He vivido como un filósofo y muero como un cristiano.» Quizá.

La relación de Casanova con la masonería en la que fue iniciado a mediados del siglo XVIII permite llegar a varias conclusiones. La primera es que para ser iniciado no era en absoluto necesario ser un «varón de buenas costumbres» si aparecían otras cualidades atractivas, como podía ser un supuesto conocimiento de lo oculto o un trato meramente agradable. La segunda es que la vida irregular e incluso al margen de la ley no constituía motivo suficiente para ser expulsado de la logia y, a decir verdad, da la sensación de que incluso los hermanos podían proteger a aquellos de sus miembros que incurrían en tan delicadas circunstancias. La tercera es que la masonería constituía una red internacional de influencia y asistencia cuya piedra de toque no era tanto la práctica de la filantropía como la ayuda brindada a sus miembros. Finalmente, vez tras vez, nos encontramos con esa búsqueda de lo esotérico, de lo mistérico, de lo iniciático que tanto se dio en la Europa supuestamente ilustrada y de vuelta de la superstición y que tanto pesó, como tuvimos ocasión de ver, en el nacimiento y la articulación de la masonería. Con todo, Casanova no pasó de ser un estafador eventual. Ciertamente, fue iniciado en la masonería, contó con el apoyo de sus hermanos masones y pretendió disponer de poderes ocultos. Sin embargo, no fundó logias ni estableció nuevas obediencias masónicas en las que, supuestamente, se revelaran verdades ocultas y transmitidas en secreto a lo largo de los siglos. Ese papel quedaría reservado a personajes como el que nos ocupará en el apartado siguiente.

## Cagliostro, fundador de logias, creador de obediencias

Dieciocho años después del nacimiento de Casanova, el 2 de junio de 1743, veía la primera luz en Palermo, Sicilia, José (Giuseppe) Bálsamo. Su padre, Pedro, era un humilde quincallero que murió en la miseria tras pasar por la humillante experiencia de la bancarrota en varias ocasiones. Como en el caso de muchos plebeyos, la familia tenía delirios de grandeza, y si Pedro Bálsamo alardeaba de antepasados nobles, su esposa, Felisa Bracconieri, afirmaba descender del monarca franco Carlos Martel.

Al morir su padre, José fue confiado a unos tíos maternos que se comprometieron a darle una educación. Fue así como ingresó en el Colegio de San Roque, donde demostró una capacidad casi incomparable para hacer el vago. La única materia que le interesaba ya entonces era la química que, a la sazón, no terminaba de distinguirse para muchos de la alquimia y la magia.

Con la idea de asegurarse un futuro tranquilo, el joven José vistió el hábito negro de novicio, destinándosele a la farmacia como asistente del boticario. Fue una época dichosa en la que el muchacho trasteaba entre tubos y matraces, a la vez que pasaba horas y horas en prostíbulos, tabernas y casas de juego. Tan muelle existencia llegó a su fin cuando, al ordenársele recitar las letanías durante la colación, José sustituyó los nombres de las santas por los de las prostitutas más conocidas de Palermo. El sacrilegio fue castigado con su reclusión en una celda, de la que salió para cometer un hurto de las limosnas depositadas en el cepillo. Hubiera podido continuar en el monasterio, pero, a esas alturas, José decidió regresar a casa de sus tíos.

Sus pobres parientes lo soportaron una temporada, pero la idea de tener en casa a un adolescente nada entregado a la idea de trabajar resultaba intolerable en aquella época y, al fin y a la postre, lo pusieron en la calle. José tenía quince años y un vivo deseo de salir adelante explotando la ingenuidad del prójimo, de manera que durante los siguientes años se dedicó a falsificar documentos, a mediar en tratos celestinescos e incluso —y éste sería un importante precedente— a declarar que poseía poderes mágicos capaces de permitirle dar con tesoros ocultos. De hecho, un pobre platero llamado Vicente Marano fue la víctima de una estafa consistente en mostrarle el lugar en la ladera del monte Pellegrino donde se hallaba oculto un extraordinario caudal en joyas y piedras preciosas. Para hacerse con semejante tesoro sólo era indispensable entregar a los demonios que custodiaban el lugar sesenta onzas neutralizándolos mediante los rituales mágicos pertinentes. Que José Bálsamo lograra convencer de semejante patraña a un avezado artesano dice mucho de su capacidad para la estafa. Que además pudiera escapar con el fruto de su trapacería a Messina indica que sólo estaba comenzando.

En Messina, José conoció a un personaje llamado Altotas —supuestamente un hispanogriego, aunque es posible que no fuera ni una cosa ni la otra— que cogió cariño al muchacho y que le indicó que estaba dispuesto a comunicarle sus secretos. Entre ellos se encontraban unos polvos mágicos capaces de curar las heridas a seiscientas sesenta y seis millas de distancia. Finalmente, José y Altotas, entusiasmado con un discípulo tan capaz, dejaron Messina y se encaminaron a Egipto. No está demostrado que alcanzaran la tierra de los faraones —uno de los iconos del imaginario masónico— pero sí se sabe que se detuvieron en la isla de Malta. Aún gobernada por la orden caballeresca de San Juan de Jerusalén, Malta constituía un destino muy atractivo para aventureros que, supuestamente, estaban versados en las ciencias ocultas. De hecho, el Gran Maestre de la Orden, un portugués llamado Pinto de Fonseca, estaba entregado con entusiasmo a la tarea de dar con la piedra filosofal. Altotas se prestó a ayudarle en semejante empeño y así se le permitió que realizara experimentos en el laboratorio del Gran Maestre. Su dicha no tardó en transformarse en su desgracia. Alcanzado por los vapores de una de las ollas donde se cocían los elementos que permitirían conseguir la piedra filosofal, Altotas murió y a José Bálsamo no le quedó más remedio que poner tierra por medio.

Durante los años siguientes, Bálsamo se dedicó a estafar a incautos adinerados a los que prometía convertir en partícipes de su dominio de la alquimia. Nápoles, Messina, Pizzo de Calabria fueron algunos de los lugares donde cometió nuevas fechorías antes de encaminarse hacia Roma. En la Ciudad Eterna, Bálsamo se dedicaría a la falsificación —una nueva forma de delincuencia para la que estaba muy bien dotado— y conocería a Lorenza, la mujer de su vida, a la que convertiría en su esposa y a la que empujaría por el camino de la prostitución para equilibrar el inestable presupuesto y también para franquearle las puertas de personajes relevantes.

En 1769, Bálsamo se hallaba en Francia y conoció a Giacomo Casanova en Aix-en-Provence. Por lo que ha dejado relatado Casanova, Cagliostro no le impresionó mucho... al contrario que Lorenza. Para juzgar hasta qué punto la esposa de Bálsamo era una embustera extraordinaria, baste decir que Casanova quedó admirado de su «inocencia... ingenuidad y timidez pudorosa».

Durante los años siguientes, el matrimonio Bálsamo pasó por diversas localidades de Francia, España, Italia y, finalmente, cruzó el canal y se estableció en Inglaterra. Raro fue el lugar donde José Bálsamo no violara la ley y poco más escaso el número de aquellos donde no dio con sus huesos en la cárcel. Sin embargo, el hecho más decisivo de aquellos años —en realidad, de toda su vida— fue su iniciación en la masonería. La misma tuvo lugar el 12 de abril de 1777 en el seno de la logia de la Esperanza, número 289, perteneciente a la obediencia de la Alta observancia. Se trataba de una logia compuesta en su mayoría por inmigrantes franceses e italianos de escasos recursos, que debieron de sentirse encantados de recibir entre los hermanos a un José Bálsamo que ya se hacía llamar conde de Cagliostro. Como hemos tenido ocasión de ver, uno de los alicientes de la iniciación masónica era poder codearse con gente de posición social elevada, y para un zapatero, un tapicero o un peluquero de señoras como los que componían aquella logia la admisión de un aristócrata —por muy apócrifo que fuera en realidad— no resultaba cosa baladí. Por su parte, Bálsamo debía de saber sobradamente a esas alturas los beneficios que podían derivarse de pertenecer a la masonería, y el 2 de junio de aquel mismo año ya tenía en su poder los diplomas correspondientes a la obtención de los grados de aprendiz, compañero y maestro, los tres primeros de la masonería.

La iniciación de Bálsamo fue, sin ningún género de dudas, el comienzo de una nueva vida. Desde entonces hasta el final de su existencia, Bálsamo se negó rotundamente a identificarse consigo mismo y con sus años anteriores, y, empecinadamente, insistió en que era el conde de Cagliostro, el maestro poseedor de profundos secretos y creador de nuevas obediencias masónicas. Sería la suya una trayectoria rutilante que duraría una década y que concluiría con su ruina.

La primera etapa como flamante maestro masón la desarrolló Cagliostro en Holanda. La masonería de esta nación estaba, al parecer, todavía más imbuida de gusto por lo esotérico y afición a lo ocultista que la de otras naciones, y Cagliostro fue objeto de una recepción verdaderamente espectacular. Fue precisamente en La Haya donde entró además en contacto con los rosacruces, una secta hermética que se entrelazaría históricamente con la masonería, en los que quizá se inspiró para crear después su rito egipcio.

Por supuesto, Cagliostro había captado más que sobradamente que uno de los alicientes principales de la masonería era su presunta capacidad para transmitir enseñanzas ocultas y en La Haya se dedicó, supuestamente, a transmutar la plata en oro, agrandar las piedras preciosas, formular profecías e invocar a los muertos. El éxito resultó verdaderamente espectacular aunque no podamos sustraernos a la sospecha de que todo no pasó de ser una mezcla de prestidigitación y desfachatez aderezadas con unas notables dosis de charlatanería.

En 1778, Cagliostro andaba por tierras alemanas después —según algunos autores— de un paso por Italia que aprovechó para estafar a un comerciante con la venta de unos polvos rojos supuestamente prodigiosos. En Lipsia, Cagliostro conoció a dom Pernety, un antiguo benedictino de Saint Germain des Prés que había sido expulsado de la abadía por su dedicación entusiasta a la práctica de la magia. Dom Pernety había marchado a Prusia, donde el masón Federico II le había nombrado conservador y miembro de la Academia Real de Berlín, y donde había entrado en contacto con los Iluminados a los que nos referimos en un capítulo posterior. No resulta claro que dom Pernety se integrara en los Iluminados, pero sí es innegable que creó un rito personal de carácter mágico en el que tenían un papel esencial los espíritus de los muertos y los ángeles. De hecho, el antiguo benedictino pretendía contar con la protección especial del ángel Asadai, supuesto brazo derecho de Jehová. Si Cagliostro creyó algo de aquello o simplemente lo contempló como un océano de rentabilidad es algo que, posiblemente, nunca llegaremos a saber con total certeza. Lo que sí resulta innegable es que dom Pernety se convirtió en su mentor espiritual y le proporcionó los mimbres con los que Cagliostro tejió su versión de la masonería.

La masonería, según Cagliostro, no implicaba, desde luego, una ruptura con concepciones ya muy extendidas en aquella época. La referencia a Isis y Osiris, a los arquitectos egipcios, a Platón y los misterios y a tantas referencias al país del Nilo en la Antigüedad ya había sido adelantada por autores masónicos y, como vimos en el primer capítulo, sigue siendo común en la actualidad. Cagliostro, sin embargo, la sistematizó en un libro titulado *Ritual de la masonería egipcia*, donde pueden percibirse influencias de distintos masones de la época y que presenta claros paralelos con obras masónicas posteriores debidas a autores de la talla de Albert Pike o Manly P. Hall.

El rito egipcio de la masonería —que tenía una versión masculina y otra femenina— estaba presidido por el Gran Copto (un sobrenombre de Cagliostro), del que dependían doce maestros a los que se denominaba profetas y siete maestras llamadas sibilas. Los mandamientos del rito eran los propios de la masonería, como, por ejemplo, el amor a Dios y al prójimo, y el respeto al soberano y a las leyes. Sin embargo, lo realmente atractivo e interesante era lo que prometía el rito a los adeptos. Fundamentalmente, eran cuatro cosas: la visión beatífica, la perfección, el poder de invocar a los espíritus y las regeneraciones física y moral. En resumen, se trataba de un programa gnóstico —como gnóstica es esencialmente la masonería— que pretendía levantar al hombre de los efectos de la caída de Adán, reuniéndole con la divinidad (la visión beatífica), enseñarle un camino de Bien, Virtud y Sabiduría (la perfección), dotarle con los secretos de la nigromancia grecoegipcia, y, finalmente, proporcionarle la inmortalidad. ¿Funcionaban los ritos de regeneración encaminados a proporcionar la eterna juventud? Desde luego, Cagliostro no se sometió a los mismos.

No hace falta ser un experto en teología para percatarse de que una visión espiritual de este cariz casaba mal con el cristianismo, por mucho que Cagliostro, como otros maestros masones, insistiera en la posibilidad de una doble militancia. Para colmo, el emblema del rito egipcio era una serpiente que erguía la cola, traspasada por una flecha dirigida hacia abajo, y con una manzana en la boca, un simbolismo que no pocos cristianos interpretaron como una manifestación de culto a la serpiente que tentó a Adán y Eva en el paraíso, es decir, con Satanás que pretendía abrir el camino hacia el conocimiento secreto y otorgar la inmortalidad a los hombres. Cuando además se estableció como condición esencial para la iniciación en el rito egipcio la previa en la masonería, la controversia quedó servida.

En el curso de los años siguientes, Cagliostro tuvo un éxito verdaderamente espectacular en la Europa central, donde decenas de miles de personas se sumaron a su rito masónico. Las historias que corrían sobre él eran, desde luego, impresionantes. Se decía, por ejemplo, que había logrado que se apareciera el arcángel san Miguel, que había conseguido que se presentara el espíritu del hermano difunto de la baronesa Der Recke, que había obrado curaciones prodigiosas en la corte de Catalina de Rusia... lo cierto es que, efectivamente, docenas de personas afirmaban haber sido curadas por él e incluso llegaron a dispensarle el tratamiento de «Dios mío», que a Cagliostro, ciertamente, no le disgustaba. A esas alturas, la popularidad de Cagliostro era igual a la de Voltaire, quizá incluso mayor entre las clases populares.

No cabe duda de que el camino recorrido por el humilde siciliano era extraordinario y por ello no resulta extraño que intentara crearse —como tantos fundadores de sectas antes y después de él— un pasado totalmente falso, pero enormemente atractivo. Lo que contaba a sus íntimos era que había nacido de una estirpe nobiliaria en Oriente, antes del Diluvio Universal —lo que obliga a preguntarse cómo llegó a embarcarse en el arca de Noé sin ser familiar suyo ni uno de los animales salvados por Dios—, que había sido amigo de Moisés y Salomón, discípulo de los faraones y de Sócrates, compañero de Hermes Trimegisto y de Jesús, al que incluso había dado consejos para salvarse la noche del Viernes Santo.

El relato no estaba, desde luego, mal, aunque —justo es decirlo— no siempre contaba el mismo. Por ejemplo, otra versión le presentaba como hijo del jerife de La Meca y de la princesa de Trebisonda, discípulo de un sabio llamado Altotas y converso al cristianismo, a la vez que amigo del cardenal Orsini y del papa Rezzonico.

Sin duda, todo ello resultaba espectacular, aunque no tanto si se tiene en cuenta que Cagliostro también relataba que había dado la vista a los ciegos, la movilidad a los paralíticos, la juventud a los ancianos, la vitalidad sexual a los impotentes y la vida a los muertos. En París se dedicaba, sobre todo, a invocar a los muertos en sesiones de espiritismo como las que se repetirían a uno y otro lado del Atlántico décadas después y a las que supuestamente asistían los espíritus de Voltaire, D'Alembert, Diderot, Montesquieu o Choiseul.

El éxito de Cagliostro resultaba, a esas alturas, espectacular. El duque de Chartres, a la sazón Gran Maestro de la masonería, se deshizo en alabanzas de Cagliostro tras asistir a una de sus sesiones de espiritismo; el príncipe de Montmorency aceptó entusiasmado el título de Gran Maestro protector de las logias egipcias y el arzobispo de Brujas, monseñor Phelipeaux d'Herbault, fue iniciado en la masonería por el siciliano a la vez que le prometía que intercedería ante el papa para que se levantase la prohibición que pesaba sobre ella. El único cambio que pedía era que se eliminasen los ayunos. Claro que si enorme era el triunfo entre nobles y prelados, extraordinario resultó entre las mujeres a las que permitía entrar en la masonería vedada durante tanto tiempo. Como carnada, Cagliostro utilizó no sólo la referencia a los secretos que serían revelados, sino, especialmente, al hecho de que la entrada en la masonería permitiría a las féminas sacudirse el yugo al que las tenían sometidas los varones. La iniciación en el rito egipcio les permitiría «alzarse con una fuerza invencible». El triunfo resultó extraordinario.

A esas alturas, ante Cagliostro sólo se presentaban dos desafíos. El primero era ser recibido por Luis XVI de Francia y su esposa; el segundo, imponerse en la asamblea de los filatetas. Curiosamente, las amistades de Cagliostro operaron en esta ocasión en su contra. La reina María Antonieta aborrecía a Rohan y a sus amigos, entre los que se hallaba el siciliano, e insistió ante el monarca para que no lo recibiera. Se salió con la suya. Por lo que se refiere a los filatetas, no tenían la menor intención de disolverse y verse absorbidos en el rito egipcio de Cagliostro.

En realidad, se trataba de reveses menores en medio de una cadena ascendente de éxitos. Lo que nadie podía sospechar entonces era que el astuto aventurero había llegado al cenit de su carrera y que el desastre le esperaba a la vuelta de la esquina, un desastre, por cierto, vinculado estrechamente a la reina María Antonieta.

El escándalo del collar de la reina ha sido objeto de los más diversos tratamientos, incluyendo el que lo ha presentado como una conspiración tramada por la masonería —y en la que Cagliostro tuvo un papel esencial— para desacreditar a la Corona y así precipitar la caída de la monarquía. Que la masonería acabaría poniendo en marcha un proceso que segaría las cabezas de Luis XVI y de su esposa, y que inundaría de sangre Francia, ofrece, como veremos más adelante, pocas dudas. Sin embargo, su papel en el asunto del collar es, hasta donde sabemos, fruto más de la imaginación que de la realidad histórica. Aunque algunos autores como Alejandro Dumas han convertido el episodio en una trama masónica con Cagliostro en el papel protagonista y destinada a hundir a la monarquía francesa y a desencadenar la Revolución, los hechos fueron muy diferentes y podemos reconstruirlos con notable facilidad.

Rohan, uno de los amigos de Cagliostro, sorprendió al siciliano a inicios de 1785, cuando le confesó entusiasmado que la reina María Antonieta no sólo había abandonado la animosidad que sentía hacia él, sino que además apoyaba su candidatura como primer ministro. Cuando Cagliostro se interesó por las razones de aquel cambio, Rohan le respondió que se debía a la acción de la condesa Juana Valois de la Motte. Supuestamente, esta aristócrata se había puesto en contacto con Rohan por cuenta de la reina y, a cambio de ciertos favores económicos, le había concedido su apoyo político. Ese respaldo además se había fortalecido más allá de lo esperable gracias al hecho de que había adquirido un valioso collar del que se había encaprichado María Antonieta.

La historia que relató Rohan sonaba bien pero tenía un inconveniente sustancial, y era el de no corresponderse con la realidad. No sólo eso. El pobre cortesano era víctima de una estafa urdida por Juana de la Motte, que desde hacía tiempo tenía gastos situados muy por encima de sus posibilidades y necesitaba liquidez para mantener su tren de vida. Inicialmente, Juana de la Motte había obtenido de Rohan cantidades bastante elevadas supuestamente con el argumento de que la reina las necesitaba para socorrer a gente necesitada. La verdad es que ni la soberana tenía necesidad de ese dinero ni los menesterosos en cuestión existían. Con todo, la estafa adquirió unas dimensiones fabulosas —y peligrosas— cuando entró en escena el collar.

Originalmente, la joya había sido confeccionada para satisfacer el gusto por las alhajas que tenía madame Du Barry, la amante de Luis XV. La obra —que incluía las 575 perlas más hermosas de Europa— fue encomendada a los joyeros Bohmer y Bassenge. Lamentablemente para ellos, el rey falleció sin concluir la transacción y los joyeros se encontraron con una seria amenaza de ir a la cárcel por deudas. Como era lógico, intentaron vender al nuevo monarca Luis XVI la joya, pero, o porque a María Antonieta no le gustó o porque resultaba demasiado costosa, la compraventa no se consumó. A punto estaba el joyero Bohmer de suicidarse cuando le hablaron de Juana de la Motte como una persona que era consejera íntima de la reina.

La señora De la Motte —que como muchos estafadores que no son atrapados en un primer momento había perdido el sentido del riesgo— aseguró a los joyeros que el collar sería adquirido por la reina aunque a través de un personaje relevante. Como resulta fácil de sospechar, éste no era otro que Rohan, al que Juana de la Motte aseguró que servir de avalista en la compra del collar destinado a María Antonieta tendría magníficos resultados para su carrera. Fue así como los joyeros entregaron el collar a Rohan y éste aceptó garantizar el pago a plazos.

En ese momento en que Rohan se sentía entusiasmado por las buenas perspectivas que despertaría el asunto fue cuando informó a Cagliostro de todo. El siciliano sentía una profunda antipatía por Juana de la Motte y aconsejó a Rohan que dejara de tener tratos con ella. No sirvió de nada. El 1 de febrero, Rohan, provisto de un cofrecillo en el que estaba guardado el collar, se dirigió a casa de Juana de la Motte. Allí, la noble le enseñó una carta, supuestamente de María Antonieta, en la que ordenaba entregar la joya a un joven. Así lo hizo Rohan. Aquella misma noche, Juana de la Motte, su marido, cómplice entusiasta de sus estafas, y el muchacho, que se llamaba Villette, se dedicaron a desmontar el collar.

Durante las semanas siguientes, los estafadores se dedicaron a vender las joyas. Por lo que se refiere a Rohan, pasó casi medio año antes de que concibiera sospechas, y lo hizo, fundamentalmente, porque no veía que la reina llevara el collar. Sin embargo, cuando se lo comentó a Juana de la Motte, ésta le dijo que la soberana no quería lucir la joya sin que antes estuviera pagada del todo, lo que, dicho sea de paso, parecía razonable.

El 12 de julio, Bohmer —que tenía que ir a la corte a entregar unas hebillas de diamantes a la reina— aprovechó para entregar a la soberana una nota en la que Rohan hacía referencia a la joya. María Antonieta no supo, como es natural, a qué se refería el billete, pero su silencio fue interpretado por Rohan y por los joyeros como un claro asentimiento. Y así llegó el 1 de agosto, la fecha en que se esperaba que la reina llevara a cabo el primer pago de la compra garantizada por Rohan. Por supuesto, María Antonieta —que no sabía nada— no iba a aportar un céntimo y la estafa estaba a punto de descubrirse.

Cuando Bohmer vio que la soberana no hacía frente al primer pago, se dirigió a Versalles para reclamarlo, y entonces descubrió que había sido objeto de un engaño. Las noticias no tardaron en correr y el propio Cagliostro aconsejó a Rohan que fuera a ver a la reina y le dijera que él también era víctima de la estafa. Sin embargo, Rohan no siguió la advertencia y el resultado fue fatal. El 8 de agosto, María Antonietta interrogó a Bohmer personalmente; una semana después, Luis XVI ordenó el ingreso de Rohan en la Bastilla. El 20, la detenida era Juana de la Motte.

La estafadora no sólo no se desmoronó, sino que decidió resistirse a las malas tornas y culpar de la estafa a Cagliostro y al infeliz Rohan. El 23, el siciliano era detenido.

La reacción de Cagliostro al verse en prisión fue terrible. Cayó en un acceso tal de desesperación que el alcaide de la cárcel dispuso que siempre hubiera alguien a su lado, incluso jugando a las cartas, para evitar que intentara quitarse la vida.

Si, al final, el enredo se solucionó, se debió a que Villette confesó toda la verdad y exculpó a Rohan y a Cagliostro. De nada sirvió entonces que Juana de la Motte dijera que era amante de Rohan y que éste a su vez lo era de la reina. En el curso del proceso, Cagliostro —que se expresó en latín, en griego y, según dijo, en árabe— cosechó los aplausos del público. El 30 de mayo de 1786 tanto él como Rohan fueron absueltos.

Pensaba el siciliano que había alcanzado el triunfo, pero se equivocaba. El 2 de junio recibió una orden del rey para que abandonara París antes de ocho días y Francia antes de tres semanas. Los soberanos estaban convencidos de que tanto Rohan como Cagliostro eran culpables e intuían el daño que aquel asunto iba a causar a la imagen de la monarquía. En esta última cuestión no se equivocaban.

El 18 de junio de 1786, Cagliostro llegaba a Londres. La acogida fue fría, sin duda, porque, a pesar de su absolución, persistían las dudas sobre su inocencia. No sólo eso. Si Cagliostro había sido capaz de tramar una estafa tan burda, ¿hasta qué punto no serían también un engaño sus otras afirmaciones? Por si fuera poco, la sífilis, que había contraído en la década anterior, comenzó ahora a manifestarse en un trastorno psíquico indudable.

Con todo, quizá el siciliano hubiera podido reconstruir su fortuna valiéndose de sus dotes, reales o supuestas, de curandero, de no ser porque insistió en que las autoridades francesas lo compensaran por los prejuicios relacionados con el asunto del collar. Por supuesto, nadie hizo caso de sus peticiones, pero sí se inició una investigación sobre sus antecedentes y en el curso de la misma se descubrió lo que había conseguido ocultar durante décadas, que el célebre masón Cagliostro no era sino José Bálsamo. Aquella revelación tuvo un efecto terrible sobre la reputación del creador del rito egipcio de la masonería. Lo más silenciosamente que pudo, abandonó Londres y se dirigió al continente.

En 1787 se hallaba en Italia, donde se ganaba la vida vendiendo pociones y ungüentos supuestamente milagrosos, a la vez que afirmaba que era coetáneo de Jesús, que había estado con él en las bodas de Caná y que incluso le había advertido el Viernes Santo que no saliera de casa porque podía tener problemas. Tanto parecía remontar su fortuna que, estando en Trento, se planteó la posibilidad de presentar al papa su rito egipcio. Se trataba, sin duda, de un disparate, pero justo es reconocer que a ello le había animado el propio obispo de la ciudad, Pedro Vigilio Thun, que era también un apasionado del ocultismo y además masón. Tan entusiasmado se encontraba el prelado con la posibilidad de que el Santo Padre abrazara la verdad de la masonería que incluso proporcionó un salvoconducto a Cagliostro para visitar los Estados Pontificios. El 17 de marzo de 1789, Cagliostro se ponía en camino hacia Roma.

Que el siciliano contaba con convencer al pontífice no ofrece duda alguna y, de hecho, hasta se permitió contarle cómo había estado presente en el milagro de Caná al lado de Jesús. Como era de esperar, el papa, a la sazón Pío VI, quedó sorprendido pero no agradablemente. Por si fuera poco, María Antonieta le había advertido de la catadura de Cagliostro. El 27 de diciembre, el papa —que estaba decidido a acabar con la influencia de la masonería— ordenó el arresto de José Balsamo.

La instrucción de su sumario por parte de la Inquisición duró dieciséis meses y lo que fue surgiendo no podía beneficiar a Cagliostro. No se trataba sólo de que hubiera afirmado que Cristo y los apóstoles eran masones, o de que se hubiera burlado de los sacerdotes. Además estaban sus opiniones sobre algunos personajes de la historia sagrada. Cagliostro había afirmado, por lo visto, que Judit era una «marrana» porque, primero, había dejado que Holofernes la «fornicara» y luego lo había decapitado; o incluso se había jactado de que con ciertas reliquias se «adornaba el pajarito». Para remate, no pocas de las estafas, engaños y trapacerías del siciliano salieron a la luz. Así, el 4 de abril de 1791, concluía el sumario. En el proceso intervino personalmente el papa, interesado de manera especial en las sesiones relacionadas con la masonería.[3] La defensa insistió en que Cagliostro estaba loco y que, por lo tanto, correspondía absolverlo. Quizá a esas alturas no estaba muy equilibrado, pero no parece que esa circunstancia le eximiera de responsabilidad y más cuando había sembrado el centro de Europa de multitud de logias masónicas.

La sentencia fue leída el 7 de abril de 1790, en unos momentos en que Francia estaba desgarrada por una revolución en la que los masones, como veremos más adelante, tuvieron un papel muy destacado. Cagliostro fue condenado a muerte por los cargos de magia, de herejía y de participación en la masonería, que se penaban de tal manera en los Estados Pontificios. Sin embargo, el papa le conmutó la pena por la de cadena perpetua. Se trataba de una sentencia totalmente legal, pero la masonería la utilizó para desacreditar a la Santa Sede y convertir a Cagliostro en un mártir de la luz que, supuestamente, arrojaba con sus enseñanzas y acciones la masonería. No sería la última vez que un delincuente masón era convertido en héroe por la propaganda de sus hermanos.

Cagliostro pasó sus últimos años confinado en distintas mazmorras. El 23 de agosto de 1794 sufrió un ataque de apoplejía. Durante los días que duró la agonía no quiso oír hablar de Dios ni recibir ningún sacramento. El 26 de agosto expiró. Sin embargo, su influjo quedó vivo en no escasa medida. Durante los siglos siguientes, Bálsamo seguiría siendo un referente para los interesados en el ocultismo de los que no pocos tuvieron una clara relación con la masonería. Por lo que se refiere al influjo de su actividad en ésta fue tan extraordinario que algunas de las obras dedicadas a su estudio intentan aún sembrar la duda en el sentido de que Cagliostro y José Bálsamo fueron dos personas totalmente distintas.[4]

CAPÍTULO V

# Los masones y la revolución (I): de los Illuminati a la Revolución americana

A lo largo del siglo XVIII, la masonería experimentó una expansión extraordinaria entre sectores aristocráticos y especialmente activos de Europa hasta tal punto que se consagró como una red de influencias que permitía recorrer el continente y hallar apoyo y acomodo en buena parte del mismo. A esta circunstancia —ya de por sí notable— se sumó la de su peculiar cosmovisión que estaba profundamente imbuida por la idea de poseer unos conocimientos ocultos que, a pesar de todo, ahora eran accesibles para los diferentes iniciados aunque fuera en un distinto grado de dominio. La combinación de ambos elementos —una estructura secreta y jerárquica con un enorme poder de irradiación y una fe mesiánica convencida de poseer los arcanos del universo— no podía desligarse de la tentación de alterar el orden social mediante la subversión para acomodarlo a su peculiar percepción de la realidad. El que ésta incluyera unos conceptos vagos sobre la fraternidad de los hombres —fraternidad limitada a los miembros de las logias, dicho sea de paso— y una profunda convicción en su conocimiento de una sabiduría milenaria no eran, desde luego, las características más apropiadas para resistir esa tentación si es que alguna vez existió el menor deseo de hacerlo. Uno de los primeros episodios relacionados con la participación —incluso inspiración y dirección— de la masonería en movimientos subversivos es el de los Illuminati.

## Los Illuminati

Los Illuminati fueron una sociedad secreta fundada el 1 de mayo de 1776 en Baviera por Adam Weishaupt. Profesor de Derecho canónico en la universidad católica de Ingoldstadt en Viena, Weishaupt era un católico de ascendencia judía cuyos puntos de vista expresados en clase no resultaban del todo ortodoxos, aunque lo que pensaba en privado todavía se apartaba más del dogma.

La pretensión de Weishaupt era utilizar los canales que le ofrecía la masonería como sociedad secreta extendida por el continente para llevar a cabo sus propósitos de cambio social y político. No deja de ser significativo que Weishaupt adoptara como nombre secreto el de *Spartacus* (Espartaco), el del gladiador que se había sublevado contra Roma en el siglo I a. J.C., sacudiéndola hasta sus cimientos.

Su expansión se debió en buena medida a la entrada en el grupo del masón alemán barón Adolf von Knigge. El aristócrata estaba interesado —como tantos otros— fundamentalmente por el aspecto esotérico de la masonería y por los secretos mistéricos que Weishaupt podía revelarle. De hecho, el mismo nombre del grupo resultaba una referencia indudable a la iluminación que, supuestamente, derivaba de la posesión de ciertos conocimientos mistéricos. No deja de ser también revelador que el ritual esotérico surgiera de la pluma de Von Knigge.

Mientras Von Knigge y Weishaupt mantuvieron buenas relaciones, la expansión de los Illuminati resultó imparable, hasta el punto de que el grupo pasó de cinco miembros a más de dos mil quinientos desparramados por sectores sociales de cierta relevancia. Para 1782, Weishaupt acariciaba ya la idea de imponer su control sobre toda la masonería, una maniobra que fracasó por la oposición de otras logias masónicas. Fue entonces cuando Von Knigge decidió desvincularse de los Illuminati. Las razones de la ruptura nunca han quedado totalmente esclarecidas y pudieron ser una mezcla de disensión por el peso, a su juicio reducido, de los elementos esotéricos, y de decepción por el fracaso en el intento de control de las logias. Fuera como fuese, a esas alturas las autoridades bávaras estaban ya sobre la pista de los Illuminati. El 22 de junio de 1784, el elector de Baviera aprobó un edicto dirigido contra la masonería y los Illuminati. Weishaupt no salió del todo malparado ya que el año siguiente marchaba al exilio en Ratisbona, pero se vio libre de cualquier otra sanción legal. El 18 de noviembre de 1830 falleció, décadas después de que algunos de sus sueños sobre la pérdida del papel de las iglesias y la desaparición de las monarquías se estuvieran cumpliendo.

Los Illuminati despertaron las más diversas especulaciones en la medida en que habían puesto de manifiesto la enorme operatividad de una sociedad secreta para subvertir el orden existente. No resulta por ello extraño que muchos vieran en ellos el origen de cambios revolucionarios que se produjeron con posterioridad, fundamentalmente en Francia, y que incluso se haya insistido en su paso al continente americano y en un papel extraordinario en el desarrollo inicial de Estados Unidos después de la Revolución. Por supuesto, con el paso de los siglos no han dejado de surgir grupos, más o menos relacionados con la masonería, que han pretendido contar con una línea directa con los Illuminati. No hace falta decir que semejante pretensión es, desde un punto de vista histórico, cuando menos problemática. Precisamente, uno de esos colectivos fue fundado en España en 1995 por Gabriel López de Rojas. La denominada Orden Illuminati pretende partir del encuentro entre su fundador y dos de los Illuminati norteamericanos, así como recuperar el ritual de la sociedad secreta original. La cosmovisión de estos Illuminati es confesamente luciferina, es decir, sostiene que Lucifer es un personaje positivo que ha revelado la Luz al género humano. En ese sentido, difunde una doctrina espiritual peculiar que, ocasionalmente, como veremos, ha aparecido a lo largo de la historia de la masonería.

El peso de la masonería en la Revolución francesa y en las revoluciones europeas del siglo XIX iba a ser muy importante. Sin embargo, de manera muy significativa, iba a resultar muy modesto, casi insignificante, en la primera revolución democrática de la historia moderna, la americana, cuyos elementos de inspiración se hallaban en otra cosmovisión.

## La Revolución americana

A pesar de lo que ocasionalmente se ha señalado,[1] no existe noticia del establecimiento de logias masónicas en Norteamérica antes de la Gran Logia de Inglaterra. Después de 1717, la Gran Logia exportó la masonería a las Indias Occidentales como había hecho con el continente europeo, una tarea que giró, en buena medida, en torno a la creación de logias militares. El control de estas logias era ejercido a través de un Gran Maestro provincial designado por la Gran Logia inglesa. Sin embargo, como había sucedido en otros lugares, los miembros de la masonería comenzaron pronto a proceder de otros estamentos sociales. Por supuesto, estaban los interesados en un conocimiento mistérico y también aquellos que consideraban que las logias eran un lugar ideal para mantener agradables reuniones y trabar amistades con las que poder promocionarse socialmente. Por supuesto, tampoco faltaron los que comprendieron el papel que podría desempeñar la masonería para alterar el orden político.

Estas razones variadas —aunque persistentes en la historia de la masonería— explican también los diferentes motivos que llevaron a algunos personajes a integrarse en la masonería o a permanecer al margen. Por ejemplo, Benjamin Franklin (Boston, 1706) fue iniciado en Londres en 1731. Inicialmente, su interés por la masonería parece haber estado relacionado con la búsqueda de una cosmovisión espiritual diferente de la de los puritanos de su Boston natal. Sin embargo, años después la utilizaría como un medio para recabar el apoyo de Francia en favor de la causa de la emancipación de Estados Unidos. Fue así como entró en la famosa Logia de las Nueve Hermanas, creada en París el 11 de marzo de 1776. En ella se dieron cita numerosos personajes de la vida cultural francesa, como Delille, Chamfort, Lemierre y Florian de la Academia francesa; clérigos católicos como el abate Remy, que no perdía ocasión para atacar el Concilio de Trento, o el padre Cordier, que inició a Voltaire en la logia el 7 de abril de 1778; pintores como Vernet y Greuze; músicos como Precinni y Delayrac;

escultores como Houdon y, muy especialmente, políticos que desempeñarían un papel enormemente relevante durante la Revolución francesa, como Sièyes, Brissot, Cerutti, Foucroy, Camille Desmoulins y Danton, entre otros. Todo parece indicar que Franklin no tenía un interés especial por las enseñanzas esotéricas o por los debates culturales. Sin embargo, en su calidad de ministro plenipotenciario de la recién nacida república americana el lugar era extraordinariamente idóneo a la hora de labrarse las relaciones necesarias para conseguir el apoyo político de Francia. Franklin, justo es decirlo, consiguió lo que se proponía y en ese sentido muy matizado sí puede decirse que la masonería fue uno de los factores que favorecieron la Revolución americana.

George Washington, el comandante en jefe del ejército norteamericano y futuro primer presidente de Estados Unidos, fue iniciado en el tercer grado de la masonería en agosto de 1753. Sin embargo, todo indica que no manifestó un especial interés por la sociedad secreta. De hecho, sólo acudió dos veces a la reunión de su logia. Tras el triunfo de la revolución es ampliamente conocido —y, desde luego, ha sido muy publicitado por la masonería— que en 1793 asistió con el mandil masónico a la colocación de la primera piedra del Capitolio en Washington. Sin embargo, parece que ahí concluyó su interés por las logias. El peso de la masonería en la Revolución americana no fue, ciertamente, mucho más allá.

De hecho, de los 55 firmantes de la Declaración de Independencia de Estados Unidos sólo 9 eran masones, y de los 39 firmantes de la Constitución, 13 llegaron a ser masones, pero en épocas posteriores. De hecho, sólo 3 lo eran en 1775 cuando estalló la Revolución americana.[2] Ciertamente, la masonería tendría un papel relevante en la historia posterior de Estados Unidos, pero en sus inicios predominó claramente el elemento protestante más cercano al puritanismo. Esta circunstancia explica, por un lado, la naturaleza muy especial —verdaderamente distinta— de la Revolución americana y otros procesos revolucionarios, como el francés de 1789 o el español de 1931, en los que el peso de la masonería fue verdaderamente extraordinario. Al respecto, una cuestión tan esencial como la de la redacción de la Constitución de Estados Unidos resulta de una importancia extraordinariamente clarificadora.[3]

De enorme importancia para el futuro desarrollo de la Constitución norteamericana fue, por el contrario, la llegada de los puritanos a lo que después sería Estados Unidos. Puritanos fueron entre otros John Endicott, primer gobernador de Massachusetts; John Winthrop, el segundo gobernador de la citada colonia; Thomas Hooker, fundador de Connecticut; John Davenport, fundador de New Haven, y Roger Williams, fundador de Rhode Island. Incluso un cuáquero como William Penn, fundador de Pennsylvania y de la ciudad de Filadelfia, tuvo influencia puritana ya que se había educado con maestros de esta corriente teológica. Desde luego, la influencia educativa fue esencial ya que no en vano Harvard —como posteriormente Yale y Princeton— fue fundada en 1636 por los puritanos.

Cuando estalló la Revolución americana a finales del siglo XVIII, el peso de los puritanos en las colonias inglesas de América del Norte era enorme. De los aproximadamente tres millones de americanos que vivían a la sazón en aquel territorio, 900 000 eran puritanos de origen escocés, 600 000 eran puritanos ingleses y otros 500 000 eran calvinistas de extracción holandesa, alemana o francesa. Por si fuera poco, los anglicanos que vivían en las colonias eran en buena parte de simpatía calvinista ya que se regían por los *Treinta y nueve artículos*, un documento doctrinal con esta orientación. Así, dos terceras partes al menos de los habitantes de los futuros Estados Unidos eran calvinistas y el otro tercio en su mayoría se identificaba con grupos de disidentes, como los cuáqueros o los bautistas. La presencia, por el contrario, de católicos era casi testimonial y los metodistas aún no habían hecho acto de presencia con la fuerza que tendrían después en Estados Unidos.

El panorama resultaba tan obvio que en Inglaterra se denominó a la guerra de Independencia de Estados Unidos «la rebelión presbiteriana» y el propio rey Jorge III afirmó: «Atribuyo toda la culpa de estos extraordinarios acontecimientos a los presbiterianos.» Por lo que se refiere al primer ministro inglés Horace Walpole, resumió los sucesos ante el Parlamento afirmando que «la prima América se ha ido con un pretendiente presbiteriano». No se equivocaban y, por citar un ejemplo significativo, cuando el británico Cornwallis fue obligado a retirarse para, posteriormente, capitular en Yorktown, todos los coroneles del ejército americano salvo uno eran presbíteros de iglesias presbiterianas. Por lo que se refiere a los soldados y oficiales de la totalidad del ejército, algo más de la mitad también pertenecían a esta corriente religiosa.

Sin embargo, el influjo de los puritanos resultó especialmente decisivo en la redacción de la Constitución. Ciertamente, los denominados principios del calvinismo político fueron esenciales a la hora de darle forma, pero a ellos se unió otro absolutamente esencial que, por sí solo, sirve para explicar el desarrollo tan diferente seguido por la democracia en el mundo anglosajón y en el resto de Occidente.

La Biblia —y al respecto las confesiones surgidas de la Reforma fueron muy insistentes— enseña que el género humano es una especie profundamente afectada en su fibra moral como consecuencia de la caída de Adán. Por supuesto, los seres humanos pueden hacer buenos actos y realizar acciones que muestran que, aunque empañadas, llevan en sí la imagen y semejanza de Dios. Sin embargo, la tendencia al mal es innegable y hay que guardarse de ella cuidadosamente. Por ello, el poder político debe dividirse para evitar que se concentre en unas manos —lo que siempre derivará en corrupción y tiranía— y debe ser controlado. Esta visión pesimista —¿o simplemente realista?— de la naturaleza humana ya había llevado en el siglo XVI a los puritanos a concebir una forma de gobierno eclesial que, a diferencia del episcopalismo católico o anglicano, dividía el poder eclesial en varias instancias que se frenaban y contrapesaban entre sí evitando la corrupción.

Esa misma línea fue la seguida a finales del siglo XVIII para redactar la Constitución americana. De hecho, el primer texto independentista norteamericano no fue, como generalmente se piensa, la declaración de independencia redactada por Thomas Jefferson sino el documento del que el futuro presidente norteamericano la copió. Éste no fue otro que la Declaración de Mecklenburg, suscrita por presbiterianos de origen escocés e irlandés, en Carolina del norte el 20 de mayo de 1775.

La Declaración de Mecklenburg contenía todos los puntos que un año después desarrollaría Jefferson, desde la soberanía nacional hasta la lucha contra la tiranía, pasando por el carácter electivo del poder político y la división de poderes. Por añadidura, fue aprobada por una asamblea de veintisiete diputados —todos ellos puritanos—, de los que un tercio eran presbíteros de la Iglesia presbiteriana, incluyendo a su presidente y secretario.

La deuda de Jefferson con la Declaración de Mecklenburg ya fue señalada por su biógrafo Tucker pero además cuenta con una clara base textual y es que el texto inicial de Jefferson —que ha llegado hasta nosotros— presenta notables enmiendas, y éstas se corresponden puntualmente con la declaración de los presbiterianos.

El carácter puritano de la Constitución —reconocida magníficamente, por ejemplo, por el español Emilio Castelar— iba a tener una trascendencia innegable. Mientras que el optimismo antropológico de Rousseau, profundamente masónico, derivó en el Terror de 1792 y, al fin y a la postre, en la dictadura napoleónica, o el no menos optimista socialismo propugna un paraíso cuya antesala era la dictadura del proletariado, los puritanos habían trasladado desde sus iglesias a la totalidad de la nación un sistema de gobierno que podía basarse en conceptos desagradables para la autoestima humana pero que, traducidos a la práctica, resultaron de una eficacia y solidez incomparables. Si a este aspecto sumamos además la práctica de algunas cualidades, como el trabajo, el impulso empresarial, el énfasis en la educación o la fe en un destino futuro que se concibe como totalmente en manos de un Dios soberano, justo y bueno, contaremos con muchas de las claves para explicar no sólo la evolución histórica de Estados Unidos sino también sus diferencias con los demás países del continente y, de manera esencial, con procesos revolucionarios de inspiración masónica.

Esa contraposición, de manera bien comprensible, por otra parte, permanecería a lo largo de la historia de Estados Unidos que, en no escasa medida, ha sido un enfrentamiento casi ininterrumpido entre la cosmovisión cristiana de los puritanos y la masónica.

CAPÍTULO VI

# Los masones y la revolución (II): la Revolución francesa

## El inicio de la Revolución

El año 1789 estuvo preñado de acontecimientos relevantes para la masonería. Fue, como ya vimos, el del final de la carrera de Cagliostro, pero, sobre todo, el del inicio de la Revolución francesa,[1] un proceso que pudo haberse evitado y que seguramente nunca se habría desencadenado por el simple peso de las circunstancias.[2]

En 1788, las dificultades financieras del gobierno francés, sumadas a la negativa de la Asamblea de notables de renunciar a sus exenciones fiscales, obligaron a Luis XVI a convocar los Estados Generales. Como todos los parlamentos iniciales, los Estados tenían como misión fundamental controlar la creación de nuevos impuestos o la subida de los ya existentes gracias al freno que imponían los estamentos —estados— aristocrático, eclesiástico y popular. Sin embargo, la política absolutista de Luis XIV y Luis XV había prescindido de ellos con relativa facilidad. Ahora, durante su convocatoria, un miembro de la Logia de las Nueve Hermanas, llamado Sièyes, publicó un librito titulado *¿Qué es el Tercer Estado?*, en el que anunciaba un programa de cambio político centrado precisamente en el citado estamento.

Cuando los Estados Generales se reunieron en Versalles el 4 de mayo de 1789, los representantes del Tercer Estado decidieron desafiar las votaciones por estamentos, lo que implicaba una transformación esencial del modelo político. El gran protagonista de esta maniobra era un masón llamado Honoré Gabriel Riqueti, conde de Mirabeau. Se trataba de un personaje peculiar sobre el que había recaído en el pasado una condena por violación y que había sido incluso encarcelado a petición de su padre para evitar sus comprometedoras aventuras amorosas.

Mirabeau capitaneó la transformación del Tercer Estado en una Asamblea nacional con poderes legislativos, una acción que casaba mal con la pretensión de la masonería de no enfrentarse con el orden constituido, pero que no provocó ninguna reacción por parte de Luis XVI. La situación de aparente *impasse* fue resuelta por otro masón llamado Camille Desmoulins, también miembro de la Logia de las Nueve Hermanas, que condujo a las turbas de París hasta la Bastilla el 14 de julio de 1789. El episodio sería convertido en un símbolo del asalto del pueblo a la tiranía. La verdad es que en la Bastilla no había recluido casi nadie en aquellos días —tan sólo cuatro internos— y que las turbas derramaron despiadadamente la sangre de no pocos inocentes que tuvieron la desgracia de cruzarse en su camino.

Poco podía dudarse de que Francia estaba viviendo un proceso abiertamente revolucionario y, como es habitual en los mismos, no tardó en crearse una fuerza armada que lo sostuviera e impusiera. Nació así la denominada Guardia Nacional que estaba a las órdenes de otro masón, el marqués de La Fayette, que había combatido en la Revolución americana. En octubre de 1789, aprovechando una manifestación de mujeres que se dirigió a Versalles, La Fayette convenció a los reyes para que abandonaran el palacio en el que residían y se trasladaran a París. Teóricamente, ese paso acercaba a los monarcas al pueblo. En realidad, como quedaría trágicamente de manifiesto, sólo los puso al alcance del populacho.

Durante los meses siguientes, tanto Mirabeau como La Fayette representaron su papel esencial en un proceso que, teóricamente, estaba conduciendo a Francia por un sendero constitucional semejante al inglés. Sin embargo, no resultaba fácil controlar un proceso de deterioro del orden como el impulsado en los tiempos inmediatamente anteriores. En el verano de 1790 se produjeron varios motines en distintas guarniciones donde los soldados —un fenómeno repetido en Rusia en 1917 y en España en

1936— se quejaban de la disciplina militar. Inicialmente, el marqués de Bouillé, encargado por la Asamblea nacional de acabar con aquella situación, recurrió a la persuasión y a las promesas. Sin embargo, finalmente, no tuvo más remedio que detener a algunos de los sublevados y ejecutar a veinticuatro de ellos. La ocasión fue aprovechada por los miembros más radicales de la Asamblea para debilitar la posición de Mirabeau. De manera bien significativa, los que se oponían con más claridad a la conclusión del proceso revolucionario con un sistema como el inglés eran dos masones cuyo nombre permanecería indisolublemente ligado a la Revolución francesa: Marat y Danton.

## La Convención

Marat había nacido en el cantón de Neuchâtel, en Suiza, en 1743. Médico de cierto éxito, había viajado por Holanda e Inglaterra y fue precisamente durante su estancia en Londres cuando fue iniciado en la masonería. A diferencia de otros autores de la época, Marat no creía en el sistema parlamentario inglés contra el que escribió dos obras *Reflexions on the Faults in the English Constitution* y *The Chains of Slavery*. Por el contrario, abogaba por un cambio político de carácter mucho más radical. A su regreso a Francia, Marat comenzó a tener entre sus clientes a diferentes personajes de la nobleza, como el conde de Artois —un hermano masón—, y a labrarse una posición acomodada. Cuando se inició la revolución en 1789, Marat no dudó en dedicarse a ella en cuerpo y alma, contando con la colaboración de Danton, otro de los miembros de la Logia de las Nueve Hermanas. No resulta extraño que en julio de 1790 el gobierno español recibiera un informe de su embajador en París donde se indicaba que los masones estaban preparando una revolución que se extendería por toda Europa. El texto —donde por primera vez se hacía referencia al color rojo como el utilizado por los revolucionarios— venía además corroborado por una información semejante también dirigida al gobierno español pero esta vez procedente de Turín.[3] Antes de que concluyera el año eran varios los gobiernos europeos que se preparaban para defenderse de una posible amenaza subversiva. Entonces, los acontecimientos se precipitaron de una manera que pareció confirmar la veracidad de sus temores.

En abril de 1791 tuvo lugar la muerte de Mirabeau y, efectivamente, la revolución se radicalizó todavía más. En junio, Luis XVI y María Antonieta intentaron escapar de Francia, convencidos de que sus vidas peligraban. La pareja real fue descubierta en Varennes, cuando se encontraba apenas a un kilómetro de la frontera, y obligada a regresar a París. El 17 de julio de 1791, el primer mes después de la huida, se celebró una extraordinaria manifestación contra la monarquía en el Campo de Marte.

Resultaba obvio que la suerte de Luis XVI y de su esposa pendía de un hilo y, sobre todo, que era más que previsible que el derrocamiento de la monarquía en Francia fuera seguido por episodios similares en otras naciones. Por ello, resulta comprensible que en agosto de 1791 el emperador Leopoldo de Austria y el rey Federico Guillermo de Prusia se entrevistaran en Pilnitz con la intención de estudiar una posible acción conjunta. El asesinato de Gustavo III de Suecia en marzo de 1792 en Estocolmo —la base lejana del argumento de la ópera *Un Ballo in Maschera* de Verdi— sólo sirvió para aumentar la inquietud en las distintas casas reales. Con todo, la agresión acabó viniendo no de las testas coronadas sino de los revolucionarios franceses. Así, el nuevo gobierno francés, formado en abril de 1792, declaró la guerra a Austria y Prusia. El 20 de junio, las turbas irrumpieron en las Tullerías, donde estaba recluida la familia real, y obligaron al rey a ponerse en la cabeza el gorro rojo, símbolo de la Revolución. Una vez más, el triunfo sólo sirvió de acicate a los que lo habían obtenido. El sector más extremo de los revolucionarios —los jacobinos— vio llegado el momento de proclamar la República e hicieron un llamamiento a Marsella para que les enviara un cuerpo de voluntarios con los que acabar con la monarquía. El ejército estaba al mando de un masón llamado François Joseph Westermann y cantaba un himno compuesto por otro masón, Rouget de Lisle, con el título de *Chant de l'Armée du Rhin.* Sin embargo, a partir de entonces la canción sería conocida como *La Marsellesa.*

El 10 de agosto, los voluntarios marselleses asaltaron las Tullerías y llevaron a la familia real a la prisión del Temple. Al día siguiente, la Asamblea nacional declaró depuesto al rey y al cabo de unos días proclamó la República. Sin embargo, el proceso revolucionario distaba mucho de haber concluido.

## El Terror

La guerra declarada contra Austria y Prusia tuvo un trágico acompañamiento —sin paralelo en la Revolución americana— en la terrible represión desencadenada por los revolucionarios contra los considerados enemigos. Se trató de la búsqueda del exterminio de segmentos enteros de la sociedad que inspiraría con posterioridad a otras revoluciones y de manera muy especial a Marx y a sus seguidores.[4] El 2 de septiembre, los revolucionarios irrumpieron en la prisión de la Conciergerie y asesinaron a varios aristócratas y a otros supuestos enemigos de la Revolución. Fue un mero episodio en medio de un verdadero océano de sangre. De manera bien significativa, el instrumento utilizado para las ejecuciones era un nuevo artefacto debido a la creatividad de otro masón, el Dr. Guillotin, que pretendía, supuestamente, aliviar los sufrimientos de los condenados a la última pena.

La victoria de los revolucionarios en Valmy el 20 de septiembre de 1792 tan sólo sirvió para acrecentar la inquietud en las otras naciones donde se responsabilizaba crecientemente a los masones de lo que sucedía. Razones —justo es reconocerlo— no les faltaban. Eran masones, como Mirabeau, los que habían iniciado ese proceso, y masones, como Marat y Danton, los que habían dirigido su creciente radicalización. Por si fuera poco, los masones de otros países, como Goethe o Lessing, habían saludado con entusiasmo la victoria revolucionaria de Valmy a pesar de que había implicado la derrota de su nación, y aún quedaba por producirse un episodio que confirmaría los peores temores al venir referido a la autoridad masónica más importante de Francia.

El Gran Maestro del Gran Oriente francés, Felipe, duque de Orleans, un primo de Luis XVI, se había vinculado con la Revolución desde su estallido. No sólo eso. Fue elegido diputado a la

Asamblea nacional y se unió a los jacobinos, el grupo más radical. Acto seguido, renunció a su título nobiliario y adoptó el nombre de «Felipe Igualdad».

En enero de 1793, el gobierno revolucionario decidió someter a Luis XVI a un proceso, acusándolo de traición, un peculiar cargo teniendo en cuenta la conducta de los revolucionarios durante casi cuatro años. El proceso se desarrolló ante los más de setecientos diputados de la Convención que había sustituido a la Asamblea nacional. Durante la tercera semana de aquel mes, la Convención encontró al rey culpable de traición por 426 votos a favor y 278 en contra. Cuando se discutió la pena que debía imponérsele, 387 votaron a favor de la muerte frente a 314 que proponían la prisión. Entre los partidarios de la ejecución se hallaba el Gran Maestro Felipe Igualdad.

Llegados a este punto, un diputado propuso diferir indefinidamente la ejecución de Luis XVI. La propuesta fue derrotada por un solo voto de diferencia, el de Felipe Igualdad. El 20 de enero se presentó una nueva propuesta favorable a ejecutar la pena de muerte de manera inmediata. Los 380 votos favorables se impusieron a los 310 contrarios y Luis XVI fue guillotinado al día siguiente.

Sin embargo, la Revolución no iba a conformarse con aquellas muertes. Durante los años siguientes fue testigo de una espantosa persecución religiosa —una circunstancia nada extraña si se tenía en cuenta el enfrentamiento entre la Iglesia católica y la masonería—, una represión terrible en la Vendée y el periodo del Terror. Ningún monarca europeo había cometido jamás semejantes excesos ni tampoco realizado tantas ejecuciones ni encarcelado a tantas personas que, en no pocas ocasiones, sólo eran inocentes que no simpatizaban con la Revolución o que tenían la desgracia de haber nacido en una clase social concreta. Al fin y a la postre, la Revolución tampoco concluyó con el establecimiento de un sistema político concebido sobre términos de libertad. Su consumación fue más bien una dictadura militar encarnada en un oscuro militar corso llamado Napoleón.

Tan sólo unas décadas antes, los masones, entre otras cuestiones, habían insistido en su respeto a las autoridades establecidas y en su aprecio por la libertad y la tolerancia. Sin embargo, la Revolución, en la que su papel había resultado decisivo y a la que habían identificado con sus ideales, no podía haber tenido, dijera lo que dijera la propaganda posterior, consecuencias más diferentes. Desgraciadamente, no sería la primera vez.

TERCERA PARTE

# De Napoleón a Napoleón III

CAPÍTULO VII

# Napoleón controla la masonería

La Revolución francesa había dejado de manifiesto el papel nada despreciable de la masonería como elemento de erosión de cualquier poder constituido. Podía objetarse que quizá la propia masonería se había visto desbordada por el monstruo que había puesto en funcionamiento y que semejante acción la habían pagado con la cabeza —nunca mejor dicho— algunos hermanos masones. Sin embargo, la capacidad subversiva de la sociedad secreta resultaba innegable. Pocos extrajeron mejor las lecciones pertinentes de la Revolución que un general de origen corso llamado Napoleón Bonaparte.

Se ha especulado con la posibilidad de que Napoleón fuera iniciado en la masonería en 1798, en la isla de Malta y en el seno de una logia formada mayoritariamente por militares.[1] Las pruebas no son del todo concluyentes, pero de lo que no cabe la menor duda es de que Bonaparte utilizó conscientemente la masonería como un instrumento político.

Los datos al respecto son bien significativos. Cuatro hermanos de Napoleón —como había sucedido también con su padre— fueron masones. Tal fue el caso de José, que sería rey de España; de Luis, rey de Holanda; de Luciano, príncipe de Cannino, y de Jerónimo, rey de Westfalia. No se trató de una excepción. También era masón Joaquín Murat, cuñado de Napoleón y mariscal; y su hijastro Eugenio de Beauharnais. Por lo que se refiere a los mariscales de Napoleón —y es un dato bien significativo de la penetración masónica en el ejército—, veintidós de los más importantes eran «hijos de la viuda».

Napoleón tenía el firme propósito de controlar las logias y, ciertamente, lo consiguió. Al tomar el poder Bonaparte, la masonería francesa se hallaba dividida entre el Gran Oriente y el Rito escocés. Logró, por lo tanto, que José Bonaparte fuera elegido Gran Maestro del Gran Oriente mientras que Luis conseguía el mismo cargo en el Rito escocés. En diciembre de 1804, ambas obediencias se fusionaron en una sola, desempeñando José el papel de Gran Maestro. En su imbricación con la masonería, Napoleón llegó hasta el punto de forzar la entrada de las mujeres en las logias para otorgar a Josefina el cargo de Gran Maestra.

Difícilmente puede decirse que Napoleón fuera un defensor de la libertad, pero sí era consciente de la utilidad de la masonería. Le permitía —como señalaría en su *Memorial de Santa Elena*— contar con un ejército que luchaba «contra el papa», sujetaba con vigor a las fuerzas armadas y a la policía en sus manos y, de manera muy especial, le proporcionaba un instrumento de captación y propaganda favorable al dominio francés de Europa.

No puede extrañar, por lo tanto, que los masones se identificaran con la dictadura napoleónica que estaba desgarrando el mapa europeo a sangre y fuego. Sería precisamente un masón el que compondría el siguiente himno de alabanza a Napoleón:

> ¡He aquí lo que logran el oro y la traición!
> ¡Solo te ves, orgulloso isleño!
> ¿Vas a prolongar tu lucha temeraria?
> Tiembla. Los dioses sustentan a Napoleón.
> Cede o muy pronto este noble grito de guerra
> Resonará hasta en el seno de Albión;
> ¡Viva Napoleón! [2]

Era más que dudoso que españoles, austriacos, rusos o prusianos compartieran el entusiasmo masónico hacia Napoleón y, con seguridad, no fueron pocos los que se sintieron indignados cuando en 1810 convirtió al papa en cautivo y se anexionó los Estados Pontificios. Pero si semejante episodio provocó el horror de los católicos y de no pocos que no lo eran, sólo ocasionó el regocijo entre los masones. Napoleón no sólo estaba venciendo a las tinieblas clericales, sino que además expandía el ideario de la Revolución francesa. No causa sorpresa que cuando los prefectos franceses llevaron a cabo una investigación para saber si los masones eran leales, el resultado fuera que todas las logias se identificaban con Napoleón. La única excepción se hallaba en el cantón de Ginebra, que había sido invadido en 1798 por tropas francesas.[3]

En el resto de los países invadidos por Napoleón, la masonería también estaba desempeñando un papel de no escasa importancia. Las fuerzas invasoras y de ocupación iban creando a su paso logias en las que intentaban integrar a élites nacionales que así quedaban sometidas a Napoleón. Fue así precisamente, de mano de los invasores franceses, como la masonería llegó a España.

## Napoleón trae la masonería a España

Aunque hay leyendas, que se repiten esporádicamente, sobre la entrada de la masonería en España en el siglo XVIII e incluso la identificación de Aranda y del mismo Carlos III como hermanos masones, es disparatado. De hecho, Carlos III no dejó de referirse a la masonería en sus cartas como «grandísimo negocio» y «perniciosa secta» enemiga del Imperio Español. Durante el siglo XVIII, los masones no existieron en España debido a la prohibición papal —que impuso la Inquisición desde 1738— y a la regia desde 1751. Existen noticias, ciertamente, de algunos hermanos localizados en España, pero eran, por regla general, extranjeros, como el pintor veneciano Felipe Fabris, procesado por la Inquisición.

No deja de ser significativo que en la relación de logias publicada en 1787 no figure España o que en el listado de grandes logias provinciales de obediencia inglesa de 1796 Gibraltar sea el único territorio mencionado.

Los primeros masones españoles fueron iniciados en Francia

y formaban parte de la flota española que, aliada de la francesa, atracó en Brest el 8 de septiembre de 1799, permaneciendo en este puerto hasta el 29 de abril de 1802. Originalmente, estos masones españoles pertenecieron a logias francesas, pero en agosto de 1801 fundaron una española que recibió el nombre de La Reunión Española. Sabemos que tuvo veintiséis miembros —entre ellos varios sacerdotes— y que dejó de existir el 23 de abril de 1802 con el regreso a España. Todos ellos eran oficiales o asimilados, como los capellanes,[4] pero, a su vuelta a la patria, no fueron castigados, sino que pidieron la baja o pasaron a destino de ultramar.

Aparentemente, la masonería había concluido en España. De hecho, no volvería a aparecer hasta 1807, cuando algunos agentes franceses establecieron logias en España con la intención de crear un caldo de cultivo favorable a la invasión napoleónica. Cuando ésta se produjo —y de manera bien comprensible, por otra parte—, el trabajo masónico de aquellos meses se desplomó. Por supuesto, los propagandistas de Napoleón podían hablar de que bajo sus águilas se cobijaban el progreso y la libertad. Sin embargo, lo que los españoles veían de manera aplastantemente mayoritaria era que las tropas francesas profanaban iglesias, saqueaban, pretendían imponer a un monarca extranjero, despreciaban totalmente sus creencias y aplastaban despiadadamente cualquier resistencia. A lo largo de la guerra de la Independencia, un millón de españoles vería sacrificada su vida en el altar de los planes napoleónicos. No resulta, por ello, extraño que las logias creadas por los militares franceses —los generales Laleusant y Mouton Duvenet mostraron un celo proselitista realmente extraordinario— no tuvieran éxito y que se recurriera a crear logias españolas como instrumento de sumisión.

La primera logia fundada en la Península por los invasores franceses fue la de San Sebastián, el 18 de julio de 1809. A ésta siguieron otras en Vitoria, Zaragoza, Barcelona, Gerona, Figueras, Talavera de la Reina, Santoña, Santander, Salamanca, Sevilla y, por supuesto, Madrid, donde se instaló la Gran Logia Nacional de España. Establecida en octubre de 1809, su sede se hallaba en los locales de la Inquisición.

La masonería podía presentarse como un canal de libertad al que, significativamente, se unieron no pocos eclesiásticos. Pero lo cierto es que en los documentos aparece como una sociedad secreta sometida a las ambiciones de Napoleón. Desde el nombre de las logias —Beneficencia de Josefina, por ejemplo— hasta sus declaraciones no pueden ser más explícitas. El Orador de la Santa Julia, por ejemplo, denominaba a Napoleón en su discurso de 28 de mayo de 1810 «el héroe que asegura la paz de las conciencias». Se trataba de un calificativo elogioso amén de falso porque, en realidad, para millones de europeos la única paz que había asegurado Napoleón había sido la de los cementerios. No era, desde luego, una excepción. En palabras de los escasos masones españoles, Napoleón era «el emperador filósofo»[5] como también lo era su hermano, el intruso José I del que se afirmaba en las logias:

Viva el rey filósofo
Viva el rey clemente
Y España obediente
Escuche su ley.

La verdad era que España, de manera aplastantemente mayoritaria, no creía que José I fuera ni filósofo ni clemente, ni estaba tampoco dispuesta a obedecerlo. De hecho, no deja de ser bien significativo que no hubo masones ni en el levantamiento nacional de 1808 contra los invasores franceses ni en las Cortes de Cádiz de las que surgió la Constitución de 1812. Los propios liberales reunidos en las Cortes gaditanas eran declaradamente antimasones —¿podía ser de otra manera con la masonería apoyando activamente a los invasores?— y mediante una real cédula de 19 de enero de 1812, una cédula que confirmaba el real decreto de 2 de julio de 1751, volvieron a prohibir la masonería en los dominios de las Indias e islas Filipinas. Este texto legal no podía ser más claro en sus apreciaciones. Señalaba, por ejemplo, que «uno de los más graves males que afligían a la Iglesia y a los Estados» era «la propagación de la secta francmasónica, tan repetidas veces proscrita por los Sumos Pontífices y por los Soberanos Católicos en toda Europa».

La circunstancia resulta especialmente relevante porque pone de manifiesto la impronta de los liberales de Cádiz. Su liberalismo era el de corte anglosajón —que no el francés que había degenerado en el Terror, primero, y en la dictadura napoleónica, después— de raíces parlamentarias, nacionales y cristianas. Precisamente, esa combinación tenía que chocar con la masonería, a la que contemplaban, con toda razón, como un instrumento de Napoleón y, por tanto, aliada de una dinastía despótica e intrusa, de una invasión extranjera y de un movimiento medularmente anticristiano.

La masonería, por lo tanto, no iba a tener éxito en España en esta primera incursión de la mano de los invasores franceses. Cuando en agosto de 1812 fue liberado Madrid[6] y José I Bonaparte se vio obligado a huir, con él desaparecieron los masones. En el exilio constituirían logias cuya denominación —José Napoleón, Huérfanos de Francia...— pone de manifiesto su orientación ideológica. Su regreso con éxito además vendría de la mano de la intransigencia de Fernando VII y de la mala memoria de no pocos españoles que habían combatido a los franceses. Llegarían con la intención decidida de conspirar y se mantendrían en esa actitud durante las décadas siguientes.

## Napoleón es derrotado por un antiguo masón

Napoleón estuvo —no puede dudarse— a punto de conseguir sus propósitos. Si no fue así se debió a los desastrosos efectos de una guerra que no concluía en España —«la úlcera española», como el propio Bonaparte la denominó en Santa Elena—, a la imposibilidad de vencer a Rusia en 1812 y a la inquebrantable resistencia británica. Al fin y a la postre, el ejemplo español —cantado en todo el continente— y el desastre ruso acabaron movilizando a media Europa contra Napoleón y provocando su derrota en 1813 y su destierro a la isla de Elba. La manera en que reaccionaron los masones ante el desastre de alguien que se había servido de la masonería durante tantos años es digna de ser consignada.

En puridad, hubiera sido lógico esperar que la derrota de Napoleón, que tanto había sabido aprovechar la masonería para sus fines, significara el final del poder político de los masones. Lo que sucedió fue exactamente lo contrario. En 1813, el Gran Oriente de Francia había decidido cambiar de bando y cuando los aliados derrotaron militarmente a Napoleón e impusieron como monarca a Luis XVIII no dudó en colocarse al lado del nuevo rey. Lo mismo puede decirse de los mariscales del emperador, tantos de ellos masones, que, olvidando un pasado reciente o quizá deseando que cayera en el olvido, también aceptaron los cargos que les ofrecía el restaurado Borbón. La identificación de los masones con el rey llegó a tal extremo que en abril de 1814 se produjeron manifestaciones masónicas llevando el busto de Luis XVIII e incluso la Gran Logia anunció que la fiesta anual del día de San Juan debía dedicarse a celebrar el retorno de los Borbones. Como es fácil suponer, semejante cambio de actitud colocaba en pésima situación a José Bonaparte que, tras perder el trono español, seguía siendo Gran Maestro. La Gran Logia decidió solucionar el problema pidiéndole que renunciara a su cargo, a lo que, de manera hasta cierto punto comprensible, José se negó.

Entonces, el 1 de marzo de 1815, Napoleón desembarcó en Francia tras escaparse de la isla de Elba. La primera reacción de los masones franceses fue señalar que eran leales a Luis XVIII, pero cuando el mariscal Ney —masón—, que tenía que capturar a Napoleón, se pasó a su bando cerca de Grenoble, Luis XVIII se vio obligado a huir de Francia. Sin duda, la situación era delicada para la Gran Logia que, prudentemente, decidió cancelar la celebración del día de San Juan —que había declarado que sería en honor del rey— a la espera de ver cómo se desarrollaban los acontecimientos. De todos es sabido que, al fin y a la postre, Napoleón fue batido en Waterloo y su sueño imperial se disipó definitivamente. Lo que es menos conocido es que, por una de esas paradojas en que tan pródiga es la Historia, el triunfo definitivo sobre Napoleón lo obtuvo un británico, Arthur Wellington, que había sido iniciado en la masonería el 7 de diciembre de 1790 en una logia situada en Trim, en el condado de Meath.

Las razones por las que Wellington fue iniciado en la masonería no son conocidas, pero todo apunta a que siguió el paso dado por muchos militares antes y después de él. Sin embargo, a diferencia de Napoleón, Wellington no siguió manteniendo su relación con la masonería e incluso buscó distanciarse de ella.

En 1795, Wellington permitió que su pertenencia a la masonería expirara sin realizar el menor esfuerzo por renovarla. No sólo eso. Cuando el 27 de diciembre de 1809 algunos masones británicos realizaron una procesión masónica por las calles de Lisboa, Wellington manifestó su desagrado. El 4 de enero de 1810 escribió desde su cuartel en Coimbra al coronel Warren Peacocke para indicarle que estos hechos no debían volver a producirse.

En 1838, los miembros de una logia de Dublín deseaban denominarla con el nombre del vencedor de Napoleón y su maestro Mr. Carleton escribió pidiéndole permiso. La respuesta de Wellington —en tercera persona y de su puño y letra— pone de manifiesto cómo no deseaba que le relacionaran con la sociedad secreta en la que había sido iniciado tantos años atrás:

> El duque de Wellington presenta sus saludos a Mr. Carleton. Recuerda perfectamente que fue admitido en el grado más bajo de la masonería en una logia que fue formada en Trim, en el condado de Meath. Desde entonces nunca ha asistido a una logia de masones. En vista de esto, llamar a una logia de masones con su nombre sería asumir de manera ridícula la reputación de estar vinculado a la masonería, además de una falsedad.

Da la sensación de que es difícil ser más contundente a la hora de repudiar la masonería. Wellington, sin embargo, fue más allá. El 13 de octubre de 1851, el año de su muerte, el vencedor de Napoleón escribió una carta a Mr. J. Walsh en la que volvía a tratarse el tema de su pasada iniciación masónica. Ahora, la respuesta de Wellington implicaba un repudio casi freudiano en su formulación:

> El duque no tiene ningún recuerdo de haber sido admitido en la condición de masón. No tiene ningún conocimiento de esa asociación.

Si en el pasado Wellington había llegado a desconfiar de la masonería por su conexión innegable con Napoleón y sus planes de expansión mundial, en 1851 el duque debía contar con motivos más que sobrados para sentir una viva repulsión hacia la masonería. Quizá no resulta tan extraño si se tiene en cuenta que en algo más de tres décadas, la sociedad secreta había estado implicada de manera activa en prácticamente cada uno de los movimientos subversivos que habían sembrado de violencia, sangre y lágrimas a Europa y América.

CAPÍTULO VIII

# La masonería y las revoluciones del siglo XIX

## La Restauración

La derrota de Napoleón en Waterloo permitió que Luis XVIII regresara a París aunque no lo suficientemente pronto como para que los masones pudieran honrarlo durante el día de San Juan. Con todo, les faltó tiempo para emitir una declaración en la que daban la bienvenida al rey legítimo y para suplicar de nuevo a José Bonaparte que renunciara al cargo de Gran Maestro. No conseguirían esto último pero, en cualquier caso, no importó mucho. El hermano del emperador pasó los últimos años de su vida en una casa situada en Point Breeze, en Nueva Jersey.

Desde luego, el peso de los masones en la nueva monarquía no fue escaso. Elie, duque de Decazes y masón, se convirtió primero en el jefe de policía del reino y luego en ministro del Interior, un cargo que, a juzgar por los antecedentes de los años anteriores, le situaba en la cima del poder en Francia y que aprovechó, entre otras cosas, para enviar una circular a los distintos prefectos de policía de la nación indicándoles que Luis XVIII no consideraba que los masones fueran una organización susceptible de crear problemas.

La sombra de la masonería llegó durante esos años a la misma casa real. Se ha discutido si Luis XVIII era masón, pero de lo que no cabe duda es de que su hermano, el conde de Artois, había sido iniciado y ejercía como tal. Esa pertenencia a la masonería no le inspiró, desde luego, una visión democrática de la monarquía, sino, más bien, todo lo contrario. Si algo tenía claro el conde de Artois era que el poder debía ser ejercido con innegable severidad y aprovechando todos y cada uno de los resortes que podía proporcionar el aparato del Estado. En 1824, Luis XVIII falleció y subió al trono el conde de Artois, que reinaría como Carlos X.

## De rey masón a rey masón

Carlos X tenía el poder absoluto en las manos y se dispuso a ejercerlo. Es muy posible incluso que creyera que podría utilizar a la masonería para sus fines como había hecho Napoleón durante años. Sin embargo, Carlos X no tardaría en comprobar que sus esperanzas eran vanas. De hecho, serían precisamente los masones los que tendrían un papel esencial en las jornadas del 25 al 27 de julio de 1830. En el curso de las mismas, un grupo de jóvenes pertenecientes a la masonería provocaron un estallido de violencia y lograron apoderarse, primero, de los suburbios obreros del este de París y, finalmente, se hicieron con el control del ayuntamiento. Carlos X se vio obligado a abandonar el país y la Gran Logia no dudó en aclamar a los masones que habían participado en las jornadas revolucionarias como héroes de la libertad.

Los «héroes de la libertad» no tenían intención de proclamar la República ni tampoco de llevar a cabo un esfuerzo democratizador. Por el contrario, creían en el establecimiento de un régimen donde sí existiera una cierta libertad pero el poder estuviera en manos de una camarilla selecta. Se trataba, dicho sea de paso, de una visión de la sociedad que encajaba a la perfección con la cosmovisión de la masonería y no resulta extraño que para reinar sobre ella se llamara a otro masón, a Luis Felipe de Orleans, el hijo de Felipe Igualdad.

La llegada al poder de Luis Felipe se produjo además en un momento que, como tendremos ocasión de ver, resultaba especialmente delicado para la masonería ya que era objeto de ataques políticos de envergadura en países tan distantes como Rusia y Estados Unidos.

## La masonería bajo el fuego (I): Europa

Que los masones habían desempeñado un papel de primer orden en procesos revolucionarios extraordinariamente cruentos y que habían amenazado con cambiar el panorama de Europa se escapaba a pocas personas ya a finales del siglo XVIII. De hecho, en esa época comenzaron a redactarse algunas obras de análisis político e histórico que atizaban la controversia sobre la implicación de los masones en la política. Así, en 1792, en pleno Terror, el autor católico francés Le Franc escribió una obra titulada *El velo alzado para los inquisitivos* o *El secreto de la Revolución revelado con ayuda de la francmasonería.* Le Franc achacaba en su obra todo el desencadenamiento de la Revolución francesa a los masones y proporcionaba muchos datos de interés. Detenido por los revolucionarios, fue asesinado durante las matanzas de septiembre. La segunda obra de enorme difusión que volvió a acusar a los masones de su participación en la Revolución se debió también a un autor católico —el abate Barruel— y se titulaba *Memorias dedicadas a la Historia del Jacobinismo.* La obra de Barruel no llegó a ser traducida al inglés, pero influyó mucho en John Robison, un profesor de filosofía natural y secretario de la Sociedad Real de Edimburgo, que en 1797 publicaría su *Pruebas de una Conspiración contra todas las religiones y gobiernos de Europa,* obra en la que, como Le Franc y Barruel, acusaría a los masones de haber desempeñado un papel esencial en el desastre revolucionario que sufría el continente.

Tanto en las obras de Le Franc como en la de Barruel no son escasos los errores históricos ni tampoco los excesos de imaginación —algo, dicho sea de paso, que hallamos también en los escritos sobre el origen de la masonería debidos a los propios masones—, circunstancias ambas que han sido utilizadas por los partidarios de la leyenda rosada de la masonería para desecharlas. Sin embargo, el juicio sobre estos libros no puede reducirse a semejante simplismo que, por otro lado, es obviamente interesado. Prescindiendo de algunos errores históricos o de algunas apreciaciones aventuradas, ponían de manifiesto una realidad innegable a finales del siglo XVIII, y era la participación esencial de los masones en la Revolución francesa. Como ya vimos, también Napoleón se sirvió profusamente de la masonería para imponer su dominio en Europa —una circunstancia que no fue vista de manera favorable por la inmensa mayoría de los europeos— y cuando concluyó su carrera política, la influencia de la masonería continuó siendo pujante en la Francia de Luis XVIII, de Carlos X y de Luis Felipe de Orleans. Para colmo, Francia no era una excepción, y eso explica que desde finales del siglo XIX no fueran pocos los gobernantes que adoptaron medidas contra la masonería.

Los ejemplos resultan abundantes. Por ejemplo, en Inglaterra, y visto el papel que la masonería irlandesa estaba teniendo en la sedición de la isla, el Parlamento promulgó la ley de juramentos ilegales de 1797 y la ley de sociedades ilegales de 1799 que convertían en delito el pronunciar cierto tipo de juramentos, incluido el de no revelar los secretos de una sociedad y el pertenecer a sociedades que exigieran ese tipo de juramentos. Si, finalmente, ambas leyes no se aplicaron contra los masones —que las habían inspirado por su papel en la Revolución francesa— se debió simplemente al hecho de que el príncipe de Gales era el Gran Maestro de la masonería y presionó a William Pitt en ese sentido.

En Nápoles, los masones intentaron derribar la monarquía a finales del siglo XVIII y proclamar la República. Los hechos provocaron una lógica reacción en contra de la masonería que concluyó con la ejecución del masón Caracciolo, un personaje que no habría dudado en engañar a los reyes para apoderarse de ellos y derrocarlos.

En Rusia —donde la masonería había disfrutado de cierta tolerancia, especialmente en los territorios polacos— la situación cambió durante la segunda década del siglo XIX. No sólo se trataba del conocimiento acerca del papel que la masonería había representado en los planes expansivos de Napoleón, sino también la constancia de la forma en que albergaba movimientos subversivos. Así, en 1819, el zar Alejandro I fue informado de la creación de una logia por el comandante Victor Lucacinsky en la que sólo se admitía a polacos y que daba cobijo a movimientos nacionalistas. Sin embargo, el factor decisivo fue el informe Kushelev de 1821. Este documento —redactado por el militar ruso del mismo nombre— analizaba la situación de la masonería en Rusia. Kushelev señalaba que la mayoría de los masones no parecían ser peligrosos para la seguridad nacional, pero que, al mismo tiempo, resultaba obvio que las logias eran utilizadas para fraguar planes revolucionarios como los padecidos por el reino de Nápoles.

La respuesta de Alejandro I fue promulgar un decreto el 1 de agosto de 1822 en virtud del cual la masonería quedaba prohibida en Rusia. En noviembre del mismo año tuvo lugar la puesta en vigor de un decreto similar cuyo ámbito de aplicación era la parte de Polonia sometida a dominio ruso. A pesar de todo, es muy posible que las medidas no hubieran tenido mucha repercusión de no mediar un suceso que marcaría la historia rusa. Nos referimos a la insurrección de los Decembristas del año 1825. Este episodio —que ha sido objeto de los más diversos juicios de valor— dejó de manifiesto que, primero, los masones desempeñaban un papel esencial en las conjuras que pudieran urdirse contra el zar y, segundo, que para llevar a cabo sus propósitos estaban dispuestos a infiltrarse en ramas de la administración tan sensibles como el ejército. Como tendremos ocasión de ver, esa misma situación —vivida en Francia y en Nápoles— se estaba produciendo ya en España y en Hispanoamérica. No resulta por ello extraño que con esos antecedentes el zar Nicolás I decidiera que se aplicaran de manera rigurosa los decretos contra la masonería promulgados por su antecesor Alejandro I.

A pesar de todo, los episodios descritos eran susceptibles de ser objeto de valoraciones diversas. Por supuesto, para los masones, sus acciones subversivas —teóricamente, prohibidas en sus constituciones; sistemáticamente, burladas en la práctica— estaban cargadas de las mejores intenciones y eran el inevitable preludio de un mañana mejor en el que una minoría iluminada arrojaría su luz sobre las masas, mejorando su destino. Se trataba de un punto de vista discutible, pero que ha contado con paralelos realmente notables a lo largo del siglo XX. Fuera de las logias, los juicios eran variados. Obviamente, para muchos aquellos episodios protagonizados por los masones eran una señal alarmante de que una sociedad secreta tenía el poder suficiente como para aniquilar el orden social e implantar otro sometido a sus designios. Sin embargo, para otros, aquellos actos —ocasionalmente fallidos— constituían un faro de esperanza al equiparar el final de determinados sistemas sociales con un avance social y, sobre todo, al no captar cómo sería el nuevo orden. Lamentablemente para los masones, en septiembre de 1826 tuvo lugar en Nueva York un acontecimiento que dañaría considerablemente su imagen y que resultaba imposible enmascarar señalando a un utópico cambio social o a la esperanza de un mañana mejor. Nos referimos, claro está, al asesinato de William Morgan.

## La masonería bajo el fuego (II): el asesinato de William Morgan y el movimiento antimasónico

William Morgan era un nativo del condado de Culpepper en Virginia, Estados Unidos. Durante una parte de su vida vivió en Canadá y en el estado de Nueva York y, finalmente, terminó trabajando en Batavia, condado de Genesee, en Nueva Jersey. Por esa época, fue iniciado en la masonería. Tras un tiempo de pertenencia, se desilusionó y decidió abandonarla. No se trataba de un episodio feliz. Sin embargo, posiblemente, no hubiera tenido mayores consecuencias de no ser porque se supo que Morgan estaba preparando un libro en el que tenía intención de revelar los secretos de los masones. Incluso había llegado a un acuerdo con David C. Miller, el director de un periódico local, para que lo publicara y había recibido un anticipo.

La reacción de los masones no se hizo esperar. Primero, colocaron anuncios en otros medios locales advirtiendo en contra de Morgan como elemento indeseable con el que era preferible no tener tratos. Acto seguido cancelaron la publicidad que tenían contratada en el periódico de Miller. Finalmente, reunieron una partida de cincuenta hombres con la intención de arrasar las oficinas de la publicación. Miller, que creía en la libertad de expresión, declaró inmediatamente que estaría esperando a los masones acompañado de algunos amigos. La advertencia detuvo al medio centenar de atacantes en potencia, pero no impidió que un par de noches más tarde los masones asaltaran el diario y le prendieran fuego, un fuego que Miller logró extinguir con no escaso esfuerzo.

Por sorprendente que pueda parecer, se trataba tan sólo del principio. Un viernes, un grupo de masones se dirigió a la casa de Morgan y, alegando deudas, lograron su arresto. El comportamiento era de dudosa legalidad —lo mismo podía decirse de las acusaciones— pero el alguacil era también masón y encerró a Morgan. Al saber Miller lo sucedido, acudió a la prisión con la intención de pagar cualquier cantidad que Morgan pudiera deber y lograr su puesta en libertad. Sin embargo, el alguacil desapareció durante aquel fin de semana, con lo que la puesta en libertad debía esperar, al menos, hasta el lunes.

Los «hijos de la viuda» aprovecharon aquellas horas para presionar a Morgan y señalarle que le pondrían en libertad si les entregaba el manuscrito. Morgan se negó tajantemente a hacerlo y entonces los masones acudieron a la casa de su antiguo hermano y la saquearon ante las protestas de su impotente esposa. Sin embargo, no lograron dar con el texto. En ese estado de cosas, llegó el lunes por la mañana.

De la manera más puntual, Miller se presentó en la cárcel y se ofreció a garantizar cualquier deuda de Morgan para lograr que le dejaran salir de su encierro. En ese momento, los masones alegaron que Morgan también había robado una camisa y que tenía contraída cierta deuda en Canandaigua. Acto seguido, lograron que Miller fuera detenido sin cargo alguno y procedieron a llevarse a Morgan de la población en dirección a Canandaigua.

Miller —que no era personaje que estuviera dispuesto a arredrarse— protestó con tanta vehemencia y puso de manifiesto tan claramente las consecuencias de aquel secuestro que fue puesto en libertad en unas horas. Sin embargo, Morgan no fue tan afortunado. El 13 de septiembre de 1826, un individuo llamado Lotan Lawson —que era masón— se dirigió a la cárcel de Canandaigua y, aprovechando la ausencia del sheriff, manifestó que venía a pagar la deuda de Morgan para que éste pudiera salir libre. La esposa del funcionario aceptó el pago en ausencia de su marido y Morgan se vio en la calle. Desconfiaba —y no era para menos—, y cuando Lawson le invitó a subir a un carro se negó. En ese momento, hicieron acto de presencia otros dos masones llamados Chesebro y Sawyer, que forzaron a Morgan a subir al vehículo. Tiempo después, algunos testigos oculares afirmarían que Morgan había gritado «¡Asesinato!» mientras el carro se desplazaba por las calles del lugar.

Durante el resto de aquel día y el siguiente, el carro viajó en dirección al río Niagara que señala la frontera entre Estados Unidos y Canadá. Gracias al testimonio de diversas personas, se supo que, por ejemplo, se había unido a los secuestradores el sheriff del condado de Niagara, que era también masón y que, a pesar de que Morgan lo había pedido repetidas veces, se había negado a darle agua.

Durante la tarde del 14 de septiembre, el grupo de masones que había secuestrado a Morgan llegó a Fort Niagara. El establecimiento había sido abandonado por el Departamento de Defensa de Estados Unidos tan sólo un mes antes. Por supuesto, existía un vigilante del recinto, pero era masón y franqueó la entrada a la comitiva de secuestradores. No sólo eso. Además permitió que Morgan estuviera varios días recluido en el polvorín. Acto seguido, fue llevado por cuatro masones en un barco hacia Canadá. Según contaría después el piloto del transbordador, los masones habían llegado hasta el país vecino y allí habían intentado que otros hermanos se hicieran cargo de Morgan. Sin embargo, los masones canadienses manifestaron su negativa a ocuparse del secuestrado y, al fin y a la postre, éste fue devuelto a territorio de Estados Unidos para volver a su prisión en el polvorín de Fort Niagara. Sería la última vez que le viera vivo alguien que no fuera masón.

En el curso de una de las noches entre el 17 y el 21 de septiembre, los masones volvieron a llevar a Morgan al río Niagara, le ataron pesos de metal a los pies y, acto seguido, lo arrojaron al agua, donde murió ahogado. Sin embargo, si los hermanos pensaban que de esa manera silenciarían el testimonio de Morgan, estaban muy equivocados. Tanto Miller como la familia del secuestrado no habían dejado de elevar su voz contra un crimen como aquél y, por añadidura, cuando el libro fue finalmente publicado se convirtió en un verdadero best-seller. En un alarde de cinismo, los masones no sólo negaron lo sucedido, sino que incluso se permitieron acusar a Morgan y a Miller de haber tramado todo para aumentar las ventas de la obra.

La presión de la opinión pública llegó a hacerse tan fuerte que De Witt Clinton, masón y gobernador del estado de Nueva York, llegó a ofrecer una recompensa de trescientos dólares por cualquier información sobre Morgan. El cadáver no apareció, con lo que la probabilidad de un proceso por asesinato quedaba descartada. No podía decirse lo mismo de la acusación de secuestro ya que había varios testigos oculares y se sabía sobradamente quiénes habían sido los culpables. En 1827, Lawson fue condenado a dos años de prisión, Chesebro a uno y Sawyer y Sheldon a tres meses y un mes respectivamente. El sheriff del condado de Niagara fue también condenado a dos años y cuatro meses de cárcel.

De manera nada sorprendente, fueron muchos los norteamericanos que juzgaron que las sentencias eran demasiado livianas y que además debía atacarse el mal de raíz, es decir, que había que poner coto a las actividades de una sociedad secreta que amenazaba con la muerte a los que revelaban sus secretos. El 4 de julio —día de la Independencia— de 1828 se celebró en Le Roy, Nueva York, un mitin de antimasones en el que se denunció el caso Morgan y donde además se adoptó el compromiso de no votar a candidatos masones para un cargo público.

La situación resultaba especialmente delicada porque Andrew Jackson, el político más importante del partido demócrata, era masón y había sido Gran Maestro de las logias de Tennessee. Jackson era una figura carismática, pero de carácter personal muy controvertido. Ciertamente, se había batido en duelo varias veces y había vivido una relación adúltera con Rachel Robards, pero el hecho de mandar las fuerzas americanas que derrotaron a las británicas en la batalla de Nueva Orleans el 8 de enero de 1815 le había conferido un halo difícil de empañar.

En 1824 se enfrentó en la carrera a la presidencia con John Quincy Adams y otros dos candidatos independientes. Ninguno de ellos obtuvo la mayoría y la Cámara de Representantes eligió entonces a Adams como presidente. De manera nada extraña, el enfrentamiento entre Adams y Jackson fue vivido por muchos como un episodio más de la lucha entre los herederos de los puritanos y los masones por gobernar Estados Unidos. Mientras que Jackson era un masón dotado de un enorme carisma y se apoyaba en un mensaje populista, John Quincy Adams respondía a un patrón muy distinto. Carecía, desde luego, de la capacidad de atraer a las masas, pero, al mismo tiempo, era un hombre extraordinariamente culto, profundamente protestante e imbuido de unos principios que seguía sin desviación de ningún tipo.

John Quincy Adams conocía ya siete lenguas a la edad de diez años —entre ellas el español— y dominaba extraordinariamente bien la obra de Shakespeare y de los clásicos. A pesar de todo, sus conocimientos académicos —con seguridad ha sido el presidente más culto de la historia norteamericana— no le convirtieron en un hombre soberbio, sino en un personaje sencillo y serio que leía la Biblia todos los días, asistía a la iglesia con regularidad y oraba cotidianamente. John Quincy Adams fue un verdadero paladín de la lucha contra la esclavitud —seguramente muchos lo recordarán por su papel a favor de los esclavos en el caso del barco *Libertad*— y también del enfrentamiento contra la masonería, tanto por criterios espirituales como políticos. Sus *Cartas sobre la masonería* constituyen una fuente indispensable —pero, lamentablemente, poco conocida— de los peligros que millones de americanos atribuían a esta sociedad secreta a inicios del siglo XIX. El enfrentamiento entre Jackson y John Quincy Adams era el del cristianismo bíblico y la masonería. Un examen de la historia política de esa nación en tiempos posteriores pone de manifiesto hasta qué punto ese pugilato nunca ha dejado de existir.

En 1828, Jackson —a pesar de su derrota previa— fue nominado candidato demócrata a la presidencia. Frente a él volvió a alzarse el bloque protestante, que a esas alturas no sólo sostenía una clara impronta antimasónica, sino que, por añadidura, se manifestaba totalmente contrario a la institución de la esclavitud. Jackson supo llevar su campaña electoral con evidente habilidad y presentó a su oponente John Quincy Adams como un conservador de la vieja escuela al que debían desplazar las fuerzas del progreso. A pesar del tiempo pasado, hay que reconocer que Jackson —que defendía, por ejemplo, la causa de la esclavitud— se limitaba a utilizar una táctica que iba a dar buenos resultados no pocas veces en las elecciones celebradas a ambos lados del Atlántico.

Cuestión aparte, naturalmente, era que sus adversarios estuvieran dispuestos a rendirse ante lo que veían como una victoria de la masonería que podía dañar la misma esencia del sistema democrático. Así, John Quincy Adams inició toda una campaña en contra de los masones no sólo por el asesinato de William Morgan sino por su papel corruptor de la vida pública, una acusación, dicho sea de paso, que se repetiría vez tras vez en otras épocas y otros lugares del mundo. En mayo de 1833 llegó incluso a desafiar en carta abierta a Edward Livingston, que era uno de los masones que Jackson había incluido en su gabinete amén de Sumo Sacerdote del Capítulo General del Gran Arco Real de Estados Unidos. Adams apuntaba en ese texto a que la masonería era «una orden privilegiada plantada en la comunidad, más corruptora, más perniciosa que los títulos de nobleza que nuestra Constitución expresamente prohíbe».[1] En otras palabras, lanzaba contra un miembro de la masonería —de una obediencia caracterizada además por su carácter esotérico y, por ello, claramente incompatible con el cristianismo— una acusación de amiguismo y corrupción que no había dejado de escucharse desde sus primeros tiempos en el siglo anterior.

Ni que decir tiene que las opiniones de John Quincy Adams eran compartidas por no pocos personajes de relevancia. Entre los que escribieron alguna obra señalando las razones más que motivadas para abandonar la masonería se hallaba uno de los personajes más relevantes de la historia de Estados Unidos, Charles G. Finney.[2] Aunque prácticamente desconocido en una Europa que juzga con ligereza a unos Estados Unidos que ignora, Finney dejó una enorme impronta en la historia americana al ser protagonista de uno de los avivamientos nacionales. Finney había sido masón en su juventud, pero al experimentar una conversión a Cristo —antes del caso Morgan— encontró una absoluta incompatibilidad entre la fe del Nuevo Testamento y los principios y acciones de la masonería. Durante las siguientes décadas, Finney se dedicó a predicar —con inmensa repercusión— el Evangelio a la vez que apoyaba causas como la de la abolición de la esclavitud o la ayuda a los necesitados. En paralelo, señaló la imposibilidad de compatibilizar el cristianismo con la masonería —en su obra señaló dieciséis razones concretas por las que no era posible— y la necesidad que tenía la sociedad de protegerse de un colectivo tan pernicioso.

En 1832, Jackson se presentó a la reelección. A esas alturas y en buena medida debido al caso Morgan, Estados Unidos vivía una auténtica ola de sentimiento antimasónico. Sin embargo, Jackson volvió a actuar con obvia habilidad política. Sabedor de que uno de sus adversarios, William Wirt, se presentaba como candidato explícitamente antimasón, comprendió que, al fin y a la postre, el voto contrario se dividiría entre dos. Así fue, y Jackson volvió a llegar a la presidencia.

Durante las décadas que transcurrieron entre el segundo mandato de Jackson y el estallido de la guerra civil en Estados Unidos, la masonería siguió teniendo un papel muy relevante en la política, aunque, de manera muy reveladora, no abogó en favor de las causas nobles. No deja de ser bien significativo que los políticos demócratas de mayor relevancia —incluido el presidente Buchanan— fueran, a la vez, masones y partidarios de la institución de la esclavitud. De hecho, en la carrera hacia la presidencia de 1860, a Lincoln, candidato del partido republicano, se enfrentaron tres rivales del partido demócrata.[3] Los tres eran masones y los tres abogaban por el mantenimiento de la esclavitud.

También fueron masones el general George B. McClellan —causante de no pocos reveses de las fuerzas de la Unión, partidario de una solución pactada de la guerra civil y rival de Lincoln en las elecciones presidenciales de 1864— y el congresista Clement L. Vallandigham que, durante el conflicto, no dejó de defender la tesis de que abolir la esclavitud equivaldría a violar la Constitución de los Estados Unidos.

Tras el asesinato de Lincoln, el enfrentamiento entre masones y protestantes evangélicos se prolongaría incluso después de la guerra en el denominado período de la Reconstrucción. De hecho, mientras que un grupo de masones fundaba el Ku Klux Klan en el sur de Estados Unidos —un episodio lamentable cuyo recuerdo no deja de causar malestar a los masones de hoy en día— en el Congreso se producía una clara colisión entre los partidarios, procedentes del protestantismo evangélico, de imponer en los estados vencidos del sur una política de reconocimiento de los derechos de los negros. Los adversarios de esas medidas, en no pocos casos, fueron precisamente masones. Fue así como se llegó al único caso de procedimiento de *impeachment* o destitución de un presidente de Estados Unidos hasta el año 1999. Es ampliamente conocido que los republicanos no lograron la destitución de Andrew Johnson por solo un voto de diferencia. Sin embargo, es menos sabido que Andrew Johnson era un masón y que sus adversarios fueron Charles Sumner y Thaddeus Stevens, dos representantes del radicalismo protestante y miembros importantes del movimiento antimasón.

Como ya hemos señalado, ese enfrentamiento entre el protestantismo evangélico y la masonería se ha repetido en múltiples ocasiones en la historia política de Estados Unidos y, de manera bien reveladora, los masones han defendido causas en el curso del mismo que hoy producen verdadero espanto, como puede ser la de la esclavitud. Sin embargo, debe señalarse que, a pesar de ello, Estados Unidos no parece haber sufrido un desgarro social o político irreparable. No se puede decir lo mismo del impacto de las acciones de la masonería en otras naciones, como, por ejemplo, España.

CAPÍTULO IX

# La masonería aniquila el Imperio español

## La masonería y la insurrección mexicana

La leyenda rosada de la masonería insiste en la actualidad en presentar a esta sociedad secreta como una fuerza activa en la lucha contra el imperialismo. Sin duda, se trata de una afirmación políticamente correcta en una época como la nuestra, pero desmentida de plano por el análisis histórico. Lo más que puede decirse es que el comportamiento de la masonería en relación con los imperios no puede calificarse de uniforme. Si en el caso británico no pocos servidores del imperio fueron masones y en el napoleónico la masonería constituyó un instrumento privilegiado de expansión del dominio de las armas francesas, en el español no puede ocultarse que fue un enemigo encarnizado; tanto que, sin exageración alguna, puede atribuírsele un papel esencial en su aniquilación. Un breve repaso a ese proceso y a la personalidad de sus dirigentes nos permitirá mostrar hasta qué punto la aseveración señalada es cierta.

El inicio de la lucha independentista en la América hispana contra España tuvo lugar en el amanecer del 16 de septiembre de 1810 en México. El protagonista principal de este intento era un masón llamado Miguel Hidalgo y Costilla Gallaga. La masonería se había introducido en México tan sólo cuatro años antes. Por iniciativa de Enrique Muñí se fundó una logia en la calle de las Ratas número 4 —hoy Bolívar, 73—, en el domicilio particular del regidor Manuel Cuevas Moreno de Monroy Guerrero y Luyando.[1] Entre los que pertenecieron a ella desde el principio se hallaba Hidalgo. Al parecer, la vida de la logia fue breve. Un vecino llamado Cabo Franco, que vivía en el número 2 de la misma calle, denunció el hecho y se produjo una oleada de detenciones, muriendo incluso en octubre de 1808 uno de los reclusos en su celda. Posiblemente, todo hubiera acabado ahí de no producirse un hecho bien significativo. Como ya indicamos en un capítulo anterior, la masonería fue uno de los instrumentos más poderosos utilizados por Napoleón para impulsar su política de dominio mundial. Ese comportamiento no se limitó al continente europeo. En enero de 1809, un agente francés llamado Octaviano d'Alvimar estableció contacto con el hermano Hidalgo. Éste contaba con antecedentes cuando menos peculiares, pero que no lo desrecomendaban, sino, más bien, todo lo contrario. El hecho de que en 1791, a pesar de ser sacerdote, hubiera sido acusado de herejía y de mantener relaciones concubinarias con Manuela Ramos Pichardo, relaciones de las que habían nacido los niños Lino Mariano y Agustín, y todavía más el de que fuera conocida su iniciación masónica podía ser mal visto por buena parte de la sociedad mexicana. No, desde luego, por el agente napoleónico que tenía la intención de ofrecerle ayuda para la subversión antiespañola. No pasó mucho tiempo antes de que Hidalgo efectivamente se alzara en armas contra España y, ciertamente, supo actuar con notable habilidad porque el levantamiento lo situó bajo el estandarte de Nuestra Señora de Guadalupe y la causa de la independencia la vinculó con promesas de despojar a los ricos para dar a los pobres y de venganza contra los españoles.

La dureza de la sublevación fue extraordinaria. El cura Hidalgo asesinó, por ejemplo, a todos los criollos cuando tomó la ciudad de Guanajuato, y su enemigo, el general Calleja, cuando la recuperó, ordenó que los presos fueran degollados para no malgastar munición fusilándolos. Finalmente, tras medio año de lucha, Hidalgo fue capturado y fusilado. A esas alturas, la jerarquía católica lo había expulsado de sus tareas sacerdotales y se ocupó de que su retrato fuera destruido para evitar una explosión de culto popular. De momento, el peligro independentista quedaba conjurado. No iba a ser por mucho tiempo y, de manera bien significativa, la masonería iba a tener un papel extraordinario en la historia ulterior de México. Sin embargo, antes de abordar ese tema, tenemos que detenernos en uno de los fenómenos más importantes relacionados con las actividades de la masonería en contra del Imperio español.

## La Logia Lautaro y la emancipación de la América hispana[2]

La derrota de Hidalgo significó un claro revés para los planes de desestabilización del Imperio español en Hispanoamérica que, al menos desde 1809, había puesto en funcionamiento Napoleón. No constituyó, sin embargo, su final.

Posiblemente, el personaje más sugestivo del proceso de independencia de la América hispana sea no Simón Bolívar, como suele creerse a este lado del Atlántico, sino José de San Martín. La figura de San Martín no suele ser analizada en profundidad a menudo e incluso cuando se aborda su estudio suele ser habitual el caer en tópicos y eludir datos comprometidos, como el de su pertenencia a la masonería, un trago difícil de trasegar para no pocos católicos argentinos.

No ha llegado hasta nosotros la partida de nacimiento de San Martín, lo que ha conducido a algunos historiadores a fijarlo en 1778 y en Yapeyú. Con todo, ni la fecha ni el lugar son seguros, pudiendo incluso haber visto la primera luz en lo que ahora es Uruguay. Tampoco resulta del todo clara su trayectoria educativa en España. Habitualmente se hace referencia a su paso por el seminario de nobles de Madrid. Sin embargo, no aparece en los registros de alumnos, aunque sí es indubitable que desde edad muy temprana estuvo en el Regimiento de Murcia, donde se inició su carrera militar. Llegamos ahora al problema de su pertenencia a la masonería.

En un país mayoritariamente católico como Argentina, la idea de que el padre fundador de la patria fuera masón ha resultado durante casi dos siglos un tema tabú. La realidad, no obstante, no puede ser obviada. San Martín era masón, así lo reconoció en varias de sus cartas y su trayectoria en la masonería está más que documentada. Por si fuera poco, su carrera política sería totalmente incomprensible —quizá ni siquiera hubiera tenido lugar— sin la masonería.

Es sabido que la salida de San Martín de España en 1811 tenía una clara conexión con la idea de llegar a Hispanoamérica y allí desatar una revolución contra España, revolución que la metrópoli invadida no iba a poder repeler. Lo que ya es menos conocido —si es que no ocultado— es que San Martín no abandonó España disfrazado, como en ocasiones se relata, sino con el respaldo de las autoridades francesas de ocupación y el respaldo de la masonería que tanto estaba ayudando a Napoleón en sus intentos de dominio mundial. El investigador José Pacífico Otero[3] descubrió, de hecho, en el archivo militar de Segovia una autorización de 6 de septiembre de 1811 que permitía a San Martín dirigirse a Lima. El 14 de ese mismo mes, San Martín abandonó España acompañado de algunos amigos, todos ellos masones. Como ha puesto de manifiesto Enrique Gandía,[4] partían todos ellos provistos de fondos franceses para desatar la subversión al otro lado del Atlántico. Sin embargo, antes de partir para el continente americano, San Martín recaló en Londres, donde se reunió con miembros de otra logia masónica, la Gran Reunión americana, inspirada por el masón venezolano Francisco de Miranda —que ya en 1806 había intentado llevar a cabo una sublevación contra España— y en la que San Martín había sido iniciado hasta el quinto grado. Fue a bordo de una fragata inglesa, la *George Canning*, como los conspiradores masónicos llegaron al Río de la Plata en 1812, circunstancia ésta muy conveniente ya que la nacionalidad del buque presumiblemente ocultaba el origen de la empresa.

¿Eran San Martín y sus acompañantes meros agentes de la masonería napoleónica? Es difícil responder de manera tajante a esa cuestión por la ausencia de fuentes. Seguramente, cabría hablar más bien de una confluencia de intereses. Napoleón estaba interesado en quebrar la intrépida resistencia española a costa de cualquier acción —ya lo había intentado sin éxito en México dos años antes— y pensó que una revuelta en la América hispana podía propiciar su triunfo. Por otro lado, si la empresa triunfaba, el poder emergente en América le sería favorable. Por lo que a los insurgentes se refiere, seguramente, no percibían en todo ello sino un apoyo de sus hermanos franceses a sus planes independentistas. Para lograr el avance de los mismos, San Martín, junto a Carlos María de Alvear y José Matías Zapiola, creó una organización que recibiría el nombre de Logia Lautaro, tomando su nombre de un indio mapuche que se había enfrentado en Chile a los españoles y que, finalmente, había sido derrotado y muerto por las tropas de Juan Jufré. El carácter masónico de la Logia Lautaro ha querido ser negado por algunos autores como Ferrer Benemeli, que incluso ha sostenido que no es seguro que San Martín fuera masón[5], pero la verdad es que el mismo resulta indiscutible y que los documentos no escasean. Es conocida, por ejemplo, la carta que en 1812 envió a Juan Martín de Pueyrredón, también masón, en la que San Martín utiliza la rúbrica masónica de los tres puntos. Así como el testimonio del yerno del Libertador, Mariano Balcarce, cuando, a petición de Benjamín Vicuña Mackenna, respondió: «Siguiendo fielmente las ideas de mi venerado señor padre político, que no quiso en vida se hablase de su vinculación con la masonería y demás sociedades secretas, considero debo abstenerme de hacer uso de los documentos que poseo al respecto.» De hecho, la visión de Dios que tenía San Martín no era la católica que hubiera cabido esperar —sí existen textos de encendido anticlericalismo, por otra parte— sino la del mero Creador, muy en armonía con la tradición masónica. También en consonancia con ésta dejó establecido su destino final: «Prohíbo que se me haga ningún género de funeral y desde el lugar en que falleciere se me conducirá directamente al cementerio, sin ningún acompañamiento, pero sí desearía que mi corazón fuera depositado en el de Buenos Aires.» En 1824, San Martín se retiró a Francia, cuya masonería había tenido tan importante papel en el proceso emancipador. Fallecería el 17 de agosto de 1850, en una casa de Boulogne-sur-Mer, pero hasta tres décadas después sus restos no serían enviados a Buenos Aires.

Sin embargo, no se trata tan sólo de la filiación masónica de San Martín. Las constituciones de la Logia Lautaro[6] son bien explícitas y constituyen la encarnación de uno de los sueños fundacionales de la masonería, el de provocar el cambio político a impulsos de una minoría iluminada destinada por añadidura a regir la nueva sociedad. El texto citado constituye, desde luego, la exposición de un auténtico plan para conseguir, primero, y monopolizar, después, el poder en la nueva sociedad americana nacida del movimiento emancipador. Esa circunstancia explica que, como señala su constitución 5, «no podrá ser admitido ningún español ni extranjero, ni más eclesiástico que uno solo, aquel que se considere de más importancia por su influjo y relaciones» o —todavía más importante— que de acuerdo con la constitución 11, los hermanos de la logia adoptarán el compromiso de que «no podrá dar empleo alguno principal y de influjo en el Estado, ni en la capital, ni fuera de ella, sin acuerdo de la logia, entendiéndose por tales los enviados interiores y exteriores, gobernadores de provincias, generales en jefe de los ejércitos, miembros de los tribunales de justicia superiores, primeros empleados eclesiásticos, jefes de los regimientos de línea y cuerpos de milicias y otros de esta clase».

Naturalmente, los componentes y fundadores de la Logia Lautaro eran conscientes de que en una sociedad poscolonial donde desaparecería, siquiera en parte, la censura de prensa y donde existiría, al menos formalmente, un cierto peso de la opinión pública, el control sobre ésta resultaría esencial, y así su constitución 13 indica: «Partiendo del principio de que la logia, para consultar los primeros empleos, ha de pesar y estimar la opinión pública, los hermanos, como que estén próximos a ocuparlos, deberán trabajar en adquirirla.»

Ese cuidado por la opinión pública debía incluir, por ejemplo, apoyar en toda ocasión a los hermanos de la logia, pero con discreción. Al respecto, la constitución 14 señala: «Será una de las primeras obligaciones de los hermanos, en virtud del objeto de la institución, auxiliarse y protegerse en cualquier conflicto de la vida civil y sostenerse la opinión de unos y otros; pero, cuando ésta se opusiera a la pública, deberán, por lo menos, observar silencio.»

Naturalmente, un plan de conquista del poder de esas dimensiones no podía admitir filtraciones y la Constitución general de la Logia Lautaro incluía un conjunto de leyes penales de las que la segunda afirmaba: «Todo hermano que revele el secreto de la existencia de la logia ya sea por palabra o por señales será reo de muerte, por los medios que se halle conveniente.»

La logia fundada en 1812 en Buenos Aires logró todos y cada uno de sus objetivos. No sólo provocó y afianzó la independencia americana, sino que además derrocó al denominado segundo triunvirato argentino y colocó en su lugar a otro formado por miembros de la logia. En 1816, a pesar de diferencias internas, San Martín presidía la Logia Lautaro —que contaba con sucursales en Mendoza, Santiago de Chile y Lima— y se preparaba para crear el Ejército de los Andes, una formidable máquina militar que debía expulsar a los españoles del continente y llegar al Perú. Y es que San Martín, como buen masón, estaba obsesionado por el simbolismo del sol, que incluyó en la bandera argentina, y recibió con verdadero placer los gritos que le tributaron de hijo de este astro cuando entró triunfante en Lima. El 26 de julio de 1822, San Martín se reunió con Simón Bolívar en Guayaquil para proceder a la planificación de lo que debía ser el futuro de la América hispana. Fue una entrevista misteriosa cuyos verdaderos términos no han acabado de dilucidarse incluso a día de hoy.

Sin embargo, San Martín no fue el único masón importante en el movimiento de emancipación.[7] Bernardo O'Higgins, el emancipador de Chile, y Simón Bolívar, que resultó un instrumento esencial en la independencia de naciones como las actuales Colombia, Venezuela y Panamá, también eran masones. También lo fue el almirante William Brown,[8] un irlandés que colaboró de manera posiblemente decisiva en la causa de la independencia, o Pedro I del Brasil, que fue el impulsor de la emancipación de esta colonia portuguesa.

Sin embargo, quizá lo más significativo de todo el episodio de la participación —verdaderamente esencial— de los masones en la emancipación de Hispanoamérica no fuera su éxito ni tampoco la conquista ulterior del poder político, sino su más que trágica y probada incapacidad para crear un nuevo orden estable. El proyecto masónico giraba en torno a una élite —secreta por más señas— que debía desplazar a los que hasta entonces habían tenido las riendas del poder en sus manos y, acto seguido, apoderarse del aparato del Estado, entregando los cargos clave a gente afecta. De la misma manera, la opinión pública debía ser modelada —manipulada, dirían otros— para que prestara su adhesión al gobierno de una sociedad secreta cuya existencia incluso ignoraba. En ese sentido, los miembros de esa sociedad secreta debían ser prudentes en sus declaraciones públicas para no dañar su imagen ni obstruir el dominio ejercido sobre el pueblo. El resultado de esta acción —insistimos, premiada con un éxito total— no fue la implantación de sistemas democráticos como el de Estados Unidos, que se basaba en principios bien diferentes, sino la instauración de una cadena de regímenes que fueron de la dictadura a la oligarquía, pasando por el falseamiento de los procesos electorales, y cuyas consecuencias nefastas pueden observarse aún a día de hoy. Si en el caso del norte primó la cosmovisión protestante que, convencida de la realidad perversa del ser humano, afianzó la división de poderes para evitar la tiranía, en el centro y el sur del continente —como en la Francia de la Revolución— prevaleció una visión social diferente. En teoría, su perspectiva antropológica era optimista y apuntaba a la posibilidad de que todo el género humano progresara indefinidamente. En la práctica, tan sólo consagraba la corrupta tiranía de una minoría autoproclamada sobre la masa a la que se pensaba instruir en principios superiores y a la vez tan complejos que difícilmente hubiera podido entenderlos. Los masones hispanoamericanos seguramente no lo sabían, pero estaban actuando como precursores de una visión que consagraría la izquierda a lo largo del siglo XX y en virtud de la cual el ciudadano cada vez se vería más controlado en su vida privada y pública, supuestamente por su propio bien.

En ese sentido, no deja de ser significativo el enorme volumen de obras dedicadas a criticar las consecuencias de la presencia española y de la acción de la Iglesia católica en Hispanoamérica. Sin duda, ni una ni otra están libres de crítica y a ambas debe atribuirse una parte de los males padecidos por el continente. Sin embargo, llama la atención que esa labor de severo escrutinio no se haya producido en relación con la masonería, a pesar de su papel decisivo no sólo en el proceso de emancipación sino, especialmente, en el posterior de configuración de una realidad cuya ineficacia e inestabilidad resultan en el umbral del tercer milenio innegables.

La verdad es que resulta forzoso deducir a la vista de estos datos que el papel de la masonería en la historia de todo el continente ha distado mucho de ser positivo, aunque no se haya recatado de arrojar la culpa de los males padecidos sobre España, el cristianismo o, más modernamente, Estados Unidos.

No deja de ser significativo que Simón Bolívar, el otro gran protagonista de la emancipación junto con San Martín, a pesar de su condición de masón acabara sus días aborreciendo a las sociedades secretas. El 8 de noviembre de 1828, cuando resultaba obvio que el gran sueño de libertad controlada por los masones iba a convertirse en una inmanejable pesadilla, Bolívar promulgó un decreto en el que se proscribían «todas las sociedades o confraternidades secretas, sea cual fuere la denominación de cada una». La razón para dar semejante paso no podía resultar más explícita en el texto legal señalado: «Habiendo acreditado la experiencia, tanto en Colombia como en otras naciones, que las sociedades secretas sirven especialmente para preparar los trastornos políticos, turbando la tranquilidad pública y el orden establecido; que ocultando ellas todas sus operaciones con el velo del misterio, hacen presumir fundamentalmente que no son buenas ni útiles a la sociedad, y que por lo mismo excitan sospechas y alarman a todos aquellos que ignoran los objetos de que se ocupan...» Bolívar —no cabe duda alguna— sabía de lo que estaba hablando.

Por lo que se refiere a España, la otra gran protagonista del drama de la emancipación hispanoamericana, la masonería iba a desempeñar a lo largo del siglo XX un papel no poco relevante. Sin embargo, de ese aspecto y de cómo contribuyó a liquidar los últimos jirones del Imperio español de ultramar nos ocuparemos en otro capítulo.

CAPÍTULO X

# Revoluciones frustradas, revoluciones triunfantes

## Los masones toman el poder en España...

En 1813, la derrota de las tropas francesas en España se tradujo, entre otras circunstancias, en la desaparición de la masonería. De manera más que lógica, la sociedad secreta era contemplada como un instrumento del dominio napoleónico —lo que, ciertamente, había sido— y como una encarnación de los males que habían asolado la nación durante más de un lustro. En ese sentido, las disposiciones de Fernando VII, rey absoluto y derogador de la Constitución liberal de 1812, en contra de la masonería no dejaron de obtener la simpatía del pueblo. A fin de cuentas, seguía la línea de otro Borbón, éste ilustrado, como había sido Carlos III. Precisamente en esa línea, promulgó un real decreto de 24 de mayo de 1814 en contra de las sociedades secretas en el que, cosa notable, hacía especial hincapié en evitar que los miembros del clero entraran en las mismas. El 2 de enero de 1815, el inquisidor general de España dictaba a su vez un edicto contra la masonería.

Durante los tiempos inmediatos a la victoria hispana sobre Bonaparte, la historia de la masonería española se redujo a la existencia de algunas logias de afrancesados en el exilio. Si, finalmente, se operó un cambio y la masonería volvió a actuar en territorio español se debió, en no escasa medida, a su enorme funcionalidad a la hora de intentar erosionar el gobierno existente, un aspecto que resulta imposible negar a la luz de la abundante documentación de la que disponemos.[1] De esta manera, los opuestos al absolutismo —que en 1812 eran liberales de raíz anglosajona y orientación cristiana— comenzaron a impregnarse de manera creciente de principios masónicos, anticlericales y conspirativos. Esa mutación difícilmente puede considerarse positiva en la medida en que se sustituyó una visión parlamentaria y reformadora de carácter anglosajón por la masónica elitista e iluminada. Como en casos anteriores —incluido el de la Logia Lautaro que ya había desencadenado la insurrección en Hispanoamérica—, la masonería se había infiltrado en las fuerzas armadas, donde reclutó a oficiales jóvenes, audaces y ambiciosos como Van Halen, Antonio María del Valle, José María Torrijos o Juan Romero Alpuente.

Entre 1817 y 1819, el general Elío llevó a cabo una verdadera campaña en contra de los «hijos de la viuda» infiltrados en el ejército y, por lo tanto, adversarios realmente peligrosos del sistema político vigente. En enero de 1819, por citar uno de los ejemplos más relevantes, se llevó a cabo el arresto en Valencia de los coroneles Joaquín Vidal y Diego María Calatrava, el capitán Luis Aviñó y ocho sargentos por preparar un golpe de Estado. El 22 de ese mismo mes fueron ajusticiados en la horca.[2] Sin embargo —como sucedería en 1930 y 1931—, la conspiración era ya demasiado poderosa como para pensar en una rápida y total desarticulación.

Al llegar el año 1820, la masonería constituía una formidable fuerza política en España, según conocemos por documentos como las *Memorias* de Alcalá Galiano, capaz de provocar una revolución. Efectivamente, eso fue lo que hizo.

En 1820, el militar masón Riego, encargado de mandar las tropas españolas que debían sofocar la revuelta hispanoamericana en que tan extraordinario papel estaba teniendo la masonería, desobedeció sus órdenes y, por el contrario, se pronunció contra Fernando VII en Cabezas de San Juan. El resultado fue, formalmente, el regreso al sistema constitucional de 1812, pero, en la práctica, la dominación de la administración del Estado por la masonería.

El poder corruptor de los masones sobre el aparato del Estado fue realmente escalofriante y ha quedado recogido, por ejemplo, en obras como *El Gran Oriente* de Benito Pérez Galdós, donde el conocido novelista señalaba que «los tres requisitos indispensables para medrar durante aquel periodo eran; haber padecido durante el régimen absoluto, haber intervenido en la mudanza del 20 y estar afiliado en las sociedades secretas».[3] El poder de la masonería sobre las iniciativas legislativas era tal que «aquí se hacen los decretos a gusto de dos o tres maestros de grado sublime».[4]

El protagonista de la obra, un joven liberal cargado de idealismo, se presenta precisamente desengañado de la masonería porque «es un hormiguero de intrigantes, una agencia de destinos, un centro de corrupción e infames compadrazgos, una hermandad de pedigüeños».[5] Se trata de un análisis severo que el propio Pérez Galdós compartía totalmente al indicar que «en España, por más que digan los sectarios de esta orden... los masones han sido en las épocas de su mayor auge propagandistas y compadres políticos... era ésta (la masonería) una poderosa cuadrilla política, que iba derecho a su objeto, una hermandad utilitaria que miraba los destinos como una especie de religión... y no se ocupaba más que de política a la menuda, de levantar y hundir adeptos, de impulsar la desgobernación del reino; era un centro colosal de intrigas, pues allí se urdían de todas clases y dimensiones; una máquina potente que movía tres cosas: gobierno, Cortes y clubs...».[6]

El juicio galdosiano —terrible por lo veraz— señalaba asimismo no sólo la corrupción inmensa que desató la masonería, sino también el efecto perverso que tuvo su poder sobre ella misma: «Durante la época de la persecución es notorio que conservó cierta pureza a estilo de catacumbas; pero el triunfo desató tempestades de ambición y codicia en el seno de la hermandad, donde, al lado de hombres inocentes y honrados, había tanto pobre aprendiz holgazán que deseaba medrar y redondearse. Apareció formidable el compadrazgo, y desde la simonía, el cohecho, la desenfrenada concupiscencia de lucro y poder, asemejándose a las asociaciones religiosas en estado de desprestigio, con la diferencia de que éstas conservan siempre algo del simpático idealismo de su instinto original, mientras aquélla sólo conservaba, con su embrollada y empalagosa liturgia, el grotesco aparato mímico y el empolvado *atrezzo* de las llamas pintadas y las espadas de latón.»[7]

Al fin y a la postre, se produjo en España un fenómeno muy

similar al que padecería la América hispana durante las décadas siguientes. La masonería supo revelarse —al igual que en Francia— como un instrumento colosal para hacerse con el poder y repartir sus despojos entre los hermanos. Sin embargo, esa tarea de conquista y botín no vino acompañada por un gobierno que hiciera justicia a los tan pregonados principios de ilustración y progreso. En realidad, el resultado no pudo ser más contrario. Por un lado, el realismo necesario en la gestión política se vio sustituido por un utopismo directamente derivado del iluminismo masónico, con resultados pésimos; por otro, determinadas causas profundamente nobles quedaron monopolizadas por la masonería y, por lo tanto, rechazadas por importantísimos segmentos sociales; y, finalmente, la cosmovisión sectaria de la sociedad secreta generó no sólo una corrupción contraria a la buena marcha del Estado sino también conflictos de extrema gravedad, como el del anticlericalismo, que envenenarían la vida nacional hasta el siglo XX. Que al final esta suma de errores nacidos de la misma esencia de la masonería acabaran provocando una reacción favorable al absolutismo fue, como muy bien señalaba Galdós, lamentable y, a la vez, inevitable.

Precisamente, esa circunstancia explica que, en 1823, tras tres años de gobierno de los masones, la intervención extranjera en pro del absolutista Fernando VII no encontrara —a diferencia de lo sucedido en 1808— ninguna resistencia popular. La mayor parte de la población, a esas alturas, estaba más que harta de la corrupción y de la ineficacia de los gobiernos controlados por masones y —lo que era peor— había llegado a identificar, no sin razón pero lamentablemente, al liberalismo español con la masonería. Para colmo de males, el beneficiario de esos hechos iba a ser un personaje de tan escasa calidad política y humana como Fernando VII.

### ... y lo pierden

El 6 de diciembre de 1823, Fernando VII promulgaba un decreto contra las sociedades secretas. La justificación del mismo, según indicaba el propio texto, se hallaba en que habían sido «el más eficaz de los resortes» para llevar a cabo la revolución en España y en América. Para ser honrados con la verdad histórica, hay que reconocer que el rey absoluto no se equivocaba lo más mínimo. Cinco días después, el fiscal del reino elaboraba un informe sobre la historia de la masonería en España que constituye una fuente indispensable para su estudio y donde se indicaba cómo su aparición había estado relacionada con la presencia de la escuadra española en el puerto francés de Brest, un extremo al que ya nos hemos referido en un capítulo anterior.

El temor que Fernando VII tenía a la masonería resultaba tan evidente que cuando el 1 de mayo de 1824 concedió un indulto y perdón general excluyó del mismo a los que hubieran militado en sociedades secretas. El 1 de agosto de ese año se publicaba además una real cédula en virtud de la cual se prohibían en los dominios de España e Indias y el 11 de octubre una real orden concedía premios a los militares que no pertenecían ni habían pertenecido a sociedades secretas como la masonería. El papel que ésta había representado —y todavía representaría— en el seno de las fuerzas armadas no podía resultar más evidente.

Fernando VII estaba más que convencido de la justicia de su acción, especialmente teniendo en cuenta los costes que había significado para las posesiones españolas de ultramar la acción contraria de la masonería. No era, desde luego, el único que veía así las cosas. Ya hemos indicado cómo por estos mismos años distintos gobiernos dictaban medidas contrarias a la masonería, a la que veían como una seria amenaza conspirativa. A ellos se sumó la Santa Sede. El 13 de marzo de 1825, el papa León XII promulgaba la constitución apostólica *Quo graviora* en la que se reiteraban las censuras eclesiásticas precedentes contra la masonería y las sociedades secretas.

Fueron, sin duda, años difíciles para la masonería en España, pero, como en otras partes del mundo, la presión no se tradujo en extinción. En 1833 tuvo lugar el fallecimiento de Fernando VII y el 26 de abril de 1834 la reina gobernadora promulgó en Aranjuez un real decreto en virtud del cual se amnistiaba a los masones y se los permitía acceder a cargos públicos. Con todo, y dados los innegables antecedentes, se condenaba a los que pertenecieran a sociedades secretas con fecha posterior a la del citado texto legal. Menos de cuatro años después, la masonería española estaba plenamente reconstituida. Una vez más, iba a entregarse a erosionar la situación política en un abierto deseo de conquistar el poder.

CAPÍTULO XI

# De la Revolución de 1848 a la caída de Napoleón III

## De la revolución de 1848 al II Imperio

Como ya tuvimos ocasión de ver en un capítulo anterior, la Revolución de 1830 no sólo contó con un peso extraordinario de los masones franceses sino que además llevó al trono a un monarca que también pertenecía a la masonería. No puede sorprender, por lo tanto, que François Guizot, el primer ministro, también fuera masón. Durante década y media, el Gran Oriente francés no sólo manifestó su adhesión al régimen nacido en julio de 1830 sino que incluso llegó a expulsar de las logias a algunos miembros que se inclinaban por visiones políticas más radicales.[1] Entonces, en 1847, se produjo un cambio cuando algunos masones comenzaron a organizar banquetes masónicos —una tradición ya utilizada en Francia antes de la Revolución de 1830 y en España, posteriormente, en 1930 y 1931— en los que brillaron como estrellas los hermanos Odilon Barrot y Adolphe Crémieux. En el curso de los mismos se criticaba la política, supuestamente demasiado conservadora, del gobierno y se pedía abiertamente un cambio. El mismo no se hizo esperar. El 24 de febrero de 1848, estallaba en París la revolución. Luego, el fenómeno subversivo, que difícilmente puede explicarse como mera casualidad, se extendió a media Europa. El 15 de marzo se producía en Berlín y cuatro días después en Milán, resultando el papel de los masones innegable. Algo similar sucedió en Hungría, donde su dirigente principal, Lajos Kossuth, era un masón. La revolución estalló también en distintas partes de Alemania. De manera bien significativa, pudo ser sofocada en todos aquellos lugares donde el peso de la masonería no era especialmente vigoroso. No fue, desde luego, el caso de Francia.

En esta nación, Luis Felipe abdicó y marchó a Inglaterra, y, acto seguido, fue proclamada la Segunda República, a la que el Gran Oriente declaró su adhesión de manera inmediata. El gobierno provisional estaba presidido por Lamartine, un poeta liberal que no era masón y que en breve se encontró con la oposición cerrada de Louis Blanc, un dirigente socialista que sí pertenecía a la masonería. Muy pronto, Lamartine se vio enfrentado con un nuevo brote revolucionario que duró del día 23 al 26 de junio, y en el curso del cual fue asesinado Denis Auguste Affre, el arzobispo de París. Cuando concluyeron aquellas jornadas, Lamartine había sido derrocado, se convertía en nuevo hombre fuerte de Francia el general Cavaignac —masón, por cierto— y el Gran Oriente, el mismo 27 de junio, emitía un comunicado en su apoyo.

El 10 de diciembre de 1848 se celebraron las elecciones presidenciales. La victoria recayó en Luis Napoleón Bonaparte, hijo de Luis Bonaparte, convertido en rey de Holanda por Napoleón. El nuevo presidente era, por tanto, hijo de un conocido masón, aunque resulta más difícil saber si él mismo había sido iniciado. En cualquiera de los casos, la masonería francesa le iba a apoyar de manera decisiva en una cadena de acontecimientos que cambiarían la historia de Francia.

El 2 de diciembre de 1851, Luis Napoleón dio un golpe de Estado y se convirtió en dictador. Se produjo alguna resistencia, pero la misma quedó abortada en apenas unos días. Una semana después del golpe, el 10 de diciembre, el Gran Oriente cursó una circular a todas sus logias para que suspendieran cualquier tipo de actividad política hasta nueva orden,[2] y cuando Luis Napoleón anunció su intención de convocar un plebiscito, el Gran Oriente urgió a los hermanos para que apoyaran la causa del sí. Cuando se celebró la consulta popular, los votos afirmativos llegaron a 7 439 216, frente a tan sólo 646 737 votos negativos.

La victoria había sido aplastante, pero a Luis Napoleón, como a cualquier dictador, no se le ocultaba la necesidad de controlar a la población para evitar enfrentarse con sorpresas desagradables. El 17 de febrero de 1852 promulgó un decreto en virtud del cual se dotaba al ministro del Interior de unos notables poderes de represión. Entre ellos, se encontraban la facultad de cerrar cualquier periódico sin previo aviso e incluso el poder de recluir en prisión sin juicio hasta por espacio de diez años. Si las afirmaciones propagandísticas propias de la leyenda rosada de la masonería fueran ciertas, hubiera sido de esperar una firme resistencia masónica frente a ese ejercicio de despotismo. Sucedió exactamente lo contrario y, de hecho, el encargado de llevar a la práctica estas medidas —que se tradujeron en la deportación de multitud de personas a la Guayana francesa— fue un masón, Jean Fiolin, conde de Persigny.

La acción represiva de Fiolin no fue, en absoluto, excepcional. De hecho, el Gran Oriente hizo todo lo posible para congraciarse con la nueva dictadura. Ya vimos en su momento que, a la caída de Napoleón, su hermano José fue requerido por el Gran Oriente para que abandonara su cargo de Gran Maestro. José se había negado y durante treinta y ocho años el Gran Oriente había carecido de persona que desempeñara estas funciones. Ahora, sin embargo, en un acto cargado de simbolismo, nombró Gran Maestro al príncipe Joaquín Murat, hijo del mariscal de Napoleón Bonaparte y hombre de confianza de Luis Napoleón. Al año siguiente, tanto Murat como el Gran Oriente manifestaron públicamente su complacencia al proclamar Luis Napoleón el II Imperio y adoptar el título de Napoleón III.

La dictadura, disfrazada de imperio, de Napoleón III desarrolló una política consecuente con la visión de la masonería francesa. En 1859, Napoleón III decidió ir a la guerra contra Austria para ayudar a un hermano masón, el rey de Piamonte, Víctor Manuel. El paso fue aplaudido por los masones, los socialistas, los radicales y los nacionalistas italianos ya que Víctor Manuel era no sólo el rey que pretendía la unificación italiana sino también un claro adversario de la Iglesia Católica, a la que veía como un obstáculo para alcanzar sus objetivos políticos. Por otro lado, y de manera bien comprensible, preocupó a los católicos franceses, que se temían una oleada de anticlericalismo semejante a la que venían padeciendo desde finales del siglo XVIII.

Las fuerzas francesas derrotaron a las austriacas en Solferino, pero el coste fue tan elevado que Napoleón III tuvo que replantearse la ayuda que brindaba al hermano Víctor Manuel. Finalmente, optó por firmar la paz con Austria. De acuerdo con sus términos, Víctor Manuel recibió Lombardía y Toscana, y Francia obtuvo Niza y Saboya. No era escaso logro, pero tampoco puede negarse que significaba el final de la alianza con el masón Víctor Manuel. Por añadidura, Napoleón III dejó también de manifiesto que no estaba dispuesto a provocar la desaparición de los Estados Pontificios, el último vestigio de poder temporal que aún conservaba el papa. Los problemas con la masonería no tardaron en surgir.

## La caída de Napoleón III y la Revolución de 1870

El 30 de octubre de 1861 concluyó el mandato de Murat como Gran Maestre y la Asamblea del Gran Oriente se reunió en París el 20 de mayo de ese año para decidir su posible renovación. En circunstancias normales, Murat hubiera sido designado nuevamente, pero lo cierto es que el hijo del mariscal napoleónico había apoyado en el Senado la política de Napoleón III de no derribar el poder temporal del papa y, al parecer, aquello era más de lo que los masones estaban dispuestos a tolerar. Así, en noviembre de 1860, ya habían invitado al príncipe Napoleón, un primo de Napoleón III e hijo de Jerónimo Bonaparte, rey de Westfalia, a convertirse en Gran Maestre. Semejante acción no sólo implicaba un claro rechazo de Napoleón III, sino que además incluía una ofensa personal que cuesta ver como fruto de la casualidad. De hecho, el príncipe Napoleón mantenía, a causa de sus puntos de vista radicales, una relación de enemistad con Eugenia de Montijo, la esposa de Napoleón III. Como era de esperar, la policía intentó impedir la celebración de una asamblea que se dirigía tan claramente contra el emperador. Fue inútil. La reunión se celebró y 120 de los 139 votos fueron favorables al príncipe Napoleón.

El emperador era más que consciente —¿quién que supiera Historia podía no serlo a esas alturas?— de que un enfrentamiento con la masonería podía resultarle fatal y el 11 de enero de 1862 promulgó un decreto imperial en virtud del cual establecía que la potestad de designar al Gran Maestre era exclusivamente imperial. Acto seguido, nombró para el puesto al mariscal Bernard Magnan. Se trataba de una solución de compromiso que dejaba fuera de juego a Murat, pero que también evitaba desafíos, como el relacionado con el príncipe Napoleón. Sin embargo, no funcionó. La masonería no confiaba ya en el emperador y de ella surgieron a partir de ahora sus principales opositores, Jules Favre, Adolphe Crémieux y Jules Simon. Por otro lado, su fuerza era mayor que nunca y algunos episodios, como el de los funerales de su Gran Maestre Magnan, dan buena prueba de ello.

El 29 de mayo de 1865, el mariscal Magnan falleció. El funeral se celebró en la iglesia de los Inválidos de París y —hecho ciertamente insólito— el arzobispo de París, monseñor Georges Darboy, permitió que sobre el catafalco se desplegaran los símbolos de la masonería. El papa Pío IX escribió el 26 de octubre de 1865 a Darboy indicándole el «dolor y sorpresa... extremos» que le había causado el episodio.[3] No le faltaban razones para ello —Pío IX sería precisamente autor de un importante documento pontificio formulado en contra de la masonería— pero, a decir verdad, no era la primera vez, ni sería la última en que un prelado católico se mostraba complaciente con la masonería en contra de lo enseñado taxativamente.

En 1870, Napoleón III fue derrotado y capturado en Sedán por el ejército prusiano. Semejantes hechos hubieran provocado quizá en otras circunstancias una reacción de defensa del emperador, siquiera en respuesta a la humillación sufrida ante las fuerzas germánicas. Lo que sucedió, por el contrario, es que en París se proclamó inmediatamente la Tercera República. Los dirigentes de la nueva revolución —Jules Favre, Jules Ferry, Louis Garnier-Pagés y Léon Gambetta— eran masones. Como había sucedido durante la revolución francesa iniciada en 1789, los acontecimientos no tardaron en radicalizarse y pronto en París se proclamó la Comuna.

El episodio de la Comuna atraería en las décadas siguientes a la izquierda de todos los países y no resulta extraño ya que Karl Marx lo apoyó calurosamente. Sin embargo, suelen pasarse por alto algunas circunstancias de no escasa entidad. La primera es que la Comuna fue un verdadero baño de sangre en el curso del cual se intentó llevar a cabo el exterminio de segmentos enteros de la población; la segunda, es que se trató del primer experimento real de toma del poder por los socialistas; y la tercera, que el papel de los masones en su desarrollo fue verdaderamente enorme. Masones fueron, por citar algunos ejemplos significativos, Benoit Malon —miembro además de la AIT, conocida más vulgarmente como Primera Internacional—, Felix Pyat, Jean Baptiste Clément, autor de la canción *El tiempo de las cerezas*, dedicada a la Comuna, y Eugéne Pottier, al que se debe la letra de *La Internacional*, el famoso himno de la izquierda,[4] donde se canta la aniquilación de un mundo para instaurar otro nuevo.

El gobierno de la Comuna no podía triunfar y más ante la posibilidad de que las fuerzas prusianas se dirigieran a París y lo aplastaran. Finalmente, sus dirigentes decidieron entablar conversaciones con un gobierno republicano establecido en Versalles. Para parlamentar, decidieron enviar a varios hermanos y, ciertamente, la elección no pudo ser más afortunada. Desplegando estandartes masónicos, los emisarios llegaron hasta donde se encontraban las fuerzas republicanas del general Montaudon. Éste también era masón y les proporcionó un salvoconducto para llegar a Versalles, donde otro masón, Jules Simon, los llevó ante Thiers, el nuevo primer ministro. Thiers, del que se ha afirmado que era masón y que había sido ministro con Luis Felipe de Orleans, informó a los embajadores de la Comuna que la única salida era rendirse. Otra opción, a esas alturas, no era planteable.

El asalto contra los Communards fue llevado a cabo por el general Gaston, marqués de Galliffet. Gaston había combatido en el ejército francés que Napoleón III había enviado a México para apoyar a Maximiliano de Austria. No era masón y, seguramente, no simpatizaba con un grupo que había tenido un papel considerable en la derrota sufrida por los franceses al otro lado del Atlántico. Su asalto sobre París fue despiadado. No lo fue menos el comportamiento de los Communards que fusilaron a centenares de rehenes, entre los que se encontraba el arzobispo de París. La última batalla, verdaderamente encarnizada, se libró en el cementerio del Padre Lachaise. Concluyó con una victoria de la República y fue seguida por millares de fusilamientos —posiblemente, más de veinte mil— y deportaciones masivas de prisioneros a Nueva Caledonia. Sin embargo, a pesar de su papel en la Comuna, la masonería volvió a emerger. Los masones tendrían un peso extraordinario en la recientemente proclamada Tercera República y, muy especialmente, en fuerzas como el partido radical y después en el socialista. El combate entre esa masonería nada debilitada y el catolicismo alcanzaría una especial virulencia en las siguientes décadas, se nutriría de elementos como el antisemitismo e incluso sería origen de episodios como la farsa de Leo Taxil. Sin embargo, antes de referirnos a todo ello, debemos detenernos en otro aspecto no por poco conocido carente de importancia. El del peso de la masonería en la creación de nuevas sectas a lo largo del siglo XIX.

CUARTA PARTE

# La conexión ocultista

CAPÍTULO XII

# El aporte espiritual (I): el mormonismo

El peso de la masonería en los procesos revolucionarios del siglo XIX fue ciertamente extraordinario, hasta el punto de que no puede entenderse su historia particular —ni tampoco la universal— sin hacer referencia a él. Con todo, la masonería no surgió sólo como una sociedad secreta que deseaba cambiar la sociedad en la que vivía. Ya hemos indicado como otro de sus componentes esenciales —y uno de sus atractivos— era la pretensión de poseer un conocimiento secreto, una gnosis, que sólo se comunicaba a los iniciados. Esta circunstancia —absolutamente esencial en la historia de la masonería y, sin embargo, tantas veces omitida— explica, por ejemplo, el considerable papel representado por la masonería en la configuración de algunas de las sectas surgidas durante el siglo XIX y en el importante resurgir del ocultismo de ese siglo y del siguiente.

## Las dudosas revelaciones de Joseph Smith Jr.

De entre las sectas contemporáneas, la más importante, con diferencia, es la Iglesia de Jesucristo de los Santos de los Últimos Días, más conocidos popularmente como los mormones. En la actualidad, los mormones cuentan con no menos de diez millones de miembros en todo el mundo y un peso social, político y económico que supera con mucho el de ese número. Todo eso es más o menos conocido, lo que ya resulta mucho menos sabido es que

Joseph Smith Jr. era masón y que la masonería desempeñó un papel muy considerable en el nacimiento y establecimiento de la secta fundada por él.

Resulta obligado decir que nada puede alcanzar la categoría de comprensible en relación con la historia y la teología de los mormones —a la que Ferguson denominó la religión sintética de Utah— sin hacer referencia a la persona de su profeta, Joseph Smith. Nacido el 23 de diciembre de 1805, cuando Estados Unidos era una jovencísima nación recién emancipada de Gran Bretaña, Smith se crió en un entorno doméstico peculiar. Los vecinos de Smith consideraban a la familia de éste como «analfabeta, bebedora de whiskey, holgazana e irreligiosa».[1] La madre de Smith, Lucy Mak, practicaba la hechicería y alimentaba la pretensión —por lo visto no del todo desprovista de fines crematísticos— de tener visiones. El padre, Joseph, más conocido como Joe, contaba con una cierta popularidad que emanaba de que su ocupación consistía, como la de José Bálsamo en una época, en buscar tesoros en favor de aquellos que le pagaban con esa finalidad. Está documentado que el joven Joseph Smith acompañaba con frecuencia a su padre en estas expediciones a mitad de camino entre el fraude y lo oculto, y desde edad muy temprana se dedicó a la práctica de la adivinación y de decir la fortuna mediante el uso de piedras, un comportamiento específicamente prohibido por la Biblia.[2] Sin embargo, de manera aún más interesante, la familia de Joseph Smith estaba estrechamente vinculada con la masonería.

El padre, Joseph Smith Sr., había sido iniciado en el grado de maestro masón el 7 de mayo de 1818 en la logia de Ontario n. 23 de Canandaigua, Nueva York. Uno de los hijos mayores, Hyrum Smith, era miembro de la logia Mount Moriah n. 112 de Palmyra, Nueva York. Las fechas resultan interesantes porque en época tan cercana como1820, según el relato de los mormones, Dios se le apareció a Joseph Smith en un episodio que explica el surgimiento de la secta.

La importancia de esta experiencia es de trascendencia capital para la teología mormona. El dirigente y apóstol de la secta David O. McKay ha señalado claramente que «la aparición del Padre y del Hijo a Joseph Smith es el fundamento de esta Iglesia».[3]

En realidad, con ello no hace sino repetir lo que antes han dicho otros apóstoles mormones: si la visión es falsa, todo el edificio del mormonismo se debería derrumbar como un castillo de naipes. Tal y como lo expresó el apóstol mormón John A. Widtsoe: «Sobre su realidad (la de la visión) descansa la verdad y el valor de su (de Smith) obra posterior.»[4] Desde luego, no es para menos. Si efectivamente Dios se le apareció a Joseph Smith dándole instrucciones concretas, sería estúpido negarle, al menos, un poco de atención. Si, por el contrario, la historia es falsa, Smith sería un farsante, un enfermo o algo peor.

El relato oficial es como sigue. En 1820, cuando Joseph Smith tenía sólo catorce años, se adentró, una hermosa mañana de inicios de la primavera, en el bosque. Al parecer había decidido orar para descubrir cuál de «todas las sectas era la correcta», una oración nada baladí teniendo en cuenta la vinculación de su padre con la masonería. Mientras, presuntamente, se hallaba en oración vio sobre él, en el aire, a dos personajes. Uno de ellos señaló al otro y exclamó: «Éste es mi Hijo amado, escúchalo.» Después, uno de los dos personajes le dijo que todas las iglesias estaban equivocadas.

Sería de esperar que esta visión de radical importancia hubiera sido registrada desde el principio entre los recuerdos y testimonios del futuro profeta. Lo cierto es que no fue así. Los mismos mormones se han visto obligados a reconocer que «el relato oficial de la primera visión de Joseph Smith y las visitas del ángel Moroni... fue publicado por primera vez en 1842»,[5] es decir, veintidós años después de acontecidos, supuestamente, los hechos. Hasta qué punto este «retraso» resulta absurdo podemos verlo en el hecho de que la secta fue fundada oficialmente en 1830, el mismo año de publicación del *Libro de Mormón*. ¿A qué se debe que la piedra básica —la visión divina de Smith— sobre la que está edificada la secta de los mormones no fuera mencionada por el profeta sino veintidós años después de presuntamente acontecida?

Diversas investigaciones parecen apuntar a una causa bien poco presentable: el mismo Joseph Smith no contó siempre la misma historia y ello se debe sencillamente a que la misma no era verdad. Jerald y Sandra Tanner[6] han dejado de manifiesto que en el interior de la secta circulaban, al menos, dos versiones diferentes de la visión divina de Smith, si bien no salieron a la luz pública hasta que Paul Cheesman, un estudiante de la Universidad Brigham Young, las publicó en 1965. Por si esto fuera poco, al año siguiente, James B. Allen, profesor asociado de Historia de la BYU, reveló otra versión más de la visión. Demasiados relatos discordantes para creer en una versión —hoy oficial— que, al parecer, desconocieron dirigentes mormones como Brigham Young y Oliver Cowdery.[7]

El mismo Joseph Smith se destacó por ser el origen de este tremendo embrollo. A fin de cuentas, no relató siempre la misma historia. Así, el *Messenger and Advocate* de septiembre de 1834 y de febrero de 1835 publicó diversas versiones de la «primera visión» considerablemente diferentes de la oficial de 1842. Las diferencias son de bulto. En la versión ahora oficial, Joseph Smith tenía catorce años, buscaba saber qué secta era la verdadera y se le aparecieron el Padre y el Hijo. En las de 1834 y 1835, Joseph Smith tenía diecisiete años, lo que ansiaba saber es si existía un ser supremo y el que se le apareció fue un simple ángel. Para terminar de complicar las cosas, el 29 de mayo de 1852 el *Desert News* publicaba unas declaraciones del profeta Smith en que afirmaba que la primera visión la tuvo a los catorce años y que fue de ángeles. Esto fue corroborado posteriormente por el apóstol mormón Orson Pratt[8] y por John Taylor, el tercer presidente de los mormones.[9] Por desgracia para Smith, ni siquiera en la época en que coincidían casi todos en que quien se había aparecido era un ángel llegaban a ponerse de acuerdo sobre la identidad del mismo. En la primera edición de *La Perla de gran precio* de 1851, página 41, se decía que el ángel era Nephi, y la misma opinión sustentaba Lucy Mack, madre del profeta. No obstante, después se denominó al ángel con el apelativo de Moroni. Finalmente, alguien debió de llegar a la conclusión de que una aparición del Padre y del Hijo siempre es mucho más atrayente que la de un simple enviado. Así, esta tesis acabaría imponiéndose de manera oficial en la *La Perla de gran precio*, uno de los libros sagrados de los mormones.[10]

Como fundamento —según el profeta y apóstol MacKay— de la organización que afirmaba ser la única Iglesia cristiana, la visión primera de Smith da la impresión de dejar mucho que desear. No coinciden —de acuerdo a las diferentes versiones— ni la edad de Smith ni el motivo de su oración ni los personajes que se le aparecieron. Francamente, un profeta con una memoria tan dudosa sobre asunto de tanta importancia no consigue crear precisamente confianza en la manera en que transmite las revelaciones ni en la veracidad de las mismas. Para colmo, la última —por el momento— versión de la visión de Smith se contradice con sus propias enseñanzas de manera directa. En 1832, Joseph Smith afirmó haber tenido una revelación de Dios según la cual nadie puede ver a Dios sin tener el sacerdocio. Según el propio Smith, él no tuvo ese sacerdocio hasta pasado el año 1830,[11] pero la visión de Dios fue, al menos, diez años antes. Como y por qué Dios hizo una excepción a su revelación en relación a Smith constituye un misterio que —hasta la fecha— ningún adepto de la secta ha conseguido aclarar. Como ha dejado de manifiesto Floyd C. Mc Elveen, ambas revelaciones no pueden ser verdad. O bien Smith vio a Dios en 1820 —y eso se contradice con la revelación sobre el sacerdocio de 1832—, o bien la revelación de 1832 es falsa y con ello queda a salvo la veracidad de la versión —hoy oficial— de la visión de 1820. Naturalmente, cabe también la posibilidad de que ambas visiones no fueran sino una falacia.

## El libro de Mormón

Aún más problemas plantea esa obra que Mark Twain denominó «cloroformo en forma de libro» y que nosotros conocemos como el *Libro de Mormón*. La historia oficial del mismo es digna de ser referida aunque sea brevemente. En *La Perla de gran precio*, uno de los libros sagrados de la secta, Joseph Smith narra una visión que tuvo en 1823. De acuerdo con este libro, en el curso de la misma se le apareció a Smith un ángel llamado Moroni que le señaló la misión que Dios le había encomendado. Smith tenía que encontrar unas placas de oro en las que había escrita una obra cuya traducción debía acometer. Junto a las placas, Smith encontraría unas gafas que le permitirían traducir las placas del egipcio reformado, en que estaban escritas, al inglés. Para colmo de maravillas, las mencionadas lentes fueron identificadas por el ángel con el Urim y el Tumim del Antiguo Testamento. La obra señalada por el ángel, presuntamente, era el *Libro de Mormón.*

No hace falta decir que para una vez que una revelación presuntamente divina no se produce por inspiración sino por traducción, hubiera resultado sumamente interesante poder examinar los textos y el artilugio destinado a facilitar su comprensión a los mortales. No ha sido posible. Según la tesis mormona, después de que Smith tradujo las 116 primeras páginas del *Libro de Mormón*, aquéllas desaparecieron. ¿Y las gafas? Se las llevó el ángel.

Según los tres testigos del *Libro de Mormón*, David Whitmer, Oliver Cowdery y Martin Harris, el método de traducción de Smith era auténticamente peculiar. En primer lugar, Smith colocaba los lentes en un sombrero y después metía la cara en el mismo, comenzando a continuación a traducir de las placas de oro... que prácticamente nunca estuvieron presentes. Dado el método utilizado, no es de extrañar que no hicieran ni falta.

No acaba aquí la cosa. Según ha dejado escrito David Whitmer,[12] una vez que Smith se echaba a la cara el sombrero con las gafas aparecía una especie de jeroglífico con la traducción inglesa debajo. Smith la leía entonces para que copiara Cowdery o cualquier otro, y si quedaba escrito correctamente la frase desaparecía.

El método se presenta como un tanto alambicado, pero así es como fue presentado por Smith y sus adeptos más cercanos. La obra era una revelación de Dios de igual importancia —en la práctica más— que la Biblia. Por desgracia para Smith y su secta, la nueva revelación por escrito iba a levantar aún mayores dudas que el relato referente a su presunta visión divina.

Joseph Smith afirmó que la obra fue escrita en torno al 384 al 421 a. J.C. por Mormón, el padre de Moroni. Por ello, no deja de ser curioso que la obra reproduzca textualmente versículos de la versión de la Biblia del Rey Jaime que se imprimió... en 1611 a. J.C. Cómo un libro puede llevar millares de citas textuales de una obra que, supuestamente, se imprimió dos mil años después es otro de los grandes enigmas de la religión mormona, y la incógnita se agranda cuando vemos que hasta las palabras en cursiva de la versión del Rey Jaime se reproducen así en el *Libro de Mormón.*

No menos curioso es el estilo gramatical de la obra. Supuestamente, «cada palabra y cada letra le fueron dadas (a Joseph Smith) por el don y el poder de Dios», pero eso no ha evitado que los mormones hayan realizado unos cuatro mil cambios de estilo —y no sólo de estilo— en el texto.[13] Francamente, resulta curioso que las autoridades mormonas se hayan mostrado tan predispuestas a alterar con suma libertad una obra que —presuntamente— fue dada por Dios al profeta fundador de la secta. Quizá una explicación de este fenómeno resida en el hecho de que cuando Smith cita de la versión de King James o Rey Jaime (supuestamente escrita dos mil años después que el *Libro de Mormón*) su gramática es impecable, pero deja de serlo en el momento en que —al parecer— traducía del egipcio ayudado por las gafas que le dio el ángel. Desde luego, si verdaderamente Dios entregó la revelación a Smith de manera directa, lo hizo en momentos en que su gramática no era muy sólida.

Estas y otras cuestiones —que, desde luego, no contribuyen lo más mínimo a afianzar la creencia de que Joseph Smith era un profeta de Dios— suelen ser dejadas de lado por los adeptos de la secta con una referencia rápida al testimonio, favorable al *Libro de Mormón*, de los testigos. Efectivamente, en las páginas iniciales del *Libro de Mormón* se menciona el «Testimonio de los tres testigos», a saber, Oliver Cowdery, David Whitmer y Martin Harris; así como el de los «Ocho testigos», es decir, Christian Whitmer, Jacob Whitmer, Irma Page, Joseph Smith Sr., Hyrum Smith y Samuel H. Smith. Según los adeptos, el testimonio de estas personas en bloque no deja ninguna duda de que el *Libro de Mormón* fue una obra inspirada por Dios y revelada a su profeta, Joseph Smith. Sin duda, muchos adeptos lo creen. El problema es que el mencionado testimonio no se sostiene ni siquiera parcialmente. Para empezar, el grupo de los «tres testigos» jamás afirmó haber visto las placas de oro donde —supuestamente— se escribió el *Libro de Mormón*. Lo más que llegaron a afirmar fue que tuvieron una «visión» de las mismas, que las vieron «con el ojo de la fe» o cuando estaban envueltas o tapadas.[14] Si alguien vio alguna vez —y resulta dudoso— aquellas placas fue sólo el profeta Joseph Smith.

Por desgracia, no termina ahí el cúmulo de problemas que

presentan los mencionados testigos. Veámoslos, aunque sea por encima. De los once mencionados, todos se marcharon de la secta, salvo los Smith, es decir, los de la familia del profeta e incluso de éstos, un par de los hijos de Smith dejaron la secta para afiliarse a la Iglesia reorganizada de los Santos de los Últimos Días.

Visto el éxito final que tuvo con ellos, no es de extrañar que el profeta Smith denominara a los tres testigos principales «ladrones y embusteros»[15] y que incluso manifestara en la *Historia de la Iglesia* que habría que olvidarlos.[16] De nuevo este conjunto de circunstancias no pueden sino resultar sorprendentes al venir ligadas a una revelación que procedía supuestamente de Dios. Por ello, parece injustificable que la secta de los mormones tenga el valor de presentarlos como testigos en favor de las revelaciones de su profeta, cuando todos, menos los familiares de éste, la abandonaron convencidos de que aquello no tenía ninguna relación, ni siquiera lejana, con Dios. Realmente, da la impresión de que la gente más cercana a Smith creía que todo era un fraude y se cansó de seguir la farsa. A causa de ello, Smith los descalificó como embusteros y ladrones en un intento de privar de valor a los testimonios —esta vez ciertos— que pudieran dar. Posteriormente, la secta correría un tupido velo sobre aquella deserción e insistiría en que todos ellos eran piedra fundamental para creer la veracidad de las pretensiones de Smith. No hace falta ser muy avispado para darse cuenta de a quién beneficiaba esa falsedad consciente.

Una cuestión adicional sirve para dejar aún más de manifiesto el dudoso carácter de los poderes de Smith. Para desgracia de la secta, el asunto pasó por los tribunales y las minutas del procedimiento fueron localizadas por Wesley P. Walters el 28 de julio de 1971.[17] En 1826, es decir, seis años después de la supuesta visión divina, Joseph Smith fue acusado (y condenado) por ser un *glass looker*. El término anglosajón, que se podría traducir como «mirador de cristal», sirve para designar a una persona que mirando a través de un vidrio o de una piedra puede encontrar tesoros o propiedades perdidas. Smith había estafado a una persona llamada Josiah Stowell asegurándole que, mirando a través del cristal, localizaría precisamente ese tipo de objetos.

No deja de ser curioso que Smith fracasara utilizando la misma metodología que le permitió —en teoría— traducir las placas de oro que un ángel de Dios le había mostrado y tampoco deja de llamar la atención que, seis años (o tres, según la visión) después de hablar con el Padre y el Hijo (o con un ángel llamado o Moroni o Nephi, según qué visión y qué persona) anduviera dedicado a los menesteres —nada respetables— que había aprendido en su familia. No parece lo más adecuado que un profeta de Dios se dedique a estafar al prójimo prometiéndole encontrar tesoros... a menos, claro está, que no se sea tal tipo de profeta. Desde luego, con esos antecedentes tampoco llama mucho la atención las controversias desatadas desde el principio en relación con el *Libro de Mormón*.

Los libros sagrados de las diversas religiones suelen contener datos históricos, geográficos y arqueológicos susceptibles de ser verificados por los especialistas en estas ciencias. En alguna medida, su fiabilidad viene confirmada o negada precisamente por la posibilidad de verificar si los datos históricos o arqueológicos son o no reales. El ejemplo más destacado de esta tesis lo constituye, sin lugar a dudas, la Biblia. Los datos geográficos, históricos y arqueológicos que aparecen en la misma no sólo son reales y están cuidadosamente expuestos sino que han servido de base para realizar descubrimientos arqueológicos en tiempos modernos. En el caso de otros libros religiosos, los datos son escasos y difícilmente comprobables. Con todo, incluso así parece existir un fondo histórico real aunque se haya visto deformado por la leyenda. La única excepción a esta regla la constituye el *Libro de Mormón*, la presunta revelación divina recibida por Joseph Smith, un escrito que resulta aún menos fiable que los textos sagrados del hinduismo.

La historia contenida en esta obra no deja de ser un tanto complicada en sus detalles. Haremos aquí un breve resumen de la misma en relación con sus aspectos fundamentales. En las páginas del libro canónico por antonomasia del mormonismo se nos narra que un pueblo llamado jareditas, procedente de la Torre de Babel, emigró a América en el año 2247 a. J.C. Supuestamente, esta cultura ocupó América Central hasta desvanecerse a causa de los conflictos internos. Un superviviente llamado Ether escribió su historia en veinticuatro placas metálicas. Hacia el año 600 a. J.C., las dos familias de Lehi e Ismael salieron de Jerusalén y, cruzando el océano Atlántico, desembarcaron en América del Sur. Dos hijos de Lehi, llamados Laman y Nephi, acabaron enfrentándose junto con sus seguidores en el campo de batalla. De aquí procederían los pieles rojas que poblarían el Nuevo Mundo. La razón, según Joseph Smith, no podía ser más fácil: los lamanitas eran rebeldes contra Dios y Él los castigó haciendo que su piel se oscureciera, dando así origen a los indios americanos.

Los nephitas, por el contrario, que seguían conservando una piel inmaculadamente blanca, fueron favorecidos por Dios y se asentaron en América Central en la época de Cristo. Después de su crucifixión, Jesús se les apareció en esta parte del continente americano e instituyó el bautismo, el sacramento del pan y el vino, el sacerdocio, etc. Un par de siglos después, aquella cultura centroamericana abandonó los caminos del Señor y otro siglo y medio después nephitas y lamanitas se enfrentaron de nuevo en batalla. El jefe de los nephitas era un profeta y sacerdote llamado Mormón. Cuando comprendió que la derrota era una posibilidad clara, decidió escribir en placas de oro la historia de su pueblo. Se las entregó a su hijo, Moroni, que, supuestamente, la escondió en una colina cerca de Palmyra, Nueva York, unos mil cuatrocientos años antes de que, presuntamente, un ángel se le apareciera a Smith y le dijera dónde encontrarlas. Por qué escogió este lugar —salvo porque Smith viviría cerca de él— es un enigma. Enigma resulta también que Mormón retara a los lamanitas a trabar combate en un cerro insignificante llamado Cumorah. Este lugar, al parecer, se hallaba a centenares de miles de millas de donde se encontraba su pueblo y, por ello, aquél se vio obligado a cruzarlas. Lógicamente, debió de llegar hecho trizas al lugar de la batalla. Mormón, si es que existió, fue quizá un profeta y un sacerdote piadoso, pero, desde luego, dejaba mucho que desear como estratega.

De acuerdo con el *Libro de Mormón*, hacia el 421 a. J.C. todos los nefitas habían sido asesinados y los impíos lamanitas dominaban la tierra. Presuntamente, cuando Colón llegó a América en 1492 se encontró a los descendientes de los lamanitas. Desde luego, no cabe duda que la historia como tal, pese al tono aburridísimo de su exposición, derrocha imaginación. El problema para Smith y la secta, claro está, es que existen buenas razones para pensar que no cuenta con la más mínima base histórica.

Para empezar, está la cuestión del incremento de la población. Según el *Libro de Mormón*, en treinta años, de veintiocho personas se formaron dos naciones poderosas (I Nephi; 2 Nephi 5:5, 6, 28), nephitas y lamanitas, que se enfrentarían a muerte. En términos demográficos, tal posibilidad es absolutamente inaceptable. Por si fuera poco, siempre según el *Libro de Mormón*, esas dos naciones —que se formaron en treinta años— edificaron multitud de ciudades poderosas, seguramente durante el tiempo en que no se dedicaban a multiplicarse frenéticamente. En el *Libro de Mormón* se mencionan al menos 38 ciudades: Ammonihah, Bountiful, Gideon, Shem, Zarahemla, etc. No se han encontrado restos de una sola siquiera ni en Centroamérica ni en Sudamérica.

Como remate, tampoco tenemos pruebas de que, como afirma el *Libro de Mormón*, en América se utilizara profusamente el egipcio reformado y el hebreo. Para ser honrados, habría que decir que no contamos con un solo vestigio de ello. Algo, por otra parte, incomprensible si fuera cierto que, como afirma el *Libro de Mormón*, ambas lenguas fueron utilizadas durante siglos en el continente americano.

Las cuestiones menores de dudosa fiabilidad son numerosísimas. Por sólo citar algún ejemplo, diremos que el profeta Nephi, que supuestamente escribió varios siglos antes de Cristo, cita a Mateo, Lucas, Pedro y Pablo, que no vivieron ni escribieron hasta el siglo primero de nuestra Era. En Alma 46:15 se llama «cristianos» a fieles que vivían 73 años antes del nacimiento de Cristo. Se afirma en Ether 2:3 que había abejas en América unos dos mil años a. J.C., cuando lo cierto es que fueron los españoles los que las llevaron al Nuevo Mundo, etc.

En realidad, lo que resulta establecido más allá de cualquier duda razonable es que el *Libro de Mormón* es un verdadero fraude histórico. De hecho, autoridades competentes, como el Instituto Smithsoniano de Washington, han dejado claro que carece de la más mínima base histórica o arqueológica, afirmando, por ejemplo, que «los arqueólogos del Smithsoniano no ven ninguna conexión entre la arqueología del Nuevo Mundo y el tema del *Libro* (*de Mormón*)».[18] Como ha señalado el Dr. Frank H. H. Roberts Jr., director del departamento de etnología americana del citado instituto: «No existe ninguna prueba de ninguna emigración desde Israel hasta América, y de manera similar no hay ninguna prueba de que los indios precolombinos tuvieran ningún conocimiento del cristianismo o de la Biblia». De la misma opinión es el arqueólogo Michael Coe, especialista en culturas precolombinas: «No hay un solo arqueólogo profesional, que no sea mormón, que encuentre alguna justificación científica para creer que (el *Libro de Mormón*) es cierto.»[19]

Los datos resultan tan aplastantes que, incluso, algunos arqueólogos mormones se han visto obligados a aceptarlos. Un ejemplo claro es el del reconocido arqueólogo mormón Dee F. Green, que efectivamente ha afirmado: «La moderna topografía no permite situar ninguno de los lugares a los que se refiere el *Libro de Mormón*. Se puede estudiar la arqueología bíblica, porque sabemos dónde estaban y están Jerusalén y Jericó, pero no sabemos dónde estaban ni están Zarahemla y Bountiful, ni ningún otro sitio realmente.»[20]

No es de extrañar que, ante datos de ese tipo, multitud de personas dejen de creer en el carácter divino de la revelación de Smith. Uno de los casos más claros es el de Thomas Stuart Ferguson.[21] Fundador de la Fundación Arqueológica del Nuevo Mundo, era un miembro respetado de la secta, en apoyo de la cual había escrito tres libros con argumentos en favor de la veracidad del *Libro de Mormón*. Tras veinticinco años de investigación, llegó a la conclusión de que «las pruebas en contra de Joseph Smith eran absolutamente rotundas» y perdió la fe en el mormonismo como revelación divina. Bajo presiones de las autoridades de la secta escribió una carta en la que afirmaba que no rompería su relación con la misma; sin embargo, había dejado de creer —convencido por la aplastante evidencia— en Joseph Smith como profeta de Dios.[22]

## Nuevas revelaciones

A pesar de todo, la verdad es que el *Libro de Mormón* levantó tantas expectativas que, al parecer, Joseph Smith decidió adentrarse por el camino de las sucesivas revelaciones. Supuestamente, en 1835, Smith compró varias momias egipcias y rollos de papiro de un tal Michael H. Chandler. Al parecer, el profeta tradujo los textos y con ellos formó el *Libro de Abraham* que está incluido en otro de los textos sagrados del mormonismo, *La Perla de gran precio*. Según la interpretación de Smith, el primer dibujo mostraba al sacerdote idólatra Elkenah intentando ofrecer a Abraham como sacrificio. El pájaro que aparecía en el dibujo era el Ángel del Señor, etc.

Por desgracia para Smith, esta vez sí que hubo quien vio los textos. F. S. Spalding envió copias de este facsímil y de otros que dibujó Smith a varios de los egiptólogos más competentes del mundo.[23] Todos, sin excepción, manifestaron que el tema de los papiros era el embalsamamiento de los muertos. Asimismo, fueron unánimes en afirmar que la interpretación de Smith —sagrada palabra de Dios para sus seguidores— era falsa y que no constituía una traducción veraz de los jeroglíficos.

Al igual que ha sucedido con arqueólogos mormones que perdieron su fe en J. Smith después de examinar científicamente el *Libro de Mormón,* ha acontecido con esta otra revelación. Dee Jay Nelson,[24] un supuesto egiptólogo mormón, abandonó la secta tras examinar los datos y llegar a la conclusión de que la traducción de Smith era un fraude. Su caso no es único.

## Smith, el mormón

A pesar de todo lo anterior —que difícilmente puede considerarse propio de una persona honrada—, Joseph Smith no tuvo ninguna dificultad para que la masonería aceptara iniciarlo en sus secretos. Cómo se llegó hasta ese paso es —como sucede con tantos episodios de la historia de la masonería— verdaderamente novelesco.

En un capítulo anterior relatamos la historia de la muerte de William Morgan, el hombre asesinado por escribir un libro en el que, supuestamente, revelaba secretos relacionados con la masonería. Al fallecer Morgan, dejó una viuda llamada Lucindia. Inicialmente, Lucindia no dudó en elevar votos de mantenerse fiel a la memoria de su marido y, por supuesto, recibió donativos de no pocos antimasones que la contemplaban con simpatía y afecto. Sin embargo, Lucindia volvió a casarse el 23 de noviembre de 1830 con un masón llamado George W. Harris. Acto seguido, se convirtió al mormonismo y se trasladó a Nauvoo, Illinois. Ni de lejos iba a ser aquel enlace la única vinculación entre la masonería y el mormonismo. De hecho, el 6 de abril de 1840 fue fundada la Gran Logia de Illinois por el general, juez y patriarca mormó James Adams. La nueva Gran Logia se entregó de manera inmediata a establecer estrechos vínculos con la secta fundada por Smith. Al cabo de poco tiempo, Nauvoo contaba con tres logias y Iowa con dos; las cinco eran denominadas las «logias mormonas» y sumaban unos 1550 hermanos. El mismo Joseph Smith Jr., profeta de Dios según su testimonio, fue iniciado como aprendiz masón el martes 15 de marzo de 1842. El episodio aparece documentado en las minutas de la logia de Nauvoo correspondientes a esa fecha donde se habla de cómo Smith Jr. y Sydney Rigdon «fueron debidamente iniciados como aprendices masones durante el día».

Se trataba tan sólo del principio. Los cinco primeros presidentes de la secta —Joseph Smith, Brigham Young, John Taylor, Wilford Woodruff y Lorenzo Snow— fueron todos iniciados en la masonería en la misma logia de Nauvoo. De hecho, prácticamente todos los miembros de la jerarquía o eran ya masones o fueron iniciados en la masonería una vez que Joseph Smith fue ascendido al grado de maestro masón. A decir verdad, es posible que la logia mormona de Nauvoo haya sido la que ha contado con más personas celebres entre sus miembros, con la excepción de la ya citada Logia de las Nueve Hermanas.

Una vez que la masonería fue introducida en Nauvoo, la logia celebró sus reuniones en la habitación superior del almacén de Joseph Smith hasta que se construyera el edificio especialmente dedicado a las tenidas. Éste fue dedicado por Hyrum Smith el 5 de abril de 1844.

Las relaciones de la nueva secta y su fundador con la masonería resultaban, desde luego, inmejorables. Sin embargo, Joseph Smith distaba mucho —consideraciones sobre sus revelaciones aparte— de ser un modelo de moral tal y como, presuntamente, exige la masonería de sus miembros. De hecho, en 1842 el profeta fue acusado de asesinato. Fuera o no cierto, la verdad es que salió bien parado del procedimiento judicial e incluso se permitió postularse candidato a la presidencia de los Estados Unidos. No se saldría con la suya, pero el año siguiente recibiría otra revelación de enormes consecuencias. Su tema sería la poligamia. Al parecer, antes de la canónica revelación de 12 de julio de 1843, Smith había tenido otras varias relativas a este tema, la diferencia estaba en que, hasta entonces, habían sido privadas y generalmente habían estado dirigidas a convencer a la mujer ansiada (que podía ser tanto soltera como casada) de que Dios deseaba que se entregara al profeta Smith.

Si la mujer se convencía —cosa, al parecer, no muy difícil dado el poder de atracción de Smith—, se celebraba un matrimonio secreto y, a partir de entonces, tenían lugar los encuentros sexuales de manera oculta. Ann Whitney, por citar sólo un ejemplo, se casó con Smith cerca de un año antes de la revelación de 1843,[25] y es que la costumbre de perpetrar adulterios de manera constante venía de muy lejos.

La primera acusación pública de adulterio formulada contra Smith procedió, nada menos, que de uno de los testigos del *Libro de Mormón*: Oliver Cowdery. Está documentado que, desde 1835, Smith mantuvo con una tal Fanny Alger una relación adulterina de la que no lograron disuadirlo ni siquiera algunos de sus colaboradores más cercanos.[26] Pronto, el número de amantes —esposas, según Smith— superó el número de ochenta.

Al parecer, a Smith no le importaba mucho lo moral de sus actuaciones, pero sí el que su esposa Emma le pudiera descubrir. Esto, al menos, es lo que se desprende de una carta descubierta por Michael Marqwardt en el George Albert Smith Collection de la Biblioteca de la Universidad de Utah.[27] Tanto le preocupaba la cólera de la esposa engañada que incluso, en algunas ocasiones, el profeta arregló casamientos fingidos entre sus «mujeres» y otros hombres[28] para cubrir una realidad más evidente: esas mujeres eran las amantes adulterinas de Smith. Desde luego, el sistema no deja de parecer una actitud curiosa si aceptamos la tesis de que Smith sólo hacía lo que Dios le ordenaba y de que además era un masón impecable.

Como es de suponer, la lujuria del profeta pronto se convirtió en una pesadilla para muchos de sus adeptos. Tener una esposa hermosa era un riesgo porque, a buen seguro que, tarde o temprano, constituiría una tentación que Smith no podría ni querría resistir. Si una mujer le apetecía sexualmente, la tomaba sin el más mínimo problema de conciencia. Hay que decir, no obstante, que en algunas ocasiones estuvo dispuesto a aceptar un canje. Un caso así fue el de Vilate Kimball, casada con el apóstol mormón Heber C. Kimball. La mujer debía de tener un cierto atractivo físico y el profeta le comunicó que debía acceder a sus deseos sexuales. Ni a ella ni a su esposo los debió de convencer —mucho menos honrar— la sugerencia. Finalmente, idearon una forma de escapar a tan alto honor. Kimball, con enorme tacto, preguntó a Smith si le daría igual tomar a la hija en lugar de la madre. El profeta aceptó el cambio.[29]

En otros casos, como suele suceder en estas circunstancias con relativa frecuencia, el marido engañado por el profeta desconocía que su esposa —a la que consideraba un ejemplo de virtudes— había pasado a formar parte del harén de Smith.[30] El conocimiento del secreto quedaba reducido a los protagonistas y a algunas personas muy cercanas.

Con todos los alicientes que el tener relaciones adúlteras con un supuesto profeta de Dios pudiera presentar para las mujeres, no puede decirse que aquella práctica hiciera especialmente felices a todas las de la secta. Cuando la poligamia se extendió a todos los varones del movimiento, no pocas adeptas se desesperaron y prefirieron suicidarse antes de allanarse a una conducta que las rebajaba de esa manera.

Naturalmente, todo aquello resultaba excesivo para la gente que vivía cerca de los mormones —nada pacíficos, por otro lado— y que temía verse desbordada por ellos.[31] En el estado de Illinois, la bigamia era un delito y Joseph Smith —en aquellos momentos en excelentes relaciones con la masonería— y su hermano Hyrum —el masón más importante de Nauvoo— fueron arrestados. Sin embargo, no fueron ésos los únicos cargos presentados contra él. Las acusaciones iban desde gran inmoralidad hasta falsificación, pasando por encubrimiento y otros delitos. Hubiera sido de desear que compareciera ante un tribunal porque, quizá de esta manera, habría podido quedar establecido de manera legal cuál era el verdadero carácter de Smith. No fue así. Un grupo de unas ciento cincuenta personas, hartas de los excesos de Smith, asaltó la prisión de Carthage, en que estaba confinado, con ánimo de lincharlo.

Joseph Smith intentó salvarse realizando alguno de los gestos rituales de la masonería y profiriendo gritos de auxilio hacia posibles masones que pudieran encontrarse entre sus asaltantes. No podemos saber a ciencia cierta si había masones entre ellos, pero, en cualquiera de los casos, no le sirvió de nada. La turba disparó a través de la puerta de la cárcel y mataron instantáneamente a Hyrum. Joseph Smith disponía de un revólver y logró herir a cuatro de los atacantes. Sin embargo, cuando vio que la situación era desesperada, intentó escapar lanzándose por la ventana. Fue atrapado en la huida y asesinado.

Joseph Smith en diversas ocasiones había declarado que «podía desafiar a la Tierra y al infierno»,[32] que era el hombre más importante que hubiera vivido jamás, incluido Jesucristo,[33] que era un abogado, un gran legislador; que abarcaba todo, el cielo, la tierra y el infierno; y que iba a descubrir el conocimiento que cubriría a todos los otros abogados, doctores y cuerpos de letrados.[34] Al fundar la Iglesia mormona, Smith se había colocado por delante de todo profeta o apóstol anterior a él, incluyendo al propio Cristo: «Tengo más para jactarme de lo que haya tenido nunca ningún hombre. Soy el único hombre que ha sido capaz de mantener unida a toda una Iglesia desde los días de Adán... Ni Pablo, ni Juan, ni Pedro, ni Jesús lo consiguieron nunca. Presumo de que ningún hombre hizo nunca un trabajo como el que yo hago. Los seguidores de Jesús se apartaron corriendo de Él, pero los Santos de los Últimos Días nunca se apartarán de mí» (*History of the Church*, vol. 6, pp. 408-409).

Pretendía asimismo que él no era un siervo de Dios sino que, por el contrario, Dios era su mismo ayudante. Así lo dijo de manera indiscutible: «La tierra entera será testigo de que yo, como la roca elevada en medio del océano, que ha resistido la poderosa embestida de las olas durante siglos, soy invencible...»

«Yo combato los errores de la Historia, me enfrento con la violencia de las masas; me las arreglo con los procedimientos ilegales de la autoridad; corto el nudo gordiano de los poderes y resuelvo los problemas matemáticos de las universidades, con la verdad, con la verdad primera: y *Dios es mi hombre de confianza, mi mano derecha.*»[35]

Su sueño megalómano concluyó aquel día al lado de la prisión de Carthage. En el *St. Clair Banner* de 17 de septiembre de 1844 se publicó una declaración jurada de G. T. M. Davis en la que se revelaban los propósitos del profeta:

«El gran objetivo de Joseph Smith era evidentemente el de asumir poderes ilimitados —civiles, militares, eclesiásticos— sobre todos los que llegaran a ser miembros de su sociedad.

»... y para satisfacer a su gente... mostrando que la autoridad que Dios le había otorgado... se extendía sobre toda la raza humana y que los Santos de los Últimos Días, y las órdenes de Joe como rey y legislador iban a dominar a los gentiles y que obtendrían su sumisión mediante la espada.»[36]

No resulta, por lo tanto, extraño que Joseph Smith enseñara y ordenara a sus adeptos que practicaran el robo, el saqueo y el asesinato de aquellos que se les enfrentaban. Esta conducta —que difícilmente podría denominarse cristiana, pero que cuenta con paralelos en procesos sociales impulsados por la masonería— era etiquetada con el término de «despojar a los gentiles». Como ha reconocido el escritor mormón Leland Gentry, se consideraba que «había llegado el tiempo en que las riquezas de los gentiles debían ser consagradas a los Santos».[37]

La muerte de Smith provocó el lógico problema sucesorio. Originalmente, Joseph Smith había deseado que fuera un hijo suyo el que le sucediera a la cabeza de la secta ocultista fundada por él. Un manuscrito fechado el 17 de enero de 1844 y firmado por Joseph Smith apenas cinco meses antes de su muerte establece:

«Bendición dada por Joseph Smith Jr. A Joseph Smith III... Bendito del Señor es mi hijo Joseph III... porque él será mi sucesor en la Presencia del Alto sacerdocio; un vidente, un revelador, un profeta para la Iglesia; su designación le pertenece a él por mi bendición; y también por derecho.»

Así lo quería el profeta, pero no le sirvió de nada. Uno de sus lugartenientes, Brigham Young, se autonombró sucesor suyo y el heredero oficial tuvo que conformarse con formar otra secta aparte. El 24 de julio de 1847, la primera caravana de mormones al mando de Brigham Young entraba en el valle de Salt Lake. Más del sesenta por ciento de los mormones que llegaban a un territorio que pronto sería suyo eran masones, entre ellos toda la jerarquía de la secta. En los años venideros, los rituales del templo mormón de Salt Lake City —supuestamente procedentes del Templo de Salomón— serían tomados de manera directa y apenas modificada de los de la masonería. Pero ésa es otra historia.

CAPÍTULO XIII

# El aporte espiritual (II): las sectas milenaristas

## Del adventismo a la Ciencia Cristiana

Mientras los mormones estaban en un periodo de clara expansión, no todos los habitantes de la nación americana coincidían en creer el sueño del Oeste. Algunos —como un oscuro granjero llamado William Miller— concibieron la idea de que el fin del mundo debía de estar cerca y que, por ello mismo, cabía hacer cálculos sobre su fecha.[1] No sólo eso. Pensar en el fin de los tiempos le helaba y estremecía[2] y, supuestamente, eso fue lo que le llevó a volcarse en el estudio de la Biblia en busca de consuelo. Al llegar al capítulo octavo del libro veterotestamentario de Daniel creyó encontrar una clara profecía referente no sólo al fin del mundo sino también a su fecha. En el versículo 14 se hace mención a dos mil trescientas tardes y mañanas y Miller, sin ninguna base bíblica, decidió considerar cada tarde y mañana como un año. Contando pues dos mil trescientos años llegó a la conclusión de que el fin del mundo se produciría en 1843.

Si hubiera conocido mejor la Biblia, Miller hubiera recordado que en el Libro de los Hechos de los apóstoles, capítulo primero y versículo siete, el mismo Jesucristo prohibió especular con la fecha del fin del mundo. Pero Miller, si se hallaba en posesión de tal conocimiento, no lo obedeció. Quizá podría haber bastado con que Miller hubiera sabido leer y no se hubiera dejado llevar por el deseo de encontrar lo que no estaba en el texto, porque, desde luego, resulta evidente que Daniel 8 no va referido a la Segunda Venida de Cristo, sino a acontecimientos que transcurrieron entre el siglo IV y el s. II a. J.C. En cualquier caso, para Miller el fin del mundo tenía que estar cerca y daba como razones el que en 1798 había concluido la supremacía papal,[3] que un tal Wolf había predicado a Cristo a judíos, parsis, turcos e hindúes,[4] y que, además, algunos pueblos, como los árabes del Yemen y los tártaros, esperaban a Cristo para una fecha cercana a 1840.[5] No hace falta ser un gran erudito bíblico para comprender que los argumentos de Miller carecían de la más mínima base sólida. Pero el autonombrado profeta sí lo predicaba de esta manera y, posteriormente, Ellen G. White, la profetisa de los adventistas, siguió insistiendo en la veracidad de las profecías milleritas, argumentando que un ángel se lo había mostrado en una visión.[6]

Miller, desde luego, no necesitó mucho para lanzar la profecía: el fin del mundo vendría en 1843. Que convenció a un cierto número de adeptos resulta indiscutible. A tanto llegó su poder de seducción que aquella pobre gente abandonó sus campos, sus herramientas, sus negocios y sus puestos de trabajo[7] con la finalidad de prepararse para un fin del mundo ya inminente. Sacrificaron todo, creyeron todo lo que les dijo el profeta Miller... pero el fin del mundo no vino en 1843.

Miller —como otros que le seguirían después— no se desmoralizó por ello ni tampoco reconoció su error. Fijó una nueva fecha para el 21 de marzo de 1844. Nuevo fracaso y nueva fecha. Ahora el fin del mundo se produciría el 18 de abril de 1844. Cuando la última profecía no se cumplió, Miller volvió a mostrar su obstinación en la manera en que fijó una fecha más que, supuestamente, iba a ser la definitiva. Esta vez se anunció que el fin del mundo sería el 22 de octubre de 1844. Los adeptos de Miller —que habían vendido en algunos casos todos sus bienes para entregarlos a la secta— se vistieron aquella noche con túnicas blancas y decidieron esperar a Cristo que vendría a recogerlos a lo largo del día.[8] Cuando amaneció la mañana siguiente, hasta el más fanático de los adeptos debió empezar a dudar de la categoría de Miller como profeta de Dios. Una vez más, la profecía había resultado falsa.

Parece lógico pensar que la carrera de Miller como profeta debía de haber terminado aquel mismo día. Por desgracia, la lógica no es la virtud que más abunda en el interior de las sectas. Se enseñó a los adeptos que los repetidos fallos en las predicciones no habían sido falsas profecías y que además consistían realmente en una prueba clara de que Dios respaldaba el movimiento. La clave para aquella nueva comprensión de la realidad la proporcionó algo —como veremos— muy común en la historia del adventismo: una visión.

Apenas abandonaban los adeptos el lugar donde habían estado reunidos toda la noche, cuando uno de ellos, llamado Hiram Edson, de vuelta a su casa tuvo presuntamente una visión. Cristo aparecía en el firmamento y llegaba a un altar en el cielo. Miller no se había equivocado. Cristo había llegado... pero no a la Tierra sino al santuario del cielo. Se había acertado en la fecha, sólo se había errado en el itinerario de Cristo. Por obra y gracia de la visión de Edson, Miller era, de nuevo, presentado como profeta de Dios y una interpretación disparatada de Daniel 8 pasaba a convertirse en piedra aún más esencial del edificio doctrinal adventista.

Naturalmente, tan retorcida explicación necesitaba de un respaldo teológico. Se buscó y se encontró. Aún más, el mismo daría lugar a una de las doctrinas típicas del adventismo. En contra de lo que habían enseñado todas las iglesias cristianas durante diecinueve siglos, los adventistas anunciaron que el sacrificio expiatorio de Cristo no se había consumado en la cruz... sino en 1844 cuando pasó ante el santuario del cielo. El esposo de la futura profetisa de la secta James White lo expresaría de manera indiscutiblemente clara:

«Así ministró Cristo en conexión con el lugar santo del santuario celestial desde el tiempo de su ascensión hasta el fin de los 2300 días de Daniel 8, en 1844, cuando entró en el lugar santísimo del tabernáculo celestial para hacer expiación especial para borrar los pecados de su pueblo...»[9]

El de 1844 era un año a partir del cual la puerta para poder salvarse quedaba abierta aún un tiempo corto. Después de un brevísimo periodo se cerraría definitivamente. Había que darse prisa o se corría el riesgo de quedarse fuera. Así lo iba a afirmar, por obra y gracia de otra visión angélica acontecida el 24 de marzo de 1849, la que sería gran profetisa del adventismo Ellen G. White (*Early Wrintings*, pp. 42 ss.). Como antes había acontecido con Miller, tampoco la profecía de Ellen G. White se cumpliría. De hecho, resulta dudoso que aún viva alguna de las personas que lo hacía en 1844 o en 1849, pero el fin del mundo no ha venido.

Lo peor de una de las visiones en la que un ángel confirmaba a Ellen G. White la veracidad de la profecía relacionada con 1843 no fue, sin embargo, eso. Lo peor fue que en la mencionada visión el que aparecía en lo que se le decía que era la Nueva Jerusalén y en el trono de la misma era el mismo Satanás y todos se inclinaban (*Early Writings*, p. 56). Como es lógico, hubo gente que encontró sospechosa aquella presencia de Satanás en las visiones de la White y es que no habían escarmentado los adventistas en su afán por lanzar falsas profecías. El fin del mundo volvió a anunciarse para más fechas futuras: 1854 y 1873 entre ellas.[10]

Al igual que los mormones son incomprensibles sin una referencia a Joseph Smith, el adventismo del Séptimo Día sería un imposible sin centrarnos en la figura de su profetisa Ellen G. White. Pocos personajes han recibido tal grado de alabanzas y han sido objeto de tantos panegíricos por parte de los adeptos de una secta como Ellen G. White.

Sus escritos son considerados por la secta como totalmente —no sólo parcialmente— inspirados por el Espíritu Santo de Dios. De hecho, no es extraño encontrar todavía hoy en día noticias en los medios de comunicación adventistas de los procesos seguidos contra aquellos de sus miembros que niegan no la inspiración de todas las obras de Ellen White, sino sólo de algunas de ellas.[11]

Dado el carácter presuntamente inspirado de sus obras, Ellen White es considerada también en el seno de la secta como única intérprete correcta de la Biblia. Su autoridad es canónica en todo lo referente a la interpretación doctrinal como, en su día, entre otros, señaló Arthur Delafield, uno de los miembros más destacados de la Fundación White.[12]

Por otro lado, su influencia en el seno del adventismo no se limita al terreno religioso. La educación —tal y como se da en el seno de la secta y en sus escuelas a adeptos y no adeptos— está inspirada en la misma visión de la profetisa. Lo mismo puede decirse de lo referente a la salud, la alimentación, la ciencia o el dinero. En todas estas áreas, los adventistas dependen de la enseñanza —supuestamente inspirada— de la profetisa.

En cierta medida hay que reconocer que tal postura es lógica si se aceptan las afirmaciones que Ellen White hizo sobre sí misma. No eran pequeñas ni modestas. Ellen White afirmó que era el Espíritu Santo el que la inspiraba en la redacción de sus visiones: «Dependo del Espíritu Santo tanto al escribir mis visiones como al recibirlas.»[13]

Precisamente basándose en ese apoyo del Espíritu Santo, Ellen White podía sustituir a los profetas y los apóstoles del pasado. Su testimonio tenía, como mínimo, el mismo valor:

«En los tiempos antiguos, Dios habló a los hombres por boca de profetas y apóstoles. En estos días, Él les habla por los testimonios» (extracto de las obras de E. White).[14]

Por ello, todos estaban obligados a someterse a sus órdenes sin discutirlas en lo más mínimo. Enfrentarse a sus revelaciones era actuar directamente contra Dios: «Si disminuís la confianza del pueblo de Dios en los testimonios (obras de Ellen White) que Él les ha enviado, os estáis rebelando contra Dios.»[15]

No se podía esperar otra cosa pues, según ella afirmaba, no escribía lo que pensaba sino lo que Dios le decía: «No escribo ni un artículo en la revista en el que exprese meramente mis propias ideas. Son las que Dios ha abierto ante mí en visión».[16]

Los métodos mediante los que afirmó recibir revelaciones —como en el caso de Joseph Smith— fueron muy variados. En algunos casos habló de su «ángel acompañante»[17] y en otros de una visión producida por el Espíritu de Dios.[18] Fuera como fuese, se autopresentaba como una profetisa de Dios y así lo han aceptado por décadas —y siguen haciéndolo— sus adeptos.

Ellen Gould Harmon, más conocida como Ellen White, nació junto con una hermana gemela en Goran, Maine, el 26 de noviembre de 1827. Sus padres, Robert y Eunice Harmon, pertenecían a la Iglesia episcopal metodista. A los nueve años sufrió un accidente que cambiaría su vida, según reconocía ella misma.

Una compañera de escuela le dio una pedrada en la cabeza y, supuestamente, como consecuencia de ello, su salud se vio muy alterada. Durante tres semanas se vio sometida a un estado de estupor. Cuando empezó a recuperarse y contempló la deformación física que padecía ahora en la cara deseó morir. A partir de entonces rehuía todo contacto con los demás y acostumbraba a estar sola. Pasaba periodos de desmayos y mareos, y, en múltiples ocasiones, se veía embargada por la desesperación o la depresión. En aquel estado abandonó sus estudios. Nunca obtendría una educación formal superior al tercer grado de escuela primaria. Fue entonces, en torno a los trece años, cuando entró en contacto con William Miller, que predecía el fin del mundo para 1843. Este contacto cambió su vida. Aquella gente esperaba también la destrucción de un entorno que no era amable para ellos. Como Ellen White aún mucho tiempo después,[19] muchos adeptos de Miller vivían en un mundo que no les gustaba y ansiaban su final. Fue precisamente también en esa época cuando la White tuvo sus primeros contactos con la masonería.

La primera referencia al respecto la encontramos en 1845, cuando Ellen White fue detenida por su participación en una escandalosa ceremonia religiosa.[20] El episodio ha sido estudiado con cierto interés en la medida en que demuestra cómo la profetisa del adventismo mintió, como tantas veces, en la descripción de un episodio de su vida. Sin embargo, lo más interesante es que de aquella situación pudo salir gracias a la intervención de James Stuart Holmes. Este abogado era un conocido librepensador que se congregaba con un grupo universalista, pero, sobre todo, era un veterano masón que se convirtió en el primer maestro de la logia masónica de Foxcroft. Muy poco después, Ellen White dio dos de los pasos más relevantes de su vida, contraer matrimonio y anunciar que estaba recibiendo visiones.

En su primera visión, Ellen White —recogida en *Early Writings*, pp. 13-20— vio que SÓLO 144 000 iban a ser salvos en aquella época en que ella vivía, la época del tiempo del fin. Estos 144 000 salvos de aquellos (supuestos) últimos tiempos se unirían a los anteriormente salvos en el curso de la Historia. No hace falta decir que, con el paso de los años, la doctrina de Ellen G.

White se hizo insostenible. Aunque volvió a ser confirmada por otra visión de 5 de enero de 1849 (*Early Wrintings*, pp. 6 ss.), el crecimiento posterior del movimiento recomendó a las autoridades de la secta descartarla.

A semejanza de Joseph Smith, el profeta de los mormones, también Ellen White tuvo también visiones sobre el cosmos supuestamente originadas por el Espíritu de Dios si creemos las afirmaciones de Ellen White. Por ejemplo, un día de 1846, Ellen White cayó presuntamente en trance y realizó un rápido viaje por el sistema solar. Describió Júpiter y sus cuatro lunas, Saturno y sus siete lunas y Urano con sus seis. Para el conocimiento astronómico que se tenía en esa fecha, la visión de la profetisa no estaba mal pero para el que disponemos hoy en día era claramente pobre. Para empezar, Ellen White no dijo ni una palabra de Neptuno ni de Plutón (no eran conocidos aún en aquella época) y, como era de esperar, falló estrepitosamente en su descripción de los satélites planetarios del sistema solar. Sólo unos años después de la visión —supuestamente divina— los telescopios dieron con la existencia de más lunas en torno a Júpiter y a Saturno. Hasta el día de hoy se han descubierto al menos diecisiete en torno a Júpiter y veintidós alrededor de Saturno. Urano tiene más de una docena de lunas, como reveló el vuelo del *Voyager 2* en 1986 (y no seis como «vio» Ellen White). Como astrónoma —y más si estaba inspirada por Dios—, Ellen White dejaba bastante que desear. Claro que eso no era lo peor. La profetisa insistió además en que algunos de los planetas del sistema solar estaban poblados: «El Señor me ha dado una visión de otros mundos. Se me dieron alas y un ángel me asistió desde la ciudad hasta un lugar que era brillante y glorioso. La hierba del lugar era de un verde vivo, y los pájaros entonaban una dulce canción. Los habitantes del lugar eran de todos los tamaños, eran nobles, majestuosos y adorables... Entonces fui llevada a un mundo que tenía siete lunas. Allí vi al bueno de Enoc, que había sido trasladado al mismo.»[21]

Una mujer que estaba presente en aquel espectáculo —supuestamente inspirado por el Espíritu Santo— dejó su testimonio del mismo: «Después de hablar (Ellen White) en voz alta sobre las lunas de Júpiter e inmediatamente después sobre las de

Saturno, dio una hermosa descripción de los anillos de este último. Entonces dijo: los habitantes son altos, gente majestuosa, muy diferentes de los habitantes de la Tierra. El pecado nunca ha entrado allí.»

En esta época, la White tuvo también la revelación que daría nombre a su secta —adventistas del Séptimo Día— ya que anunció que los cristianos no debían guardar el domingo, sino el sábado judío. Aunque, por supuesto, este cambio doctrinal se intentó justificar alegando una panoplia de argumentos que iban desde una visión divina hasta el estudio de la Biblia, hoy en día sabemos que su origen se halló en un masón llamado Joseph Bates que se había unido a la secta adventista. De hecho, el personaje en cuestión había escrito un folleto de 46 páginas sobre el tema que se había publicado en New Bedford, Massachusetts, y que Ellen White y su esposo leyeron y examinaron en las primeras semanas posteriores a su matrimonio.

De manera bien significativa —y a pesar de las referencias a visiones celestiales que haría después—, Ellen White reconoció que el origen de su peculiar doctrina estaba en la influencia del masón Bates en una carta que le escribió en 1847.

Hasta aquí podemos colegir que la profetisa había mantenido una relación con algunos masones que la habían ayudado en situaciones delicadas y que incluso uno de ellos había inspirado una de las doctrinas más determinantes de su secta. Sin embargo, la relación de Ellen White con la masonería fue más allá, aunque no podamos determinar con exactitud sus últimas consecuencias.

Uno de los miembros australianos de la secta, N. D. Faulkhead, era tesorero de la casa impresora de las obras adventistas y desde hacía años había pertenecido a la logia. Al parecer, a algunos de los adeptos le chocaba su iniciación en la masonería aunque, a decir verdad, no habían tomado por ello ninguna medida disciplinaria como, por ejemplo, las existentes en el seno del catolicismo o de las iglesias protestantes. Ellen White se entrevistó con Faulkhead en un momento dado y al saludarle hizo el signo de los caballeros del Temple, un grado muy superior de iniciación en la masonería. Por supuesto, esta circunstancia sorprendió enormemente a Faulkhead y fue interpretada por otros adeptos como una señal de la inspiración divina de la profetisa. La realidad, sin embargo, es que todo parece apuntar a que Ellen White tenía conexiones con la masonería que eran más que colaterales y superficiales.

Durante los años siguientes, la carrera de Ellen White fue irregular y si bien la secta siguió experimentando un crecimiento numérico hasta el punto de convertirse en un lucrativo negocio, no es menos cierto que no dejaron de surgir escándalos relacionados con la personalidad de la profetisa, especialmente los relativos a obras que había plagiado y que presentó como inspiradas por Dios. Un ex adepto que ha investigado el tema de los plagios de la profetisa señala al respecto: «Aunque parece severa, la definición caracterizaría a Ellen a la edad de diecisiete años como ladrona, una ladrona que siguió siéndolo el resto de su vida, ayudada y animada en gran medida por otros.»[22]

Un comité de la secta reunido en 1980 en Glendale para abordar el tema de los plagios de la profetisa quedó sorprendido de los resultados de su investigación. La proporción de material plagiado era mucho mayor de lo que se sospechaba (¿por qué se sospechaba si era una profetisa de Dios inspirada por el Espíritu Santo?) y alarmante.[23] La existencia del comité —no es difícil intuir por qué— resultó fugaz.

A lo largo de décadas —por mucho que Ellen G. White insistiera en que Dios inspiraba sus escritos—, lo cierto es que su pluma copió de obras de su esposo James,[24] de Uriah Smith, de J. N. Andrews y de un largo etcétera.[25] Como era de esperar —y en esto se repitió el conflicto de Joseph Smith con los supuestos testigos de la revelación mormona—, muchos de sus colaboradores habituales se escandalizaron ante el nada ético proceder de la profetisa y la abandonaron. Lógicamente, cuanto más cerca estaban de ella, menos confiaban en la misma. Las deserciones —y expulsiones— han quedado abundantemente documentadas en la breve historia del adventismo. Crosier, March, la gente del movimiento de Iowa, el grupo de Wisconsin, Dudley M. Cartight, los Ballenger, Alonzo T. Jones, Louis R. Conradi, George B. Thompson y una larga lista más fueron represaliados porque descubrieron —en todo o en parte— que Ellen White no era una profetisa inspirada por Dios sino una farsante. Fanny Bolton, secretaria de la profetisa, constituye uno de los más claros ejemplos al respecto. Angustiada por el fraude, acudió a otro adepto al que confesó: «Estoy escribiendo continuamente todo el tiempo para la hermana White. La mayor parte de lo que escribo es publicado en la *Review and Herald* como procedente de la pluma de la hermana White y se saca como si hubiese sido escrito por la hermana White bajo inspiración de Dios... La gente está siendo engañada en cuanto a la inspiración de lo que escribo.»[26]

Cuando la profetisa se enteró de aquello, su secretaria perdió su empleo.

No obstante, la señorita Bolton no era la primera que había desempeñado el papel que —supuestamente— correspondía al Espíritu Santo en relación con los escritos de Ellen White. También su sobrina Mary Cluogh había realizado una labor semejante y recibió idéntico pago.[27] Marion Davis fue otra desgraciada «hallada un día llorando en lo tocante al plagio en los libros de la hermana White». Según ella, «no era ningún secreto que (Ellen White) copiaba pasajes escogidos de libros y revistas».[28] Posiblemente no era ningún secreto para los que vivían de y cerca de la profetisa White. Los testimonios, como era de esperar numerosos, así parecen indicarlo.

John Harvey Kellogg, amigo personal de los White, constituye un ejemplo más de ello. Contamos con un testimonio indiscutible de su juicio —por demás razonable— acerca de Ellen White y su presunta inspiración: «No creo en su infalibilidad (la de Ellen White) y nunca lo hice... Yo sé que es un fraude, que eso es adquirir una ventaja injusta sobre las mentes de la gente, sobre las conciencias de la gente.»[29]

Ellen White no fue, desde luego, la única mujer de su época que fundó una secta y que tuvo alguna influencia masónica en el intento. El caso de Mary Baker Eddy, la creadora de la Ciencia Cristiana, es aún más revelador. A pesar de su nombre, la secta de la Ciencia Cristiana niega doctrinas esenciales del cristianismo como la divinidad de Cristo o el carácter expiatorio de su muerte, y defiende tesis que son dudosamente científicas, como la de no acudir a los médicos cuando se está enfermo. En realidad, la

Ciencia Cristiana tiene una cosmovisión empapada de gnosticismo, choca frontalmente con el cristianismo y ha mantenido históricamente una relación con la masonería nada escasa.

Mary Baker Eddy estaba casada con un masón, mantuvo una relación muy estrecha con el coronel Henry Steele Olcott —otro masón que, como veremos, junto a madame Blavatsky creó la Sociedad Teosófica— y publicó una parte nada baladí de su obra religiosa a través del *Freemason's Monthly Magazine* (Revista mensual de los masones). De hecho, de manera bien reveladora, la masonería es la única sociedad secreta a la que está permitido afiliarse a los seguidores de la Ciencia Cristiana, que, dicho sea de paso, utiliza por añadidura simbología masónica.

El papel de los «hijos de la viuda» en la jerarquía y en los órganos de expresión de la Ciencia Cristiana no ha sido menor. Los presidentes de la Ciencia Cristiana fueron masones desde 1922 hasta 1924 y fueron también masones entre otros Erwin D. Canham, editor del *Christian Science Monitor*; George Channing, editor del *Christian Science Journal, Sentinel and Herald*; Paul S. Deland, miembro del consejo editorial del *Christian Science Monitor*; Roland R. Harrison, editor del *Christian Science Monitor*; o Charles E. Heitman, gerente de la sociedad editorial de la Ciencia Cristiana. Es incluso posible que Mary Baker Eddy fuera iniciada en la masonería, una circunstancia que quizá también se dio en el caso de la adventista Ellen White. Sin embargo, si la iniciación en la masonería es sólo especulativa en el caso de Mary Baker Eddy y Ellen White, resulta indubitable en el de otro fundador de sectas, Charles Taze Russell.

## Un masón llamado Charles Taze Russell

Los Testigos de Jehová, en contra de lo que pretenden sus dirigentes, no comenzaron su historia hace seis mil años.[30] En realidad, su fundador —o habría que decir más bien uno de sus fundadores— fue Charles Taze Russell. Nacido en una familia presbiteriana, no parece que se sintiera especialmente vinculado a la fe de sus padres. Si creemos lo que el mismo Russell escribió con posterioridad, lo que cambió su forma de pensar de manera radical fue el conocimiento de las doctrinas adventistas. En 1870 entró en un conventículo de Allegheny, donde se reunía un grupo de adventistas que escuchaban a un tal Jonah Wendell.[31] Como era de esperar, el predicador insistía en que se estaban viviendo los últimos días antes de la llegada del fin del mundo. El tema tocó profundamente a Russell. A partir de entonces, su vida espiritual ya no sería la misma, convencido de que estaba ya viviendo en un periodo terminal de la Historia. Hasta aquí el relato de Russell. No todo en él parece corresponderse con la realidad. Al parecer, Russell se sintió atraído hacia aquella predicación apocalíptica que insistía en que el fin del mundo estaba a la vuelta de la esquina, pero no tanto por las palabras de Wendell como por el testimonio de otro adepto del adventismo: Nelson H. Barbour. Con el tiempo, Russell y Barbour dejarían de ser amigos y el fundador de lo que hoy son los Testigos de Jehová no juzgó oportuno hacer referencia a una persona que le había influido de manera tan radical.

Barbour formaba parte de un grupo adventista que anunció el fin del mundo para 1854, 1873, 22 de octubre de 1874, 14 de noviembre de 1875 y 16 de mayo de 1875. Russell vivió cerca de él al menos los últimos fracasos proféticos, pero aquello no hizo que su fe temblara. Adepto él mismo del adventismo —y en esto no se diferenciaba de otros adeptos—, aquellos desastres proféticos no sólo no conmovieron su fanatismo sino que incluso lo estimularon más. Tanto es así, que en 1876 se asoció con Barbour en la certeza de que ya se había dado el pistoletazo de salida hacia el fin del mundo y que éste estaba al caer.

Para llegar a esa conclusión, Russell y Barbour sólo copiaron el sistema adventista de justificar la falsa profecía de Miller respecto a la venida de Cristo en 1844. Tanto uno como otro siguieron insistiendo en que Cristo había vuelto —o, mejor dicho, estaba presente— desde 1874 y que en ese mismo año había comenzado el tiempo final que concluiría, con la destrucción de los gobiernos y las iglesias, en 1914. Sin duda, tal interpretación cronológica chocará a los Testigos de Jehová actuales. Para ellos, la fecha de 1874 no tiene ningún valor y se les insiste machaconamente en que el tiempo del fin comenzó en 1914. A partir de 1914 —tal se enseña hoy en día a los adeptos de la secta— hay que empezar a contar los años que nos restan hasta el fin del mundo. No fue así, sin embargo, como lo veían Russell y Barbour. En su opinión, 1874 era el punto del inicio y 1914 el del final. Parece que la idea originalmente era de Barbour, pero Russell se la apropió sin el más mínimo escrúpulo de conciencia y la repetiría hasta la saciedad en las décadas siguientes con una fe inquebrantable. La tesis quedó por ello reflejada de manera repetida en las publicaciones de la secta en los años posteriores.

En el volumen VII de los *Estudios de las Escrituras* publicado en 1889,[32] Russell afirmaba: «Los Tiempos de los Gentiles o su periodo de dominio acabarán totalmente en 1914 d. J.C. y en ese tiempo serán derribados y el Reino de Cristo será plenamente establecido... El siguiente capítulo presentará la evidencia bíblica de que el año 1874 d. J.C. fue la fecha exacta del inicio de los "Tiempos de la Restitución" y del regreso de Nuestro Señor.»

Al año siguiente, en el volumen VIII de los *Estudios de las Escrituras*,[33] Russell insistía en aquella doctrina central para su predicación: «Mientras las profecías temporales apuntan hacia 1874 y armonizan con que es la fecha de la segunda presencia de Nuestro Señor, asegurándonos el hecho con matemática precisión, nos encontramos abrumados por la evidencia de otro carácter; porque ciertos signos peculiares, predichos por el Señor y los apóstoles y profetas que iban a preceder a su venida, están siendo ahora claramente reconocidos como cumpliéndose realmente.»

Naturalmente, cuarenta años constituía un periodo de tiempo de espera un tanto prolongado y Russell decidió dar nuevos alicientes a sus adeptos. Así, profetizó que éstos no tendrían que esperar hasta 1914 para encontrarse con el Señor. En 1878 serían arrebatados al encuentro de Jesucristo en el aire. A tal fin —e imitando a sus antecesores adventistas—, los russellistas se vistieron con túnicas blancas y se fueron a esperar a Cristo al puente de Pittsburgh.[34] No hace falta decir que el fracaso fue sonado.

La convivencia entre Barbour y Russell pronto dejó de ser buena. El segundo ya tenía todo lo que necesitaba para conseguir adeptos y no precisaba de su anterior mentor. Por un lado, sus doctrinas esenciales (identificación de Miguel arcángel con Cristo, negación del infierno y de la inmortalidad del alma, predicación sobre la creencia del fin del mundo, etc.) ya las había tomado del adventismo. Por otro, para profetizar fechas del fin del mundo se bastaba y se sobraba. La sociedad se deshizo. Barbour, auténtico canal de unión entre el adventismo y el primer presidente de la secta de Brooklyn, caería en el olvido. Los actuales adeptos no sospechan hasta qué punto aquel hombre desconocido marcó sus destinos.

En 1879, Russell se establecía por su cuenta y fundaba la Sociedad Wachtower. Dos años después tendría el primer revés. Pretendió que en 1881 él y sus adeptos (esta vez sí) serían arrebatados por los aires al encuentro de Cristo. Aquello resultó excesivo para muchos de los que habían vivido la bochornosa experiencia de 1878 en el puente de Pittsburgh. Un grupo de cierta categoría y su principal colaborador, un tal Paton, abandonaron a Russell convencidos de que a nada conduciría el insistir en hacer el estúpido vez tras vez. Era el primer cisma que sufriría la secta a cargo de sus adeptos desengañados por las falsas profecías de la misma, el primero de una dilatada lista.

No obstante, Russell retuvo el control con relativa facilidad. Para ello, sólo tuvo que recurrir a dos lecciones que habían sido utilizadas ya por los adventistas. La primera fue afirmar que sólo Russell, el dirigente máximo de la secta, el equivalente russellista de Ellen White en el adventismo, conocía e interpretaba correctamente la Biblia, mientras que las otras organizaciones religiosas, iglesias y sectas iban camino del desastre. La segunda consistió en azuzar a los adeptos hacia un fin del mundo que estaba a la vuelta de la esquina, que sería, con toda seguridad, porque así lo decía la Biblia tal y como la interpretaba Russell, en 1914.

El culto a la personalidad de Russell fue, en sus días, casi tan avasallador como el que los adventistas profesan a Ellen White. De él se dijo que era «el mensajero especial para la última Edad de la Iglesia»,[35] que «había sido elegido para esta gran obra antes de su nacimiento»,[36] que «los dos mensajeros más populares fueron Pablo y el pastor Russell»,[37] que «deberíamos esperar que el Señor nos enseñe a través de él»[38] y que «repudiar su obra es equivalente a un repudio del Señor».[39]

Era él en persona quien redactaba todas las publicaciones de la secta y ya se había ocupado de afirmar que su obra teológica era más clara que la propia Biblia y que incluso, en el fondo, resultaba equivalente. Tal y como señaló en 1910: «Una persona caería en la oscuridad después de dos años de leer la Biblia sólo; estaría en la luz leyendo los *Estudios de las Escrituras* (la obra de Russell) sólo.»[40]

Según su punto de vista, no había habido un entendimiento claro de la Biblia durante siglos,[41] pero, finalmente, él había aparecido para solucionarlo. Por ello, no podía haber ninguna disidencia: «Cualquier director de clase que haga objeciones a una referencia incluida en *Atalaya* o en los *Estudios de las Escrituras* en relación con la discusión de cualquier tema debería ser visto correctamente con sospecha como maestro.»[42]

Servir su doctrina como algo equivalente a la Biblia formó parte, desde el principio, de una de las claves de éxito de la secta, tal y como Russell lo señaló: «Si los seis volúmenes de los *Estudios de las Escrituras* son prácticamente la Biblia colocada en temas, con los textos bíblicos incluidos, no resulta impropio que llamemos a los volúmenes: la Biblia de manera arreglada. Es decir, no son solamente comentarios sobre la Biblia, sino que son prácticamente la Biblia misma...»[43]

Por suerte o por desgracia, Russell, como antes Joseph Smith o Ellen White, distaba mucho de llevar la vida de un profeta. Su existencia estuvo jalonada de escándalos que en poco o en nada apoyaban sus pretensiones de haber sido elegido por Dios antes de su nacimiento para mostrar al mundo la verdad. Primero fue el final desastroso de su matrimonio. Russell se había casado en 1879 con Mary Frances Ackley. En un tempestuoso proceso que iba a durar de 1892 a 1909, Russell fue acusado por su esposa de adulterio y malos tratos. La secta diría años después que el matrimonio se separó como consecuencia de diversos pareceres en cuanto a la dirección de una revista.[44] Nada más lejos de la realidad. Lo que está documentado es que resultaba imposible para el profeta estar cerca de alguna mujer sin pellizcarla y, en más de una ocasión, había sido descubierto por su cónyuge en situación embarazosa.[45] Con todo, no era eso lo que peor llevaba la sufrida

Mary. Lo que más la hacía sufrir era el carácter despótico de su marido. La injuriaba soezmente, la insultaba delante de terceras personas y se complacía en hacerla pasar por desequilibrada mental. Aquella vida de sufrimiento había incluso terminado por agravar la erisipela que ya padecía la desdichada mujer. Cuando Rose Ball, secretaria del profeta, y Emily Mathews, criada de la casa, comenzaron a recibir atenciones de Russell, la situación doméstica se hizo insoportable. El profeta llegó incluso a decir a la señorita Ball que él con las damas se comportaba como una medusa y que gustaba de poner la mano encima a todas las que se ponían a su alcance.

No hace falta señalar que Russell perdió el proceso. Apeló. Volvió a perder. El tribunal sentenció que la sufrida esposa tenía derecho a separarse y a recibir una pensión de su anterior marido. Russell, nada respetuoso por las obligaciones conyugales o familiares, se negó a pagar. Ante la posibilidad de que pudieran embargar sus bienes, cambió de domicilio de la Wachtower de Pittsburgh a Brooklyn. Pensaba —y no se equivocó— que el largo brazo de la ley matrimonial no le alcanzaría en otro estado de la Unión.

Pero no acabaron con esto los escándalos que rodearían la vida de Russell. A continuación vendría el del trigo milagroso. El profeta estaba vendiendo a sus adeptos un supuesto trigo milenario que, según se pretendía, poseía dotes milagrosas. Naturalmente, las cualidades supuestamente sobrenaturales del trigo se pagaban muy caras. Inicialmente, el trigo milenario costaba sesenta veces más caro que el valor del mercado. Para 1911, su precio ya era trescientas veces superior al normal. En septiembre de ese mismo año, el periódico de *Brooklyn Daily Eagle* destapó el escándalo. Aquel trigo no tenía nada de particular, salvo el precio que pagaban por él a la secta los sufridos adeptos. Por lo demás, su valor agrícola era similar al de cualquier especie que se vendiera en el mercado. Las acusaciones formuladas en el periódico eran ciertas, pero colocaban a Russell en una fea situación: la del estafador que se ve descubierto. No le quedó más remedio que ir a los tribunales. En enero de 1913, a poco más de un año y medio del fin del mundo anunciado por el profeta, se celebró la vista. Russell perdió y fue condenado a pagar las costas. Apeló. Volvió a perder.[46]

Nada ejemplar era la vida de Russell a pesar de la manera en que le gustaba presentarse a sus adeptos. Menos justificable sería el siguiente proceso en que se vería envuelto. Teniendo en cuenta que el fin del mundo iba a llegar al año siguiente (según sus profecías) aún es menos lógico que Russell se prestara a ello. Un pastor evangélico llamado Ross había publicado un folleto en el que sacaba a la luz algunos de los aspectos menos atractivos de Russell. Éste lo demandó. El resultado fue un desastre. En el curso de la vista, Russell cometió perjurio tras perjurio. El abogado de Ross le preguntó si sabía griego y Russell contestó que sí. Cuando el mismo abogado le puso delante un ejemplar del Nuevo Testamento en griego, el profeta se vio obligado a confesar que ni siquiera conocía todo el alfabeto de esa lengua.[47] Por supuesto, Russell perdió —una vez más— el proceso.[48] Pero el escándalo que se avecinaba iba a ser aún mayor que los sufridos hasta la fecha.

Junto con la insistencia en que sólo en el seno de la secta podía conocerse la Biblia correctamente, Russell articuló un segundo pilar, tomado del adventismo, consistente en insistir en que el fin del mundo estaba peligrosamente cerca. Si uno tardaba en entrar en la secta podría quedarse fuera en el momento del fin y ser destruido por Dios; si uno se sublevaba contra el despotismo de la cúpula, el resultado sería la expulsión de la «única religión verdadera» y quién sabe si tendría tiempo de arrepentirse antes de la llegada de la destrucción. Russell había profetizado el fin del mundo para 1914 con tanta claridad y durante tanto tiempo que ningún adepto se hubiera sentido con libertad para dudarlo. Según informa el libro de la secta (hoy retirado de circulación) titulado *Santificado sea tu nombre*, el resto de los israelitas espirituales (los adeptos) distribuyeron en Estados Unidos de América y en Canadá más de diez millones de ejemplares del tratado *The Bible Students Monthly*, tomo 6, número 1, con el artículo de primera página «Fin del mundo en 1914».[49] Decididamente, eran muchos millones de ejemplares para dudar de que el autonombrado pastor Russell se creía sus propias profecías. En cualquiera de los casos, el anuncio venía haciéndose desde hacía mucho tiempo como quedaba de manifiesto en las publicaciones de la secta, y difícilmente se hubiera podido alterar ya. Veamos sólo algunos botones de muestra de la enfermiza insistencia de Russell en que el fin del mundo vendría en 1914: «En 1914, el Señor tendrá el control pleno. El gobierno gentil será derribado; el cuerpo de Cristo será glorificado; Jerusalén dejará de ser pisoteada; la ceguera de Israel desaparecerá; habrá una anarquía mundial; y el reino de Dios sustituirá a los gobiernos del hombre.»[50] (Resulta evidente que ni una sola de las profecías se cumplió en 1914, circunstancia que difícilmente servía para apoyar las pretensiones de Russell).

«... dentro de los próximos veintiséis años todos los gobiernos presentes serán derribados y disueltos... el completo establecimiento del Reino de Dios se realizará en 1914 d. J.C.»[51]

«... la batalla del gran Dios Todopoderoso (Apocalipsis 16:14) acabará en 1914 d. J.C. con la destrucción completa del presente gobierno de la tierra...»[52]

«... el pleno establecimiento del Reino de Dios en la tierra en 1914 d. J.C.»[53]

Tan convencido parecía estar Russell de que el fin sería en 1914, que no sólo anunció la conversión de Israel y el final de los gobiernos mundiales sino también la caída de Babilonia (término que —tomado de los adventistas— servía para designar a todas las iglesias cristianas): «Y, a finales de 1914 d. J.C., lo que Dios llama Babilonia, y los hombres Cristiandad, habrá desaparecido, como ya se ha mostrado en la profecía.»[54]

Por supuesto, a eso debía acompañarle la total glorificación de los «santos» (es decir, los adeptos de Russell): «Que la liberación de los santos debe tener lugar en algún tiempo antes de 1914 es algo manifiesto... Sobre cuánto tiempo antes de 1914 los últimos miembros vivos del cuerpo de Cristo serán glorificados, no estamos directamente informados.»[55]

Sin embargo, contra lo que esperarían sus adeptos actuales, Russell no pretendía que sus cálculos emanaran exclusivamente de la Biblia. De hecho, había sido iniciado en la masonería, y en ésta encontró no escasa fuente de inspiración para sus enseñanzas. De entrada, se trató de la simbología. Russell recurrió al disco solar alado propio del antiguo Egipto —y de la masonería— para ilustrar las portadas e interiores de sus obras. Por si fuera poco, recurrió también a la corona atravesada por una cruz que es propia de la simbología masónica y que, de manera nada casual, sigue siendo el símbolo preferido de la Ciencia Cristiana. Seguramente, no pocos Testigos de Jehová de la actualidad se quedarían sorprendidos al saber que el símbolo que acompañó a la *Atalaya* durante décadas había surgido de la masonería.

Abundan también en las publicaciones de estos años las referencias a una terminología masónica. Por ejemplo, Cristo es definido como el «Gran Maestre» de «esta gran Orden secreta» o se hace referencia constante a una «Edad Dorada venidera», hasta tal punto que la referencia masónica a la «Edad Dorada» se convirtió en título de una de las publicaciones de la secta fundada por Russell.

Con todo, donde la influencia de la masonería resultaría más acusada en el caso de Russell sería en su insistencia en encontrar una enseñanza esotérica en el antiguo Egipto y, muy especialmente, en la Gran Pirámide. Así, según la enseñanza de Russell, las medidas de la Gran Pirámide también mostraban que el fin del mundo sería en 1914, lo que le permitía afirmar: «Midiendo ... encontramos que hay 3416 pulgadas que simbolizan 3 416 años desde la fecha anterior, 1542 d. J.C. Este cálculo muestra el año 1874 d. J.C. como marcando el inicio del período de tribulación; porque 1542 años d. J.C. más 1874 años a. J.C. hacen 3 416 años. De manera que la Pirámide testifica que el final de 1874 fue el inicio cronológico del tiempo de la tribulación...»[56]

El razonamiento resulta, como mínimo, dudoso, pero abundan los paralelos en la historia de la masonería de una lectura forzada de supuestos misterios en la Gran Pirámide. De hecho, autores masones como Manly P. Hall han insistido en este tema en las últimas décadas con evidente éxito.

No resulta difícil comprender que, partiendo de ese cálculo alambicado, el estallido de la primera guerra mundial fuera acogido con un enorme alborozo en la cúpula de la secta fundada por Russell. Para éste, lo importante —como para otros dirigentes de sectas— no era el destino de la Humanidad, sino el punto hasta el que podía ajustar la realidad a su profecía. Russell no perdió ocasión de volver a su afirmaciones repetidas durante décadas: «La presente Gran Guerra en Europa es el inicio del Armagedón de las Escrituras.»[57] A fin de cuentas, era lo que Russell había afirmado desde hacía tiempo: «No hay razón para cambiar las cifras; son las fechas de Dios, no las nuestras; ¡1914 no es la fecha del principio sino del fin!»[58]

Sin embargo, en contra de lo afirmado por Russell, en 1914 ni acabó la ceguera de Israel, no cayeron los gobiernos mundiales, ni sus adeptos fueron glorificados, ni se produjo la desaparición de la cristiandad. Sólo empezó una guerra que duraría hasta 1918.

Russell era consciente de que había fracasado en sus pronósticos proféticos, pero, a la vez, podía percibir el fervor de una gente desconcertada. De 1909 a 1914, su secta había pasado de vender 711 000 libros a 992 000 y 22,8 millones de folletos. El profeta había encontrado un filón y no iba a abandonarlo sólo porque su vaticinio no se hubiera cumplido. El fin se pasó a 1915.

Convenientemente —y sería un ejemplo seguido por sus sucesores en la secta—, Russell ordenó retirar algunas de sus obras pasadas y cambiar las fechas hasta el fin: «... dentro de los próximos veintiséis años todos los gobiernos presentes serán derribados y disueltos... el establecimiento pleno del Reino de Dios se realizará cerca del final de 1915 d. J.C. »[59]

«... la batalla del gran día del Dios Todopoderoso (Ap. 16:14), que acabará en 1915 d. J.C. con la completa destrucción del presente gobierno de esta tierra...»[60]

En un esfuerzo por apoyar su nueva profecía, hasta las medidas de la Gran Pirámide sufrieron un ajuste encaminado a señalar 1915 como la fecha del fin: «Después de medir... encontramos que hay 3 457 pulgadas que simbolizan 3 457 años desde la fecha superior, 1542 a. J.C. Este cálculo muestra 1915 d. J.C. marcando el inicio del período de tribulación; porque 1 542 años a. J.C. más 1 915 años d. J.C. son igual a 3 457 años. Así que la Pirámide testifica que el final de 1914 fue el inicio cronológico del tiempo de tribulación...»[61]

Cómo se alteraron las medidas de la Gran Pirámide de una manera tan convincente para las pretensiones proféticas de Russell continúa siendo un misterio. Pero, en cualquier caso, el fin del mundo tampoco se produjo en 1915. Se cambió entonces a 1918, y así se anunció con la seguridad dogmática de siempre:

«Parece concluyente que la hora de la pena para la iglesia nominal (la cristiandad) está fijada para la Pascua de 1918... los ángeles caídos invadirán las mentes de mucha gente de la iglesia nominal... llevando a su destrucción a manos de las masas enfurecidas.»[62]

No debía haber dudas. Se produciría la «caída completa del Israel espiritual nominal, i.e, Babilonia en 1918».[63] Russell no llegaría a ver su último fracaso profético. Moriría antes. Desde el fin de 1915, su salud había empeorado considerablemente. Quizá se trataba sólo de una consecuencia física de tantos pleitos perdidos acompañados de un fracaso profético. Aquellos anuncios repetidos durante décadas —y desmentidos por la realidad tercamente—, así como la revelación de que su imperio comenzaba a desmoronarse (y no era para menos) es posible que resultaran excesivos. Para el otoño de 1916, su estado físico se había deteriorado lo suficiente como para que en una gira de conferencias por California y la Costa Oeste de Estados Unidos tuviera que ser sustituido varias veces por su secretario. El 29 de octubre de 1916 pronunciaría su ultima predicación ante un auditorio de Los Ángeles. Sintiéndose muy enfermo, canceló el resto de los compromisos y decidió regresar a la sede de la secta en Nueva York. No lo conseguiría. La muerte le alcanzaría en el camino el 31 de octubre en Pampa, una localidad de Texas. Mientras agonizaba pidió a uno de sus acompañantes que confeccionara una túnica romana con una de las sábanas del coche-cama y que lo amortajaran con ella.[64] Su muerte se presentó en el sentido de que «murió como un héroe».[65] Por supuesto, se anunció que ya estaba con Dios desde el momento de su muerte: «Nos regocijamos al saber que en vez de dormir en la muerte, como los santos del pasado, él está entre aquellos cuyas "obras los van siguiendo". Él se ha encontrado con el amado Señor en el aire, a quien amó tanto que dio su vida fielmente en su servicio.»[66]

Los que hacían esta afirmación ignoraban, lógicamente, que, con posterioridad, las autoridades de la secta enseñarían que nadie había ido al cielo antes de 1918, sin exceptuar a Russell. Sólo sería uno de los numerosos cambios doctrinales —entre docenas— que experimentaría la secta en el curso de las siguientes décadas.

La sepultura de Russell constituyó un testimonio claro de quién había sido, aunque sus adeptos de entonces y de ahora lo ignoraran en su aplastante mayoría. Se hizo enterrar en un mausoleo en forma de pirámide sobre la que está esculpida junto a su nombre la corona con cruz de la masonería. A ella le debía mucho aunque, posiblemente, nunca lleguemos a determinar la parte total de sus enseñanzas que nació no de la Biblia sino de las logias.

Ni Joseph Smith, ni Ellen White, ni Mary Baker Eddy ni Charles Taze Russell fueron excepciones. En realidad, se trató de manifestaciones repetidas de la manera en que la cosmovisión gnóstica y ocultista de la masonería generó movimientos que pretendían contar con el conocimiento último. Así había sido desde su aparición en el siglo XVIII y así iba a seguir siendo en los siglos posteriores. De hecho, como tendremos ocasión de ver en el próximo capítulo, la historia del ocultismo contemporáneo no puede escribirse sin referencia a las influencias de la masonería.

CAPÍTULO XIV

# El aporte espiritual (III): el reverdecer ocultista

## Albert Pike

La masonería, como ya hemos indicado, ha contado desde su fundación con un contenido acentuadamente gnóstico. Es cierto que para no pocos masones resulta en la actualidad un tanto embarazosa esta circunstancia y no es menos verdad que desdora en una época secularizada esa leyenda rosada de la masonería que pretende reducirla, al menos de cara al exterior, a una sociedad discreta y filantrópica sin otros fines que los humanitarios. Los hechos, sin embargo, no pueden negarse porque aparecen claramente reflejados desde las primeras obras de la masonería hasta los escritos de autores masones del siglo XX. Precisamente, ese carácter gnóstico, secreto, iniciático, es el que explica, al menos en parte, la enorme importancia que la masonería ha tenido en el florecer del ocultismo durante los dos últimos siglos, hasta el punto de que no constituye en absoluto una afirmación exagerada el decir que éste nunca hubiera podido darse sin aquélla. Sin duda, uno de los casos más significativos al respecto es el de Albert Pike, una de las figuras más importantes de la masonería del siglo XIX.

Albert Pike nació el 29 de diciembre de 1809 en Boston. Estudió en Harvard y fue, durante la guerra de Secesión de Estados Unidos, general de brigada en el ejército confederado. Al concluir el conflicto, Pike fue condenado por traición y encarcelado, pero el 22 de abril de 1866 fue indultado por el presidente Andrew Jonson, también masón. Al día siguiente, ambos hermanos se encontraron en la Casa Blanca y ciertamente no concluyó ahí la relación entre estos dos masones. El 20 de junio de 1867, Johnson fue ascendido al grado 32 y, posteriormente, dedicaría incluso un templo masónico en Boston, la ciudad natal de Pike. Éste recibiría incluso el honor de ser el único general confederado que cuenta con un monumento en la ciudad de Washington.

Pike fue un sujeto verdaderamente excepcional, con un talento extraordinario para el aprendizaje de lenguas y una cultura vastísima. Masón grado 33, formó parte también del Ku Klux Klan —la vinculación entre ambas sociedades secretas es una de las cuestiones históricamente más incómodas para la masonería de Estados Unidos— y, sobre todo, fue el autor de un conjunto de obras que intentaban mostrar la cosmovisión masónica de manera extensa y documentada. Su libro más importantes es *Moral y Dogma del Antiguo y aceptado rito escocés de la masonería*, publicado en 1871.

*Moral y Dogma* es una obra muy extensa que llega casi a las novecientas páginas y en la cual se describen los 32 grados del rito masónico ya señalado con su correspondiente significado iniciático. Precisamente por ello, resulta especialmente interesante la forma en que Pike va describiendo una filosofía que, por definición, no puede encajar con el cristianismo y que además se nutre de unas raíces abiertamente paganas y mistéricas.

Para Pike, los relatos de la Biblia no se corresponden con la realidad histórica —una afirmación que choca directamente con lo contenido en las Escrituras— sino que ocultan una realidad esotérica. Con todo, «unos pocos entre los hebreos... poseían un conocimiento de la naturaleza y los atributos verdaderos de Dios; igual que una clase similar de hombres en otras naciones —Zoroastro, Manu, Confucio, Sócrates y Platón»—. «La comunicación de este conocimiento y otros secretos, algunos de los cuales quizá se han perdido, constituían, bajo otros nombres, lo que ahora llamamos masonería o francmasonería. Ese conocimiento era, en un sentido, la Palabra perdida, que fue dada a conocer a los Grandes elegidos, perfectos y sublimes masones—».[1] Frente a esa enseñanza mistérica preservada por la masonería, cabe afirmar que «las doctrinas de la Biblia a menudo no se encuentran vestidas en el lenguaje de la verdad estricta».[2] El punto de partida resulta, pues, obvio y, en buena medida, puede decirse que es el de la gnosis que ha coincidido en el tiempo y el espacio con el cristianismo, y el del ocultismo contemporáneo. La primera premisa es que la Biblia —la base esencial del cristianismo— no es fiable y la segunda que la verdad se encuentra en manos de un grupo pequeño de iniciados que la ha transmitido a lo largo de los siglos.[3] De hecho, por si quedara alguna duda sobre la adscripción filosófica de la masonería, Pike indica taxativamente que a «esta ciencia de los misterios le dieron el nombre de gnosis».[4] Se trata de una ciencia sincrética en la que se combinan doctrinas orientales y occidentales,[5] que «fueron adoptadas por los cabalistas y después por los gnósticos».[6]

De ahí que la clave de la masonería sean los misterios cuyo origen es desconocido,[7] pero que podemos encontrar en distintas religiones paganas y que «a pesar de las descripciones que ciertos autores, especialmente los cristianos, hayan podido hacer de ellos, han continuado puros».[8] Esos misterios son los de Isis y Osiris en Egipto[9] —cuyo «objetivo era político»—,[10] pero también «la ciencia oculta de los antiguos magos».[11] De hecho, incluyen de manera esencial «el significado oculto y profundo del Inefable Nombre de la Deidad».[12]

La masonería —Pike ni lo niega ni lo oculta sino que lo afirma tajantemente— predica una religión, pero ésa es la «religión universal, enseñada por la Naturaleza y por la Razón».[13] Esta afirmación resulta bastante clarificadora en la medida en que reconoce abiertamente el contenido religioso de la masonería —a pesar de su insistencia en que se puede mantener cualquier creencia religiosa en su seno— y, a la vez, explica el entronizamiento de deidades como la diosa Razón durante la Revolución francesa, diosa Razón que, supuestamente, debía desplazar al Dios cristiano.

Por otro lado, y a pesar de su insistencia en que las creencias masónicas no obstaculizan otras, Pike no duda en realizar afirmaciones que son absolutamente incompatibles con no pocas religiones, como la de que «el alma humana es ella misma un *daimonios*, un dios dentro de la mente, capaz mediante su propio poder de rivalizar con la canonización del héroe, de hacerse a sí misma inmortal por la práctica de lo bueno, y de la contemplación de lo bello y lo verdadero»[14] —una afirmación autodeificadora de esencia netamente pagana—, o la «doctrina de la transmigración de las almas».[15] Aún más peculiar resulta la afirmación de Pike de que «el Bafomet, el carnero hermafrodita de Mendes», es el principio vital al que históricamente se ha rendido adoración, cuya simbología puede ser también «la Serpiente que devora su propia cola».[16] De hecho, Bafomet vuelve a ser mencionado poco más adelante como un símbolo adecuado de la «ley de la prudencia».[17] Los paralelos con las enseñanzas masónicas de Cagliostro son obvios aunque no dejan de resultar un tanto embarazosos.

Albert Pike —como no pocos ocultistas o teólogos cristianos de la actualidad— desechaba la existencia del diablo o ángel caído opuesto a Dios y al respecto era muy tajante. Así afirmaba: «El verdadero nombre de Satanás, según dicen los cabalistas, es el de Yahveh al revés; porque Satanás no es un dios negro... para los iniciados no es una Persona, sino una Fuerza, creada para el bien, pero que puede servir para el mal. Es el instrumento de la Libertad o Voluntad libre.»[18] Y remachaba: «No existe un demonio rebelde del mal, o príncipe de las tinieblas coexistente y en eterna controversia con Dios, o el príncipe de la Luz.»[19]

Esa negación del principio del mal iba acompañada —y de nuevo el paralelo con el ocultismo o la gnosis salta a la vista— de un canto a Lucifer, como el que figura contenido en *Moral y Dogma*, al explicar el grado 19: «¡LUCIFER, el que Lleva-Luz! ¡Extraño y misterioso nombre para dárselo al Espíritu de la Oscuridad! ¡Lucifer, el Hijo de la Mañana! ¿Acaso es él quien lleva la Luz, y con sus esplendores intolerables ciega a las almas débiles, sensuales o egoístas? ¡No lo dudéis! Porque las tradiciones están llenas de Revelaciones e Inspiraciones Divinas: y la Inspiración no es de una Era o de un Credo.»[20]

Partiendo de estos antecedentes, no resulta sorprendente que Pike se identificara con el luciferinismo, entendido no en el sentido de la adoración de Satanás, como erróneamente se interpreta a veces, sino en el de culto a Lucifer como el ser personal que reveló la Luz de los misterios a los elegidos y que aparece históricamente representado en distintos mitos paganos y en los misterios de la Antigüedad. De nuevo, se trata de un hecho incómodo para no pocos masones de la actualidad, pero que ha sido reconocido por otros de manera abierta.

*Moral y Dogma* es uno de los libros de lectura obligada para entender la cosmovisión iniciática de la masonería y, sin embargo, de manera bien poco justificada es pasado por alto en no pocos de los estudios que se le dedican. Todo ello a pesar de que, precisamente por su carácter didáctico, extenso y paradigmático, fue hasta pocas décadas regalado en las logias a aquellas personas que se iniciaban en Estados Unidos en los grados superiores de la masonería.

Con todo, posiblemente lo más importante de la obra no sea sólo la manera en que expresa la cosmovisión masónica, sino también aquella en que ésta se nos muestra como un paralelo claro de las enseñanzas del ocultismo contemporáneo y del movimiento de la Nueva Era. El sincretismo religioso; la reducción de Jesús a un mero maestro de moral o un simple conocedor de misterios; la apelación clara a la gnosis; la creencia en la reencarnación o la insistencia en que el ser humano es un dios con posibilidades prácticamente infinitas son marcas características de ese ocultismo y, como tendremos ocasión de ver en los apartados siguientes de este capítulo, las similitudes no obedecen a la casualidad.

## De Éliphas Lévi a la Sociedad Teosófica

La historia del ocultismo contemporáneo resulta imposible de escribir sin hacer referencia a las conexiones de prácticamente todos sus dirigentes principales con la masonería. En algunos casos, como Éliphas Lévi o Papus, se trató de ocultistas que se identificaban con la cosmovisión masónica aunque no tanto con su organización formal; en otros, como Reuss, Westcott, Waite, Olcott o Mathers, de masones que crearon movimientos destinados a profundizar en el ocultismo. Finalmente, no faltaron los masones que, como Annie Besant o Aleister Crowley, pensaron que habían superado en sus conocimientos lo que se enseñaba en las logias.

Empecemos por Alphonse-Louis Constant, denominado «el último de los magos» y también «el renovador del ocultismo en Francia», y más conocido por su pseudónimo de Éliphas Lévi. Nacido el 11 de febrero de 1810, Constant fue ordenado sacerdote católico. Su interés por el ocultismo le llevó a redactar algunas obras de magia —*Doctrina de la magia trascendente*, 1855; *Ritual de la magia trascendente*, 1856, e *Historia de la magia*, 1860— ya antes de ser iniciado en la masonería.

La iniciación tuvo lugar el 14 de marzo de 1861 en la Logia Rosa del Perfecto Silencio de París, subordinada al Gran Oriente francés. De manera bien reveladora, la iniciación obedeció a la petición de sus amigos Fauvety y Caubet, que eran masones y que consideraban que los conocimientos mágicos de Constant podían resultar de interés para la logia. También lo creía Constant, que al ser iniciado afirmó que venía a «mostraros el objetivo para el cual fue constituida vuestra asociación».[21]

El 21 de agosto de 1861, la logia confirió a Constant el grado de maestro y el mes siguiente pronunció en su seno un discurso sobre los Misterios de la iniciación. El tema despertó una enorme expectación, pero también provocó el sentimiento anticatólico de alguno de los masones, como un tal Ganeval. Constant acabó retirándose de la logia precisamente por ese comportamiento que interpretó como una señal de anticatolicismo y que le parecía indigno.

Gérard Anaclet Vincent Encausse, alias *Papus*,[22] fue otro ejemplo de ocultista estrechamente relacionado con la masonería. Nacido en La Coruña el 13 de julio de 1865, hijo de un químico francés y una española, siendo joven Encausse se dedicó al estudio de la cábala, el tarot, la magia, la alquimia y los escritos de Éliphas Lévi. Se unió a la Sociedad Teosófica —de la que luego hablaremos— al poco de ser fundada por madame Blavatsky, aunque no tardó en abandonarla al contemplar cómo su interés se desplazaba hacia Oriente.

Papus estaba muy influido por el marqués Joseph Alexandre Saint-Yves d'Alveydre, que había heredado los papeles de Antoine Fabre d'Olivet, uno de los padres del ocultismo francés. En 1888, Papus, Saint-Yves y el marqués Stanislas de Guaita fundaron la Orden cabalística de Rosacruz. Tres años después, Papus estableció la Orden de los Superiores Desconocidos, comúnmente conocida como la Orden de los Martinistas. La orden en cuestión se basaba en dos ritos masónicos extintos, el rito de los Elegidos Cohen de Martínez Paschalis (o Pasqually) y el Rito rectificado de Saint Martin de Louis Claude de Saint-Martin, «el filosófo desconocido». La orden martinista sería la ocupación principal de Papus en los años siguientes y ha perdurado como una parte central de su legado. La ocupación principal, que no la única. En 1893, Papus fue consagrado obispo de la Iglesia gnóstica de Francia, fundada por Jules Doinel en 1890 con la intención de resucitar la religión de los cátaros. Por si fuera poco, en 1895 Papus se unió al Ahathoor Temple de la Golden Dawn (Aurora Dorada) de París.

El interés de Papus por la masonería fue extraordinario. Le desagradaba el carácter ateo de algunos masones del Gran Oriente francés, pero, a la vez, organizó para el 24 de junio de 1908 una conferencia masónica internacional. Fue precisamente en el curso de esta conferencia donde Papus recibió del masón Theodor Reuss la patente para establecer un Supremo Gran Consejo General de los ritos unificados de la masonería antigua y primitiva y, muy posiblemente, el control de la OTO, a la que luego nos referiremos, en Francia.

Papel mucho mayor representó la masonería en la fundación del grupo ocultista más importante del siglo XIX. Nos estamos refiriendo a la Sociedad Teosófica. Fundada en 1875 por Helena Blavatsky,[23] su primer presidente fue el coronel Henry Steel Olcott, un masón. El 24 de noviembre de 1877, la propia Blavatsky fue iniciada en la masonería. Sin embargo, más importante que ese episodio es la manera en que para sus puntos de vista se basó en la *Royal Masonic Cyclopaedia*, publicada ese mismo año y debida a Kenneth Mackenzie.

Madame Blavatsky desarrollaría su especial visión del ocultismo en *La doctrina secreta* e *Isis sin velo*, dos obras a las que se ha acusado no sin razón de contener abundante material plagiado. Sin embargo, lo más interesante no es su carácter no original —algo que compartiría, por ejemplo, con las visiones de la adventista Ellen White— sino la existencia de no pocos paralelos con la visión gnóstico-masónica de Pike. En madame Blavatsky también existe una insistencia en el enorme valor de las religiones paganas —especialmente de sus manifestaciones mistéricas— en la minimización del cristianismo como Verdad, en creencias como la posibilidad de autodeificación del ser humano o la reencarnación, e incluso en un luciferinismo muy similar al que Pike muestra en sus obras. Dentro de una línea históricamente típica en la gnosis, madame Blavatsky contraponía al positivo Lucifer frente al Jehová bíblico, al que identificaba, ni más ni menos, que con Caín, el protoasesino.[24] .

Madame Blavatsky fue un personaje enormemente comprometido al que se acusó, con razón, de perpetrar fraudes en sesiones de espiritismo y de aprovecharse de sus adeptos. En ese contexto, la asociación de la ocultista con la masonería resultaba un tanto delicada y hubo quien se atrevió incluso a cuestionarla. Sería la propia Blavatsky la que defendería la realidad de su iniciación en una carta publicada por el *Franklin Register* de 8 de febrero de 1878.

También resulta significativo el hecho de que las dos continuadoras de la obra de madame Blavatsky, las ocultistas Annie Besant y Alice Bailey, tuvieran una vinculación muy estrecha con la masonería. Annie Besant, feminista, partidaria de la independencia de Irlanda y de la India, y fundadora de distintas instituciones destinadas a la expansión del ocultismo, es un personaje esencial para comprender la entrada del orientalismo en Occidente décadas antes de la segunda guerra mundial. Presidenta de la Sociedad Teosófica desde 1907 hasta su muerte en 1933, había sido ya iniciada en la masonería el 26 de septiembre de 1902. En 1911 se convirtió en vicepresidenta y Gran Maestra del Consejo Supremo de la Orden Internacional de la Comasonería, una obediencia que permite la iniciación de mujeres y que había sido fundada en Francia en 1893. La comasonería se extendería precisamente a Gran Bretaña en 1902 gracias al empeño de la Sociedad Teosófica y, muy especialmente, de Annie Besant.

Por lo que se refiere a Alice Bailey, debe indicarse que su marido, Foster, era masón —llegó a colaborar en el *Master Mason*

*Magazine*— y autor del libro *El espíritu de la masonería*. El texto de Foster Bailey seguía la línea de Pike y de otros autores masones anteriores y posteriores en el sentido de vincular las enseñanzas de la masonería con la cábala, la gnosis, los misterios de Isis o el culto de Krishna. Al igual que madame Blavatsky o Annie Besant, Alice Bailey profesaba un claro luciferinismo y debe ser considerada como un claro precedente del movimiento actual de la Nueva Era o New Age.

La vinculación entre la Sociedad Teosófica y la masonería no ha disminuido con el paso de los años. Todavía en la actualidad son masones los principales difusores de esta secta y no deja de ser significativo que Mario Roso de Luna[25] (1872-1931), el teósofo español más conocido, que, como Cagliostro y Joseph Smith, pretendía poder encontrar tesoros ocultos, y que fue autor de una biografía hagiográfica de madame Blavatsky, fuera iniciado en la masonería en Sevilla, en enero de 1917. Pero la Sociedad Teosófica no fue una excepción.

## De The Golden Dawn a Aleister Crowley

La Sociedad Teosófica no fue, ni con mucho, el único grupo ocultista nacido en el siglo XIX en conexión con personajes pertenecientes a la masonería. De hecho, un caso aún más acentuado es el de la Orden Hermética de la Aurora Dorada o Golden Dawn, una denominación propia de la masonería y que incluso dio nombre a una de las primeras publicaciones de los Testigos de Jehová. La Golden Dawn fue fundada en 1888 por los masones Samuel Liddell MacGregor Mathers y William Wynn Westcott, junto a William Robert Woodman. Westcott fue iniciado en la masonería el 24 de octubre de 1871 y ascendido a maestro seis años después. MacGregor Mathers, por su parte, fue iniciado el 4 de octubre de 1877.

La Golden Dawn tenía una cosmovisión totalmente ocultista que —no puede negarse— derivaba de la propia masonería. Como en el caso de Pike, hacía referencia a la cábala, a las religiones mistéricas del paganismo y al antiguo Egipto. También como Pike, sostenía la posibilidad de alcanzar un status divino. A todo esto añadía referencias al sistema mágico de Éliphas Lévi y un enorme interés por los grimorios medievales. Por la Golden Dawn pasaron personajes ilustres enormemente interesados en el ocultismo, como W. B. Yeats, Arthur Machen, A. E. Waite y Aleister Crowley, al que nos referiremos más adelante en este capítulo.

No menos importante que la Golden Dawn en la historia del ocultismo contemporáneo fue la Ordo Templi Orientis (OTO). Su fundación se debió también a un masón, en este caso de nacionalidad austriaca y de nombre Carl Kellner. En 1895, Kellner abordó el tema de la fundación de una Academia Masónica con su amigo Albert Karl Theodor Reuss, que había sido iniciado en la masonería el 9 de noviembre de 1876. Finalmente, ambos llegaron a la conclusión de que el nuevo colectivo debía ser denominado Orden Templaria Oriental y que el círculo interior debía estar organizado en paralelo a los ritos masónicos de Menfis y Mizraim. Para entrar en ese círculo sería obligatorio el haber sido iniciado en la masonería y las mujeres, de acuerdo con la tradición masónica más generalizada, quedarían excluidas.

En 1902, la orden no sólo estaba funcionando sino que incluso editaba una publicación masónica titulada *La Oriflama*. En 1905 falleció Kellner, y Reuss asumió el control absoluto de la OTO. Cinco años después, Reuss se encontró con Aleister Crowley y lo inició en la orden. Crowley es un personaje incómodo para muchos masones dado que era un satanista confeso e incluso estuvo envuelto presuntamente en la realización de sacrificios humanos. Sin embargo, lo cierto es que había sido iniciado en la masonería y que sus credenciales debían ser lo suficientemente sólidas como para que Reuss, en 1912, lo nombrara además Gran Maestro Nacional General X de la OTO para Gran Bretaña e Irlanda.

Crowley comenzó a practicar los ritos de los grados inferiores con el nombre de *Mysteria Mystica Máxima* o MMM, lo que no tardó en ocasionar protestas. Crowley no deseaba problemas legales y alegó que la OTO era una academia masónica pero no una orden masónica y, por lo tanto, no infringía «los justos privilegios de la Gran Logia Unida de Inglaterra». En 1913, Crowley introdujo la misa gnóstica en la OTO, que debía corresponderse con la misa católica. No pocos interpretaron aquel acto como una misa negra en la medida en que estaba destinada a maldecir a Dios más que a alabarlo.

La tensión iba a agudizarse en 1916 cuando Reuss, masón a fin de cuentas, revisó la constitución de la OTO para enfatizar su carácter masónico. Al año siguiente, la policía irrumpió en la logia de Crowley en Londres y la cerró bajo el cargo de que se dedicaba a «predecir la fortuna», un delito que, muy sensatamente, figuraba en las leyes británicas. Cuando concluyó la primera guerra mundial, Reuss siguió insistiendo en la autoridad masónica de la OTO. En 1920 asistió al congreso de la Federación Mundial de la Masonería Universal, donde se planteó la posibilidad de que la misa gnóstica de Crowley se convirtiera en «la religión oficial de todos los miembros de la Federación Mundial de la Masonería Universal en posesión del grado 18». La propuesta fue rechazada y, al parecer, Crowley intentó en 1921 distanciar el grupo del control masónico y así se lo planteó a Reuss. Sea como fuera, lo cierto es que en 1922 Reuss se retiró y dejó el control de la OTO en manos de Crowley como su sucesor oficial.

Crowley fue, a su vez, sucedido en 1942 por el alemán Karl Germer. La historia de Germer no deja de ser interesante porque, al llegar los nacionalsocialistas al poder en Alemania, fue detenido por hacer proselitismo masónico entre los estudiantes. Por suerte para Germer, sólo pasó recluido unos meses —meses en los que afirmó haberse encontrado con un ángel que le ayudó—, al cabo de los cuales fue puesto en libertad y pudo exiliarse a Estados Unidos. Sin embargo, el carácter político de la OTO no debía resultar muy claro porque durante los años 1944 y 1945 sus logias fueron aniquiladas pero por la Resistencia francesa. Dos años después, Crowley fallecía.

La muerte de Crowley puso fin a una de las vidas dedicadas más intensamente a la causa del ocultismo, vida, dicho sea de paso, que no dejó de entrecruzarse con la masonería y los masones. Icono de los Beatles en la portada del LP *Sargeant Pepper*, nacido el 12 de octubre de 1875 en Leamington Spa, Inglaterra, Edward Alexander (Aleister) Crowleyr era hijo de unos padres pertenecientes a los Hermanos de Plymouth, una denominación evangélica. Crowley fue creciendo con un odio profundo al cristianismo, hasta el punto de que, siendo niño, puso a una rana el nombre de Jesucristo, y, acto seguido, se divirtió crucificándola. Gustaba asimismo de identificarse con el 666, el número de la Bestia del Apocalipsis. Estudió en Cambridge y en 1898 fue iniciado en la Golden Dawn.

Crowley no tardó en desilusionarse con la Golden Dawn y en 1900, estando en México, fue iniciado en la masonería, según él mismo relata en sus *Confesiones*.

En 1903 se casó con Rose Kelly y marchó a Egipto para pasar la luna de miel. A inicios de 1904, encontrándose en El Cairo, Rose comenzó a entrar en trance y a decir a su marido que el dios Horus deseaba hablarle. Dado que Rose no había tenido previamente este tipo de experiencias, Crowley la llevó al Museo Boulak y le pidió que le señalara al dios en cuestión. La mujer se detuvo ante una estela funeraria donde aparecía Horus y que estaba numerada con el 666. Del 8 al 9 de abril de 1904, Crowley recibió, según él, una revelación a la que daría el nombre de *Liber AL vel Legis* o *Libro de la Ley*, inicio de la era de Horus que sería gobernada por la ley de Thelema (la palabra griega para voluntad). Esa ley podía resumirse en la fórmula: «Haz lo que quieras.» Antes de que concluyera el año, Crowley fue iniciado en la logia anglosajona n. 343 que desde 1964 se encuentra bajo la jurisdicción de la Gran Logia Nacional Francesa de París como n. 103.

Dos años después, Crowley se hallaba en Gran Bretaña con la intención de crear una orden mágica que debía seguir los pasos de la Golden Dawn y que recibió el nombre de AA por Astron Argon o Astrum Argentium. En 1910, como ya vimos, Crowley se integraba en la OTO, la orden creada por masones, y, por tercera vez, entró en contacto con la masonería, esta vez en la persona de John Yarker, que le confirió los grados 33, 90 y 95 del antiguo y aceptable rito de Menfis y Mizraim.[26]

En 1920, Crowley fundó la Abadía Thelema en Cefalú. Sin duda, es éste uno de los episodios más turbios de su vida, ya que los niños desaparecían de los alrededores y se pensó que perecían en misas negras celebradas por Crowley. Nunca pudo demostrarse, pero el episodio concluyó con su deportación de Italia. Durante los años siguientes, Crowley se definiría claramente no como luciferino sino como satanista, circunstancia que, de manera un tanto llamativa, no implicó la ruptura de relaciones con la OTO y sus dirigentes. No sólo eso. Además trabaría amistad con un personaje llamado a tener una importancia no pequeña en la historia de las sectas. Nos referimos a Ronald L. Hubbard, el fundador de la Iglesia de la Cienciología.

Hubbard estaba muy vinculado en 1945 con John W. Parsons, que presidía el capítulo de la OTO en Los Ángeles.[27] No sólo eso. Hubbard fue, de hecho, un miembro de la secta de Crowley donde, por añadidura, conoció a su segunda esposa. La Iglesia de la Cienciología, comprensiblemente, ha intentado negar esta circunstancia, insistiendo en que Hubbard sólo se estaba infiltrando en el grupo de Crowley. La verdad es que en una serie de conferencias del curso de doctorado de Filadelfia, grabadas ya en 1952, Hubbard se explayó hablando del ocultismo en la Edad Media y recomendó un libro —*The Master Therion*—, de Crowley. Según Hubbard, «es una fascinante obra en sí misma, y esa obra fue escrita por Aleister Crowley, el difunto Aleister Crowley, mi muy buen amigo».[28] Realmente, hay episodios en la Historia —como el de la influencia de los masones en el desarrollo del ocultismo contemporáneo— cuyas raíces más profundas y cuyas consecuencias postreras cuesta imaginar. Pero que, en cualquier caso, no es lícito ni eludirlas ni ocultarlas.

QUINTA PARTE

# Un mundo en busca de sentido

CAPÍTULO XV

# La controversia antimasónica

## El escándalo Taxil

A pesar del considerable peso que tuvo la masonería en la articulación del ocultismo contemporáneo, los últimos años del siglo XIX discurrieron en torno a una controversia creciente relacionada con el papel de la masonería en la política. El hecho de que desde la Revolución francesa buena parte de los movimientos subversivos —con o sin éxito— hubieran estado estrechamente vinculados con ella, los repetidos cambios de régimen, la corrupción en los nombramientos públicos relacionada con el favoritismo masónico, la amenaza contra el poder temporal del papa o los programas de laicismo estatal contribuyeron de manera decisiva a mantener una tensión política y social que se iba a extender durante todo el siglo XIX. Ese trasfondo explica episodios peculiares de estas décadas, como fueron el escándalo Taxil o la fusión del sentimiento antisemita —que también experimentó una mutación durante estos años— con el temor a la masonería.

Las elecciones francesas de 1877 fueron testigo de un encarnizado enfrentamiento entre los partidos de derechas, contrarios a la masonería, y los republicanos, radicales y socialistas, favorables a la misma. Mientras que los primeros insistían en que la nación debía verse a salvo de una nueva revolución que causara docenas de miles de muertos, los segundos —utilizando un lenguaje ya manido pero al que se recurriría profusamente en tiempos posteriores— se presentaron como los valedores del conocimiento, la libertad de conciencia o incluso la luz. No resulta extraño, por lo tanto, que la victoria republicana en las elecciones fuera considerada como un triunfo de la masonería y que fuera seguida por una oleada de anticlericalismo organizado, sistemático y despiadado.

Fue entonces cuando hizo su aparición en escena un personaje llamado Leo Taxil. Originalmente, Taxil —cuyo verdadero nombre era Gabriel Jogand-Pagés— era un masón, miembro del Gran Oriente, que se había caracterizado por escribir libelos que habían sido publicados por la Liga Anticlerical. En 1879, menos de dos años después de la victoria electoral republicana, había visto la luz su primera obra, titulada *Abajo el clero*. El contenido injurioso del panfleto provocó el procesamiento de Taxil, pero salió absuelto y un bienio después publicaba *La secreta vida amorosa de Pío IX*, un papa que había muerto el año anterior.

Que en esa situación, en 1884, el papa León XIII promulgara una nueva bula en la que indicaba cómo los masones eran seguidores del Maligno no puede causar sorpresa. Lo que sí la ocasionó fue el anuncio, justo al año siguiente, de que Taxil se había arrepentido de sus pecados convirtiéndose en un buen católico. Por si fuera poco, Taxil comenzó a publicar de manera inmediata una serie de libros y panfletos en los que atacaba a la masonería, mostrándola como una sociedad secreta entregada a la subversión. Que, efectivamente, la masonería era una sociedad secreta y que había estado más que profusamente vinculada con la subversión no admitía dudas a aquellas alturas. Sin embargo, Taxil añadía en sus obras detalles especialmente sugestivos. Así, hacía referencia a la masonería femenina e incluso mencionaba la vinculación entre la sociedad secreta y el culto a Lucifer.

Los textos de Taxil hicieron furor no sólo entre los católicos sino también entre no pocos masones. Mientras que los primeros le aclamaban y aplaudían por atreverse a poner al descubierto una conjura que los amenazaba directamente, los segundos se dividieron entre los que le acusaban de calumniador y los que le suplicaron que les indicara cómo podían ser iniciados en esos grados superiores de la masonería donde era posible establecer contacto con Lucifer. En 1887, Taxil fue incluso recibido en una audiencia personal por el papa León XIII, que le felicitó por la labor que estaba llevando a cabo.

Por si fuera poco, los escritos de Taxil iban revelando en un atractivo crescendo las cuestiones más impresionantes. Hacían referencia a una conjura masónica universal dirigida por el masón norteamericano Albert Pike; daban datos sobre el paladismo, una organización secreta fundada por Pike en la que los masones se entregaban a rituales satánicos, e incluso proporcionaban el testimonio de una señorita llamada Diana Vaughan que formaba parte de tan pernicioso colectivo.

En septiembre de 1896 se celebró en Trento un congreso internacional antimasónico al que, de manera comprensible, fue invitado Taxil y, por supuesto, la señorita Vaughan. Taxil excusó la falta de asistencia de la dama por razones de seguridad —una circunstancia que provocó las sospechas de algún delegado— pero prometió que haría acto de presencia en la Sociedad Geográfica de París el 19 de abril de 1897.

En la fecha mencionada —y con la lógica expectativa—, Taxil compareció ante un nutrido público para presentar supuestamente a la antigua paladista. Sin embargo, en lugar de satisfacer la curiosidad de los presentes, Taxil confesó que toda su actividad de los últimos años no había pasado de ser una colosal impostura. Nunca había existido el Palladium, la señorita Vaughan era simplemente una colaboradora que no tenía nada que ver con la masonería, los relatos sobre el culto a Lucifer eran falsos y no había tenido lugar jamás algo parecido a una conjura masónica mundial. Todo esto —subrayó claramente Taxil— había sido una inmensa estafa y nada más. Acto seguido, en medio de un comprensible escándalo, abandonó la sala.

El episodio Taxil fue objeto casi desde el principio de interpretaciones opuestas. Por supuesto, los masones lo aprovecharon para decir que todo aquello demostraba hasta qué punto las acusaciones que se vertían sobre ellos eran falsas desde la primera hasta la última. Ni su presunta implicación en política, ni su relación con el culto a Lucifer, ni mucho menos la existencia de una conspiración mundial se correspondían con la realidad. Eran calumnias supuestamente desmentidas por el episodio y los que las creyeran demostraban ser tan estúpidos como aquellos a los que había engañado Taxil. La interpretación de los católicos fue, lógicamente, distinta. Taxil había mentido de manera vergonzosa, especialmente en el uso de algunos detalles escabrosos, pero la historia, sustancialmente, era verídica y, muy posiblemente, todo el episodio no era sino una conjura masónica para dejar en evidencia a la Iglesia católica, sin excluir al propio papa.

La verdad —como casi siempre— seguramente se halla en algún punto intermedio entre ambas posiciones. Que Taxil, masón y anticlerical, era un embustero y, quizá, un mitómano es indiscutible. Durante años vivió de la impostura sacándole el máximo beneficio y, al final, la reveló en medio de carcajadas. Es cierto igualmente que la masonería había tenido desde finales del siglo XVIII al menos un papel nada desdeñable en la política y, de manera especial, en los cambios revolucionarios acontecidos en la América hispana y en Europa. A decir verdad, en pocas naciones había resultado tan obvio como en Francia. De la misma manera, era innegable la penetración de sectores esenciales de la administración y de la sociedad por la masonería y no menos irrefutable resultaba su impronta anticristiana y acusadamente anticatólica. Queda por establecer la última cuestión, la relativa al supuesto luciferinismo de, al menos, algunos grados de iniciación masónica.

En los capítulos anteriores hemos podido ver que la masonería tuvo una impronta ocultista desde sus inicios, que esa característica era de signo gnóstico, que no fueron pocos los masones fundadores de grupos esotéricos o de sectas y que incluso en algún caso también hubo masones que se definieron como seguidores de Lucifer, al que, bien es cierto, no contemplaban perfilado con los colores negativos de la Biblia. Precisamente por eso, no resulta extraño que hubiera masones que pidieran a Taxil que los iniciara en esos supuestos grados de iniciación que abrían el camino a la comunión con Lucifer. Desde un punto de vista cristiano, semejante actitud era repugnante; desde el de algunos masones, tenía, por el contrario, una lógica innegable. En ese sentido, la elección de Albert Pike como cabeza de ese culto luciferino resultaba enormemente verosímil. De hecho, su obra clave, *Morals and Dogma*, como ya vimos, es un texto de centenares de páginas en el que Pike realiza un intento extraordinario por explicar la filosofía de la masonería y lo hace, de manera coherente, recurriendo a los cultos esotéricos, gnósticos y mistéricos de la Antigüedad. Se puede alegar —no sin razón— que las interpretaciones de Pike no se sustentan en la realidad histórica, pero lo que resulta indiscutible es que millones de masones las creyeron. No menos cierto es que la propia obra de Pike apunta a un luciferinismo concebido no como la grosera adoración satánica descrita por Taxil, sino como un culto a Lucifer, un ser espiritual positivo que habría revelado los secretos mistéricos de la Luz a un sector escogido de la raza humana.

Sin embargo, a pesar de la importancia que se suele dar al episodio de Taxil en algunas obras, lo cierto es que su relevancia —salvo para intentar desacreditar con el episodio a los antimasones y lanzar una cortina de humo sobre la innegable relación entre el ocultismo y la masonería— es muy menor. Importancia más acentuada tendría la identificación entre masonería y judaísmo que se produciría en los últimos años del siglo XIX y los primeros del XX.

## El antisemitismo se suma a la controversia

El antisemitismo constituye una actitud mental y una conducta que se pierde en la noche de los tiempos aunque es obligado reconocer que no siempre se ha manifestado de la misma manera. Manetón, el sacerdote e historiador judío del periodo helenístico, ya dedicó vitriólicas páginas a los primeros momentos de la historia de Israel y en sus pasos siguieron los antisemitas de la Antigüedad clásica —prácticamente todos los autores de renombre—, desde Cicerón hasta Tácito, pasando por Juvenal. En términos generales, su antisemitismo era cultural y religioso más que racial. Durante la Edad Media, el antisemitismo estuvo relacionado con categorías de corte religioso (la resistencia de los judíos a convertirse al islam o al cristianismo) y social (el desempeño de determinados empleos por los judíos). Solamente con la llegada de la Ilustración, el antisemitismo se fue tiñendo de tonos raciales que aparecen ya en escritos injuriosos —y falsos— de Voltaire y que volvemos a encontrar muy acentuados en Nietzsche o Wagner. La figura del judío perverso y conspirador no se halla ausente de algunas de estas manifestaciones antisemitas y, por ejemplo, Wagner y Nietzsche insistieron en tópicos como el del poder judío o el de su capacidad de corrupción moral (e incluso racial). Con todo, estos aspectos no son la única base del antisemitismo contemporáneo. De hecho, ya a finales del siglo XIX, a estas visiones antisemitas se sumó otra que pretendía tener un carácter científico, y a ella la que pretendía descubrir la existencia de una conspiración judía encaminada a dominar el mundo. La divulgación de esta tesis correspondería, entre otras obras, a un panfleto de origen ruso conocido generalmente como *Los Protocolos de los sabios de Sión*, en el que, supuestamente, se recogían las minutas de un congreso judío destinado a trazar las líneas de la conquista del poder mundial. *Los Protocolos de los sabios de Sión* no fueron, en buena medida, una obra innovadora.

La idea de una conspiración judeomasónica durante las primeras décadas del siglo XIX ni siquiera fue utilizada por los antisemitas. Sería una obra de creación titulada *Biarritz*, debida a un tal Hermann Goedsche, que la difundiría a partir de 1868 en Alemania. La fecha es importante porque por aquel entonces la población alemana comenzaba a ser presa de renovados sentimientos antisemitas a causa de la emancipación —sólo parcial— de los judíos. En un capítulo del relato, que se presentaba como ficticio, se narraba una reunión de trece personajes, supuestamente celebrada durante la fiesta judía de los Tabernáculos, en el cementerio judío de Praga. En el curso de la misma, los representantes de la conspiración judía narraban sus avances en el control del gobierno mundial, insistiendo especialmente en la necesidad de conseguir la emancipación política, el permiso para practicar las profesiones liberales o el dominio de la prensa. Al final, los judíos se despedían no sin antes señalar que en cien años el mundo yacería en su poder. El episodio narrado en este capítulo de *Biarritz* iba a hacer fortuna. En 1872 se publicaba en San Petersburgo de forma separada, señalándose que, pese al carácter imaginario del relato, existía una base real para el mismo. Cuatro años después, en Moscú, se editaba un folleto similar con el título de *En el cementerio judío de la Praga checa (los judíos soberanos del mundo).* Cuando en julio de 1881 *Le Contemporain* editó la obra, ésta fue presentada ya como un documento auténtico en el que las intervenciones de los distintos judíos se habían fusionado en un solo discurso. Además, se le atribuyó un origen británico. Nacía así el panfleto antisemita conocido como el *Discurso del Rabino.* Con el tiempo, la obra experimentaría algunas variaciones destinadas a convertirla en más verosímil. Así, el rabino, anónimo inicialmente, recibió los nombres de Eichhorn y Reichhorn e incluso se le hizo asistir a un (inexistente) congreso celebrado en Lemberg en 1912.

Un año después de la publicación de *Biarritz*, Francia iba a ser el escenario donde aparecería una de las obras clásicas del antisemitismo contemporáneo. Se titulaba *Le juif, le judaïsme et la judaïsation des peuples chrétiens* y su autor era Gougenot des Mousseaux. La obra partía de la base de que la cábala era una doctrina secreta transmitida a través de colectivos como la secta de los Asesinos, los templarios o los masones, pero cuyos jerarcas principales eran judíos. Además de semejante dislate —que pone de manifiesto una ignorancia absoluta de lo que es la cábala—, en la obra se afirmaba, igual que en la Edad Media, que los judíos eran culpables de crímenes rituales, que adoraban a Satanás (cuyos símbolos eran el falo y la serpiente) y que sus ceremonias incluían orgías sexuales. Por supuesto, su meta era entregar el poder mundial al Anticristo, para lo que fomentarían una cooperación internacional en virtud de la cual todos disfrutaran abundantemente de los bienes terrenales, circunstancias éstas que, a juicio del católico Gougenot des Mousseaux, al parecer sólo podían ser diabólicas. Como podemos ver, la obra de Gougenot des Mousseaux ya conectaba las actividades de los masones con el antisemitismo, pero no atribuía a los primeros la responsabilidad directa por las acciones en que hubieran podido participar sino que desplazaba ésta hacia los judíos, verdaderos protagonistas del drama.

Pese a lo absurdo de la tesis contenida en la obra, no sólo disfrutaría de una amplia difusión sino que además inspiraría la aparición de panfletos similares nacidos no pocas veces de la pluma de sacerdotes. Tal fue el caso de *Les Franc-maçons et les Juifs: Sixième Age de l'Eglise d'après l'Apocalypse* (1881) del abate Chabauty, canónigo honorario de Poitiers y Angulema, donde aparecen dos documentos falsos que se denominarían *Carta de los judíos de Arles* (*de España*, en algunas versiones) y *Contestación de los judíos de Constantinopla*. De nuevo, en esta obra, los masones eran ejecutores perversos de planes, pero su maquinación se debía a los judíos. En otras palabras, se vinculaba un antisemitismo secular con el temor inspirado por una serie de trágicas experiencias sufridas desde 1789. El fenómeno resulta de enorme interés social y psicológico ya que, primero, pone de manifiesto que un sector de la población era consciente de los trastornos que había ocasionado la masonería durante un tiempo dilatado; pero, segundo, en lugar de intentar comprender el trágico fenómeno, como en otros tiempos había sucedido con dramas como la peste o las hambrunas, prefería culpar de él a la acción presuntamente omnipotente de los odiados judíos. Ciertamente, las epidemias, el hambre o las revoluciones impulsadas por los masones tenían una existencia real —y bien que lo sabían los que las habían padecido—, pero la atribución de las culpas a los judíos no era sino una delirante muestra de antisemitismo.

Tanto la obra de Chabauty como la de Gougenot de Mousseaux serían objeto de un extenso plagio —a menos que podamos denominar de otra manera al hecho de copiar ampliamente secciones enteras sin citar la procedencia— por parte del antisemita francés Edouard Drumond, cuyo libro *La France juive* (1886) demostraría ser un poderoso acicate a la hora de convertir en Francia el antisemitismo en una fuerza política de primer orden.

El país donde se originaría el plan que culminaría en los *Protocolos*, fue Rusia. Las condiciones de vida de los judíos bajo el gobierno de los zares se han calificado de auténticamente terribles, pero la cuestión es digna de considerables matizaciones ya que no pocos progresaron considerablemente y llegaron a ocupar puestos que les estaban vedados en países limítrofes. Sin embargo, tras el asesinato de Alejandro II y el acceso al trono de Alejandro III empeoraron en parte siquiera porque no eran pocos los judíos —generalmente jóvenes idealistas de familias acomodadas— que participaron en grupos terroristas de carácter antizarista y, en parte, porque los revolucionarios recurrieron al antisemitismo en no pocas ocasiones como forma de obtener un ascendente sobre el pueblo. Así, a un antisemitismo instrumental de izquierdas —del que participaron no pocos judíos filorrevolucionarios— se sumó otro popular que abominaba de la subversión y que estallaba ocasionalmente en pogromos. Tal situación se vio acompañada por la propaganda antisemita. Fue ésta una floración libresca pletórica de odio, mala fe e ignorancia, que se extendió desde el *Libro del Kahal* (1869) de Jacob Brafman, editado con ayuda oficial, y en el que se pretendía que los judíos tenían un plan para eliminar la competencia comercial en todas las ciudades, hasta los tres volúmenes de *El Talmud y los judíos* (1879-1880) de Lutostansky, obra en que el autor demostraba ignorar lo que era el Talmud y además introducía en Rusia el mito de la conjura judeomasónica.

No obstante, es posible que la obra de mayor influencia de este periodo fuera *La conquista del mundo por los judíos* (7.ª ed. 1875), escrita por Osman-Bey, pseudónimo de un estafador cuyo nombre era Millinger. El aventurero captó fácilmente la paranoia antisemita que había en ciertos segmentos de la sociedad rusa y la aprovechó en beneficio propio. Su panfleto sostenía que existía una conjura judía mundial cuyo objetivo primario era derrocar la actual monarquía zarista. De hecho, sirviéndose de semejantes afirmaciones, el 3 de septiembre de 1881 salía de San Petersburgo con destino a París, provisto del dinero que le había entregado la policía política rusa, con la misión de investigar los planes conspirativos de la Alianza Israelita Universal que tenía su sede en esta última ciudad. Pasando por alto, como lo harían muchos otros, que este organismo sólo tiene fines filantrópicos, Millinger afirmó que se había hecho con documentos que la relacionaban con grupos terroristas que deseaban derrocar el zarismo. En 1886 se editaban en Berna sus *Enthüllungen über die Ermordung Alexanders II* (Revelaciones acerca del asesinato de Alejandro II). Con el nuevo panfleto quedaba completo el cuadro iniciado con *La conquista*. No sólo se afirmaba la tesis del peligro judío sino que además se indicaba ya claramente el camino a seguir para alcanzar «la Edad de Oro». En primer lugar, había que expulsar a los judíos basándose en «el principio de las nacionalidades y de las razas» a algún lugar como África. Un buen lugar para enviarlos sería África. Pero tales acciones sólo podían contemplarse como medidas parciales. En realidad, sólo cabía una solución para acabar con el supuesto peligro judío: «La única manera de destruir la Alianza Israelita Universal es a través del exterminio total de la raza judía.» El camino para la aparición de los *Protocolos* y para realidades aún más trágicas quedaba ya más que trazado.

## Los *Protocolos de los Sabios de Sión* o los judíos son los culpables

Del 26 de agosto al 7 de septiembre de 1903 apareció en el periódico de San Petersburgo *Znamya* (La Bandera) la primera edición de los *Protocolos*, bajo el título de *Programa para la conquista del Mundo por los judíos*. El panfleto encajaba como un guante en el medio ya que el mismo estaba dirigido por P. A. Krushevan, un furibundo antisemita. Krushevan afirmó que la obra —cuyo final aparecía algo abreviado— era la traducción de un documento original aparecido en Francia. En 1905, el texto volvía a editarse en San Petersburgo en forma de folleto y con el título de *La raíz de nuestros problemas* a instancias de G. V. Butmi, un amigo y socio de Krushevan que junto con éste se dedicaría a partir de ese año a sentar las bases de la Centuria Negra. En enero de 1906, el panfleto era reeditado por la citada organización con el mismo título que le había dado Butmi e incluso bajo su nombre. Sin embargo, se le añadía un subtítulo que, en forma abreviada, haría fortuna: *Protocolos extraídos de los archivos secretos de la Cancillería Central de Sión (donde se halla la raíz del actual desorden de la sociedad en Europa en general y en Rusia en particular)*.

Las ediciones mencionadas tenían una finalidad masivamente propagandística y consistieron en folletos económicos destinados a todos los segmentos sociales. Pero en 1905 los *Protocolos* aparecían incluidos en una obra de Serguei Nilus titulada *Lo grande en lo pequeño. El Anticristo considerado como una posibilidad política inminente*. El libro de Nilus ya había sido editado en

1901 y 1903, pero sin los *Protocolos*. En esta nueva edición se incluyeron con la intención de influir de manera decisiva en el ánimo del zar Nicolás II.

La reedición de Nilus contaba con algunas circunstancias que, presumiblemente, deberían haberle proporcionado un éxito impresionante. Así, el metropolitano de Moscú llegó incluso a ordenar que en las 368 iglesias de Moscú se leyera un sermón en el que se citaba esta versión de los *Protocolos*. Inicialmente, no resultó evidente si prevalecería la versión de Butmi o la de Nilus. Finalmente, sería esta última reeditada con ligeras variantes y bajo el título de *Está cerca, a la puerta... Llega el Anticristo y el reino del Diablo en la Tierra* la que llegaría a consagrarse. El motivo de su éxito estaría claramente vinculado a haberse publicado una vez más en 1917, el año de la Revolución rusa.

El texto de Nilus estaba dividido en veinticuatro supuestos protocolos en los que, realmente, se intentaba demostrar la bondad del régimen autocrático (obviamente el zarista) y la perversidad de las reformas liberales. Como justificación última de semejante discurso político se aduciría la existencia de un plan de dominio mundial desarrollado por los judíos. Así, el panfleto dejaba claramente establecido el supuesto absurdo del sistema liberal ya que la idea de libertad política no sólo resulta irreal sino que además sólo puede tener desastrosas consecuencias (1, 6).

Si la idea de libertad política podía ser relativamente tolerada, esto se debería a algunas condiciones previas. Primero, su sumisión al poder clerical; segundo, la exclusión de los enfrentamientos sociales, y, tercero, la eliminación de la búsqueda de reformas. En resumen, puede ser aceptable si no afecta en absoluto al sistema autocrático (4, 3). Sin embargo, la libertad no había discurrido por los cauces deseados por Nilus y puestos en boca de los presuntos conspiradores judíos. El resultado había sido por ello especialmente peligroso y ha degenerado en la mayor de las aberraciones posibles, la corrupción de la sangre (10, 11-12). Las afirmaciones relativas a lo nocivo de la libertad política tienen, lógicamente, en esta obra un reverso diáfano consistente en alabar las supuestas virtudes de la autocracia. Ésta —sea la política de los zares o la religiosa de los papas— constituye, según los *Protocolos*, el único valladar contra el peligro judío: «La autocracia de los zares rusos fue nuestro único enemigo en todo el mundo junto con el papado» (15, 5). Precisamente por eso, el poder del autócrata debe tener para ser efectivo un tinte innegable de cinismo, de maquiavelismo, de pura hipocresía utilitarista: «La política no tiene nada que ver con la moral.» Un soberano que se deja guiar por la moral no actúa políticamente y su poder descansa sobre frágiles apoyos. «El que quiera reinar debe utilizar la astucia y la hipocresía» (1, 12). Sin embargo, tal actitud no debe causar malestar ni ser objeto de censura. Está más que justificada por el hecho de que la autocracia es la única forma sensata de gobierno y la única manera de crear y mantener en pie la civilización, algo que nunca puede emanar de las masas (1, 21).

Naturalmente, el modelo autocrático no se sustenta sólo sobre la figura del soberano sino sobre otros pilares del sistema. Los *Protocolos* contenían, por lo tanto, loas a estos estamentos concretos que se situaban en labios de los supuestos conspiradores judíos. El primero de ellos es la nobleza (1, 30); otro es el clero. Frente a este panorama idealizado de la autocracia, sustentada por la nobleza y el clero, Nilus oponía el retrato de una supuesta conjura mundial tras la que se encontraban los judíos. Éstos, en teoría, se hallarían ya muy cerca de la conquista del poder (3, 1), cuya base sería el dominio económico (5, 8).

La conjura, obviamente, se manifestaban en una serie de acciones moralmente perversas desencadenadas por los judíos. La primera es, naturalmente, intentar contaminar con su materialismo a los que no son como ellos (4, 4). Pero eso es sólo el comienzo. Según los *Protocolos* de Nilus, para que los judíos dominen el mundo se entregan a una serie de actividades simultáneas que desafían la imaginación más delirante. A ellos se les atribuye potenciar la idea de un «gobierno internacional» (5, 18), crear «monopolios» (6, 1), fomentar «el incremento de los armamentos y de la policía» (7, 1), provocar una «guerra general», «idiotizar y corromper a la juventud de los no-judíos» (9, 12), aniquilar «la familia» (10, 6), «distraer a las masas con diversiones, juegos, pasatiempos, pasiones» (13, 4), eliminar «la libertad de enseñanza» (16, 7) e incluso «destruir todas las otras religiones» (14, 1).

¿Cómo pueden realizar los judíos semejante plan que —hay que reconocerlo— resulta colosal? Pues, precisamente, a través de las logias masónicas (15, 13). En otras palabras, según Nilus, la masonería es un peligro, pero lo es, esencialmente, porque tras sus acciones se esconden los judíos que únicamente pretenden imponer su poder a todo el orbe.

A pesar de los millones de seguidores que este panfleto ha tenido durante más de un siglo —en la actualidad incluso inspira series de TV en el mundo árabe cargadas de antisemitismo— lo cierto es que su paranoia antijudía llega hasta el retorcimiento más absoluto o el ridículo más absurdo. Así queda de manifiesto al afirmar que los no-judíos padecen «las enfermedades que les causamos (los judíos) mediante la inoculación de bacilos» (10, 25) o al atribuir la construcción del metro a turbias intenciones políticas (9, 14). Al final, los judíos conseguirán mediante semejantes artimañas su meta final: «El "Rey de Israel" será el patriarca del mundo cuando se ciña en la cabeza santificada la corona que le ofrecerá toda Europa» (15, 30).

Los últimos *Protocolos* están dedicados presuntamente a pergeñar una descripción de cómo deberá gobernar mundialmente el Rey de Israel. En realidad, son una descripción de la monarquía autocrática modélica según Nilus. En la misma, el monarca ideal deberá evitar «los impuestos demasiado elevados» (20, 2) para no sembrar la semilla de la revolución (20, 5), introducirá reformas como la creación de un impuesto progresivo de timbres (20, 12), de un fondo de reservas (20, 14), de un tribunal de cuentas (20, 17) y de un patrón basado en la fuerza de trabajo (20, 24) y llevará a cabo una serie de medidas económicas como la restricción de los artículos de lujo (23, 1), el fomento del trabajo artesanal (23, 2) y de la pequeña industria (23, 3) o el castigo del alcoholismo (23, 4).

La tesis de la conjura judeomasónica, en la que —no cabe olvidarlo— los masones no pasaban de ser instrumento engañado de los perversos judíos, quedaba magníficamente perfilada en los *Protocolos* y quizá por ello no deba causar sorpresa que durante décadas fueran considerados auténticos e incluso resultaran respaldados por instancias eclesiásticas. No constituye una tarea fácil analizar el porqué de esa credulidad, pero resulta tentador apuntar, al menos, a la existencia de un deseo inconsciente de desculpabilizar la sociedad en la que se vive. Ciertamente, en la misma podían producirse episodios dramáticos como los protagonizados por los masones, pero, al fin y a la postre, ni siquiera éstos —conciudadanos, compatriotas y de la misma raza— eran los últimos responsables. La culpa debía descansar en otros seres más abyectos que no fueran de la misma nacionalidad ni sangre. ¿Quiénes mejores que los judíos podían representar ese papel de chivo expiatorio moral? De esa manera, curiosa pero comprensiblemente, el reverdecer del antisemitismo aligeró el peso de la controversia antimasónica en la mayoría de los países donde tenía lugar. Sin embargo, antes de entrar en esas cuestiones, debemos detenernos en otra tan esencial como el origen de los *Protocolos* y su carácter eminentemente fraudulento.

La verdadera intencionalidad del panfleto de Nilus, una defensa de la autocracia nobiliaria y antisemita, sus aspectos más ridículos y el carácter espurio de la composición permitieron desde el principio intuir la falsedad de su contenido. Sin embargo, su fuente de inspiración tardaría en ser descubierta algunos años. Los días 16, 17 y 18 de agosto de 1921, el *Times* publicaba un despacho del corresponsal en Constantinopla, Philip Graves, en el que se revelaba la fuente auténtica de los *Protocolos*. Éstos no eran sino un plagio de un folleto dirigido contra Napoleón III, publicado originalmente en 1865. Graves señalaba cómo un ruso, al que denominaba Mr. X, le había entregado incluso una copia del libro del que se habían plagiado los *Protocolos*: «Como ya he dicho, antes de recibir el libro de Mr. X, tenía sentimientos de incredulidad. No creía que los *Protocolos* de Serge Nilus fueran auténticos. Pero de no haberlo visto, no hubiera podido creer que el autor del que Nilus tomó el original fuera un plagiario sin cuidado ni vergüenza. El libro de Ginebra es un ataque apenas disfrazado contra el despotismo de Napoleón III, en forma de una serie de veinticinco diálogos... entre Montesquieu y Maquiavelo...»

Efectivamente, Graves había dado en el clavo. De hecho, antes de publicar sus informaciones, el *Times* había realizado una investigación en el Museo Británico, fruto de la cual fue el hallazgo de un libro, editado no en Ginebra sino en Bruselas en 1864, titulado *Diálogo en el Infierno entre Maquiavelo y Montesquieu* y obra de un abogado francés llamado Maurice Joly. La obra era una crítica al régimen de Napoleón III que utilizaba como vehículo un diálogo entre Montesquieu, defensor del liberalismo, y Maquiavelo, paladín de un despotismo cínico que era similar al gobierno imperial. Pese a lo ingenioso del artificio, la policía francesa detuvo a Joly que, juzgado el 25 de abril de 1865, fue condenado a quince meses de prisión. En cuanto al libro, fue prohibido. Prohibido... pero no eliminado. De hecho, hay cerca de doscientos pasajes de los *Protocolos* copiados de la obra de Joly. La proporción del material plagiado varía según cada protocolo. En algunos casos, por ejemplo el protocolo séptimo, casi todo el texto es un plagio, en otros nueve supera la mitad, etc. Hoy en día no cabe la menor duda —salvo a los que siguen deseando mover el espantajo de la conjura judía para llevar a cabo sus propios planes políticos, como es el caso de los islamistas— de que los *Protocolos* son un fraude absoluto.

Al dato documental pronto se unirían las confesiones de los partícipes en el fraude. Henri Bint, un alsaciano que desde 1880 había estado al servicio de la policía secreta rusa, confesó, en el curso de una investigación judicial, que los *Protocolos* habían surgido como respuesta a órdenes emanadas de Piotr Ivanovich Rachkovsky, jefe de la organización. Su testimonio fue confirmado por el conocido periodista Vladimir Burtsev. Rachkovsky fue un personaje absolutamente novelesco entre cuyas creaciones figuró la de la organización antisemita Unión del Pueblo Ruso, que distribuiría con auténtico tesón los *Protocolos*. Éstos se idearon alguna fecha situada entre 1894 y 1899, su país de origen material fue Francia, aunque la falsificación se debió claramente a la mano de un ruso y estaba destinada a ser utilizada por la extrema derecha rusa. Originalmente, el documento pretendía una finalidad similar a la del *Diálogo* del que estaba plagiado: dañar a un gobernante que, en este caso, era el ministro ruso, modernizador y reformista, Witte, al que se tenía la intención de presentar como un instrumento del poder judío en la sombra. Sólo con posterioridad, Rachkovsky concibió la idea de convertirlo de manera preeminente en un panfleto antisemita.

La versión de Nilus es la que más se aproxima al primer texto de la falsificación —aunque no fue el primero en publicarla— pero sigue sin estar claro cómo cayó en sus manos. El mismo personaje de Nilus no deja de tener un cierto interés y, en buena medida, puede decirse que se trataba del sujeto ideal para difundir el fraude de los *Protocolos.* Nihilista admirador de Nietzsche en una primera época, vivió plácidamente con su amante en Biarritz hasta que se arruinó. Aquella desgracia marcó un punto de inflexión en su vida. Se convirtió en cristiano ortodoxo y en defensor de la autocracia zarista. A esto unió un rechazo frontal de la civilización contemporánea y del racionalismo. No parece haberle costado mucho llegar a la conclusión de que estaba dotado de virtudes místicas y de una misión salvífica, misión centrada en oponerse a una supuesta conjura judía de carácter universal. En ésta sí parece que creía... pero no en los *Protocolos.* El testimonio de una de las personas que más intimó con él, Du Chayla, nos proporciona unos datos muy interesantes al respecto. Aunque Nilus pensaba que los *Protocolos* podían ser falsos, argumentaba que semejante circustancia no invalidaba la tesis de una conjura universal judía. Merece la pena reproducir el relato de una conversación entre Nilus y Du Chayla recogida por este último. Ante la pregunta de Du Chayla sobre lo dudoso del texto, Nilus contestó: «¿Sabe usted cuál es mi cita favorita de san Pablo? La fuerza de Dios actúa a través de la flaqueza humana. Reconozcamos que los *Protocolos* son falsos. Pero ¿no puede Dios usarlos para desenmascarar la maldad que se está preparando? ¿No profetizó la burra de Balaam? ¿No puede Dios, por nuestra fe, transformar la osamenta de un perro en reliquias que realicen milagros? ¡De la misma manera puede colocar el anuncio de la verdad en una boca mentirosa!»

Nilus no fue el único en Rusia, aparte de sus forjadores, que supo que los *Protocolos* eran falsos. Ante la impresión que el escrito produjo en el zar Nicolás II cuando accedió a su lectura, el ministro ruso del Interior, Stolypin, encargó a Martinov y Vassiliev, dos oficiales de la gendarmería, una investigación secreta sobre los orígenes de los *Protocolos*. El resultado de la misma no pudo resultar más claro. La obra era una falsificación. Stolypin entregó el informe al zar, que decidió abandonar su uso por esa causa: «Abandonemos los *Protocolos*. No se puede defender una causa noble con métodos sucios», reconocería el soberano. Posiblemente, el libro habría caído en el olvido —el propio Nilus se quejaba de su falta de eco— de no haber sido por el estallido de la Revolución de 1917. Sin embargo, a partir de ese entonces, el ridículo panfleto fue contemplado por muchos como una profecía, profecía en la que, paulatinamente, fue difuminándose todavía más el papel de la masonería hasta llegar a desaparecer y enfocándose tan sólo el de la supuesta conjura judía.

CAPÍTULO XVI

# La masonería gana terreno

## Cambio de siglo

Los últimos años del siglo XIX y los primeros del XX fueron testigos, como ya indicamos, de un desplazamiento de la preocupación que no pocos sectores sociales sentían por la masonería hacia los judíos. Seguramente, tal mutación se debió a motivos psicológicos que enlazaban con las distintas tradiciones del antisemitismo europeo y sus nuevas manifestaciones. No obstante, siquiera indirectamente, aliviaron el peso de la controversia que pesaba sobre los masones al dirigir la aversión hacia otro lugar.[1] Semejante circunstancia difícilmente pudo ser más oportuna para la masonería porque coincidió con un periodo histórico en que su poder experimentó un crecimiento extraordinario lo que ocasionó una serie de consecuencias enormemente importantes. A finales del siglo XIX, el partido radical francés era una fuerza política totalmente controlada por los masones, hasta el punto de que no pocos los identificaban totalmente. Sin embargo, la masonería rebasó ampliamente esa situación y en los primeros años del siglo XX tenía un peso verdaderamente notable —que contaba, por otro lado, con antecedentes— en el partido socialista francés. El Gran Oriente no sólo no manifestó el menor pesar por la entrada en las logias de gente que procedía de un movimiento político confesamente ateo y materialista, sino que incluso redujo las cuotas de admisión para facilitar el paso. Así, fueron iniciados en la masonería socialistas relevantes como Jean Longuet, Jean Monnet, Roger Salengro y Vincent Auriol.

Si el papel de la masonería francesa era extraordinario en la política, no resultaba menor en dos ocupaciones que siempre se han señalado como objetivo primordial de las logias. Nos referimos a la enseñanza y a las fuerzas armadas. En el terreno de la educación, hacia 1910 no menos de diez mil maestros de escuela eran masones[2] —lo que implicaba un esfuerzo de adoctrinamiento realmente colosal—, y en el ejército los oficiales masones habían creado listas —el famoso *Affaire des Fiches*— que no sólo se utilizaban para promocionarse entre sí, sino, de manera fundamental, para bloquear los ascensos de los oficiales católicos. De hecho, el mariscal Joffre, comandante en jefe del ejército francés durante buena parte de la primera guerra mundial, era masón, una circunstancia de la que se resentirían no pocos mandos.

La influencia de la masonería era tan considerable que incluso importantes cuadros del partido comunista francés estaban iniciados. Tal fue el caso de Albert Cachin y de André Marty, futuro jefe de las Brigadas Internacionales en la guerra civil española, al que se apodó el *Carnicero de Albacete*. Marty protagonizaría en 1919 un episodio que lo catapultaría a la fama y que es ampliamente conocido. Nos referimos a la organización de un motín en la flota aliada del mar Negro que había acudido a ayudar a los que se oponían a los bolcheviques en Rusia. Marty, lógicamente, fue juzgado y condenado por esas actividades e inmediatamente la masonería francesa orquestó una campaña política y de opinión para ayudarlo a eludir el peso de la ley. Se trataba de una conducta que contaba —y contaría— con amplios paralelos, ya que lo cierto es que, a pesar de que las constituciones de la masonería insisten en la necesidad de cumplir con las leyes del país, esta disposición no ha sido históricamente más respetada que aquella que establece el respeto a las autoridades constituidas.

## La masonería ayuda a la revolución (I): España, de la muerte de Fernando VII a la Restauración

En España, los años transcurridos entre la muerte de Fernando VII y el derrocamiento de Isabel II fueron aprovechados por la masonería para expandirse y adquirir un peso notable que se manifestó en terrenos como la política, las fuerzas armadas o la educación. El papel de la masonería no fue escaso —aunque tampoco el único— en la caída de Isabel II y, de manera significativa, el número de masones en las Cortes Constituyentes de 1868 fue relevante. Baste decir al respecto que incluyó nombres de enorme relieve como Eleuterio Maisonave, Segismundo Moret, Juan Prim y Prats, Manuel Becerra, Manuel Ruiz Zorrilla, Sagasta o Cristino Martos.

La expansión de la masonería en aquellos años posteriores a la denominada Gloriosa revolución fue realmente espectacular. No sólo era imposible atender a todas las peticiones de iniciación, sino que era común la participación de los políticos del momento en las tenidas de las logias.[3] En 1870, Ruiz Zorrilla, presidente del gobierno, era instalado como Gran Maestro de la Gran Logia Simbólica de España. Por su parte, el hombre fuerte del nuevo régimen, el general Prim, era también masón y logró imponer como rey de España a Amadeo de Saboya, que también había sido iniciado en la masonería. De hecho, cuando el monarca falleció, en el número 29 del *Boletín Oficial del Grande Oriente Nacional de España* de 6 de julio de 1890 se publicó una esquela en la que el Supremo Consejo del Grande Oriente Nacional de España suplicaba a todas las logias, capítulos y cámaras que celebraran una tenida fúnebre «en honor de tan ilustre y caballeroso Hermano».

Como había sucedido en Francia a finales del siglo XVIII y en Hispanoamérica a inicios del siglo XIX, una cosa era que los masones se hicieran con el poder y otra muy diferente era que lograran la creación, más allá de sus declaraciones grandilocuentes, de un gobierno estable y eficaz. En el caso del denominado Sexenio revolucionario, efectivamente, pronto quedó de manifiesto su incapacidad para pilotar la nave del Estado. El hermano Amadeo de Saboya abandonó España desencantado y el 11 de febrero de 1873 los masones Martos y Ruiz Zorrilla proclamaron la Primera República. Aniquilada la monarquía existente, la experiencia republicana ulterior resultó insostenible, primero, porque las fuerzas destructivas no fueron capaces de crear un sistema que diera cabida a todos, que respetara a todos y que buscara el bien de todos; segundo, porque la nación emprendió un camino de desintegración que amenazaba totalmente su existencia y, tercero, porque la facilidad con que los opositores recurrieron a las armas y la debilidad de los sucesivos gobiernos para contener la violencia se tradujeron en el final de las instituciones.

El proyecto de Constitución republicana federal impulsado por el presidente Pi i Margall implicaba la práctica desarticulación de la unidad nacional recuperada desde hacía cuatrocientos años y se asistió en paralelo, nada absurdo por otra parte, a la aparición de los cantones, pequeñas entidades que pretendían independizarse de cualquier poder, incluido el de las posibles entidades federadas. Los cantones que fueron surgiendo en las diferentes provincias —el de Cartagena sería el más celebre pero, lamentablemente, no el único— podían y debían haber sido reprimidos por las autoridades, pero Pi i Margall no quiso hacerlo. Aquella erupción de entidades autónomas, en realidad, no contradecía su visión política sino que la confirmaba.

La reacción de la República fue mantenerse en medio de la desintegración cantonal y de una nueva ofensiva carlista mediante el cambio de rumbo hacia un unitarismo preconizado por Nicolás Salmerón y que, lógicamente, tuvo que recurrir a las fuerzas armadas. El ejército logró acabar con algunos focos insurreccionales pero Salmerón no tardó en dimitir tras negarse a firmar varias sentencias de muerte.

La presidencia de Castelar (7 de septiembre-2 de enero de 1874) —un personaje al que se había vinculado repetidamente con la masonería— fue ya, prácticamente, una dictadura en la que el régimen, cada vez con menor base social, apenas consiguió atacar infructuosamente el cantón de Cartagena. El 2 de enero, el general Pavía hizo su entrada en el Parlamento en un acto que, muy a menudo, suele interpretarse como el final de la República cuando la realidad es que tan sólo pretendió sustentarla sobre bases más sólidas que la acción de unos políticos incapaces de gobernar con sensatez.

Con el general Serrano al mando del ejecutivo, la República continuó la trayectoria dictatorial que ya se había iniciado con

Castelar. El 12 de enero se rindió, finalmente, el cantón de Cartagena pero resultaba más que obvia la inoperancia del régimen. El 26 de febrero, Serrano entregó el gobierno al general Zabala. Para entonces, la República ya había entrado en una clara agonía que aún se prolongaría meses pero que resultaba irreversible. El 29 de diciembre, el general Martínez Campos proclamó en Sagunto la Restauración de la monarquía en la persona de Alfonso XII, el hijo de Isabel II. No iba a encontrar oposición. La nación que, a duras penas podía recuperarse de la absurda y estéril aventura republicana, ansiaba tranquilidad.

## La masonería ayuda a la revolución (II): España, de la Restauración al atentado de 1906

La Restauración de la monarquía en la persona de Alfonso XII, hijo de la derrocada Isabel II, no mermó en absoluto el poder de los masones. Baste decir que el 7 de abril de 1876 fue proclamado Gran Maestro del Oriente de España Práxedes Mateo Sagasta, jefe del partido liberal, presidente del gobierno y uno de los dos pilares —junto con Cánovas— del régimen de la Restauración. Sagasta se empleó a fondo en el cumplimiento de sus responsabilidades en la logia estrechando lazos de manera muy especial con gran número de potencias masónicas del extranjero.[4] El 10 de mayo de 1881, Sagasta fue sustituido en su cargo de Gran Maestro por Antonio Romero Ortiz, ministro de Gracia y Justicia. A su muerte, le sucedería otro político importante, Manuel Becerra.

Durante estos primeros años de la Restauración, la influencia de la masonería no llegó a compararse con la existsente en Francia, pero fue, en cualquier caso, muy notable. De acuerdo con la estadística del Grande Oriente Nacional de 1882 en esta entidad se encontraban en activo 14 358 masones. De ellos, 130 eran senadores, diputados, títulos, generales y altos funcionarios del Estado; 1 033 eran magistrados, jueces, fiscales y abogados, y 1 094 oficiales superiores y militares de todas clases. Difícilmente puede negarse que, a pesar de su reducido número sobre la totalidad de la población de España, el peso de los masones era importante en terrenos como el poder legislativo y el judicial, y las fuerzas armadas. Lamentablemente, la fuente no nos permite saber su repercusión en otros terrenos como la enseñanza. Al respecto, no puede sorprender que ya en fecha tan temprana para el régimen como septiembre de 1877 se produjera una iniciativa de la masonería para llevar a cabo una reforma del Código penal en lo que a la prohibición de las sociedades secretas se refería.

Este avance notabilísimo de la masonería llama aún más la atención si se tiene en cuenta que España era un país católico —la misma Constitución de 1876 recalcaba ese aspecto— y que por esos años se habían multiplicado las condenas de la Santa Sede contra la masonería. De hecho, todo el material jurídico anterior destinado a condenar a la masonería y a las sociedades secretas[5] quedó unificado por el papa Pío IX en la constitución *Apostolicae Sedis* de 12 de octubre de 1869. En este texto se conminaba a la excomunión *latae sententiae* a todos los que pertenecieran a la masonería, la favorecieran «de no importa qué forma» o no la denunciaran. Cuesta mucho no creer que el texto en España fue, al menos a efectos estatales, poco más que letra muerta.

La situación no cambió durante el pontificado de León XIII (1878-1903). Por el contrario, durante el cuarto de siglo que se prolongó no menos de doscientos documentos papales condenaron la masonería y las sociedades secretas. De entre ellos, el más importante fue la encíclica *Humanum genus* de 20 de abril de 1884, donde se indica «el último y principal de sus intentos (de la masonería), a saber: el destruir hasta los fundamentos todo el orden religioso y civil establecido por el Cristianismo».

Más allá de las referencias en algunas publicaciones eclesiásticas —respondidas por otras masónicas—, toda esa avalancha de condenas papales no significó ni por asomo la proscripción de la masonería en España o, como mínimo, su vigilancia. Todo ello a pesar no sólo de su papel notable en la Revolución de 1868 o en la proclamación de la Primera República, sino también en la Restauración.

Con todo, a finales del siglo XIX, la masonería estaba también manteniendo notables relaciones con lo que hoy denominaríamos elementos antisistema, es decir, aquellos que abogaban directamente por el final de la monarquía parlamentaria y por su sustitución por otro sistema político. Ocasionalmente, se trataba de posiciones reformistas, pero no faltaron conexiones con colectivos que defendían explícitamente el uso del terrorismo. Quizá el episodio más claro —no el único— en el que varios masones se vieron implicados en un acto terrorista fue el intento de magnicidio de Alfonso XIII durante la celebración de su boda.

El 25 de mayo de 1906, Victoria Eugenia, la prometida del monarca, llegó a España siendo recibida en Irún por éste, que la acompañó hasta el apeadero de El Plantío. En un despliegue de romántica caballerosidad, Alfonso XIII fue cabalgando al lado del carruaje en que viajó su prometida hasta El Pardo, donde debía permanecer hasta la celebración de la boda. A esas alturas, la policía había informado ya al ministro de la Gobernación, conde de Romanones, de que se preparaba un atentado. Sin embargo, de momento, los únicos datos de que se disponían eran rumores y una frase —«Alfonso XIII morirá el día de su boda»— grabada a punta de navaja en un árbol del Retiro.

El 31 de mayo, tras oír misa y comulgar en el palacio de El Pardo, Alfonso y Victoria Eugenia se encaminaron hacia Madrid, donde debía celebrarse el enlace. Al mediodía, en la iglesia de San Jerónimo el Real, el cardenal arzobispo de Toledo pronunció las bendiciones sobre la pareja. A continuación, el cortejo, que fue saludado con verdadero entusiasmo por los madrileños, recorrió el paseo del Prado, tomó la calle de Alcalá, cruzó la Puerta del Sol y entró por la calle Mayor. Había concluido el inicio de la comitiva su recorrido por la calle de Bailén y entraba en la plaza de la Armería cuando la carroza en la que iban los reyes estaba a punto de alcanzar los últimos números de la calle Mayor. En esos momentos, sonó un estruendo que alguno de los presentes identificó al principio con una salva de saludo pero que, inmediatamente, al escucharse el tumulto que se produjo a continuación, se vio que era el estallido de una bomba.

Efectivamente, un terrorista había lanzado desde un balcón un artefacto explosivo, oculto en un ramo de flores, con la finalidad de matar a los reyes. De manera inmediata, Alfonso XIII se arrojó sobre el cuerpo de la reina, cubriéndola para evitar que la hiriera la bomba. Luego se asomó por la ventanilla e intentó tranquilizar a los presentes señalando que estaban ilesos. La muerte de uno de los caballos del tiro obligó a trasladar a los reyes a otra carroza. Se trataba de una medida obligada pero no exenta de peligro. De hecho, tan sólo unas décadas antes, el zar Alejandro II de Rusia, que también había sobrevivido a una primera bomba lanzada contra su carruaje, había perecido en el momento de descender de éste para interesarse por los heridos.

Mientras los soldados del Regimiento de Wad Ras se mantenían firmes consiguiendo detener lo que hubiera podido ser una estampida letal, Alfonso XIII ayudó a su esposa —que tenía los ojos vidriosos por la impresión y apenas conseguía controlar las lágrimas— a descender del vehículo. Su traje nupcial quedó entonces cubierto con la sangre de algunas de las víctimas.

La policía —que sería objeto de durísimas críticas— registró inmediatamente el cuarto desde el que se había arrojado la bomba. Fue así como se descubrió que el culpable del atentado terrorista había sido un anarquista llamado Mateo Morral. Era un discípulo del también masón y ácrata Francisco Ferrer, un personaje incensado como pedagogo por la propaganda posterior cuando lo cierto es que su Escuela Moderna de Barcelona era un centro de difusión de las doctrinas del anarquismo violento, entre ellas las que apuntaban a la necesidad de la utilización del terrorismo para alcanzar la sociedad ideal. Como ha sido habitual en estos grupos a lo largo de la Historia, son precisamente los pueblos a los que, presuntamente, pretenden redimir los que más sufren con sus actos redentores. Aquel día, las víctimas de la acción anarquista ascendieron a veintitrés muertos y un centenar de heridos.

Morral fue capturado por un guarda jurado de una finca situada en Torrejón de Ardoz. Logró empero zafarse de su captor y matarle de un tiro antes de suicidarse. El tercer implicado en la trama —otro masón y anarquista llamado Nakens, que había participado en el asesinato de Cánovas en 1897— puso al descubierto todo el plan en una carta enviada a la prensa. Se supo así que el cerebro de la operación no había sido otro que el masón Francisco Ferrer. Se produjo entonces un fenómeno que hemos visto ya en varios casos y es que, a pesar de la innegable culpabili-

Los orígenes de la masonería han sido objeto de encendida controversia desde el siglo XVIII. Thomas Paine la relacionó con los druidas.

Tampoco han faltado los que han visto en los masones a los sucesores de los templarios.

Algunos sostienen que la masonería procede de la secta de Pitágoras.

O de los misterios de Osiris e Isis.

Más segura es la existencia de la masonería en los primeros años del siglo XVIII y las razones de su expansión en la búsqueda de un conocimiento esotérico y mistérico (en la ilustración, la guillotina, creación del masón doctor Guillotine)...

...en el deseo de influir en la política, en el ansia de promoción social.

La suma de esas tres circunstancias explica que a lo largo del siglo XIX la masonería tuviera un papel muy relevante en procesos como la Revolución francesa (en la ilustración, el masón Mirabeau)...

...en la expansión del imperio napoleónico...

...en las revoluciones del siglo XIX (en la foto, el masón Felipe Igualdad)...

...y en el aniquilamiento del Imperio español en ultramar (en la ilustración, José San Martín), hasta el punto de que personajes como Benito Pérez Galdós la contemplaron simplemente como una entidad vinculada a la corrupción y a la conquista del poder.

Fuera del escenario político, fueron también masones aventureros como Casanova (en la ilustración), figuras del ocultismo como Cagliostro...

...creadores de sectas contemporáneas como Joseph Smith, fundador de los mormones...

...o Charles Taze Russell, el primer presidente de los Testigos de Jehová...

...e incluso maestros relevantes del satanismo moderno como Aleister Crowley.

Durante el siglo XX, la masonería tuvo un papel extraordinariamente relevante en la Revolución rusa de marzo de 1917 (en la fotografía, el masón Kerensky)...

...en el régimen del PRI en México (en el centro de la fotografía, Plutarco Calles) y en la proclamación de la Segunda República española.

Igualmente, durante la posguerra sirvió de protección a no pocos nazis alemanes y se vio envuelta en notables escándalos, como los de la policía metropolitana de Londres en 1977 o el de la Logia P-2, que provocó cambios legislativos en Italia (en la fotografía, Licio Gelli).

Sociedad filantrópica y discreta, para algunos, sociedad secreta y ocultista, para otros, no puede negarse que la masonería no ha dejado de ser objeto de controversia en sus tres siglos de existencia. En la ilustración vemos una reunión masónica contemporánea.

dad del acusado, la masonería acudió en defensa del hermano —en este caso Ferrer— que tenía que comparecer ante los tribunales.

La vista del proceso se celebró en junio de 1907. El republicano Gumersindo de Azcárate se había negado a defender a Ferrer por considerarlo manifiestamente culpable, pero aun así el anarquista contaba con el apoyo de la masonería y consiguió la absolución gracias a las presiones que ejercieron las logias en su favor. Fue ese mismo tipo de acción el que logró que Nakens, también «hijo de la viuda», fuera indultado al cabo de unos años.[6] No sería la primera vez que los masones respaldaban acciones terroristas y tampoco sería la última. De hecho, no mucho después, Lluís Companys, masón, republicano y catalanista, se haría un nombre precisamente defendiendo en los tribunales a pistoleros.

El resultado de aquel proceso iba a tener funestas consecuencias para el sistema parlamentario en España. Se creó una innegable sensación de impunidad de la masonería y, sobre todo, una corriente de simpatía, que hoy denominaríamos progresista, hacia los que pretendían implantar la utopía recurriendo a la daga, la pistola y la bomba. En aquel entonces no era fácil advertirlo —careció España, para que lanzara el grito de alarma, de un escritor de la perspicacia de Dostoievski en su novela *Los demonios*— pero la nación había vuelto a entrar en una dinámica en que las fuerzas autodenominadas de progreso tenían como objetivo fundamental el acabar con el sistema parlamentario. En esa espiral, como tendremos ocasión de ver, iba a tener un peso verdaderamente excepcional la masonería. Sin embargo, no iba a ser el único proceso de erosión de España en el que iba a participar.

## La masonería ayuda a la revolución (III): el Desastre de 1898

En un capítulo anterior, tuvimos ocasión de ver cómo la masonería representó un papel esencial en el proceso de emancipación de Hispanoamérica que concluyó con la práctica aniquilación del Imperio español. A finales del siglo XIX, de éste sólo restaban la isla de Cuba en América y el archipiélago de las Filipinas en Asia.

Ambos se perderían en 1898 y, de manera no sorprendente, fueron también «hijos de la viuda» los protagonistas de esta nueva derrota española.

José Martí, el padre de la independencia cubana, nació en La Habana el 28 de enero de 1853. Poseído por dos grandes pasiones, las letras y la causa independentista, a los dieciséis años fue encarcelado, publicando al año siguiente su primera obra, *El presidio político en Cuba*. La iniciación de Martí en la masonería fue muy temprana, pero no aconteció en la isla sino en España y, más en concreto, en la Logia Armonía n. 52 de Madrid, una ciudad en la que vivió desde febrero de 1871 a mayo de 1873. El hecho sería avalado por la viuda de Fermín Valdés Domínguez en una carta escrita en 1924 donde hacía referencia a unas prendas masónicas —collarín, mandil y fajín— que habían pertenecido a Martí.

Sin embargo, lo más importante no es el hecho, en sí significativo, de que Martí fuera masón, sino la manera en que esta circunstancia ayudó a la causa de los insurrectos. Martí era sabedor de que resultaba indispensable el apoyo de las clases populares a la causa independentista y con esa finalidad intentó atraerse a Antonio Maceo, héroe de la guerra contra España que había concluido en 1878. El 30 de julio de 1893, Martí llegó a Puerto Limón con esa finalidad y, de manera inmediata, se puso en contacto con diversas personalidades de la masonería que pudieran ayudarlo en su cometido. No fueron, desde luego, pocas e incluyeron a Bernardo Soto, Próspero Fernández, Genaro Rucavado, Ricardo Mora Fernández, Minor Keith, Tomás Soley Güell y el padre Francisco Calvo entre otros.

No menor fue la ayuda de la masonería establecida en Estados Unidos. La Logia Félix Varela n. 64 de Cayo Hueso estaba formada por independentistas cubanos y la denominada La Fraternidad n. 387 de Nueva York tenía como tesorero y secretario a Benjamín J. Guerra y Gonzalo de Quesada y Aróstegui del Partido Revolucionario Cubano fundado por Martí. Cuando se decida el levantamiento independentista de 1895, Martí designará a otro masón, Juan Gualberto Gómez, para iniciarlo, y serán también masones los firmantes del Manifiesto de Montecristi contra la presencia española en la isla. No se trataba, sin embargo, de cubanos únicamente. Los documentos del capitán Heinrich Lowe, que ayudó a José Martí y a Máximo Gómez a llegar hasta la isla a bordo de su vapor para encender la chispa insurreccional, indican que el acto respondía a una petición de ayuda masónica formulada por el cubano.

Martí cayó gravemente herido de tres tiros, en la mandíbula, el pecho y el muslo, el domingo 19 de mayo de 1895. Sin embargo, la causa de la independencia cubana iba a triunfar al recibir la ayuda decisiva de Estados Unidos en 1898. De manera nada sorprendente, la bandera cubana estaría diseñada siguiendo motivos masónicos.

El pabellón nacional cubano ondeó por primera vez el 19 de mayo de 1850 en la bahía de Cárdenas, donde desembarcó Narciso López al mando de una expedición —que fracasó— de seiscientos hombres. Fue precisamente López el que el año antes en el curso de una entrevista en casa del también masón Teurbe Tolón había propuesto el diseño de la bandera. Para el color rojo, sugirió el triángulo equilátero que expresa la grandeza del poder que asiste al Gran Arquitecto y cuyos lados simbolizan la consigna de «libertad, igualdad y fraternidad». Además, la estrella de cinco puntas indica la perfección del maestro masón (fuerza, belleza, sabiduría, virtud y caridad) y, finalmente, quedaban integrados los tres números simbólicos: el tres de las tres franjas azules, el cinco de la totalidad de las franjas y el siete, resultado de sumar a las franjas el triángulo y la estrella.

El caso de la revuelta cubana no fue, desde luego, excepcional. De hecho, seguía una tónica ya vivida unas décadas atrás en el continente americano. Algo similar sucedería también en Filipinas. Su héroe principal, José Rizal, fue ascendido maestro masón el 15 de noviembre de 1890 en la Logia Solidaridad n. 53 de Madrid, tomando el nombre masónico de Dimasalang. Actuó así influido por uno de sus profesores universitarios, Miguel Morayta, que también era masón.

Un año antes de la iniciación de Rizal había salido a la luz el primer número de *La Solidaridad*, un quincenario promovido por filipinos que vivían en España y que contaba con el respaldo de políticos masones o inspirados en la filosofía del filósofo masón Krause. Entre ellos se encontraban el mismo Morayta que había llevado a Rizal a entrar en la masonería, Manuel Becerra, Segismundo Moret, Francos Rodríguez y Pi i Margall. De todos ellos puede decirse que eran partidarios de la causa de la independencia de las islas Filipinas.

José Rizal formaba parte de una élite colonial y, nacido en 1861, había estudiado en Manila con los jesuitas, iniciando sus estudios de licenciatura en la universidad dominica de Santo Tomás. Persona de notable cultura y sensibilidad poética, había acudido a Madrid con la intención de cursar estudios de filosofía y medicina. En la capital de España fue iniciado en la masonería, como ya vimos, y también se empapó de las modas literarias de la época, comenzando la redacción de una novela que pretendía inspirarse en el patrón de Galdós y Clarín. El resultado fue *Noli me tangere* (No quieras tocarme), una obra donde se acusaba a las islas de padecer un cáncer social que no era otro que la dominación española ejercida a través de las órdenes religiosas católicas. Publicado en 1886 en Heidelberg, donde Rizal se especializaba en oftalmología, fue introducido de contrabando en Manila por un comerciante masón llamado José Ramos.

En 1887, Rizal se hallaba en Filipinas pero las críticas recibidas por su novela le impulsaron a abandonar el archipiélago, marchando a Japón y después a Londres. Cuatro años después se publicó una segunda novela, *El Filibusterismo*, y en 1892 Rizal, enfermo de tuberculosis, decidió regresar a las islas. Fundó allí la Liga Filipina, de carácter secesionista, lo que provocó su detención y deportación a Dapitan, en Mindanao. El 29 de agosto de 1896, en Balintawak, otro masón filipino, Bonifacio, lanzó el grito de insurrección independentista basándose en una amalgama de principios masónicos y textos de Rizal.

Los últimos tiempos de Rizal resultan oscuros. Está establecido que alegó buena conducta para lograr que lo pusieran en libertad y que, como muestra de buena voluntad, se ofreció a ir a Cuba como médico de campaña. Si era una mera táctica para salir de su reclusión o si ya había abandonado el independentismo, es difícil de saber. El gobernador general Blanco accedió a lo solicitado y a finales de noviembre de 1896 Rizal partió hacia Barcelona en el *Isla de Panay*. Sin embargo, la salida de Rizal coincidió con el alzamiento independentista en Manila, lo que fue interpretado como una señal de complicidad. Apenas llegado a Barcelona, Rizal fue detenido y enviado a Manila. Allí se le sometió a un proceso y en la madrugada del 30 de diciembre de 1896 fue fusilado. La figura de Rizal sería abiertamente manipulada después de su muerte. Los religiosos de la isla pregonaron que había abjurado de sus errores como masón y se había reconciliado con la Iglesia católica; por su lado, los norteamericanos lo utilizaron como un mártir en la guerra de 1898 contra España.

En 1912, los jesuitas solicitaron de la familia de Rizal permiso para enterrar a su antiguo alumno. Los parientes de Rizal rechazaron la propuesta y, por el contrario, concedieron los honores del funeral a los masones que, conducidos por Timoteo Páez, llevaron los restos en una procesión con toda la parafernalia de la logia hasta el templo masónico de Tondo. Fue precisamente en ese enclave donde se le rindieron honras fúnebres de carácter masónico antes de su inhumación final en la Luneta en el mes de diciembre del mismo año.

Sin duda, la pérdida de Cuba y Filipinas resultó traumáticas para España. A pesar de todo, el impacto de la masonería sobre la estabilidad nacional sería aún más notable en el interior del país. Sin embargo, antes de entrar a considerar ese tema, debemos detenernos en lo que sucedía en el resto del mundo durante las primeras décadas del siglo XX.

CAPÍTULO XVII

# De los Jóvenes Turcos a los fascismos

## La masonería triunfa en Turquía

A inicios del siglo XX resultaba obvio que la masonería podía ser una extraordinaria fuerza para cambiar el orden existente, si bien su capacidad para sustituirlo por otro mejor resultara, cuando menos, discutible. Aunque sus actividades habían sido extraordinarias en Europa y en América, sería erróneo pensar que se limitaron a esos continentes. De hecho, uno de sus primeros éxitos del nuevo siglo fue cosechado en Turquía.

La influencia de la masonería en Turquía se remontaba a los últimos años del siglo XIX y debe señalarse que no fue, ni mucho menos, escasa. En 1863, un turco de origen griego llamado Kleanti Skalyeri (o Cleanti Scalieris) fue iniciado en una logia que había establecido en Constantinopla el Gran Oriente francés. Fue en el seno de esta logia donde Skalyeri estableció contacto con Midhat Pashá, un alto funcionario del gobierno del sultán que era jefe del movimiento de los Jóvenes Turcos. Midhat Pashá fue durante un periodo breve en 1872 gran visir, el equivalente al primer ministro en los países occidentales, y aprovechó para iniciar en la masonería al príncipe Murad, sobrino del sultán Abd-Ul Aziz, de manera inmediata. Cuatro años después, Turquía fue testigo de un acontecimiento que contaba con paralelos en la historia de la masonería. Igual que en 1820, Riego había aprovechado la revuelta americana para pronunciarse en España, ahora, aprovechando una sublevación en Bulgaria, Midhat Pashá dio un golpe que derribó a Abd-Ul Aziz y proclamó como sultán al hermano Murad. No era la primera vez ni la última que una conjura protagonizada por masones llevaba a cabo un cambio en el ocupante del trono. Sin embargo, también como en otras ocasiones, los masones demostraron ser más hábiles para liquidar una situación política que para crear otra estable que la sustituyera. Murad V no pudo mantenerse en el poder más que unos meses y fue a su vez derrocado por Abd-Ul Hamid II, que gobernaría durante más de tres décadas.

El final del poder de Abd-Ul Hamid II vino de la mano de la masonería. En 1909, los Jóvenes Turcos lo depusieron y encarcelaron. El jefe del grupo era Talaat Bey, conocido más tarde como Mehmet Talaat Pashá, que no sólo era masón sino también el Gran Maestro del Gran Oriente turco. En 1917 se convirtió en gran visir, un cargo desde el que tendría una responsabilidad absoluta en las atrocidades que los turcos cometieron con los armenios. Mehmet Taalat Pashá, como había sucedido con los masones que intervinieron en el Terror de la Revolución francesa o en la Comuna parisina de 1870, no encontró, al parecer, ninguna contradicción entre los ideales supuestamente iluminados de la sociedad secreta y la comisión de unos excesos contra los armenios que han sido calificados repetidamente de genocidio.

En octubre de 1918, al producirse la derrota turca en la primera guerra mundial, Mehmet Taalat Pashá se vio obligado a dimitir de su cargo de gran visir. Sería asesinado tres años más tarde en Berlín por un estudiante armenio que ansiaba vengar los hechos de 1917. Sin embargo, el exilio y muerte del antiguo gran visir no significó el final de la influencia masónica en Turquía. De hecho, el nuevo hombre fuerte del país, Mustafá Kemal, que sería conocido más tarde como Kemal Atatürk, era un masón iniciado en una logia italiana de Macedonia.

Tras hacerse con el poder, Kemal abolió el sultanato y el califato, y llevó a cabo un intento de laicización y modernización de Turquía. En ese sentido, debería señalarse que, muy posiblemente, fue el intento más positivo e incruento llevado jamás adelante por un dirigente masón para cambiar una sociedad. Ciertamente no alcanzó todo el éxito esperado y, desde luego, desembocó en la implantación de una dictadura, algo bastante común en el caso de regímenes implantados por la masonería. Sin embargo, evitó, sin duda, que la nación se viera sumida en el atraso de otros países islámicos. Kemal falleció en 1938 tras haber sido un dictador durante casi dos décadas. De manera paradójica, había llegado al poder cuando en Rusia fracasaba un intento republicano impulsado y protagonizado de manera sobresaliente por políticos masones.

## La masonería en la Revolución rusa

Como tuvimos ocasión de ver en un capítulo anterior, la intervención de los masones rusos en actividades subversivas provocó su proscripción por Alejandro I, una proscripción refrendada con posterioridad. Esta circunstancia explica que la masonería no volviera a hacer acto de presencia en la historia rusa hasta 1887, teniendo como impulsor al sociólogo M. M. Kovalevsky. A pesar de todo, la primera logia, la Logia Cosmos n. 288, con la que se reinició la andadura masónica rusa, fue fundada en París, contaba entre sus miembros no sólo a rusos sino también a franceses y dependía del Gran Oriente francés.

Kovalevsky era muy consciente del papel que podía desempeñar la masonería en la enseñanza e impulsó precisamente la creación en París de una Escuela Rusa de Estudios Superiores cuya finalidad era educar a los emigrados rusos en Francia. No deja de ser significativo que se iniciaran en la masonería personajes que desempeñarían en muy poco tiempo un papel muy relevante no sólo en el terreno educativo sino también en la política. De hecho, entre los educados por estos profesores masones estuvieron G. V. Plejanov, padre del marxismo ruso, V. I. Lenin, I. I. Mechnikov, P. N. Milyukov e incluso el futuro ministro de Educación del gobierno bolchevique A. V. Lunacharsky, que también fue iniciado en la masonería.

En 1906 se abrieron las primeras logias en Rusia —previamente había algunas ya en Lituania y Polonia—, fundando en diciembre de ese año M. M. Kovalevsky la Logia Estrella Polar de

San Petersburgo con el apoyo de V. Maklakov, miembro del Partido Kadet (constitucional democrático). Un mes antes, el duque S. D. Urusov, diputado de la primera Duma estatal, organizó la Logia Resurrección en Moscú, bajo la dirección del Gran Oriente francés.

Desde ese momento hasta 1909, los masones rusos no plantearon ninguna objeción al hecho de estar sometidos a la jurisdicción francesa. La situación experimentó un cambio al año siguiente, aunque no dejó de existir una supervisión francesa que se manifestó, por ejemplo, en la insistencia en que los masones rusos debían ocupar puestos de relevancia en la administración del Estado, el ejército y la diplomacia. Las recomendaciones del Gran Oriente francés fueron seguidas celosamente por los hermanos rusos. De hecho, cuando se produjo el estallido de la primera guerra mundial en 1914, los «hijos de la viuda» ocupaban no pocos puestos en la Duma estatal, el comercio y la industria, la abogacía y las cátedras de las universidades de Moscú y San Petersburgo. Su peso era tan considerable que durante el verano de 1915, cuando la suerte de la nación estaba en juego al enfrentarse con Alemania y el Imperio austro-húngaro, los masones se dedicaron no tanto a defender los intereses nacionales como a formar lo que se denominó el Bloque Progresista, cuya finalidad nada oculta era derrocar la monarquía. En aquellos momentos, la presencia de los masones era nada pequeña en el seno de los mencheviques, los eseristas y el ala izquierda de los kadetes. Kropotkin, aristócrata y padre del anarquismo ruso, insistió precisamente en la necesidad de contar con el apoyo de la masonería para llevar adelante el proceso revolucionario. En ese sentido seguía una tradición propia del anarquismo cuyo fundador Bakunin era masón y que en países como España contaba con numeroso masones en sus filas, como ya indicamos al hablar del atentado terrorista de 1906 contra Alfonso XIII.

No resulta fácil reconstruir buena parte de la andadura de la masonería rusa durante esos años en la medida en que las órdenes se transmitían oralmente e incluso se prohibió llevar cuenta escrita de lo que se trataba en las logias. Sin embargo, no deja de ser revelador que en 1917, la figura visible máxima de la masonería rusa era N. V. Nekrasov, que más tarde se convertiría en ministro del gobierno provisional, y que los tres secretarios del consejo supremo de la masonería rusa fueran el citado personaje, Kerensky y Tereshenko. Como reconocería en 1955 Y. Kuskova en una carta dirigida al masón Volsky:[1] «Teníamos a nuestra gente en todas partes... cuando estalló la Revolución de febrero Rusia estaba cubierta por una espesa red de logias masónicas.» No exageraba y la prueba es el enorme papel que los «hijos de la viuda» representaron en los órganos surgidos de la Revolución de febrero-marzo de 1917, una Revolución, dicho sea de paso, que ya estaba más que planificada el año anterior y cuyas listas de cargos habían sido confeccionadas en la habitación que el duque masón Lvov ocupaba en un hotel de San Petersburgo. Por esa misma fecha, A. Jatisov, alcalde de Tiflis, diputado de la Duma estatal y masón grado 33, recibía la orden de influir en el Gran Duque Nicolás Romanov —masón y comandante en jefe del ejército ruso— para que derrocara al zar Nicolás II.

Al final, es sabido que en febrero de 1917 la Revolución estalló y con ella se produjo la caída del zar. El primer gobierno provisional estaba formado por nueve masones y sólo un ministro que no pertenecía a la logia, Milyukov, pero que había sido muy influido por los «hijos de la viuda». Kerensky, en especial, llevaba tiempo preparándose para ejercer su papel. Sin embargo, como ha sucedido en otras ocasiones a lo largo de la Historia, los masones, que resultaron tan afortunados a la hora de destruir, no demostraron la misma competencia en la tarea de edificar. Debe decirse en honor a la verdad que las presiones de los hermanos del Gran Oriente francés, empeñados en que continuaran la guerra contra Alemania y Austria-Hungría, tampoco les facilitaron las cosas. Al final, el gobierno iluminado —como tantos establecidos por los masones— fue inoperante y se vio rebasado por la astucia del bolchevique Lenin.

Durante los años siguientes, el nuevo régimen establecido por los bolcheviques aplastó despiadadamente a cualquier disidente, fuera real o supuesto, y superó en tan sólo unas semanas en ejecuciones a las que habían realizado los zares en dos siglos.[2] Sin embargo, de manera que obliga a reflexionar la situación de los masones no fue ni con mucho tan mala como la de otros colectivos. No sólo eso. Algunos consiguieron incluso colaborar en el nuevo gobierno bolchevique y en las organizaciones de comercio de la URSS, bien de manera temporal como Tereshenko o permanente como Nekrasov.

Aunque en 1922 una resolución de la Komintern definía la masonería como un movimiento pequeño-burgués, lo cierto es que nunca se produjo una persecución sistemática de los «hijos de la viuda» en la URSS,[3] quizá porque las logias ya habían desaparecido motu proprio para proseguir en el exilio —donde, dicho sea de paso, la ayuda del Gran Oriente francés brilló por su ausencia— o disolverse en el torbellino del nuevo régimen. No deja de ser ilustrativo que el Dr. Lovin, un masón y disidente soviético que pasó veinte años recluido en el Gulag entre los años 1929 y 1954, haya señalado que en ese tiempo nunca se encontró a otro preso masón y que nunca se le interrogó sobre sus actividades masónicas.[4] La masonería volvería a Rusia, pero sería ya en 1992, precisamente tras la desaparición del régimen soviético cuyo camino, seguramente de manera involuntaria, había abierto con sus prácticas conspiratorias.

## La masonería en la Revolución mexicana

En un capítulo anterior, ya analizamos el papel esencial de la masonería en el proceso de emancipación de España y de configuración del poder posterior. Aunque esa presencia fue considerable en todo el continente, al respecto, el caso de México iba a resultar verdaderamente paradigmático.[5] Masón fue el emperador de México Agustín de Iturbide y, desde luego, la situación no cambió al proclamarse la República. Durante el período de la primera república federal (1824-1835) fueron masones los presidentes Guadalupe Victoria (1823-1824 y 1824-1829), Guerrero Saldaña (1829), Bocanegra (1829), Alamán y Escalada (1829), Bustamante (1830-1832, 1837-1839 y 1839-1841), Múzquiz (1832), Gómez Pedraza (1832-1833), Gómez Farías (1833-1834, 1846-1847), Santa Anna (1833, 1834-1835, 1839, 1842, 1843, 1844,

1847, 1853-1855, en total, 2 134 días, 5 años, 10 meses y 9 días), es decir, la totalidad. Durante la denominada república centralista de México (1836-1846), los presidentes masones fueron Barragán (1835-1836), Corro (1836-1837), Bravo (1836, 1842-1843, 1846), Echeverría (1841), y Paredes y Arrillaga (1846). No lo fueron, sin embargo, Canalizo (1843-1844) y Herrera (1844, 1845, 1848-1851).

Benito Juárez —cuyo gobierno se convirtió en una innegable dictadura republicana— fue iniciado en la masonería en 1827, cuando era aún estudiante de leyes, y mantuvo la relación con la logia. También fue masón el dictador Porfirio Díaz, al que derribó una revolución encabezada por el masón Francisco Madero. Con esos antecedentes, la Revolución mexicana no significó, en absoluto, el final del poder de la masonería en la política. Una vez más el elenco de presidentes de los llamados gobiernos de la revolución (1910-1940) no puede ser más revelador. Fueron masones Álvaro Obregón (1920-1924), Plutarco Elías Calles (1924-1928), Abelardo Rodríguez (1932-1934) o Lázaro Cárdenas.

Naturalmente, esa abrumadora mayoría de los «hijos de la viuda» no careció de consecuencias. Con seguridad, el episodio más terrible derivado de la cosmovisión masónica fue el de la guerra cristera que a lo largo de tres años (1926-1929) ensangrentó México y se tradujo en el asesinato de millares de católicos, especialmente sacerdotes y religiosos, no pocos de los cuales han sido canonizados en los últimos años. Sin embargo, sus antecedentes se hallaban en la promulgación de la Constitución de 1917 —muy inspirada por políticos y principios masónicos—, que más que consagrar la separación de la Iglesia y del Estado, prácticamente, condenaba a la Iglesia católica y a otras confesiones a la muerte civil. De hecho, el art. 130, f. IV negaba la personalidad a las iglesias, así como los efectos civiles derivados de esa circunstancia. En paralelo, el Estado de la Revolución llevó a cabo un esfuerzo encaminado a arrojar a las iglesias de la enseñanza. Al fin y a la postre, en diciembre de 1926 comenzaron a producirse levantamientos de católicos de extracción muy humilde en contra de lo que consideraban, no sin razón, una verdadera persecución religiosa.

La guerra cristera resultó de extraordinaria dureza y transcurrió en paralelo a una cruentísima persecución del catolicismo que ha quedado reflejada en obras como *El poder y la gloria* de Graham Greene. Se enfrentaban frontalmente dos cosmovisiones y mientras que el gobierno era apoyado explícitamente por las logias —que se sentían totalmente identificadas con el carácter laicista del texto constitucional— a los rebeldes se sumaron partidas no católicas pero sí profundamente desengañadas por la realidad política posterior a la Revolución. Finalmente, el conflicto terminó con un acuerdo querido e impulsado por la propia jerarquía católica, incluido el papa. El 21 de junio de 1929, ambas partes firmaron los documentos siendo representadas por Portes Gil, presidente de México, y por Leopoldo Ruiz y Flores, en calidad de delegado apostólico y arzobispo de Morelia. La persecución más dura había concluido, aunque la Constitución se mantuvo vigente sin ninguna variación y el peso de la masonería continuó siendo espectacular en la administración. Hasta 1958, todos los presidentes —Manuel Ávila Camacho (1940-1946), Miguel Alemán (1946-1952) y Adolfo Ruiz Cortines (1952-1958)— serían masones, comenzando entonces un cambio que llevaría a reformas constitucionales ya a finales del siglo XX, un siglo precisamente concluido con Ernesto Zedillo (1994-2000), otro presidente masón.

La guerra cristera, apenas unos años posterior a la civil rusa, iba a tener un enorme peso en el pensamiento de los católicos de todo el mundo, ya que había puesto de manifiesto que la persecución era todavía posible, que la masonería podía formar parte esencial de la misma y que no era nada absurdo, por desgracia, plantearse que la única salida para sobrevivir fuera el recurso a las armas. Tan sólo un lustro después, para muchos, España iba a correr el riesgo de sufrir un proceso similar.

## La masonería y los fascismos

El periodo de entreguerras registró una agudización del discurso antimasónico, en parte, como consecuencia del papel nada pequeño que la masonería había tenido en el derrocamiento del zar y, en parte, como derivación del discurso antisemita que venía prendiendo desde finales del siglo anterior en sectores crecientes de la sociedad europea. Determinados acontecimientos políticos contribuyeron a subrayar aún más esta circunstancia. Por ejemplo, en Francia, en 1924 la victoria electoral fue obtenida por el *Cartel des Gauches*, una coalición de izquierdas que permitió al partido radical —el tradicional de la masonería— formar un gobierno bajo la presidencia de Edouard Herriot. Por supuesto, a nadie le sorprendió que varios de los miembros del gabinete fueran «hijos de la viuda».

La victoria electoral de las izquierdas en Francia fue casi paralela a la llegada al poder de Mussolini en Italia. Mussolini había articulado una forma de socialismo de carácter nacionalista al que denominó fascismo y que tenía una clara voluntad totalitaria. Sin embargo, la forma de Estado en Italia era una monarquía —parlamentaria hasta que Mussolini acabó transformándola en una dictadura— y el papel de la masonería en su configuración había sido extraordinario. Desde Garibaldi hasta Cavour, los dirigentes más importantes de la unificación italiana habían pertenecido a la masonería, y lo mismo podía decirse de los reyes de la dinastía reinante. Un movimiento como el fascista que pretendía entroncar con la grandeza pasada de Italia no podía, por lo tanto, lanzarse a un enfrentamiento con la masonería. Por otro lado, y a diferencia del nacionalsocialismo alemán, el fascismo italiano no era antisemita e incluso no pocos judíos militaban en sus filas. Por todo ello, no sorprende que Mussolini no desencadenara la proscripción de la masonería y se limitara a ordenar a los masones que militaban en el fascismo que abandonaran las logias, una directriz que, dicho sea de paso, no siempre fue cumplida.

Fue también en estos años cuando tuvo lugar uno de los escándalos políticos de la época, el denominado «affaire Stavisky». Serge Alexandre Stavisky era un aventurero que había logrado amasar una fortuna fabulosa de ochocientos millones de francos mediante el fraude. Durante años consiguió eludir la acción de la justicia, pero, al fin y a la postre, en enero de 1934 el asunto salió a la luz y fueron numerosas las voces que señalaron que Stavisky era masón y que los «hijos de la viuda» le habían ayudado a escapar de la acción de la justicia. Con un primer ministro radical, las acusaciones salpicaron al propio gobierno. Con seguridad, Stavisky hubiera podido aclarar lo que había sucedido y si, efectivamente, había recibido ayuda de otros masones. Sin embargo, antes de que se llevara a cabo su detención, Stavisky fue encontrado muerto, supuestamente fruto del suicidio. A esas alturas, el escándalo era enorme y resultaba difícil no sospechar de la masonería que, desde hacía más de un siglo, tenía un peso considerable en la policía y la judicatura francesa. Para resolver el asunto, el gobierno nombró a un miembro del Tribunal de Casación llamado Albert Prince a fin de que realizara las investigaciones pertinentes. Apenas unos días después de la designación de Prince, éste apareció decapitado en una vía de tren. En apariencia, se había caído y un convoy le había pasado por encima ocasionándole la muerte. Sin embargo, de manera razonable, no faltaron los que adujeron que Prince se había suicidado impulsado por las presiones o que incluso había sido asesinado, colocándose su cadáver después en el lugar donde lo habían encontrado.

Acontecimientos como éste no contribuyeron, desde luego, a lavar la imagen de la masonería y explican, siquiera en parte, la aparición de obras que señalaban a los «hijos de la viuda» como culpables de las desgracias nacionales. Con todo, en ellas parece mucho más acentuado el elemento antisemita que el antimasónico. En Alemania, por ejemplo, el general Erich von Ludendorff publicó en 1927 *La destrucción de la masonería mediante el desvelamiento de sus secretos*. Tanto Ludendorff como el Dr. Custos —que en 1931 publicó un panfleto titulado *El masón, el vampiro del mundo*— sostenían que la masonería era un peligro pero, en la línea de *Los Protocolos de los sabios de Sión*, que el verdadero enemigo eran los judíos que controlaban las logias. De hecho, el mismo partido nacionalsocialista alemán publicó un texto titulado *Masonería, el camino hacia la dominación mundial judía*, donde consagraba programáticamente el mismo punto de vista. Es precisamente esta peculiaridad la que explica la actitud que Hitler tuvo al llegar al poder. Por un lado, era obvio que el nacionalsocialismo no podía coexistir con ninguna sociedad secreta —o incluso esotérica—; por otro, su obsesión real eran los judíos. En ese sentido, no sorprende que personas que habían sido iniciadas en la masonería se afiliaran al partido nacionalsocialista sin problemas —algo impensable en el caso de un judío— y —lo que resulta más inquietante— que durante la posguerra no pocos nazis pudieran contar con el apoyo de la masonería para escapar de la acción de la justicia. Uno de estos casos fue el de Walter Hörstmann de la Logia Selene de Luneberg. En 1933, Hörstmann escribió a sus hermanos alabando el nacionalsocialismo e indicándoles que abandonaba la masonería. Hörstmann sobrevivió a la guerra y se convirtió en director de transportes de la ciudad de Celle. Regresó entonces a la masonería y alcanzó el grado de senador en las Grandes Logias Unidas, la nueva autoridad suprema de la sociedad secreta en Alemania. No tuvo ningún problema en llegar a esa posición y, de hecho, se mantuvo en ella hasta que un grupo de «hijos de la viuda» desencadenó contra él una campaña que le obligó a dimitir.

El caso de Hörstmann no fue ni el único ni el más grave. Por ejemplo, en 1967 se convirtió en Gran Maestro de las Grandes Logias Unidas nada menos que el Dr. Heinz Rüggeberg, un nazi entusiasta que había ejercido como juez en la Polonia ocupada. En la posguerra, Rüggeberg se unió a una logia de Lörrach-Schopfheim. La población era la ciudad natal de Hermann Strübe, el poeta laureado del nazismo, y cuando llegó el ochenta aniversario del escritor, Rüggeberg organizó un festival en su honor sin ningún pudor.

En 1974, otro nazi llamado George C. Frommholz se convirtió en Gran Maestro de las Grandes Logias Unidas de Alemania. En 1933 Frommholz había ingresado en el partido nazi y abandonado su logia y un año después entraba en las SS. En 1949 estaba nuevamente integrado en la masonería, pero la logia a la que pertenecía contaba entre sus miembros a algunos soldados del ejército americano de ocupación que consiguieron que le expulsaran. Fue por poco tiempo. En 1962, el comandante Harvey Brown, de paso por Berlín, supo que Frommholz era maestre venerable de una logia denominada Zum Totenkopf und Phönix (Calavera y Fénix). Brown protestó lógicamente, pero el resultado fue que en 1974 las Grandes Logias Unidas de Alemania solicitaron la expulsión de Brown de una logia berlinesa en cuya fundación había colaborado.

Al fin y a la postre, si bien es cierto que algunos masones fueron a parar a los campos nazis, no es menos cierto que se trató de un número menor —seguramente porque inquietaba menos al régimen hitleriano en todos los sentidos— que el de los comunistas, socialistas, demócratas, cristianos y, por supuesto, judíos. Para el III Reich, la masonería no era tanto una amenaza política como una secta ocultista rival, al estilo de la Teosofía o el espiritismo, a la que había que controlar e impedir desarrollar sus actividades, pero, al parecer, poco más. Como en tantos casos, los masones alemanes intentaron en ocasiones crearse un pasado glorioso a costa del nazismo aunque la realidad, como hemos visto, obliga a realizar importantes matizaciones. En realidad, la masonería encontraría su enemigo más resuelto en la primera mitad del siglo en otra nación, una nación donde, precisamente, había obtenido importantes éxitos políticos y económicos. Nos referimos a España.

SEXTA PARTE

# La masonería en la gran crisis española del siglo XX

CAPÍTULO XVIII

# La masonería y la Segunda República española (I): la proclamación

## El final de un sistema

Las tres primeras décadas del siglo XX significaron para España, por un lado, una suma de intentos para modernizar el sistema parlamentario y, por otro, la conjunción de una serie de esfuerzos encaminados a aniquilarlo y sustituirlo por diversas utopías. En ese enfrentamiento, la masonería estuvo situada entre las fuerzas antisistema, lo mismo en las filas del anarquismo (Ferrer Guardia) que del socialismo del PSOE (Vidarte, Llopis, etc.), lo mismo en las de los republicanos (Lerroux y Martínez Barrios) que en las de los catalanistas (Companys). Tanto durante la Semana Trágica de 1909 como en el curso de la frustrada Revolución de 1917, los masones representaron un papel antisistema que perseguía la desaparición de la monarquía parlamentaria. En paralelo, la infiltración de la masonería en el ejército —incluso durante la Dictadura de Primo de Rivera— fue verdaderamente extraordinaria. Botón de muestra de ello es que aunque Primo de Rivera prohibió la celebración de un congreso masónico en Madrid, el general Barrera lo autorizó en Barcelona.

A finales de los años veinte, el número de políticos e intelectuales que ingresaron —o regresó— en la masonería fue considerable. En la enseñanza destacaron, entre otros, Fernando de los Ríos, Demófilo de Buen, Antonio Tuñón de Lara, Rodolfo Llopis, futuro secretrario general del PSOE, o Ramón y Enrique González Sicilia; en el periodismo, Joaquín Aznar, Ramón Gómez de la Serna, Antonio de Lezama, Luis Araquistáin o Mariano Benlliure; y en la política, Vicente Marco, Eduardo Barriobero, Álvaro de Albornoz, Marcelino Domingo, Daniel Anguiano, Alejandro Lerroux, Eduardo Ortega y Gasset, Fermín Galán o el general López Ochoa. Cuando concluía la tercera década del siglo, los masones se hallaban en una situación envidiable para liquidar la monarquía parlamentaria y acceder al poder. Como en otras ocasiones a lo largo de la Historia, demostrarían mayor habilidad para aniquilar que para construir.

## De las logias flotantes a la proclamación de la Segunda República

La adscripción de la masonería a las fuerzas antisistema que, al fin y a la postre, lograron la destrucción de la monarquía parlamentaria no fue meramente ideológica. Ya nos hemos referido en un capítulo anterior a las vinculaciones con el terrorismo anarquista. Debemos ahora señalar, siquiera someramente, su relación con las conspiraciones, y para ello resulta obligado hacer referencia a Ángel Rizo y a las logias flotantes.[1]

Ángel Rizo nació en Madrid el 6 de junio de 1885. En 1906 era alférez de navío y en 1922 se inició en la Logia Aurora de Cartagena con el nombre de Bondareff que, posteriormente, cambiaría por el de Anatole France. Cuatro años después, Rizo conocería a Benjamín Balboa, telegrafista de la Armada y masón, que tendría un papel importantísimo en el aplastamiento de la rebelión de julio de 1936 en la marina.

Capitán de corbeta, politiquero, solterón algo licencioso, indulgente con los subordinados y rebelde con el superior son algunos de los calificativos que merecía Rizo y que figuran en documentos de la época. En cualquier caso, Rizo lo que deseaba era favorecer el estallido de una revolución que acabara con la monarquía parlamentaria y para ello era consciente de que el establecimiento de logias en la marina tendría una importancia especial.

La idea de trepanar las fuerzas armadas con logias masónicas no era nueva en España y, de hecho, constituyó la causa de no pocos de los enfrentamientos civiles a lo largo del siglo XIX. Sin embargo, ahora Rizo aspiraba a emular las organizaciones conspirativas que en la marina rusa habían conducido al derrocamiento del zar y también a las francesas, que no habían conseguido un éxito similar pero que, con seguridad, eran incluso más conocidas en Occidente. El brazo derecho de Rizo era el capitán maquinista Sarabia, primo del comandante Sarabia que, junto a Zamarro y Merino, organizó el golpe de Estado —fallido— de septiembre de 1929.

Precisamente del 8 al 11 de noviembre de 1929, en el curso de la VIII Asamblea Simbólica, y a petición de Rizo, se analizó la creación de logias flotantes que favorecieran el control de la marina, y en junio de 1930 Diego Martínez Barrio —personaje que representaría un papel extraordinario durante la Segunda República— le autorizó a hacer «prosélitos exclusivamente entre el personal subalterno de la Armada». Poco después de recibir esta autorización de la masonería, Rizo fue trasladado de Cartagena a Vigo, donde creó la Logia Vicus 8, así como otras en Pontevedra, Marín y Ferrol.

Sin embargo, no fue el único aporte de Rizo a la conspiración. De hecho, fue él precisamente el que ideó el Pacto de San Sebastián que permitió la unión de las fuerzas republicanas —algunas de ellas de muy reciente adscripción al proyecto— y que fue el núcleo del gobierno provisional de la Segunda República. Durante décadas ha sido causa de discusión el motivo de las concesiones que el PSOE y los republicanos hicieron a los nacionalistas catalanes cuya fuerza, a la sazón, era escasa. Quizá nunca lleguemos al fondo de esa cuestión, pero mueve a reflexión el pensar en el enorme peso que la masonería tenía en fuerzas como la Esquerra Republicana de Catalunya. Que, al fin y a la postre, el peso, absolutamente desproporcionado, que los nacionalistas catalanes iban a tener en el nuevo régimen republicano tuviera alguna relación con la masonería resulta, cuando menos, lógico.

El Pacto de San Sebastián significó la configuración de un comité conspiratorio oficial destinado a acabar con la monarquía parlamentaria y sustituirla por una república. De la importancia de este paso puede juzgarse por el hecho de que los que participaron en la reunión del 17 de agosto de 1930 —Lerroux, Azaña, Domingo, Alcalá Zamora, Miguel Maura, Carrasco Formiguera,

Mallol, Ayguades, Casares Quiroga, Indalecio Prieto, Fernando de los Ríos...— se convertirían unos meses después en el primer gobierno provisional de la República.

La conspiración republicana comenzaría a actuar desde Madrid a partir del mes siguiente en torno a un comité revolucionario presidido por Alcalá Zamora; un conjunto de militares golpistas y prorepublicanos afiliados en algunos casos a la masonería (López Ochoa, Fermín Galán...) y un grupo de estudiantes de la FUE capitaneados por Graco Marsá. En términos generales, por lo tanto, el movimiento republicano quedaba reducido a minorías ya que incluso la suma de afiliados de los sindicatos UGT y CNT apenas alcanzaba al veinte por ciento de los trabajadores y el PCE, nacido unos años atrás de una escisión del PSOE, era minúsculo.

En diciembre de 1930, Rizo era elevado al grado 32 a la vez que se le encomendaba la misión de impedir cualquier reacción contraria a una posible proclamación de la República en los próximos meses. No puede negarse que las logias flotantes cumplieron con su cometido a la perfección. De hecho, el 14 de abril —el día de la proclamación del nuevo régimen— los hombres de la Escuadra de Ferrol —3 500— se hallaban en Cartagena y se manifestaron por las calles a favor de la República. Desde ese momento, el control que la masonería tendría sobre la oficialidad de la Armada —o penetrándola o fiscalizándola— iba a ser extraordinario.

Ángel Rizo se convertiría después en diputado de Izquierda Republicana y director general de la Marina Mercante. A él se debería que, más adelante, Martínez Barrio, hermano masón, permitiera el reingreso en la marina de los maestres y cabos expulsados pero afectos. No menos importante resultaría su papel en la Armada en los años posteriores.

Sin embargo, en aquel mes de diciembre de 1930, Rizo era sólo una pieza de la conspiración republicana. En un triste precedente de acontecimientos futuros, el comité republicano fijó la fecha del 15 de diciembre de 1930 para dar un golpe militar que derribara la monarquía e implantara la Republica. Resulta difícil creer que el golpe hubiera podido triunfar. Sin embargo, el hecho de que los oficiales Fermín Galán y Ángel García Hernández decidieran adelantarlo al 12 de diciembre sublevando a la guarnición militar de Jaca tuvo como consecuencia inmediata que pudiera ser abortado por las autoridades. Juzgados en consejo de guerra y condenados a muerte, el gobierno acordó no solicitar el indulto y el día 14 Galán y García Hernández fueron fusilados. El intento de sublevación militar republicana llevado a cabo el día 15 de diciembre en Cuatro Vientos por Queipo de Llano y Ramón Franco (también masón) no cambió en absoluto la situación. Por su parte, los miembros del comité conspiratorio huyeron (Indalecio Prieto), fueron detenidos (Largo Caballero) o se escondieron (Lerroux, Azaña). En aquellos momentos, el sistema parlamentario podría haber desarticulado con relativa facilidad el movimiento revolucionario mediante el sencillo expediente de exponer ante la opinión pública su verdadera naturaleza a la vez que procedía a juzgar a una serie de personajes que habían intentado derrocar el orden constitucional mediante la violencia armada de un golpe de Estado. No lo hizo, como tampoco lo había hecho en 1917. Por el contrario, la clase política de la monarquía constitucional quiso optar precisamente por el diálogo con los que deseaban su fin. Buen ejemplo de ello es que cuando Sánchez Guerra recibió del rey Alfonso XIII la oferta de constituir gobierno, lo primero que hizo el político fue personarse en la cárcel Modelo para ofrecer a los miembros del comité revolucionario encarcelados sendas carteras ministeriales. Con todo, como confesaría en sus *Memorias* Azaña, en aquellos momentos la República parecía una posibilidad ignota. El que se convirtiera en realidad se iba a deber no a la voluntad popular sino a una curiosa mezcla de miedo y de falta de información. La ocasión sería la celebración de unas elecciones municipales.

A pesar de lo afirmado tantas veces por la propaganda republicana, las elecciones municipales de abril de 1931 ni fueron un plebiscito ni existía ningún tipo de razones para interpretarlas de esa manera. Su convocatoria no tuvo carácter de referéndum ni —mucho menos— de elecciones a Cortes Constituyentes. No sólo eso. Tampoco fueron un triunfo electoral republicano. De hecho, la primera fase de las elecciones municipales celebrada el 5 de abril se cerró con los resultados de 14 018 concejales monárquicos y 1 832 republicanos, pasando a control republicano únicamente un pueblo de Granada y otro de Valencia. Con esos resultados, ninguna de las fuerzas antisistema hizo referencia a un plebiscito popular. Cuando el 12 de abril de 1931 se celebró la segunda fase de las elecciones, volvió a repetirse la victoria monárquica. Frente a 5 775 concejales republicanos, los monárquicos obtuvieron 22 150, es decir, el voto monárquico prácticamente fue el cuádruplo del republicano. A pesar de todo, los políticos monárquicos, los miembros del gobierno (salvo dos), los consejeros de palacio y los dos mandos militares decisivos —Berenguer y Sanjurjo— consideraron que el resultado sí era plebiscitario y que además implicaba un apoyo extraordinario para la República y un desastre para la monarquía. El hecho de que la victoria republicana hubiera sido urbana —como en Madrid, donde el concejal del PSOE Saborit hizo votar por su partido a millares de difuntos— pudo contribuir a esa sensación de derrota, pero no influyó menos en el resultado final la creencia (que no se correspondía con la realidad) de que los republicanos podían dominar la calle.

Durante la noche del 12 al 13, el general Sanjurjo, a la sazón al mando de la Guardia Civil, dejó de manifiesto por telégrafo que no contendría un levantamiento contra la monarquía, un dato que los dirigentes republicanos supieron inmediatamente gracias a los empleados de Correos adictos a su causa. Ese conocimiento de la debilidad de las instituciones constitucionales explica sobradamente que cuando Romanones y Gabriel Maura —con el expreso consentimiento del rey— ofrecieron al comité revolucionario unas elecciones a Cortes Constituyentes, éste, que había captado el desfondamiento monárquico, no sólo rechazara la propuesta sino que exigiera la marcha del rey antes de la puesta del sol del 14 de abril. La depresión sufrida por el monarca que no había logrado superar la muerte de su madre, las algaradas organizadas por los republicanos en la calle, el espectro de la Revolución rusa que había incluido el asesinato de toda la familia del zar por orden de Lenin y el deseo de evitar una confrontación civil acabaron determinando el abandono de Alfonso XIII, el final de la monarquía parlamentaria y la proclamación, sin respaldo legal o democrático, de la Segunda República.

El advenimiento de la Segunda República estuvo rodeada de un considerable entusiasmo de una parte de la población y, sin embargo, es más que dudoso que semejante alegría pudiera asentarse en bases que fueran más allá del iluso subjetivismo. Por un lado, las fuerzas antisistema ahora en el poder habían sido derrotadas en las elecciones de abril de 1931 de manera clamorosa; por otro, distaban mucho de compartir unos mínimos objetivos comunes que aseguraran la estabilidad del nuevo sistema político. Examinadas objetivamente, las fuerzas que habían vencido —no electoralmente pero sí en la calle— eran un pequeño y fragmentado número de republicanos con visiones disonantes; dos grandes fuerzas obreristas —socialistas y anarquistas— que contemplaban la República como una fase hacia la utopía que debía ser surcada a la mayor velocidad; los nacionalistas —especialmente catalanes— que ansiaban descuartizar la unidad de la nación y que se apresuraron a proclamar el mismo 14 de abril la República catalana y el Estat Català; y una serie de pequeños grupos radicales de izquierdas que acabarían teniendo un protagonismo notable, como era el caso del partido comunista. En su práctica totalidad, su punto de vista era utópico —aunque sus utopías resultaran incompatibles—; en su práctica totalidad, carecían de preparación política y, sobre todo, económica para enfrentarse con los retos que tenía ante sí la nación y, en su práctica totalidad también, adolecían de un virulento sectarismo político y social que no sólo excluía de la vida pública a considerables sectores de la población española sino que también plantearía irreconciliables diferencias entre ellos. Por si fuera poco, el éxito de su conspiración parecía legitimar de arriba abajo lo que había sido un comportamiento profundamente antidemocrático desarrollado durante décadas.

## La masonería asalta el aparato del Estado republicano

El papel de la masonería en la marina no fue, en realidad, más que una muestra de la fuerza que la sociedad secreta disfrutaba en la España de inicios de los años treinta, una fuerza que aumentaría espectacularmente durante los meses posteriores a la proclamación del nuevo régimen. De hecho, ésta vino seguida por una extraordinaria actividad política que partía directamente del seno de las logias masónicas. Así, de manera bien significativa, en la Asamblea nacional de la Gran Logia Española de 20 de abril de 1931 —apenas había transcurrido una semana desde el nacimiento de la República— resultó aprobada la «Declaración de Principios adoptados en la Gran Asamblea de la Gran Logia Española». Entre ellos se establecía de forma bien reveladora la «Escuela única, neutra y obligatoria», la «expulsión de las órdenes religiosas extranjeras» (una referencia bastante obvia a los jesuitas) y el sometimiento de las nacionales a la Ley de Asociaciones. En otras palabras, la masonería estaba decidida a iniciar un combate que eliminara la presencia de la Iglesia católica en el terreno de la enseñanza, que sometiera la educación a la cosmovisión de la masonería y que implicara un control sobre las órdenes religiosas sin excluir la expulsión de la Compañía de Jesús.

Con semejante planteamiento, no resulta sorprendente que los «hijos de la viuda» —que hasta ese momento habían participado de manera muy activa en las distintas conjuras encaminadas a derribar la monarquía parlamentaria— ahora se entregaran febrilmente a la tarea de copar puestos en el nuevo régimen, una forma de actuar que, como ya vimos, contaba con abundantes precedentes en la historia de España y de otras naciones. Como expondría el masón José Marchesi, *Justicia*, a los miembros de la Logia Concordia en el mes de abril de 1931, «es preciso que la orden masónica se aliste para actuar de forma que esa influencia que en la vida pública nos atribuyen... sea realmente un hecho, un hecho real y tangible». Según Marchesi, la masonería debía «escalar las cumbres del poder público y llevar desde allí a las leyes del país la libertad de conciencia y de pensamiento, la enseñanza laica y el espíritu de tolerancia como reglas de vida». En otras palabras, so capa de tolerancia, la masonería debía controlar el nuevo régimen para modelarlo de acuerdo no con principios de pluralidad sino con los suyos propios.

Desde luego, no se puede decir que el éxito no acompañara a esos planes porque el influjo de la masonería se extendió por todos los poderes estatales, incluido el ejecutivo. Al respecto, los datos son irrefutables. La segunda gran jerarquía de la masonería española, Diego Martínez Barrio, y otros masones ocuparon diversas carteras en el gobierno provisional. Con la excepción de Alejandro Lerroux, que pertenecía entonces a la Gran Logia Española, el resto estaban afiliados al Grande Oriente. Así, Casares Quiroga, Marcelino Domingo, Álvaro de Albornoz y Fernando de los Ríos, ministro de Justicia, pertenecían a la masonería. En el segundo gobierno provisional, del 14 de octubre al 16 de diciembre de 1931, entró además José Giral. Se trataba de seis ministros en total, aunque algunas fuentes masónicas elevan la cifra hasta siete. A esto se sumaron no menos de 15 directores generales, 5 subsecretarios, 5 embajadores y 21 generales. Para un movimiento que apenas contaba con unos miles de miembros en toda España se trataba indiscutiblemente de un éxito extraordinario.

A pesar de lo anteriormente señalado, donde se puede contemplar con más claridad el éxito de la masonería es en el terreno electoral. De hecho, impresiona la manera en que las distintas logias lograron colocar a sus miembros en las listas electorales. Los ejemplos, al respecto, resultan, una vez más, harto reveladores. En la zona de jurisdicción del Mediodía, de 108 candidatos elegidos, 53 eran masones; en la zona regional madrileña, la Centro, los candidatos masones elegidos fueron 23 de 35; en la zona de la Gran Regional de Levante, de los 37 candidatos elegidos, 25 fueron masones; en la zona regional nordeste, de los 49 candidatos, 14 fueron masones; en Canarias, finalmente, de 11 candidatos elegidos, 4 fueron masones. Las cifras completas de masones diputados varían según los autores, pero en cualquier caso son muy elevadas aun sin contar la escasa extensión demográfica del movimiento. De los 470 diputados, según Ferrer Benemeli, 183 tenían conexión con la masonería. Sin embargo, las logias Villacampa, Floridablanca y Resurrección de La Línea afirmaban en octubre de 1931 que en las Cortes había 160 diputados masones, razón por la cual contaban con la fuerza suficiente para lograr la disolución de las órdenes religiosas. Finalmente, María Dolores Gómez Molleda ha proporcionado una lista de 151 diputados masones que debería considerarse un mínimo. En cualquiera de los casos hay que convenir que se trata de una proporción extraordinaria de las Cortes y que demuestra una capacidad organizativa asombrosa. De hecho, el poder de la masonería llegó hasta el extremo de imponer como candidatos en provincias a un número de madrileños —una de las provincias donde había más afiliados era Madrid— realmente muy elevada. Los criterios de funcionalidad de las logias lograron —al parecer sin mucha dificultad— vencer totalmente los localismos.

El peso de la masonería ni siquiera se vio frenado por una barrera generalmente tan rígida como las diferencias entre partidos. Estuvo presente en la totalidad de las fuerzas republicanas y con una pujanza enorme. De los dos diputados liberal-demócratas, uno era masón; de los 12 federales, 7; de los 30 de la Esquerra, 11; de los 30 de Acción Republicana, 16; de los 52 radical-socialistas, 30; de los 90 radicales, 43, e incluso de los 114 del PSOE, 35. A éstos habría que añadir otros 8 diputados masones pertenecientes a otros grupos. En otras palabras, la masonería extendía su influencia sobre partidos de izquierdas y de derechas, jacobinos y nacionalistas, incluso sobre los marxistas revolucionarios, como el PSOE, cuyos diputados, por lo visto, no tenían ningún problema en conciliar el materialismo dialéctico con la creencia en el Gran Arquitecto. Con esas Cortes —y esos ministros— iba a abordarse la tarea de redacción de la nueva Constitución republicana, base del régimen nacido de una cadena continua de conspiraciones que, finalmente, habían triunfado el 14 de abril de 1931.

## La masonería modela la Constitución de la Segunda República

Desde luego, hay que reconocer que la influencia de los «hijos de la viuda» se hizo sentir sobremanera ya en las primeras semanas del nuevo régimen. No deja de ser bien revelador que en el curso de la Gran Asamblea celebrada en Madrid durante los días 23, 24 y 25 de mayo de 1931 la Gran Logia Española acordara enviar una carta a Marcelino Domingo en la que se comentaba con satisfacción cómo «algunos de los puntos acordados en dicha Gran Asamblea han sido ya recogidos en el Proyecto de Constitución pendiente de aprobación», añadiendo: «celebraríamos que usted se interesase para que fuesen incorporados a las nuevas leyes que ha de dictar el primer Parlamento de la República los demás extremos de nuestra declaración que aún no han sido aceptados». Difícilmente se hubiera podido ser más transparente con un hermano ciertamente bien ubicado en el nuevo reparto de poder.

Durante los meses siguientes —y de nuevo resulta un tanto chocante desde nuestra perspectiva actual—, el tema religioso se convirtió en la cuestión estrella del nuevo régimen por encima de problemáticas como la propia reforma agraria. La razón no era otra que lo que se contemplaba, desde la perspectiva de la masonería, como una lucha por las almas y los corazones de los españoles. No se trataba únicamente de separar la Iglesia y el Estado como en otras naciones sino, siguiendo el modelo jacobino francés, de triturar la influencia católica sustituyéndola por otra laicista. Justo es reconocer, sin embargo, que la masonería no se hallaba sola en ese empeño, aunque sí fuera su principal impulsora. Para buena parte de los republicanos de clases medias —un sector social enormemente frustrado y resentido por su mínimo papel en la monarquía parlamentaria fenecida—, la Iglesia católica era un adversario al que había que castigar por su papel en el sostenimiento del régimen derrocado. Por su parte, para los movimientos obreristas —comunistas, socialistas y anarquistas— se trataba por añadidura de un rival social que debía ser no sólo orillado sino vencido sin concesión alguna. Es verdad que frente a esas corrientes claramente mayoritarias en el campo republicano hubo posiciones más templadas, como las de los miembros de la Institución Libre de Enseñanza o la de la Agrupación al Servicio de la República, pero, en términos generales, no pasaron de ser la excepción que confirmaba una regla generalizada.

A pesar de todo lo anterior, inicialmente la comisión destinada a redactar un proyecto de Constitución para que fuera debatido por las Cortes Constituyentes se inclinó por un enfoque del tema religioso que recuerda considerablemente al consagrado en la actual Constitución española de 1978. En él se recogía la separación de Iglesia y Estado, y la libertad de cultos, pero, a la vez, se reconocía a la Iglesia católica un status especial como entidad de derecho público, reconociendo así una realidad histórica y social innegable. La Agrupación al Servicio de la República —y especialmente Ortega y Gasset— defendería esa postura por considerarla la más apropiada y por unos días algún observador ingenuo hubiera podido pensar que sería la definitiva. Si no sucedió así se debió de manera innegable a la influencia masónica.

De hecho, durante los primeros meses de existencia del nuevo régimen la propaganda de las logias tuvo un tinte marcadamente anticlerical y planteó como supuestos políticos irrenunciables la eliminación de la enseñanza confesional en la escuela pública, la desaparición de la escuela confesional católica y la negación a la Iglesia católica incluso de los derechos y libertades propios de una institución privada. Desde luego, con ese contexto especialmente agresivo, no deja de ser significativo que se nombrara director general de primera enseñanza al conocido masón Rodolfo Llopis —que con el tiempo llegaría a secretario general del PSOE—, cuyos decretos y circulares de mayo de 1931 ya buscaron implantar un sistema laicista y colocar a la Iglesia católica contra las cuerdas. Se trataba de unos éxitos iniciales nada desdeñables, y en el curso de los meses siguientes la masonería lograría dos nuevos triunfos con ocasión del artículo 26 de la Constitución y de la Ley de Confesiones y Congregaciones Religiosas complementaria de aquél. En su consecución resultó esencial el apoyo de los diputados y ministros masones, un apoyo que no fue fruto de la espontaneidad sino de un plan claramente pergeñado.

Ha sido el propio Vidarte —masón y socialista— el que ha recordado cómo «antes de empezar la discusión los diputados masones recibimos, a manera de recordatorio, una carta del Gran Oriente (sic) en la que marcaba las aspiraciones de la Masonería española y nos pedía el más cuidadoso estudio de la Constitución». Desde luego, las directrices masónicas no se limitaron a cartas o comunicados de carácter oficial. De hecho, se celebraron una serie de reuniones entre diputados masones, sin hacer distinciones de carácter partidista, durante el mes de agosto de 1931, para fijar criterios unitarios de acción política. Una de ellas, la del 29 de agosto, tuvo lugar dos días después de presentarse a las Cortes el proyecto de Constitución y fue convocada por el político de izquierdas Pedro Rico, a la sazón Gran Maestre Regional. A esas reuniones oficiales se sumaron otras en forma de banquetes a las que ha hecho referencia Vidarte en sus *Memorias*.

Desde la perspectiva de la masonería, aquellas reuniones resultaban obligadas porque el proyecto de Constitución planteaba la inexistencia de una religión estatal pero a la vez reconocía a la Iglesia católica como corporación de derecho público y garantizaba el derecho a la enseñanza religiosa. En otras palabras, se trataba de un planteamiento razonable en un sistema laico pero, a todas luces, insuficiente para la cosmovisión masónica. Así no resulta sorprendente que durante los debates del 27 de agosto al 1 de octubre los diputados masones fueran logrando de manera realmente espectacular que se radicalizaran las posiciones de la cámara, de tal manera que el proyecto de la comisión se viera alterado sustancialmente en relación con el tema religioso. Esa radicalidad fue asumida por el PSOE y los radical-socialistas, e incluso la Esquerra catalana suscribió un voto particular a favor de la disolución de las órdenes religiosas y de la nacionalización de sus bienes, eso sí, insistiendo en que no debían salir de Cataluña los que allí estuvieran localizados. En ese contexto claramente delimitado ya en contra del moderado proyecto inicial y a favor de una visión masónicamente laicista se llevó a cabo el debate último del que saldría el texto constitucional.

Como hemos señalado, al fin y a la postre, no se trataba de abordar un tema meramente político sino del enfrentamiento feroz entre dos cosmovisiones, hasta el punto de que a cada paso volvía a aparecer la cuestión religiosa. Así, por ejemplo, cuando se discutió la oportunidad de otorgar el voto a la mujer —una propuesta ante la que desconfiaba la izquierda por pensar que podía escorarse el sufragio femenino hacia la derecha— fueron varios los diputados que aprovecharon para atacar a las órdenes religiosas que eran «asesoras ideológicas de la mujer», asesoras, obviamente, nada favorables a otro tipo de asesoramiento que procediera de la masonería o de la izquierda.

El 29 de septiembre y el 7 de octubre se presentaron dos textos que abogaban por la nacionalización de los bienes eclesiásticos y la disolución de las órdenes religiosas. Los firmaban los masones Ramón Franco y Humberto Torres y recogían un conjunto de firmas mayoritariamente masónicas. Otras dos enmiendas más surgidas de los radical-socialistas y del PSOE fueron en la misma dirección y —no sorprende— contaron con un respaldo que era mayoritariamente masónico. En apariencia, los distintos grupos del Parlamento apoyaban las posturas más radicales; en realidad, buen número de diputados masones —secundados por algunos que no lo eran— estaban empujando a sus partidos en esa dirección. Cuando el 8 de octubre se abrió el debate definitivo —que duraría hasta el día 10— los masones estaban más que preparados para lograr imponer sus posiciones en materia religiosa y de enseñanza, posiciones que, por añadidura, podían quedar consagradas de manera definitiva en el texto constitucional.

El resultado del enfrentamiento no pudo resultar más revelador. Ciertamente siguió existiendo un intento moderado por mantener el texto inicial y no enconar las posturas, pero fracasó totalmente ante la alianza radical del PSOE, los radical-socialistas y la Esquerra. El día 9, de hecho, esta visión se había impuesto, aceptando sólo como concesión el que la Compañía de Jesús fuera la única orden religiosa que resultara disuelta. Dos días después, el Gran Maestro Esteva envió a los talleres de la jurisdicción una circular en la que urgía la reunión inmediata de todos y cada uno de ellos para enviar motu proprio un telegrama al jefe del gobierno para que apoyara en la discusión que se libraba en el seno de las Cortes la separación de la Iglesia y el Estado, la supresión de las órdenes religiosas, la incautación de sus bienes y la eliminación del presupuesto del clero. Para lograrlo se ordenaba organizar manifestaciones y mítines que inclinaran la voluntad de las autoridades hacia las posiciones masónicas. Estos actos, sumados a una campaña de prensa, buscaban crear la sensación de que la práctica totalidad del país asumía unos planteamientos laicistas que, en realidad, distaban mucho de ser mayoritarios.

El resultado final de las maniobras parlamentarias y la acción mediática y callejera difícilmente pudo saldarse con mayor éxito.

En el texto constitucional quedó plasmado no el contenido de la comisión inicial que pretendía mantener la separación de la Iglesia y el Estado a la vez que se permitía un cierto status para la Iglesia católica y se respetaba la existencia de las comunidades religiosas y su papel en la enseñanza. Por el contrario, la ley máxima de la República recogió la disolución de la Compañía de Jesús, la prohibición de que las órdenes religiosas se dedicaran a la enseñanza y el encastillamiento de la Iglesia católica en una situación legal no por difusa menos negativa.

El triunfo de la masonería había resultado, por lo tanto, innegable pero sus consecuencias fueron, al fin y a la postre, profundamente negativas. De entrada, la Constitución no quedó perfilada como un texto que diera cabida a todos los españoles fuera cual fuera su ideología, sino que se consagró como la victoria de una visión ideológica estrechamente sectaria sobre otra que, sea cual sea el juicio que merezca, gozaba de un enorme arraigo popular. En este caso, la masonería había vencido, pero a costa de humillar a los católicos y de causar daños a la convivencia y al desarrollo pacífico del país, por ejemplo, al eliminar de la educación centros indispensables tan sólo porque estaban vinculados con órdenes religiosas. Ese enfrentamiento civil fue, sin duda, un precio excesivo para la victoria de las logias.

CAPÍTULO XIX

# La masonería y la Segunda República española (II): del bienio republicano-socialista al alzamiento de 1934

## El bienio republicano-socialista

El triunfo de los masones y de las fuerzas influidas por ellos acabó convirtiéndose en una repetición inquietante de otras experiencias anteriores. Los gobiernos republicano-socialistas —gobiernos en los que el peso de la masonería resulta casi increíble— se caracterizaron por declaraciones voluntaristas; por una búsqueda de la confrontación, absolutamente innecesaria, con la Iglesia católica; por una clara incapacidad para enfrentarse con el radicalismo despertado por la demagogia de los tiempos anteriores; por una acusada inoperancia para llevar a la práctica las soluciones sociales prometidas y, de manera muy especial, por la incompetencia económica. Este último factor no fue de menor relevancia en la medida en que no sólo frustró totalmente la realización de una reforma agraria de enorme importancia a la sazón sino que además agudizó la tensión social con normativas —como la ley de términos inspirada por el PSOE— que, supuestamente, favorecían a los trabajadores pero que, en realidad, provocaron una contracción del empleo y un peso insoportable para empresarios pequeños y medianos.

La responsabilidad de los masones en esos fracasos no es, desde luego, escasa. Por citar sólo algunos ejemplos, Fernando de los Ríos en Instrucción Pública, Álvaro de Albornoz como presidente del Tribunal de Garantías Constitucionales, Juan Botella como ministro de Justicia, Manuel Portela, Eloy Vaquero y Rafael Salazar, como titulares de la cartera de Gobernación, Lluís Companys, como presidente de la Generalitat catalana, o Gerardo Abad Conde, como presidente del patronato para la incautación de los bienes de los jesuitas, fueron masones en puestos de responsabilidad y demuestran hasta qué punto la masonería tuvo que ver con procesos como el sistema educativo de carácter laicista, el nacionalismo catalán, la interpretación de las leyes o el expolio de los bienes del clero durante el periodo republicano. No podía ser menos cuando durante el breve régimen no menos de 17 ministros, 17 directores generales, 7 subsecretarios, 5 embajadores y 20 generales fueron masones.[1] En su acción, primó no, desde luego, el deseo de construir un régimen para todos los españoles sino el de modelar un sistema de acuerdo con su única cosmovisión. Al respecto, no deja de ser significativo que el 27 de diciembre de 1933 un militar masón llamado Armando Reig Fuertes ya apuntara la necesidad de realizar «la depuración del ejército».

Sin embargo, sería injusto atribuir el fracaso del bienio sólo a las masones. A todo lo anterior hay que añadir —como en Francia, como en Rusia...— la acción violenta de las izquierdas encaminada directamente a destruir la república. En enero de 1932, en Castilblanco y en Arnedo, los socialistas provocaron sendos motines armados en los que hallaron, primero, la muerte agentes del orden público para luego desembocar en una durísima represión. El día 19 del mismo mes, los anarquistas iniciaron una sublevación armada en el Alto Llobregat[2] que duró tan sólo tres días y que fue reprimida por las fuerzas de orden público. Durruti, uno de los incitadores de la revuelta, fue detenido pero a finales de año se encontraba nuevamente en libertad e impulsaba a un nuevo estallido revolucionario a una organización como la CNT-FAI que, a la sazón, contaba con más de un millón de afiliados.[3]

De manera nada sorprendente, en enero de 1933 se produjo un nuevo intento revolucionario de signo anarquista. Su alcance se limitó a algunas zonas de Cádiz, como fue el caso del pueblo de Casas Viejas. El episodio tendría pésimas consecuencias para el gobierno de izquierdas ya que la represión de los sublevados sería durísima e incluiría el fusilamiento de algunos de los detenidos y, por añadidura, los oficiales que la llevaron a cabo insistirían en que sus órdenes habían procedido del mismo Azaña.[4] Aunque las Cortes reiterarían su confianza al gobierno, sus días estaban contados. A lo largo de un bienio podía señalarse que la situación política era aún peor que cuando se proclamó la República. El gobierno republicano había fracasado en sus grandes proyectos, como la reforma agraria o el impulso a la educación —en este último caso siquiera en parte por su intento de liquidación de la enseñanza católica—, había gestionado deficientemente la economía nacional y había sido incapaz de evitar la radicalización de una izquierda revolucionaria formada no sólo por los anarquistas sino también por el PSOE, que pasaba por un proceso que se definió como «bolchevización». Éste se caracterizó por la aniquilación de los partidarios (como Julián Besteiro) de una política reformista y parlamentaria y el triunfo de aquellos que (como Largo Caballero) propugnaban la revolución violenta que destruyera la República e instaurara la dictadura del proletariado.

La reacción que se produjo ante ese fracaso tuvo también paralelos con otras épocas de la Historia. El fracaso republicano-socialista no tardó en reportar beneficios políticos a las derechas. Durante la primavera y el verano de 1932, la violencia revolucionaria de las izquierdas, y la redacción del Estatuto de Autonomía de Cataluña y del proyecto de Ley de Reforma Agraria impulsaron, entre otras consecuencias, un intento de golpe capitaneado por Sanjurjo que fracasó estrepitosamente en agosto. Sin embargo, las derechas habían optado por integrarse en el sistema —a pesar de su origen tan dudosamente legítimo— y, a diferencia de las izquierdas, aceptar las reglas de un juego parlamentario que nunca había sido cuestionado por ellas durante las décadas anteriores. Se produjo así la creación de una alternativa electoral a las fuerzas que habían liquidado el sistema parlamentario anterior a abril de 1931 y, entre el 28 de febrero y el 5 de marzo, tuvo lugar la fundación de la CEDA (Confederación Española de Derechas Autónomas), una coalición de fuerzas de derechas y católicas.

La reacción de Azaña —iniciado en la masonería cuando ya estaba en el poder— ante la respuesta de las derechas fue intentar asegurarse el dominio del Estado mediante la articulación de mecanismos legales concretos. El 25 de julio de 1933 se aprobó una Ley de Orden Público que dotaba al gobierno de una enorme capacidad de represión y unos poderes considerables para limitar la libertad de expresión, y antes de que concluyera el mes Azaña —que intentaba evitar unas elecciones sobre cuyo resultado no era optimista— lograba asimismo la aprobación de una ley electoral que reforzaba las primas a la mayoría. Mediante un mecanismo semejante, Azaña tenía intención de contar con una mayoría considerable en unas Cortes futuras aunque la misma realmente no se correspondiera con la proporción de votos obtenidos en las urnas. Examinadas con objetividad, las medidas impulsadas por Azaña no sólo resultaban dudosamente democráticas, sino que además dejaban traslucir una falta de confianza en la democracia como sistema. Semejante comportamiento no ha sido extraño en la trayectoria histórica de la izquierda española, aquejada de un complejo de hiperlegitimidad, y ha sido habitual en la masonería, en la que, lejos de profesarse la fe en la democracia, se aboga más bien por el dominio de una élite impregnada de principios luminosos.

A pesar de contar con los nuevos instrumentos legales, durante el verano de 1933, Azaña se resistió a convocar elecciones. Fueron precisamente en aquellos meses estivales cuando se consagró la «bolchevización» del PSOE. En la escuela de verano del PSOE, Torrelodones, los jóvenes socialistas celebraron una serie de conferencias donde se concluyó la aniquilación política del moderado Julián Besteiro, el apartamiento despectivo de Indalecio Prieto y la consagración entusiasta de Largo Caballero, al que se aclamó como el «Lenin español». El modelo propugnado por los socialistas no podía resultar, pues, más obvio y más en una época en que el PCE era un partido insignificante. Los acontecimientos se iban a precipitar a partir de entonces. El 3 de septiembre de 1933, el gobierno republicano-socialista sufrió una derrota espectacular en las elecciones generales para el Tribunal de Garantías y cinco días después cayó.

A pesar de la leyenda rosada que no pocos han creado en torno al bienio republicano-socialista, lo cierto es que los resultados difícilmente pudieron ser peores, y no es menos verdad que cuando se tienen en cuenta todos los aspectos que hemos señalado sucintamente no resulta extraño que así fuera. Tampoco puede sorprender que los conspiradores de abril de 1931, a pesar de tener en sus manos todos los resortes del poder, a pesar de intentar realizar purgas en los distintos sectores de la administración sin excluir el Ejército, a pesar de promulgar una Ley de Defensa de la República que significaba la posibilidad de consagrar una dictadura de facto y a pesar de arrinconar a la Iglesia católica como temido rival ideológico sufrieran un monumental desgaste en apenas un bienio. La clave quizá se encuentre en el hecho de que habían prometido logros inalcanzables por irreales y por utópicos, y los logros prácticos, más allá de la palabrería propagandística, fueron muy magros. Por eso a nadie pueden sorprender los resultados electorales de 1933. En las elecciones de 19 de noviembre votó el 67,46 por ciento del censo electoral y las mujeres por primera vez[5]. Las derechas obtuvieron 3 365 700 votos, el centro 2 051 500 y las izquierdas 3 118 000. Sin embargo, el sistema electoral —que favorecía, por decisión directa de Azaña, las grandes agrupaciones— se tradujo en que las derechas, que se habían unido para las elecciones, obtuvieran más del doble de escaños que las izquierdas, con una diferencia entre ambas que no llegaba a los doscientos cincuenta mil votos.[6]

## 1934: el PSOE y los nacionalistas se alzan contra el gobierno legítimo de la República

La derrota de las izquierdas en las elecciones —tan sólo fueron elegidos esta vez 55 diputados masones— no debería haber provocado ninguna reacción extraordinaria entre fuerzas democráticas en la medida en que es una eventualidad de alternancia de poder legítima y necesaria en cualquier sistema democrático. Sin embargo, para grupos que desde hacía décadas cultivaban la amarga planta de la conspiración y que habían llegado al poder trepando sobre la misma y no gracias a un procedimiento democrático, se trató de una experiencia insoportable. La utopía había estado, desde su punto de vista, al alcance de la mano y ahora las urnas les habían apartado de ella. La reacción fue antidemocrática, pero comprensible —seguramente inevitable— para cualquiera que conociera la trayectoria histórica de los republicanos, los nacionalistas catalanes y el PSOE. Esa disposición de las fuerzas antisistema, que incluyó expresamente el recurso a la violencia revolucionaria, dislocó el sistema republicano durante los siguientes años y abrió el camino a la guerra civil.

En puridad, tras las elecciones de 1933, la fuerza mayoritaria —la CEDA— tendría que haber sido encargada de formar gobierno, pero las izquierdas que habían traído la Segunda República no estaban dispuestas a consentirlo a pesar de su indudable triunfo electoral. Mientras el presidente de la República, Alcalá Zamora, encomendaba la misión de formar gobierno a Lerroux, un republicano histórico pero en minoría, el PSOE y los nacionalistas catalanes comenzaron a urdir una conspiración armada que acabara con un gobierno de centro-derecha elegido democráticamente. Semejante acto iba a revestir una enorme gravedad porque no se trataba de grupos exteriores al Parlamento —como había sido el caso de los anarquistas en 1932 y 1933—, sino de partidos con representación parlamentaria que estaban dispuestas a torcer el resultado de las urnas por la fuerza de las armas.[7]

Los llamamientos a la revolución fueron numerosos, claros y contundentes. El 3 de enero de 1934, la prensa del PSOE[8] publicaba unas declaraciones de Indalecio Prieto que ponían de manifiesto el clima que reinaba en su partido: «Y ahora piden concordia. Es decir, una tregua en la pelea, una aproximación de los partidos, un cese de hostilidades... ¿Concordia? No. ¡Guerra de clases! Odio a muerte a la burguesía criminal. ¿Concordia? Sí, pero entre los proletarios de todas las ideas que quieran salvarse y librar a España del ludibrio. Pase lo que pase, ¡atención al disco rojo!»

Al mes siguiente, la CNT propuso a la UGT una alianza revolucionaria, oferta a la que respondió el socialista Largo Caballero con la de las Alianzas Obreras. Su finalidad era aniquilar el sistema parlamentario y llevar a cabo la revolución. A finales de mayo, el PSOE desencadenó una ofensiva revolucionaria en el campo que reprimió enérgicamente Salazar Alonso, el ministro de Gobernación. A esas alturas, el gobierno contaba con datos referidos a una insurrección armada en la que tendrían un papel importante no sólo el PSOE sino también los nacionalistas catalanes y algunos republicanos de izquierdas. No se trataba de rumores sino de afirmaciones de parte. La prensa del PSOE,[9] por ejemplo, señalaba que las teorías de Frente Popular propugnadas por los comunistas a impulso de Stalin eran demasiado moderadas porque no recogían «las aspiraciones trabajadoras de conquistar el poder para establecer su hegemonía de clase». Por el contrario, se afirmaba con verdadero orgullo que las Alianzas Obreras, propugnadas por Largo Caballero, eran «instrumento de insurrección y organismo de poder». A continuación, *El Socialista* trazaba un obvio paralelo con la revolución bolchevique: «Dentro de las diferencias raciales que tienen los soviets rusos, se puede encontrar, sin embargo, una columna vertebral semejante. Los comunistas hacen hincapié en la organización de soviets que preparen la conquista insurreccional y sostengan después el poder obrero. En definitiva, esto persiguen las Alianzas.»

Si de algo se puede acusar a los medios socialistas en esa época no es de hipocresía. *Renovación*[10] anunciaba en el verano de 1934 refiriéndose a la futura revolución: «¿Programa de acción? Supresión a rajatabla de todos los núcleos de fuerza armada desparramada por los campos. Supresión de todas las personas que por su situación económica o por sus antecedentes puedan ser una rémora para la revolución.»

Las izquierdas no estaban dispuestas a consentir que la CEDA entrara en el gobierno por más que las urnas la hubieran convertido en la primera fuerza parlamentaria. Caso de producirse esa circunstancia, se opondrían incluso yendo contra la legalidad.

No en vano el 25 de septiembre *El Socialista* anunciaba: «Renuncie todo el mundo a la revolución pacífica, que es una utopía; bendita la guerra», y, dos días después, remachaba: «El mes próximo puede ser nuestro octubre. Nos aguardan días de prueba, jornadas duras. La responsabilidad del proletariado español y sus cabezas directoras es enorme. Tenemos nuestro ejército a la espera de ser movilizado.» Se trataba de todo menos de bravatas. El día 9 de ese mismo mes de septiembre de 1934, la Guardia Civil había descubierto un importante alijo de armas que, a bordo del *Turquesa*, se hallaba en la ría asturiana de Pravia. Una parte de las armas había sido ya desembarcada y, siguiendo órdenes de Indalecio Prieto, transportada en camiones de la Diputación Provincial, controlada a la sazón por el PSOE. La finalidad del alijo no era otra que armar a los socialistas preparados para la sublevación.

Sin embargo, las responsabilidades no se referían únicamente al PSOE. Azaña, a pesar de conocer entonces lo que tramaban socialistas y catalanistas, no informó a las autoridades republicanas y decidió quedarse en Barcelona, donde había acudido a un funeral, a la espera de los acontecimientos. Por su parte, antes de concluir el mes, el Comité Central del PCE anunciaba su apoyo a un frente único con finalidad revolucionaria.[11] La conspiración que aniquilaría la República parlamentaria y proclamaría la dictadura del proletariado estaba harto fraguada y se desencadenaría en unas horas.

Todos estos detalles son relativamente conocidos —ciertamente ocultados por algunos autores en la medida en que deslegitiman documentalmente toda una visión políticamente correcta de la Segunda República y la guerra civil española— y han sido objeto de estudio muy riguroso en los últimos años en diferentes obras, entre las que destacan las debidas a Pío Moa.[12] Sin embargo, se ha prestado menos atención al papel de la masonería en el proceso. De manera bien reveladora, lo que sabemos sobre la cuestión nos ha sido facilitado por uno de los socialistas, Juan Simeón Vidarte, que colaboró en la preparación del golpe de 1934 y que era masón. Vidarte[13] ha indicado cómo cuando se fraguaba el alzamiento del PSOE, en el seno de este partido se planteó la cuestión de aquellos militantes que eran masones. Mientras que un sector del partido, capitaneado por Amaro del Rosal, sostenía que la doble militancia era intolerable, Vidarte y otros «hijos de la viuda» hicieron valer la histórica conexión existente entre la masonería y el socialismo. Vidarte le diría a Largo Caballero que «no había el menor desdoro en pertenecer a la masonería, cual lo hicieron socialistas tan eminentes como Karl Marx, Friedrich Engels, Jean Jaurès, Lafargue, Bebel y hasta el propio Lenin». Este argumento impresionó a Largo Caballero. Pero, sobre todo, Vidarte se refirió un aspecto esencial en esos momentos y que no era otro que la ayuda que la masonería estaba proporcionando al PSOE, a los republicanos y a la Esquerra en el seno de las fuerzas armadas. Largo Caballero recordaba la manera en que los jueces masones habían favorecido a los encausados «en el consejo de guerra de 1917», de manera que confirmó ese extremo a Vidarte y le informó incluso de que la masonería era el canal usado por Indalecio Prieto para sumar al ejército a la rebelión armada del PSOE.

«Yo he entrado antes que usted en las logias», confesaría Largo Caballero a Vidarte. No sólo eso. Como reconoce el propio Vidarte, «vencida la insurrección de octubre, la masonería, tanto la nacional como la extranjera, prestó una gran ayuda en la consecución del indulto de González Peña, clave de cientos de indultos más». Desde luego, se trataba de una manera bien peculiar de respetar el orden legal establecido...

Por otro lado, que socialistas y catalanistas dieran ese paso está cargado de significado, pero, sobre todo, indica hasta qué punto eran conscientes de la penetración del ejército por la masonería y cómo ésta se identificaba con las fuerzas políticas que habían derrocado la monarquía parlamentaria y proclamado la República en 1931, y perdido las elecciones en 1933. Esa identificación justificaba, desde su punto de vista, alzarse en armas contra un gobierno legítimo y pervertir todo el proceso democrático.

El resto del episodio resulta ampliamente conocido. El 1 de octubre de 1934, Gil Robles exigió la entrada de la CEDA en el gobierno de Lerroux. Sin embargo, en una clara muestra de moderación política, Gil Robles ni exigió la presidencia del gabinete (que le hubiera correspondido en puridad democrática) ni tampoco la mayoría de las carteras. El 4 de octubre entrarían, finalmente, tres ministros de la CEDA en el nuevo gobierno, todos ellos de una trayectoria intachable: el catalán y antiguo catalanista Oriol Anguera de Sojo, el regionalista navarro Aizpún y el sevillano Manuel Giménez Fernández, que se había declarado expresamente republicano y que defendía la realización de la reforma agraria. La presencia de ministros cedistas en el gabinete fue la excusa presentada por el PSOE y los catalanistas para poner en marcha un proceso de insurrección armada que, como hemos visto, venía fraguándose desde hacía meses. Tras un despliegue de agresividad de la prensa de izquierdas el 5 de octubre, el día 6 tuvo lugar la sublevación. El carácter violento de la misma quedó de manifiesto desde el principio. En Guipúzcoa, por ejemplo, los alzados asesinaron al empresario Marcelino Oreja Elósegui. En Barcelona, el dirigente de la Esquerra Republicana, antiguo defensor de los terroristas anarquistas y masón, Companys, proclamó desde el balcón principal del palacio presidencial de la Generalitat «el Estat Catalá dentro de la República Federal Española» e invitó a «los dirigentes de la protesta general contra el fascismo a establecer en Cataluña el gobierno provisional de la República». Sin embargo, ni el gobierno republicano era fascista, ni los dirigentes de izquierdas recibieron el apoyo que esperaban de la calle, ni el ejército, la Guardia Civil o la de Asalto, a pesar del peso de la masonería, se sumaron al levantamiento. La Generalitat se rindió así a las seis y cuarto de la mañana del 7 de octubre.

El fracaso en Cataluña tuvo claros paralelos en la mayoría de España. Sin el apoyo de las fuerzas armadas —con las que el PSOE había mantenido contactos como en 1930— ni de las esperadas masas populares que no se sumaron al golpe de Estado nacionalista-socialista, éste fue abortado al cabo de unas horas. La única excepción se produjo en Asturias, donde los alzados contra el gobierno legítimo de la República lograron un éxito inicial y dieron comienzo a un proceso revolucionario que marcaría la pauta para lo que sería la guerra civil de 1936. La desigualdad inicial de fuerzas fue verdaderamente extraordinaria. Los alzados contaban con un ejército de unos treinta mil mineros bien pertrechados gracias a las fábricas de armas de Oviedo y Trubia y bajo la dirección de miembros del PSOE, como Ramón González Peña, Belarmino Tomás y Teodomiro Menéndez, aunque una tercera parte de los insurrectos pudo pertenecer a la CNT. Sus objetivos eran dominar hacia el sur el puerto de Pajares para llevar la revolución hasta las cuencas mineras de León y desde allí, con la complicidad del sindicato ferroviario de la UGT, al resto de España y apoderarse de Oviedo. Frente a los sublevados había mil seiscientos soldados y unos novecientos guardias civiles y de asalto que contaban con el apoyo de civiles en Oviedo, Luarca, Gijón, Avilés y el campo.

La acción de los revolucionarios siguió patrones que recordaban trágicamente los males sufridos en Rusia. Mientras se procedía a detener e incluso a asesinar a gente inocente tan sólo por su pertenencia a un segmento social concreto, se desató una oleada de violencia contra el catolicismo que incluyó desde la quema y profanación de lugares de culto —incluyendo el intento de volar la Cámara Santa— hasta el fusilamiento de religiosos. El 5 de octubre, primer día del alzamiento, un joven estudiante pasionista de Mieres, de veintidós años de edad y llamado Amadeo Andrés, fue rodeado mientras huía del convento y asesinado. Su cadáver fue arrastrado. Tan sólo una hora antes había sido también fusilado Salvador de María, un compañero suyo que también intentaba huir del convento de Mieres. No fueron, desgraciadamente, las únicas víctimas de los alzados.

El padre Eufrasio del Niño Jesús, carmelita, superior del convento de Oviedo, fue el último en salir de la casa antes de que fuera asaltada por los revolucionarios. Lo hizo saltando una tapia con tan mala fortuna que se dislocó una pierna. Se le prestó auxilio en una casa cercana pero, finalmente, fue trasladado a un hospital. Delatado por dos enfermeros, el comité de barrio decidió condenarlo a muerte dada su condición de religioso. Se le fusiló unas horas después, dejándose abandonado su cadáver ante una tapia durante varios días.

El día 7 de octubre, la totalidad de los seminaristas de Oviedo —seis— fue pasada por las armas al descubrirse su presencia, siendo el más joven de ellos un muchacho de dieciséis años. Con todo, posiblemente el episodio más terrible de la persecución religiosa que acompañó a la sublevación armada fue el asesinato de los ocho hermanos de las Escuelas Cristianas y de un padre pasionista que se ocupaban de una escuela en Turón, un pueblo en el centro de un valle minero. Tras concentrarlos en la Casa del Pueblo, un comité los condenó a muerte, considerando que, puesto que se ocupaban de la educación de buena parte de los niños de la localidad, ejercían una influencia indebida. El 9 de octubre de 1934, poco después de la una de la madrugada, la sentencia fue ejecutada en el cementerio y, a continuación, se los enterró en una fosa especialmente cavada para el caso. De manera no difícil de comprender, los habitantes de Turón, que habían sido testigos de sus esfuerzos educativos y de la manera en que se había producido la muerte, los consideraron mártires de la fe desde el primer momento. Serían beatificados en 1990 y canonizados el 21 de noviembre de 1999. Formarían así parte del grupo de los diez primeros santos españoles que alcanzaron esa condición a causa del martirio.[14] En ningún caso se trató de la acción de incontrolados —un argumento esgrimido en múltiples ocasiones para exculpar el crimen— sino del comportamiento consciente de grupos fuertemente convencidos de la bondad de la ideología socialista.

La revolución de Asturias fue sofocada por la acción de las fuerzas armadas bajo el mando del general Franco. Se produciría así una paradoja histórica que suele pasarse, de manera no del todo desinteresada, por alto. En aquel octubre de 1934 fueron el PSOE, la CNT, el PCE y la Esquerra los que violaron la legalidad republicana y Franco el que la defendió salvándola de una revolución extraordinariamente cruenta. Todavía el 16 de octubre de 1934, a unas horas de su derrota definitiva, el Comité Provincial Revolucionario lanzaba un manifiesto donde señalaba su identificación con el modelo leninista: «Rusia, la patria del proletariado, nos ayudará a construir sobre las cenizas de lo podrido el sólido edificio marxista que nos cobije para siempre, y concluía afirmando: «Adelante la revolución. ¡Viva la dictadura del proletariado!»[15]

El balance de las dos semanas de revolución socialista-nacionalista fue ciertamente sobrecogedor. Las fuerzas de orden público habían sufrido 324 muertes y 903 heridos, además de 7 desaparecidos. Entre los paisanos, los muertos —causados por ambas partes— llegaron a 1 051 y los heridos a 2 051. Por lo que se refería a los daños materiales ocasionados por los sublevados habían sido muy cuantiosos y afectado a 58 iglesias, 26 fábricas, 58 puentes, 63 edificios particulares y 730 edificios públicos. Además, los alzados habían realizado destrozos en 66 puntos del ferrocarril y 31 de las carreteras. Asimismo ingresaron en prisión unas quince mil personas por su participación en el alzamiento armado pero durante los meses siguientes fueron saliendo en libertad en su mayor parte. Sin embargo, el mayor coste de la sublevación protagonizada por los nacionalistas catalanes, el PSOE, la CNT y, en menor medida, el PCE fue político. En buena medida, la Segunda República había entrado en agonía y se había abierto un sendero que conducía a la guerra civil. No eran pocos los masones responsables de haber llegado a ese estado de cosas.

CAPÍTULO XX

# La masonería y la Segunda República española (III): la guerra civil

## 1936: los masones se dividen

Es difícil exagerar a la hora de calibrar las gravísimas consecuencias del alzamiento protagonizado por el PSOE y la Esquerra, con el apoyo directo de la masonería, contra el gobierno de la República en octubre de 1934. De hecho, el descoyuntamiento de la vida política y social provocado por la sublevación fue tan grave que a partir de ese momento aquélla discurrió fundamentalmente en el terreno de la propaganda y fuera del Parlamento. En paralelo, y no resulta extraño que así aconteciera, se produjo un escalofriante aumento de la violencia callejera. La misma obedeció una vez más al impulso de una izquierda que —como en 1917 o 1930— comprobó que la acción legal que contra ella ejercía la derecha carecía de la energía suficiente como para controlar la situación.

En teoría —y más si se atendía a la propaganda de las izquierdas—, el gobierno de centro-derecha podría haber aniquilado poniéndolas fuera de la ley a formaciones como el PSOE, la CNT o la Esquerra Republicana que habían participado abierta y violentamente en un alzamiento armado contra la legitimidad y la legalidad republicanas. Sin embargo, la conducta seguida por las derechas fue muy distinta. La represión, a pesar de lo indicado por la propaganda izquierdista, fue limitada y, en un esfuerzo por alcanzar la paz social, incluso se avanzó en terrenos donde la acción de la conjunción republicano-socialista había ido poco más allá que las palabras. Ciertamente, el 2 de enero de 1935 se aprobó por ley la suspensión del Estatuto de Autonomía de Cataluña, pero, a la vez, bajo su impulso tuvo lugar el único esfuerzo legal y práctico que mereció en todo el periodo republicano el nombre de reforma agraria. Como señalaría el socialista Gabriel Mario de Coca, «los gobiernos derechistas asentaron a 20 000 campesinos, y bajo las Cortes reaccionarias de 1933 se efectuó el único avance social realizado por la República». No se redujo a eso su política. Federico Salmón, ministro de Trabajo, y Luis Lucía, ministro de Obras Públicas, redactaron un «gran plan de obras pequeñas» para paliar el paro; se aprobó una nueva Ley de Arrendamientos Urbanos que defendía a los inquilinos; se inició una reforma hacendística de calado debida a Joaquín Chapaprieta y encaminada a lograr la necesaria estabilización; y Gil Robles, ministro de la Guerra, llevó a cabo una reforma militar de enorme relevancia. Consideradas con perspectiva histórica, todas estas medidas denotaban un impulso sensato por abordar los problemas del país desde una perspectiva más basada en el análisis técnico y especializado que en el seguimiento de recetas utópicas. Fue precisamente desde el terreno de las utopías izquierdistas y nacionalistas desde donde se planteó la obstrucción a todas aquellas medidas a la vez que se lanzaba una campaña propagandística destinada a desacreditar al gobierno y cuya base única eran los relatos, absolutamente demagógicos, de las supuestas atrocidades cometidas por las fuerzas del orden en el sofocamiento de la revolución de octubre. De manera inquietante, semejante propaganda pretendía convertir en héroes —y en buena medida lo consiguió— a los que se habían alzado en armas contra el orden constitucional, a la vez que denigraba, como si de viles canallas se tratara, a los que lo habían defendido. Semejante subversión de la realidad democrática iba a rendir sus dividendos a las izquierdas, pero empujaría directamente al país a una guerra civil.

A lo anterior se unió en septiembre de 1935 el estallido del escándalo del estraperlo, una estafa que afectó al partido radical de Lerroux. Como señalaría lúcidamente Josep Pla,[1] la Administración de Justicia no pudo determinar responsabilidad legal alguna —precisamente la que habría resultado interesante—, pero en una sesión de Cortes del 28 de octubre se produjo el hundimiento político del partido radical, unas de las fuerzas esenciales en el colapso de la monarquía constitucional y el advenimiento de la República menos de cuatro años antes. Así, la CEDA quedaba prácticamente sola en la derecha frente a unas izquierdas poseídas de una creciente agresividad. Porque no se trataba únicamente de propaganda y demagogia. Durante el verano de 1935, el PSOE y el PCE —que en julio ya había recibido de Moscú la consigna de formación de frentes populares— desarrollaban contactos para una unificación de acciones.[2] En paralelo, republicanos y socialistas discutían la formación de milicias comunes mientras los comunistas se pronunciaban a favor de la constitución de un ejército rojo. El fracaso del alzamiento armado —que descaradamente negaron los responsables socialistas y de la Esquerra— no sólo no contribuyó a disuadir a sus protagonistas de utilizar la violencia, sino que los llevó a adentrarse por ese camino de una manera más organizada.

Precisamente en ese clima que anunciaba que se produciría una nueva revolución de las izquierdas en cuanto que existiera oportunidad, el 14 de noviembre, Azaña propuso a la ejecutiva del PSOE una coalición electoral de izquierdas. Acababa de nacer el Frente Popular. En esos mismos días, Largo Caballero, el «Lenin» español, salía de la cárcel —después de negar cínicamente su participación en la revolución de octubre de 1934— y la sindical comunista CGTU entraba en la UGT socialista.

El Frente Popular tendría paralelos en la doctrina de la Komintern sobre el tema y, por ejemplo, en Francia, había incluido, entre otros pasos, el solicitar la colaboración del Gran Oriente francés. En el caso español, resulta indiscutible que la masonería como tal estaba dispuesta a apoyar al Frente Popular. Cuestión aparte era la conducta peculiar de algunos masones. Para no pocos —y así quedaría trágicamente de manifiesto al estallar la guerra civil—, España estaba viviendo un proceso similar al atravesado por Rusia en 1917. Si las izquierdas regresaban al poder, lo que cabría esperar sería la repetición de un proceso revolucionario como el de 1934, la liquidación de los restos del sistema republicano y la implantación de una dictadura como la soviética. En ese sentido, el apoyo al Frente Popular —ordenaran lo que ordenaran las logias— resultaba, desde su punto de vista, un suicidio. De forma bien significativa, estos masones comenzaron a bascular, partiendo de esas premisas, hacia una postura decididamente contraria al Frente Popular.

El año 1935 concluyó con el desahucio del poder de Gil Robles; con una izquierda que creaba milicias y estaba decidida a ganar las siguientes elecciones para llevar a cabo la continuación de la revolución de octubre de 1934; y con reuniones entre Chapaprieta y Alcalá Zamora para crear un partido de centro en torno a Portela Valladares que atrajera un voto moderado preocupado por la agresividad de las izquierdas y una posible reacción de las derechas. Ésta, de momento, parecía implanteable. La Falange, el partido fascista de mayor alcance, era un grupo muy minoritario;[3] los carlistas y otros grupos monárquicos carecían de fuerza y, en el ejército, un personaje de la relevancia de Franco insistía en rechazar cualquier eventualidad golpista a la espera de la forma en que podría evolucionar la situación política. Sería su peso específico el que impidió la salida golpista en aquella época.[4]

En ese clima, cuando el 14 de diciembre Portela Valladares formó gobierno era obvio que se trataba de un gabinete puente para convocar elecciones. Finalmente, Alcalá Zamora disolvió las Cortes (la segunda vez que lo hacía durante su mandato, lo que implicaba una violación de la Constitución) y convocó elecciones para el 16 de febrero de 1936 bajo un gobierno presidido por Portela Valladares. El 15 de enero de 1936 se firmó el pacto del Frente Popular como una alianza de fuerzas obreras y burguesas cuyas metas no sólo no eran iguales sino que, en realidad, resultaban incompatibles. Los republicanos como Azaña y el socialista Prieto perseguían fundamentalmente regresar al punto de partida de abril de 1931, en el que la hegemonía política estaría en manos de las izquierdas y las derechas, supuestamente deslegitimadas, no podrían gobernar. Para el resto de las fuerzas que formaban el Frente Popular, especialmente el PSOE y el PCE, se trataba tan sólo de un paso más hacia la aniquilación de la República burguesa y la realización de una revolución que concluyera en una dictadura obrera. Dudosamente puede afirmarse que cualquiera de los planteamientos fuera democrático. Sin embargo, las declaraciones de los distintos dirigentes eran obvias. Si Luis Araquistáin insistía en hallar paralelos entre España y la Rusia de 1917, donde la revolución burguesa sería seguida por una proletaria,[5] Largo Caballero, en el curso de una convocatoria electoral que tuvo lugar en Alicante, afirmaba: «Quiero decirles a las derechas que si triunfamos colaboraremos con nuestros aliados; pero si triunfan las derechas nuestra labor habrá de ser doble, colaborar con nuestros aliados dentro de la legalidad, pero tendremos que ir a la guerra civil declarada. Que no digan que nosotros decimos las cosas por decirlas, que nosotros lo realizamos.»[6] Tras el anuncio de la voluntad socialista de ir a una guerra civil si perdía las elecciones, el 20 de enero Largo Caballero decía en un mitin celebrado en Linares: «... la clase obrera debe adueñarse del poder político, convencida de que la democracia es incompatible con el socialismo, y como el que tiene el poder no ha de entregarlo voluntariamente, por eso hay que ir a la revolución.»[7] El 10 de febrero de 1936, en el Cinema Europa, Largo Caballero volvía a insistir en sus tesis: «... la transformación total del país no se puede hacer echando simplemente papeletas en las urnas... estamos ya hartos de ensayos de democracia; que se implante en el país nuestra democracia.»[8]

No menos explícito sería el socialista González Peña, liberado, según el testimonio de Juan Simeón Vidarte, gracias a las presiones de la masonería,[9] al indicar la manera en que se comportaría el PSOE en el poder: «... la revolución pasada (la de Asturias) se había malogrado, a mi juicio, porque más pronto de lo que quisimos surgió esa palabra que los técnicos o los juristas llaman "juridicidad". Para la próxima revolución es necesario que constituyéramos unos grupos que yo denomino "de las cuestiones previas". En la formación de esos grupos yo no admitiría a nadie que supiese más de la regla de tres simple, y apartaría de esos grupos a quienes nos dijesen quiénes habían sido Kant, Rousseau y toda esa serie de sabios. Es decir, que esos grupos harían la labor de desmoche, de labor de saneamientos, de quitar las malas hierbas, y cuando esta labor estuviese realizada, cuando estuviesen bien desinfectados los edificios públicos, sería llegado el momento de entregar las llaves a los juristas.»

De esta manera, aunque los firmantes del pacto del Frente Popular (Unión Republicana, Izquierda Republicana, PSOE, UGT, PCE, FJS, Partido Sindicalista y POUM)[10] suscribían un programa cuya aspiración fundamental era la amnistía de los detenidos y condenados por la insurrección de 1934[11] —reivindicada como un episodio malogrado pero heroico— no es menos cierto que los más moderados perseguían establecer un sistema parlamentario monopolizado por la izquierda, y los más radicales aspiraban, lisa y llanamente, a implantar la dictadura del proletariado aun conscientes de que eso significaría la guerra civil y el exterminio de sectores enteros de la población española. La gravedad de estos planteamientos difícilmente puede pasarse por alto.

En ese contexto, no puede extrañar que los adversarios políticos del Frente Popular centraran buena parte de la campaña electoral en la mención del levantamiento armado de octubre de 1934. Desde su punto de vista —y a juzgar por las declaraciones públicas de las izquierdas era lo que cabía esperar— el triunfo del Frente Popular se traduciría inmediatamente en una repetición, a escala nacional y con posibilidades de éxito, de la revolución. En otras palabras, no sería sino el primer paso hacia la liquidación de la República y la implantación de la dictadura del proletariado con su secuela de fusilamientos, saqueos, destrucciones y persecución religiosa.

En medio de un clima que no sólo preludiaba sino que anunciaba a gritos —literalmente— la guerra civil, las elecciones de febrero de 1936 no sólo concluyeron con resultados muy parecidos para los dos bloques sino que además estuvieron señaladas por la violencia, no únicamente verbal, y, de manera muy acusada, por el fraude en el recuento de los sufragios. Así, sobre un total de 9 716 705 votos emitidos,[12] 4 430 322 fueron para el Frente Popular, 4 511 031 para las derechas y 682 825 para el centro. Otros 91 641 votos fueron emitidos en blanco o resultaron destinados a candidatos sin significación política. A juzgar por estas cifras resultaba obvio que la mayoría de la población española se alineaba en contra del Frente Popular y si a ello añadimos los fraudes electorales encaminados a privar de sus actas a diputados de centro y derecha difícilmente puede decirse que las izquierdas contaran con el respaldo de la mayoría de la población. A todo ello hay que añadir la existencia de irregularidades en provincias como Cáceres, La Coruña, Lugo, Pontevedra, Granada, Cuenca, Orense, Salamanca, Burgos, Jaén, Almería, Valencia y Albacete, entre otras contra las candidaturas de derechas. Con todo, finalmente, este cúmulo de irregularidades se convertiría en una aplastante mayoría de escaños para el Frente Popular.

En declaraciones al *Journal de Geneve*,[13] sería nada menos que el presidente de la República, Niceto Alcalá Zamora, el que reconociera la peligrosa suma de irregularidades electorales: «A pesar de los refuerzos sindicalistas, el Frente Popular obtenía solamente un poco más, muy poco, de doscientas actas, en un Parlamento de 473 diputados. Resultó la minoría más importante, pero la mayoría absoluta se le escapaba. Sin embargo, logró conquistarla consumiendo dos etapas a toda velocidad, violando todos los escrúpulos de legalidad y de conciencia. Primera etapa: desde el 17 de febrero, incluso desde la noche del 16, el Frente Popular, sin esperar el fin del recuento del escrutinio y la proclamación de los resultados, la que debería haber tenido lugar ante las Juntas Provinciales del Censo en el jueves 20, desencadenó en la calle la ofensiva del desorden, reclamó el poder por medio de la violencia. Crisis: algunos gobernadores civiles dimitieron. A instigación de dirigentes irresponsables, la muchedumbre se apoderó de los documentos electorales: en muchas localidades los resultados pudieron ser falsificados. Segunda etapa: conquistada la mayoría de este modo, fue fácilmente hacerla aplastante. Reforzada con una extraña alianza con los reaccionarios vascos, el Frente Popular eligió la Comisión de validez de las actas parlamentarias, la que procedió de una manera arbitraria. Se anularon todas las actas de ciertas provincias donde la oposición resultó victoriosa; se proclamaron diputados a candidatos amigos vencidos. Se expulsaron de las Cortes a varios diputados de las minorías. No se trataba solamente de una ciega pasión sectaria; hacer en la Cámara una convención, aplastar a la oposición y sujetar el grupo menos exaltado del Frente Popular. Desde el momento en que la mayoría de izquierdas pudiera prescindir de él, este grupo no era sino el juguete de las peores locuras. Fue así que las Cortes prepararon dos golpes de Estado parlamentarios. Con el primero se declararon a sí mismas indisolubles durante la duración del mandato presidencial. Con el segundo, me revocaron. El último obstáculo estaba descartado en el camino de la anarquía y de todas las violencias de la guerra civil.»

Las elecciones de febrero de 1936 se habían convertido ciertamente en la antesala de un proceso revolucionario que había fracasado en 1917 y 1934 a pesar de su éxito notable en 1931. Así, aunque el gobierno quedó constituido por republicanos de izquierdas bajo la presidencia de Azaña para dar una apariencia de moderación, no tardó en lanzarse a una serie de actos de dudosa legalidad que formarían parte esencial de la denominada «primavera trágica de 1936». Mientras Lluís Companys, el masón golpista de octubre de 1934, regresaba en triunfo a Barcelona para hacerse con el gobierno de la Generalitat, los detenidos por la insurrección de Asturias eran puestos en libertad en cuarenta y ocho horas y se obligaba a las empresas en las que, en no pocas ocasiones, habían causado desmanes e incluso homicidios, a readmitirlos. En paralelo, las organizaciones sindicales exigían en el campo subidas salariales de un cien por cien, con lo que el paro se disparó. Entre el 1 de mayo y el 18 de julio de 1936, el agro sufrió 192 huelgas. Más grave aún fue que el 3 de marzo los socialistas empujaran a los campesinos a ocupar ilegalmente varias fincas en el pueblo de Cenicientos. Fue el pistoletazo de salida para que la Federación —socialista— de Trabajadores de la Tierra quebrara cualquier vestigio de legalidad en el campo. El 25 del mismo mes, sesenta mil campesinos ocuparon tres mil fincas en Extremadura, un acto legalizado a posteriori por un gobierno incapaz de mantener el orden público. El 5 de marzo, el *Mundo Obrero*, órgano del PCE, abogaba, pese a lo suscrito en el pacto del Frente Popular, por el «reconocimiento de la necesidad del derrocamiento revolucionario de la dominación de la burguesía y la instauración de la dictadura del proletariado en la forma de soviets».

A la violación sistemática de la legalidad, al uso de la violencia y a la adopción de medidas abiertamente revolucionarias se sumó una censura de prensa sin precedentes y una purga masiva en los ayuntamientos considerados hostiles o simplemente neutrales por las fuerzas que constituían el Frente Popular. El 2 de abril, el PSOE llamaba a los socialistas, comunistas y anarquistas a «constituir en todas partes, conjuntamente y a cara descubierta, las milicias del pueblo». Ese mismo día, Azaña chocó con el presidente de la República, Alcalá Zamora, y decidió derribarlo con el apoyo de sus aliados del Frente Popular. Lo consiguió el 7 de abril alegando que había disuelto inconstitucionalmente las Cortes dos veces y logrando que las Cortes lo destituyeran con sólo cinco votos en contra. Por una paradoja de la Historia, Alcalá Zamora se veía expulsado de la vida política por sus compañeros de conspiración de 1930-1931 y sobre la base del acto suyo que, precisamente, les había abierto el camino hacia el poder en febrero de 1936. Las lamentaciones posteriores del presidente de la República no cambiarían en absoluto el juicio que merece por su responsabilidad en todo lo sucedido durante aquellos años.

El 10 de mayo de 1936, Azaña era elegido nuevo presidente de la República. Tanto para el PSOE y el PCE como para las derechas, el nombramiento fue interpretado como carente de valor salvo en calidad de paso hacia la revolución. Así, mientras en la primera semana de marzo se acordaba en una reunión de generales[14] la realización de «un alzamiento que restableciera el orden en el interior y el prestigio internacional en España» y durante el mes de abril Mola se hacía cargo de la dirección del futuro golpe, Largo Caballero afirmaba sin rebozo que el presente régimen no podía continuar. La resuelta actitud del dirigente del PSOE tuvo entre otras consecuencias la de impedir que, por falta del apoyo de su grupo parlamentario, Indalecio Prieto formara gobierno y que Azaña tuviera que encomendar esa misión a Casares Quiroga.

A pesar de sus metas revolucionarias comunes, el enfrentamiento en el seno de las izquierdas —un enfrentamiento que había comenzado en el siglo anterior con la división del socialismo en el seno de la Internacional— persistía. Durante el mes de junio iba a comenzar con el desencadenamiento de una huelga general de la construcción en Madrid convocada por la CNT con intención de vencer a la rival UGT. La acción cenetista se tradujo en conseguir el paro de 150 000 obreros en unas condiciones de tanto extremismo que ignoraría el estallido de la guerra civil en julio y se mantendría hasta el 4 de agosto de 1936. El día 5 del mismo mes, el general Mola emitía una circular en la que señalaba que el Directorio militar que se instauraría después del golpe contra el gobierno del Frente Popular respetaría el régimen republicano. La gravedad de la situación provocaba que la tesis de Mola fuera ganando adeptos, aunque entre ellos no se encontraba todavía Franco, que esperaba una reorientación pacífica y dentro de la legalidad de las acciones del gobierno. Se trataba de una esperanza totalmente vana porque el 10 de junio el gobierno del Frente Popular dio un paso más en el proceso de aniquilación del sistema democrático al crear un tribunal especial para exigir responsabilidades políticas a jueces, magistrados y fiscales. Compuesto por cinco magistrados del Tribunal Supremo y doce jurados, no sólo era un precedente de los que serían tribunales populares durante la guerra civil sino también un claro intento de aniquilar la independencia judicial para someterla a los deseos políticos del Frente Popular.

No se trataba de que el fascismo acosara a la democracia. Era, por el contrario, que la revolución estaba liquidando a la República y amenazando a sectores completos de la población en su camino hacia implantar la dictadura del proletariado y que éstos se habían visto obligados a plantearse la necesidad de defenderse frente a un ataque que procedía de las más altas instancias del Estado y de sus bases políticas, un ataque en el que no sólo peligrarían sus haciendas sino también sus vidas. El 16 de junio, Gil Robles denunciaba ante las Cortes el estado de cosas iniciado tras la llegada del Frente Popular al gobierno. Entre los desastres provocados entre el 16 de febrero y el 15 de junio se hallaban la destrucción de 196 iglesias, de 10 periódicos y de 78 centros políticos, así como 192 huelgas y 334 muertos, un número muy superior al de los peores años del pistolerismo. El panorama era ciertamente alarmante y la sesión de las Cortes fue de una dureza extraordinaria por el enfrentamiento entre la «media España que se resiste a morir» y la que estaba más que dispuesta —y así lo anunciaba— a asesinarla. Calvo Sotelo, por ejemplo, abandonó la sede de las Cortes con una amenaza de muerte sobre su cabeza que no tardaría en convertirse en realidad. Porque, desde luego, las amenazas de las izquierdas no se reducían a palabras. Así, entre el 20 y el 22 de junio, un congreso provincial del PCE celebrado en Madrid reveló que el partido contaba en esa ciudad con unas milicias antifascistas obreras y campesinas —las MAOC— que disponían de dos mil miembros armados. Se trataba de un verdadero ejército localizado en la capital a la espera de llevar a cabo la revolución proletaria.

El 23 de junio, el general Franco, que seguía manifestando una postura dubitativa frente a la sublevación militar, envió una carta dirigida a Casares Quiroga advirtiéndole de la tragedia que se avecinaba e instándole a conjurarla. El texto ha sido interpretado de diversas maneras y, en general, los partidarios de Franco han visto en él un último intento de evitar la tragedia mientras que sus detractores lo han identificado con un deseo de obtener recompensas gubernamentales que habría rayado la delación. Seguramente, se trató del último cartucho que Franco estaba dispuesto a quemar a favor de una salida legal a la terrible crisis que atravesaba la nación. Al no obtener respuesta, se sumó a la conspiración contra el gobierno del Frente Popular. Era uno de los últimos pero su papel resultaría esencial.

El proceso revolucionario y la enorme carga de violencia aneja al mismo —y que sólo acababa de empezar— fue captado de manera trágica pero inequívoca por los viajeros y diplomáticos extranjeros a su paso por España.[15] Shuckburgh, uno de los funcionarios especializados en temas extranjeros del Foreign Office británico, señalaba en una minuta del 23 de marzo de 1936: «... existen dudas serias de que las autoridades, en caso de emergencia, estén realmente en disposición de adoptar una postura firme contra la extrema izquierda, que ahora se dirige con energía contra la religión y la propiedad privada. Las autoridades locales, la policía y hasta los soldados están muy influidos por ideas socialistas, y a menos que se las someta a una dirección enérgica es posible que muy pronto se vean arrastradas por elementos extremistas hasta que resulte demasiado tarde para evitar una amenaza seria contra el Estado.»[16]

Sir Henry Chilton, el embajador británico en Madrid, en un despacho dirigido el 24 de marzo de 1936 a Anthony Eden le indicaba que sólo la proclamación de una dictadura podría evitar que Largo Caballero desencadenase la revolución ya que el dirigente del PSOE tenía la intención clara de «derribar al presidente y al gobierno de la República e instaurar un régimen soviético en España». Para justificar ese paso, Largo Caballero tenía intención de aprovechar la celebración de las elecciones municipales en abril.[17] Sin embargo, el gobierno —que recordaba otras elecciones municipales celebradas en abril y sus resultados— optó por aplazar la convocatoria electoral.

El deterioro del Estado de derecho era tan acusado en España que el Western Department del Foreign Office británico encargó a Montagu Pollock un informe al respecto. El resultado fue una *Nota sobre la evolución reciente en España.* El documento tiene una enorme importancia porque en el mismo se describe cómo la nación atravesaba por una «fase Kerensky» previa al estallido de una revolución similar a la rusa de octubre de 1917. Entresacamos algunos párrafos de este documento crucial: «*Desde las elecciones la situación en todo el país se ha deteriorado de manera constante.* El gobierno, en un intento cargado de buenas intenciones de cumplir las promesas electorales, y bajo fuerte presión de la izquierda, ha promulgado un conjunto de leyes que han provocado *un estado crónico de huelgas y cierres patronales y la práctica paralización de buena parte de la vida económica del país.*»[18]

De especial interés resultaba asimismo la pérdida de independencia del poder judicial que, recordemos, había sido impulsada por el Frente Popular: «En muchos lugares, a causa del sentimiento de miedo y confusión creado por la desaparición de la autoridad, el control del gobierno local, de los tribunales de justicia, etc., ha caído en manos de las minorías de extrema izquierda.»

Para remate, durante el mes de julio, Largo Caballero realizó algunas declaraciones ante la prensa londinense que no podían sino confirmar la tesis Kerensky de que el actual gobierno sólo era un paso previo a un golpe de izquierdas que desatara la revolución e instaurara la dictadura, tal y como había sucedido en Rusia: «Deseamos ayudar al gobierno en la realización de su programa; le colocamos donde está sacrificando nuestra sangre y libertad; no creemos que triunfe; y cuando fracase nosotros lo sustituiremos y entonces se llevará a cabo nuestro programa y no el suyo... sin nosotros, los republicanos no pueden existir, nosotros somos el poder y si les retiramos el apoyo a los republicanos, tendrán que marcharse.» [19]

El 11 de julio de 1936 despegaba el *Dragon Rapide*, encargado de recoger a Franco para que encabezara el golpe militar en África. A esas alturas, las fuerzas de izquierda, especialmente socialistas, ya habían comenzado a realizar detenciones arbitrarias de adversarios políticos. El 12, un grupo derechista asesinó al teniente de la Guardia de Asalto, José del Castillo, muy vinculado a las milicias del PSOE, cuando abandonaba su domicilio. La respuesta de los compañeros del asesinado fue fulminante. Varios guardias de asalto de filiación socialista y estrechamente relacionados con Indalecio Prieto se dirigieron a la casa de Gil Robles. Al no encontrarlo en su domicilio, se encaminaron entonces al de Calvo Sotelo. Allí lo aprendeherían, para después asesinarlo y abandonar su cadáver en el cementerio.

El hecho de que el asesinato de Calvo Sotelo hubiera sido predicho en una sesión de las Cortes sólo sirvió para convencer a millones de personas de que el gobierno y las fuerzas que lo respaldaban en el Parlamento perseguían poner en marcha a escala nacional unos acontecimientos semejantes a los que había padecido Asturias durante el mes de octubre de 1934 y, de manera lógica, contribuyó a limar las últimas diferencias existentes entre los que preparaban un golpe contra el Frente Popular. El 14 de julio, Mola concluyó el acuerdo definitivo con los tradicionalistas, mientras José Antonio, el dirigente de Falange que estaba encarcelado desde primeros de año, enviaba desde la prisión de Alicante a un enlace (Garcerán) para que presionara en favor de adelantar el golpe. Dos días después, Gil Robles afirmó ante las Cortes que no creía que el gobierno estuviera implicado en la muerte de Calvo Sotelo, pero que lo consideraba responsable moral y políticamente. El gobierno, por su parte, estaba al tanto de los preparativos de golpe pero creía que la táctica mejor sería esperar a que se produjera para luego sofocarlo como el 10 de agosto de 1932. También lo ansiaban las fuerzas del Frente Popular que creían en una rápida victoria en una guerra civil que habían contribuido, en especial desde 1934, decisivamente a desatar.

Sabido es de todos que la guerra civil estalló. Menos conocido es que los masones, que no la masonería, partidaria del Frente Popular, se dividieron en su apoyo a los dos bandos. Al respecto, resulta interesante un reciente estudio sobre los militares que eran masones y su reacción durante la guerra civil.[20] Aunque el listado no es completo —señálese como dato curioso que en él no aparece el abuelo del socialista José Luis Rodríguez Zapatero, militar y masón—, no deja de ser significativo alguno de los datos contenidos en el mismo. De una muestra total de 646 militares, 92 no llegaron a ser iniciados y 617 eran militares profesionales, una cifra que indica que la penetración de la masonería en las fuerzas armadas no era escasa. Antes de la guerra fallecieron 40 y de los que intervinieron en ella 29 eran milicianos y movilizados, 171 se sumaron al alzamiento de julio de 1936 y 16 sirvieron como agentes a favor de los sublevados, datos todos ellos que confirman nuestra tesis de que no fueron pocos masones los que abandonaron las logias y se sumaron a la rebelión al contemplar la impronta revolucionaria del Frente Popular.

Esta circunstancia viene además abonada por el hecho de que en la zona controlada por el Frente Popular murieron 32 militares masones, 6 de ellos fusilados y 26 por causas diversas, incluida también la represión. En la zona controlada por los nacionales, los muertos por diversas causas llegaron a 36, los fusilados hasta el año 1942 fueron 73 y —dato muy relevante— los perdonados que además siguieron en activo en las fuerzas armadas, 27. Ciertamente, la visión profundamente antimasónica de Franco es innegable, pero no es menos cierto que admitió la posibilidad de cambio y adhesión en los miembros de las logias.

La colaboración de los «hijos de la viuda» en algunos de los episodios más siniestros acontecidos en la España controlada por el Frente Popular resulta innegable. Así, a inicios de agosto de 1936, se celebró en el palacio del Círculo de Bellas Artes una reunión decisiva que respondía a una convocatoria de Manuel Muñoz Martínez, director general de Seguridad. Muñoz Martínez no pertenecía a ninguno de los partidos que habían propugnado históricamente la revolución sino que era diputado de Izquierda Republicana, la formación política de Manuel Azaña, y pertenecía a la masonería, en la que ostentaba el grado treinta y tres.[21]

La carrera de Muñoz Martínez en la masonería fue realmente notable. Ingresó en ella en 1924, cuando tan sólo contaba treinta y seis años de edad. Conspirador contra la monarquía y a favor de la República, el día de la proclamación de ésta fue promovido al grado 24 de la masonería. En 1933 fue designado vocal del gran consejo federal simbólico y en agosto de 1935, designado candidato a la elección de Gran Maestro nacional. No lo consiguió al quedar el cuarto, pero ese mismo año se le confirió el grado 33.

Esta reunión, a la que asistieron representantes de todos los partidos y sindicatos que formaban el Frente Popular, tuvo un resultado de enorme relevancia ya que en el curso de la misma se acordó la constitución de un Comité Provincial de Investigación Pública que, en coordinación con la Dirección General de Seguridad, iba a encargarse de las tareas de represión en la denominada zona republicana. El Comité en cuestión tendría entre otras competencias la de acordar las muertes que estimara convenientes.[22]

El Comité Provincial de Investigación Pública, formado por secciones o tribunales, contaba como ya hemos señalado con representantes de todos los partidos y sindicatos del Frente Popular, es decir, del PSOE, del PCE, de la FAI, de Unión Republicana, del partido sindicalista, de Izquierda Republicana, de UGT, de la CNT, de las Juventudes Socialistas Unificadas y de las Juventudes Libertarias. Hasta finales de agosto de 1936, el Comité funcionó en los sótanos del Círculo de Bellas Artes. En esas fechas se trasladó a un palacio situado en el número 9 de la calle de Fomento, donde permaneció hasta su disolución en noviembre del mismo año. Este traslado explica el nombre popular de Checa de Fomento con el que fue conocido —y temido— el Comité.

La constitución del Comité implicó consecuencias de tremenda gravedad para el respeto a los derechos humanos en la zona controlada por el Frente Popular. De entrada, su mera existencia consagraba el principio de acción revolucionaria —detenciones, torturas, saqueos, asesinatos—, respaldándolo además con la autoridad del propio gobierno del Frente Popular y de la Dirección General de Seguridad que éste nombraba. De esa manera, los detenidos podían ser entregados por las autoridades penitenciarias o policiales al Comité sin ningún tipo de requisito quebrando cualquier vestigio de garantías penales que, tras varias semanas de matanzas, imaginarse pudieran. Por si esto fuera poco, la constitución del Comité no se tradujo en la disolución de las checas que actuaban en Madrid[23] sino que les proporcionó, a pesar de su conocida actuación, una capa de legalidad ya que las convirtió en dependientes del citado Comité.

Partiendo de esas bases, no puede resultar extraño que motivos no políticos se sumaran a las razones de este tipo en la realización de las detenciones y de las condenas.[24] Los interrogatorios se encaminaban desde el principio a arrancar al reo alguna confesión sobre sus creencias religiosas o simpatías políticas, circunstancias ambas que servían para incriminarlo con facilidad. En el curso de este interrogatorio, el acusado no disfrutaba de ninguna defensa profesional e incluso era común que se le intentara engañar afirmando que se poseía una ficha en la que aparecía su filiación política. Como mal añadido se daba la circunstancia de que los reos eran juzgados de manera apresurada y masiva, lo que facilitaba, sin duda alguna, la tarea de los ejecutores pero eliminaba cualquier garantía procesal.

Los tribunales de la checa —seis en total, con dos de ellos funcionando de manera simultánea— mantenían una actividad continua que se sucedía a lo largo de la jornada, en tres turnos de ocho horas, que iban de las 6 de la mañana a las 14 horas, de las 14 a las 22 y de las 22 a las 6 del día siguiente. En el curso de cada turno a los dos tribunales se sumaba la acción de un grupo de tres comisionados. De éstos, uno se encargaba de la recepción y control de los detenidos, en compañía de dos policías; otro registraba los objetos procedentes de las requisas realizadas en los domicilios y el último de la administración del centro. La actividad, no ya de los tribunales pero sí de las brigadillas, era especialmente acusada durante la noche y la madrugada, que eran los periodos del día especialmente adecuados para proceder a los asesinatos de los reos.

Las sentencias dictadas por los diferentes tribunales carecían de apelación, eran firmes y además de ejecución inmediata. Esto se traducía en que, tras la práctica del interrogatorio, el tribunal tomaba una decisión que sólo admitía tres variantes: la muerte del reo, su encarcelamiento o su puesta en libertad. A fin de ocultar las pruebas documentales de los asesinatos, éstos se señalaban en una hoja sobre la que se trazaba la letra L —igual que en el caso de las puestas en libertad—, pero para permitir saber la diferencia a los ejecutores la L que indicaba la muerte iba acompañada de un punto. No hace falta insistir en el clima de terror que provocó de manera inmediata la citada checa en la medida en que cualquiera podía ser detenido por sus agentes y no sólo no contaba con ninguna posibilidad de defensa sino que además estaba desprovisto del derecho de apelación.

Una vez establecido el destino del reo, éste era entregado a una brigadilla de cuatro hombres bajo las órdenes de un «responsable». Todos los partidos y sindicatos del Frente Popular contaban con representación en las diferentes brigadillas.[25] Sin embargo, ocasionalmente las tareas de exterminio encomendadas a estas unidades eran demasiado numerosas y entonces se recurría para llevarlas a cabo a los milicianos que prestaban servicios de guardia en el edificio de la checa. Dado el carácter oficial del que disfrutaban los miembros de la checa, para llevar a cabo sus detenciones no precisaban de «órdenes escritas de detención y registro, bastando su propia documentación de identidad para poder realizar tales actos».[26] De hecho, «la fuerza pública y Agentes del Gobierno del Frente Popular... (estaban)... obligados a prestar toda la cooperación que los Agentes del Comité de Fomento necesitasen».[27]

Como ya se ha indicado, la relación entre los miembros de la checa y las autoridades republicanas era constante y se extendía no sólo al director de Seguridad sino también al ministro de la Gobernación, Ángel Galarza. El masón Muñoz desempeñaría además un papel esencial en la perpetración del terrible crimen contra la Humanidad que tuvo como escenario Paracuellos del Jarama en noviembre de 1936. En el curso del mismo, las fuerzas republicanas asesinaron a cerca de cinco mil presos, procediendo luego a su enterramiento en grandes fosas comunes. Aunque se ha hablado más de una vez de la indudable responsabilidad del comunista Santiago Carrillo en los crímenes,[28] no puede pasarse por alto el hecho de que el masón Muñoz fue precisamente el que, librando una orden a la socialista y también iniciada en la masonería Margarita Nelken para que realizara las primeras sacas, permitió la realización de los asesinatos masivos.

En el otro bando, la represión antimasónica fue inmediata. El 15 de septiembre de 1936, Franco —uno de cuyos compañeros de alzamiento era el general masón Cabanellas— dictaba el primer decreto contra la masonería en Santa Cruz de Tenerife. Durante los años siguientes, la represión en la zona nacional tuvo a los «hijos de la viuda» como uno de sus blancos más específicos. En ellos veía no sólo a los culpables de haber creado un régimen sectario que había degenerado en un enfrentamiento fratricida, sino también a los colaboradores indispensables de la revolución y, en términos históricos, a los responsables de no pocos males, entre los que se hallaba la pérdida del imperio en ultramar.

De manera bien significativa, hay que indicar que no sólo Franco consideró que la presencia de los masones era un peligro para el ejército —¿qué entidad jerárquica no se sentiría inquieta al saber de la existencia de una sociedad secreta en su seno?— sino que entre los opositores encarnizados a ella se encontró Stepánov, uno de los principales agentes de Stalin en la España del Frente Popular.

## Los soviéticos abominan de los masones

Stoyán Minéyevich Ivanov, alias *Stepánov y Moreno*, fue uno de los agentes de la Komintern enviados por Stalin para fiscalizar lo que sucedía en España durante la guerra civil. Personaje de aventuras intensas e importantes, a él le debemos un informe sobre el conflicto que fue remitido al Secretariado de la Komintern y al propio Stalin y que no ha sido accesible hasta la caída de la URSS. El *Informe Stepánov*, a pesar de su carácter comprensiblemente tendencioso, constituye una fuente histórica de primer orden que ya hemos utilizado con anterioridad.[29] En esta obra resulta de enorme interés porque proporciona abundante noticia sobre el comportamiento de la masonería en la zona de España controlada por el Frente Popular.

Para Stepánov, resultaba obvio que la acción de los «hijos de la viuda» había sido una de las no escasas causas de la derrota del Frente Popular. De hecho, según sus propias palabras, «la masonería representó un papel no poco importante en la creación de unas condiciones que condujeron a la catástrofe». ¿A qué se debía ese juicio tan severo?

«En España —según Stepánov—, la masonería es, al igual que en otros países, un movimiento liberal burgués, predominantemente intelectual, que intenta penetrar en el seno de la clase obrera y de las organizaciones obreras.» La finalidad de esa penetración era «asegurarse el apoyo de los trabajadores contra el clero, los terratenientes y la casta de oficiales y asegurarse la participación de los trabajadores en la lucha política democrático-burguesa, aunque bajo la dirección de los partidos burgueses; por otra parte, guardar a la clase obrera de actuaciones políticas de clase independientes».

La masonería española —a la que Stepánov atribuía erróneamente un papel en la lucha contra Napoleón— se había sumado a la República en abril de 1931 y al producirse el alzamiento de julio de 1936 «los oficiales masones se enrolaron en el ejército y en las unidades que se formaron». De manera sorprendente para Stepánov, el peso de los masones en el aparato del Estado frentepopulista era verdaderamente espectacular. Como él mismo afirmaba, «todos los componentes de la traidora junta casadista... eran masones. El presidente de la República, Azaña, es masón. Todo su aparato y su séquito militar son masones. El presidente de las Cortes, Martínez Barrio, y la mayoría de los dirigentes de su partido, Unión Republicana, son masones. La dirección del partido de los republicanos de izquierda está compuesta por masones. La mayoría de los miembros de la dirección del Partido Socialista y de la dirección de la Unión General de Trabajadores son masones. También la mayoría de los dirigentes de la Confederación Nacional del Trabajo y de los redactores de su prensa está compuesta por masones. La mayoría de los puestos responsables del Ministerio del Interior, de la policía, de la dirección del departamento de seguridad, de la guardia móvil y de los carabineros está ocupada por masones. También ha sido ocupada por masones la mayoría de los puestos responsables en el aparato de otros ministerios. La inmensa mayoría de la oficialidad republicana está compuesta por masones».

El cuadro, por supuesto, admite algunos matices, pero el agente soviético señalaba algo innegable y era el enorme peso de la masonería en la España del Frente Popular. Ese peso incluso llegó a hacerse sentir en el PCE, donde «un número importante de masones ingresó... al entender que el PC era el que mejor... se preocupaba de la unificación y de la organización de las fuerzas populares». Según Stepánov, durante los primeros meses de la guerra «es posible que... ingresasen en el PCE cinco o seis mil oficiales, de los que el noventa por ciento eran masones». Hasta ese momento, los soviéticos consideraron el fenómeno positivamente en la medida en que pensaban que estaban captando a gentes que procedían de las más diversas ideologías. El optimismo iba a durarles poco a los agentes de Stalin. A partir de julio de 1937 comenzaron a comprobar que los «hijos de la viuda» no eran comunistas leales a la disciplina del PCE, sino que «empiezan a intentar librarse crecientemente del control del PCE y a resistirse a su línea y pretenden ser los portadores de directrices extrañas en el seno del PCE». En otras palabras, los oficiales masones estaban actuando como lo hacían desde hacía siglos. Su lealtad, por encima de su militancia, estaba dirigida hacia las logias. Cuál no sería la sorpresa de los soviéticos cuando durante la batalla de Teruel, en diciembre de 1937, «los oficiales masones intentaron restablecer la organización de oficiales anterior... sin informar al PCE ni pedirle opinión». Una vez más, los masones eran, primero y ante todo, masones. A esas alturas, por añadidura, los «hijos de la viuda» que combatían en el Ejército Popular de la República habían llegado a la conclusión de que no podían derrotar a Franco y que lo mejor que se podía hacer era alcanzar a una paz pactada con él. Para lograrlo, pidieron la mediación de otros masones con influencia en gobiernos extranjeros. Como indicaría Stepánov, «destacadas personalidades republicanas, socialistas y anarcosindicalistas estaban relacionadas con los masones ingleses, otras estuvieron relacionadas con los franceses, principalmente con Chotan, Delbos, Blum, Dormios y otros... en el último año representaron un papel negativo y nefasto, al enrarecer el ambiente con su falta de fe y sus conspiraciones favorables a la capitulación».

Para Stepánov, el Frente Popular tenía que haber resistido. Si no lo había hecho, se debía, en no escasa medida, a ese derrotismo —a su juicio ocasionado por la masonería— en el que tuvieron tanto peso masones como Azaña y Martínez Barrio y que, al fin y a la postre, acabaría cristalizando en la junta de Casado y su rendición en la primavera de 1939. El agente de Stalin se hallaba en las antípodas ideológicas de Franco, pero, de manera bien reveladora, coincidía con él en algunos aspectos muy concretos relacionados con la masonería. El primero era el riesgo que representaba su presencia en el ejército; el segundo, la seguridad de que los masones no obedecían a sus mandos naturales sino a sus superiores en las logias; el tercero, que para llevar a cabo sus propósitos siempre contaban con el apoyo de sus hermanos de otros países, y el cuarto, que, precisamente por todo lo anterior, constituían un factor lo suficientemente peligroso como para poder contribuir, quizá de manera decisiva, a la derrota militar. Se piense lo que se piense de ese juicio, lo cierto es que fue precisamente el bando que se libró de la acción de las logias en el seno del ejército el que ganó la guerra civil.

# Conclusión: de 1945 al futuro

El final de la segunda guerra mundial dejó a la masonería en posesión de un caudal propagandístico de no escasa importancia. Derrotados los fascismos, los masones podían presentarse —con cierta inexactitud— como una de sus primeras y principales víctimas. Se trataba del antiguo recurso a aprovechar al enemigo odiado para construirse un buen nombre. La base de razonamiento es endeble. De hecho, si lo seguimos tendremos que absolver a Hitler y a Stalin de ser unos genocidas simplemente porque su enemigo principal fue Stalin y Hitler. Lo cierto es que la masonería no tuvo un papel especial en la lucha contra el fascismo y que no fue especialmente perseguida por los totalitarismos. Aún más. Como ya hemos visto, en la posguerra no faltaron los casos de logias alemanas que brindaron refugio a antiguos nazis. En realidad, los únicos regímenes que decidieron acabar con las logias y lo consiguieron fueron el comunismo y el franquismo.

Por lo que se refiere a las manifestaciones históricamente repetidas de la masonería —el ocultismo iniciático y la conquista del poder político— no han variado tras la segunda guerra mundial. En el primer terreno no deja de ser significativo que algunos de los best-sellers ocultistas de los últimos años —best-sellers impregnados de un claro anticristianismo— se hayan debido a autores masones, como Robert Ambelain. En ellos se encuentran repetidas las viejas historias que ya conocían los masones del siglo XVIII y que después popularizaron los movimientos ocultistas del siglo XIX. Cristo no es Dios sino un mero maestro de moral iniciado por otros que, previamente, poseían determinados secretos iniciáticos. A esto habría que añadir que su muerte —si es que tuvo lugar— jamás poseyó carácter expiatorio y que la salvación se obtiene no por su sacrificio en la cruz en lugar del género humano pecador, sino por una combinación de gnosis y moral universalista. Tampoco existen cielo e infierno, sino un terreno indefinido de reencarnación de las almas. Ni Pike, ni madame Blavatsky, ni Annie Besant hubieran podido expresarlo mejor.

De manera que difícilmente puede considerarse casual, la enseñanza del movimiento de la Nueva Era —¡y la de no pocos teólogos que son, presuntamente, cristianos!— es idéntica a la de los supuestos misterios de la masonería en donde tenían cabida Isis y Osiris, Pitágoras y Orfeo, Zoroastro y Mahoma, y sí, también Moisés y Jesús en su calidad de iniciados. Al final, para estos autores, el cristianismo es tolerable tan sólo en la medida en que deje de ser cristiano y se transforme en un movimiento sincrético.

Por lo que se refiere a la conquista del poder, el papel de los masones en los últimos años ha sido realmente relevante en algunas naciones. Fue un presidente masón, Truman, el primero en lanzar la bomba atómica; ha sido un ex presidente masón, Giscard d'Estaing, el padre de un proyecto de Constitución europea que excluye cualquier referencia a la herencia cristiana; ha sido una masonería, la francesa, la que ha servido para articular todo un sistema despiadadamente neocolonial en África, copia casi exacta del usado hace casi dos siglos por Bonaparte. Se trata tan sólo de algunos ejemplos, nada baladíes por otra parte.

En el caso de Francia, el papel de la masonería es, sencillamente, espectacular. El 31 de agosto de 1987, en la diminuta iglesia de La Groutte, François Mitterrand, acompañado del antiguo primer ministro Pierre Mauroy, y rodeado de ministros como Michel Rocard, Pierre Bérégovoy, Jean Pierre Chevenement, Lionel Jospin y un largo etcétera, daba su adiós a Roger Fajardie, el masón, miembro del consejo del orden del Gran Oriente de Francia, que era considerado la verdadera eminencia gris del régimen. En febrero de ese mismo año, otro masón, Michel Baroin, presidente de la FNAC y de la GMF, amigo personal de Chirac, había sido objeto de unas exequias fúnebres no menos espectaculares en la iglesia de San Francisco de Sales de París. Francia estaba entonces gobernada por el partido socialista y una de las consecuencias era que los «hijos de la viuda» —un 0,2 por ciento de la población— ocupaban el veinticinco por ciento de las carteras ministeriales. Era lógico, a fin de cuentas, porque la masonería había sido un factor esencial para que la izquierda francesa llegara al poder tras los años de sequía del general De Gaulle. La ocupación de puestos clave ya se había producido gracias a otro masón relevante Valéry Giscard d'Estaing, pero con Mitterrand en la presidencia no menos del veinte por ciento de los cargos franceses en instituciones europeas serían masones.[1] En el palacio Borbón, pasarían del centenar y en el consejo de ministros serían una decena entre los que se encontrarían Roland Dumas, Yvette Roudy, Jack Lang o François Abadie.[2] Sin embargo, no cabe engañarse, no se trataba sólo de socialistas. El mismo Chirac, un político envuelto en no pocos casos de corrupción, contaba ya en esa época con hombres de confianza que pertenecían a las logias.

Durante los años Mitterrand, los masones tendrían un papel también relevante en la corrupción, situación imposible de separar de la gestión socialista. En los escándalos de la época —Carrefour, Urba, Pechiney, Angulema, Cannes...— siempre aparecían los «hijos de la viuda» socialistas.[3] Su programa en ocasiones parecía reducirse a una filosofía laicista, a una supuesta solidaridad social que justificara el aumento del gasto público y creara bolsas de voto cautivo mediante las subvenciones; y a unos negocios controlados por la administración que permitieran obtener pingües e ilegales beneficios personales. Los paralelos con otras administraciones socialistas en Italia y en España saltan a la vista.

Por si fuera poco, siguiendo el ejemplo de Napoleón, la masonería francesa es utilizada para establecer un modelo de control colonial sobre África[4] e incluso de expansión política en países como Checoslovaquia —pronto dividida en dos— en la Europa del Este. Sin embargo, también como sucediera en el pasado en Hispanoamérica, no parece que los dirigentes iniciados en la masonería estén demostrando una especial capacidad a la hora de gobernar a sus respectivos países. Una y otra vez, la masonería ha aparecido en estas décadas como un instrumento privilegiado para alcanzar el poder, pero no tan eficaz a la hora de gestionarlo más allá del reparto de prebendas entre los hermanos.

De hecho, a los escándalos franceses se han sumado en estos años otros, también protagonizados por masones, pero en escenarios nacionales distintos. En 1977, por ejemplo, la policía metropolitana de Londres sufrió su segundo mayor escándalo de la Historia y, como en el caso del primero acontecido en 1877, la causa fundamental fue la corrupción establecida en la institución por los masones. En Italia se trató de la inmensa corrupción socialista orquestada y presidida por el masón Bettino Craxi, que se vio obligado a morir en el extranjero para evitar la acción de la justicia.

Más grave aún fue, también en Italia, el caso de la Logia P-2. Lejos de pertenecer a la masonería irregular —una excusa formulada frecuentemente ante ciertos escándalos protagonizados por masones—, la P-2 estaba colocada bajo la autoridad de la masonería regular italiana. Sus actividades, sin embargo, resultaban escalofriantes. Su jefe, Licio Gelli, constituía, desde luego, un verdadero paradigma de lo que puede lograr la influencia de los «hijos de la viuda».

Nacido en 1919 en Pistoia, Italia, Gelli se integró desde muy joven en el régimen fascista de Mussolini. Al acabar la guerra consiguió abandonar el país y llegar a Argentina, donde, presumiblemente, mantuvo relación con Juan Domingo Perón. Fue el apoyo de la masonería el que le permitió verse libre de cargos por haber colaborado con los ocupantes alemanes y también el que le colocó a la cabeza de la Logia P-2. Bajo la dirección de Gelli, la citada logia integró en su seno a políticos, magistrados, hombres de negocios y militares dispuestos a dar un golpe de Estado que aniquilara el sistema parlamentario en Italia. De haberlo conseguido, no se hubiera tratado, sin duda, del primer triunfo de ese tipo en la historia de la masonería.

La Logia P-2 tuvo además un papel significativo en el episodio del Banco Ambrosiano y las finanzas vaticanas a través del banquero masón Michele Sindona —que logró convertirse en consejero del papa Pablo VI— y de Roberto Calvi. Seguramente, todavía nos faltan documentos clave para comprender todo lo sucedido entre la muerte de Pablo VI, el fallecimiento de Juan Pablo I entre rumores crecientes de asesinato y el estallido del escándalo durante el pontificado de Juan Pablo II. Lo que sí es indiscutible es que el asunto de la Logia P-2 tuvo como consecuencia que, por primera vez desde el siglo XIX, un régimen no totalitario llevara a cabo una reforma legal que colocara fuera de la ley a las sociedades secretas. La efectividad del cambio legal es, por supuesto, otra cuestión porque la masonería no ha visto reducido su poder en la Italia de los últimos años, aunque sí es cierto que su imagen está muy dañada y que no faltan las disensiones entre sus miembros.

Por añadidura, el asunto de la Logia P-2 puso de manifiesto un dato obvio e innegable, el de que la masonería había logrado introducirse en el Vaticano y llevar a cabo un conjunto de maniobras que sólo podían tener como resultado la bancarrota y el descrédito de la Santa Sede. No era la primera vez —lo hemos visto— que la masonería lograba ganar para su causa a prelados, pero sí, quizá, la que obtenía un éxito tan sonado. Todo ello se producía además en una época en que no pocos teólogos pedían casi a gritos la desaparición de las penas canónicas para los católicos que fueran iniciados en la masonería o incluso contribuían a forjar a través de libros y publicaciones su leyenda rosada. Cuando el nuevo Código de derecho canónico excluyó la mención directa a la masonería como causa de excomunión, los «hijos de la viuda» recibieron la noticia con satisfacción, pero es dudoso que a esas alturas pudieran sorprenderse. Las historias sobre obispos y cardenales iniciados en la masonería y no digamos las listas de los mismos publicadas, por ejemplo, por el *Bulletin de l'Occident Chrétien*, posiblemente tuvieran más de legendario que de cualquier otra cosa, pero no podía negarse que la masonería había conseguido dar pasos de gigante en su aceptación, siquiera tácita, por parte de sectores de una organización que la había combatido desde sus inicios basándose sobre todo en sobradísimas razones, que, se diga lo que se diga, son más espirituales que de cualquier otro género.

En España, la masonería reapareció de manera oficial tras la muerte de Franco. Insistió en su apartidismo, en su condición de sociedad discreta que no secreta, en su carácter meramente filantrópico. Semejantes afirmaciones históricamente nunca han significado gran cosa a la hora de saber hacia dónde se inclinarían las logias. Distintas fuentes han apuntado a una fragmentación casi cabileña en su interior además de un personalismo que ha causado enorme daño a su proyección social. A pesar de todo, el peso de los hermanos —aunque seguramente pasarán años antes de que podamos conocerlo de manera clara— no parece que fuera escaso en los años de la Transición. Por ejemplo, el 30 de septiembre de 1979, Felipe González fue elegido secretario general por un Congreso extraordinario —el veintiocho y medio— que lo consagró como dirigente indiscutible del PSOE. La gestora que había fraguado tan decisiva victoria había estado formada por cinco miembros. El primero de los «hijos de la viuda» era José Federico de Carvajal, que llevaría a cabo una extraordinaria purga en el PSOE y llegaría a presidente del Senado. Los otros dos fueron José Prat, en representación del exilio y de la soldadura entre el PSOE histórico y el renovado de González, y Carmen García Bloise, elemento de conexión con el partido socialista francés.[5] No resultaron los únicos en una lista donde se encontraban, entre otros masones, Joan Reventós, Enric Sopena, Gregorio Peces-Barba (padre) o Gaspar Zarrias.[6] Quizá por ello no resulte tan sorprendente que el Gran Maestre del Gran Oriente español sea en la actualidad un antiguo diputado del PSOE o que Felipe González tuviera ministros masones como Jerónimo Saavedra. Volvamos a repetirlo. La historia del peso de la masonería en el PSOE, antes y después de la Transición, está aún por escribir y buena parte de la documentación no se encuentra disponible. Sin embargo, a juzgar por lo que ya sabemos y por los paralelos europeos es lógico pensar que será apasionante y clarificadora. Justo es decir asimismo que los citados en Francia y España no son los únicos políticos socialistas vinculados a las logias en Europa. Añadamos, sin ánimo de pretender ser exhaustivos, los nombres de Bruno Pittermann, ex presidente de la Internacional Socialista, y de Bruno Kreisky en Austria; los de Saragat y Bettino Craxi, en Italia; el de Mário Soares en Portugal, el de Helmut Schmidt en Alemania y el de Dejardin en Bélgica. Quizá por ello no debería ser tan extraño que cuando, tras su derrota a inicios de los años noventa, los socialistas españoles regresen a la Moncloa, lo hagan dirigidos por José Luis Rodríguez Zapatero, nieto de un militar masón y responsable del mayor ataque lanzado por un gobierno contra la Iglesia católica desde los años de la Segunda República. Si algo se desprende de las páginas anteriores no es, precisamente, que la masonería haya perdido poder en las últimas décadas. Quizá su sustancia filosófica resulte más marchita que nunca y los enfrentamientos sean especialmente acusados. Sin embargo, a decir verdad —y quizá con la excepción de Estados Unidos—, todo parece indicar que su poder político y social no ha mermado. ¿Qué cabe esperar de esa circunstancia?

Intentar predecir el futuro sobre la base del pasado es tentador, pero en modo alguno seguro. Del pasado de la masonería sabemos sobradamente que, a pesar de la leyenda rosada, ha demostrado, vez tras vez, un contenido gnóstico e iniciático que choca frontalmente con el cristianismo; que ha demostrado una inmensa capacidad para derribar gobiernos y alcanzar el poder; y que, una vez con los resortes del dominio en las manos, no pocas veces ha demostrado también una pasmosa incompetencia para solucionar los problemas reales y crear un orden estable, a la vez que una repetitiva tendencia a la corrupción. Sus mensajes han podido ser atrayentes y sugestivos; sus resultados, por regla general, han sido deplorables, cuando no cruentos. En ese sentido, la masonería se asemeja a otras utopías de la Historia, como el socialismo y el comunismo. No ha cumplido ciertamente con lo prometido, pero ha puesto de manifiesto una acentuada falta de escrúpulos para conseguir detentar el poder y luego una no menos clara voluntad de implantar una visión no por sectaria más eficaz a la hora de solventar los verdaderos retos con los que se enfrenta, día a día, cada ser humano.

Un futuro en manos de la masonería —como lo ha sido buena parte del pasado— significaría, presumiblemente, un recorte de las libertades de aquellos que no estén dispuestos a plegarse a un discurso único sincrético y multicultural; un aplastamiento de los que no comulguen con un sistema laico en el que la civilización y la fe de cada uno tenga que aceptar su sustitución por el masónico guiso amalgamador; un reparto de poder entre los hermanos que no aumentará la eficacia del Estado aunque sí la corrupción y los saldos de determinados «hijos de la viuda»; una erosión —quizá más desde dentro que desde fuera— del papel del cristianismo en la sociedad mundial; y, finalmente, la consagración de un gobierno que pondrá todo su empeño no en gestionar correctamente sino en controlar los medios de comunicación para mantener sumida en el engaño y en la propaganda a una opinión pública que, bajo ningún concepto, debe saber hacia dónde la dirigen. Los precedentes históricos, como se ha visto en estas páginas, no puede decirse que sean escasos.

Para muchos, sin duda, ese conjunto de resultados no puede resultar más apetecible en la medida en que, supuestamente, provocará una fusión sincrética de todos los credos, un gobierno de una minoría semioculta sobre una mayoría manipulada por los medios de comunicación, y la creación de una sociedad apaciguada en la que los planes neocoloniales se llevarán a cabo gracias a las logias de los países dominados, siguiendo el modelo napoleónico, y los problemas sociales ni siquiera serán conocidos, evitando así la inquietud en la masa de la población. Buscándolo o no, ese gobierno se asemejaría no poco al del *Mundo feliz* de Huxley o al *1984* de Orwell y cuesta mucho no especular con su posibilidad en el marco de una UE cuyo proyecto de Constitución futura —elaborado por el masón Giscard d'Estaing— no es democrático, cuya identidad como civilización va camino de convertirse en inexistente salvo en lo que al antiamericanismo y a la judeofobia se refiere, y cuyo pensamiento espiritual parece estar dirigiéndose hacia un hedonismo absurdo mezclado con ese ocultismo de supermercado denominado New Age.

Naturalmente, es posible que, llegado ese momento, los sabios, a semejanza de los que componían logias como la de las Nueve Hermanas o la Lautaro fracasen estrepitosamente y tan sólo suman a sus gobernados en mayores miserias; es posible también que la labor de zapa del pensamiento crítico no sea lo suficientemente eficaz como para lograr la sumisión fácil de todo el orbe a la dictadura de lo políticamente correcto y es posible, por último, que los cristianos decidan que no están dispuestos a vender la creencia en el Dios que se encarnó en Jesús para salvar al género humano a cambio de un Cristo ocultista, maestro entre otros maestros. No les será fácil porque esta vez el precio ofrecido será muy superior a las treinta monedas de plata. Sin embargo, si resisten la tentación de venderse, entregarse o rendirse aún quedaría esperanza para la verdad y la libertad en este mundo.

APÉNDICE I

# Algunos textos para la historia de la masonería

## DOCUMENTO 1
**Juramento de iniciación en la masonería**

Juro por Dios y por San Juan, por la Escuadra y el compás, someterme al juicio de todos, trabajar al servicio de mi Maestro en la honorable Logia, del lunes por la mañana al sábado, y guardar las llaves, bajo la pena de que me sea arrancada la lengua a través del mentón, y de ser enterrado bajo las olas, allá donde ningún hombre lo sabrá.

## DOCUMENTO 2
**Catecismo suizo de la Francmasonería de Berna, del año 1740**

Prometo bajo mi palabra de honor no revelar jamás los secretos de los masones y de la Masonería que me van a ser comunicados bajo el sello del arte. Prometo no esculpirlos, ni grabarlos, ni pintarlos o escribirlos sobre ningún objeto. Además prometo jamás hablar nada contra la Religión, ni contra el Estado, ayudar a socorrer a mis hermanos en sus necesidades y según todo mi poder. Si faltare a mi promesa, consiento en que me sea arrancada la lengua, cortada la garganta, atravesado el corazón de parte a parte, quemado mi cuerpo y mis cenizas arrojadas al viento para que no quede ya nada mío sobre la tierra, y el horror de mi crimen para intimidar a los traidores que fueren tentados de imitarme. Que Dios sea en mi ayuda.

## DOCUMENTO 3
**Fórmula de secreto masónico**

Yo F. de T. De mi propia y libre voluntad, en presencia de Dios y de esta venerable Logia dedicada a San Juan, del modo más solemne y sincero Juro: Que guardaré y jamás revelaré parte, punto, seña, ni palabra de la M. Que me será de ahora en adelante confiada, no siendo aún M. Conocido como tal, previo un examen. Que no hurtaré, ni permitiré hurtar ni dañar a ningún H. M.; al contrario, le daré aviso de todo mal de que pueda ser amenazado; además juro que siempre seré un fiel súbdito del Rey, y de la Constitución establecida en mi país, nunca permitiendo ni moviendo controversias, disputas ni cuestiones sobre asuntos políticos ni religiosos dentro de la Logia, pues desde ahora conozco que son muy ajenas y contra el espíritu y esencia de la verdadera M. Siendo su único fin establecer la sana moral, cultivar las ciencias, ser justo y benéfico y caritativo en cuanto permitan mis circunstancias y sobre todo ser obediente a los mandatos del Gobierno y preceptos de mi Religión y sostener los sagrados derechos del Rey. Además juro que atenderé a toda citación de cualquiera L. De A. Establecida bajo de este O. Siendo dentro de los límites de mi calabrote, que son tres millas; y permitiéndolo mis ocupaciones. Todo esto juro cumplir bajo la pena de ser cortada mi garganta, mi lengua arrancada de raíz y enterrada en la playa de la mar, en donde hay flujo y reflujo dos veces cada veinticuatro horas. Así Dios me ayude a guardar este solemne juramento de M. A.

(A. G. P., *Papeles reservados de Fernando VII*, t. 67, fol. 279.)

## DOCUMENTO 4
**Petición de permiso a la Gran Logia de Inglaterra para constituir logias en España**

Muy respetable señor,

Nosotros, los abajo firmantes, masones libres y aceptados, que actualmente residimos en Madrid y en otras ciudades del reino de España, nos tomamos la libertad de escribir esta carta, como nuestro deber nos obliga, para comunicar a nuestro respetable Gran Maestre, a su digno diputado, a los grandes guardianes y a todas las logias de masones, ahora constituidas en Inglaterra, que habiendo estado siempre muy deseosos de ver nuestra antigua sociedad propagada, sus verdaderos y virtuosos designios fomentados, y que el Arte floreciera en cada ciudad a donde nuestros negocios nos han llamado, resolvimos por lo tanto difundirlo en este reino, dondequiera que pudiera hacerse de una manera legal. Y como tuvimos algún tiempo la oportunidad de la presencia de Su Gracia el Duque de Wharton, le pedimos constituir una logia en esta ciudad. El cual atendiendo nuestros ruegos accedió y realizó. Después de que nuestra logia estuvo formada aceptamos e hicimos masones a tres personas que al pie citamos; y justamente después se resolvió por unanimidad comunicar nuestras Actas a nuestro Gran Maestre y a los Oficiales Generales de Inglaterra, a todo lo cual Su Gracia se somete él mismo enteramente, habiendo actuado en esta ocasión como Segundo Diputado.

Por lo tanto tenga Vd. la amabilidad de notificar a nuestro Gran Maestre, y a todas las logias en general, en la próxima Comunicación Trimestral, el contenido de esta carta, y esperamos el favor de ser inscritos en el Libro con el nombre de Logia de Madrid. Las reuniones están fijadas al presente para el primer domingo de cada mes, y esperamos enviar para la próxima Comunicación Trimestral, que tendrá lugar alrededor del día de San Juan Bautista del presente año, una lista más larga de miembros de nuestra logia, y una copia de los estatutos, tal y como los redactemos, de forma que sean más apropiados al país donde al presente nos encontramos, para la Unión entre todos nosotros, y la Caridad hacia el pobre, como muy recomendada y ejercitada en nuestra Antigua Sociedad, sobre la cual, en general, rogamos a Dios Todopoderoso derrame su preciosísimo favor y bendiciones. Quedamos, señor y muy Venerable Maestre, vuestros fidelísimos siervos.

Fechada en nuestra logia de Madrid, el 15 de febrero de 1728. Por orden de Su Gracia, Felipe, Duque de Wharton, *2nd Deputy Grand Master (sic subscribitur)*, Charles Labridge, *Master*, Thomas Hatton, *Junior Warden*, Richards, *Senior Warden*, Eldridge Dinsdale, Andrew Galloway.

## DOCUMENTO 5
**Juramento de iniciación del compañero en la masonería inglesa**

Yo, etc., juro que no revelaré esta parte de C. a ningún A., ni aquel de A. a ningún viviente no siendo M. conocido después.

## DOCUMENTO 6
**Discurso Inaugural de la Gran Logia Nacional de España, Madrid, 27 de noviembre de 1809, en el que se pone de manifiesto la sumisión de la masonería española a Bonaparte**

El espíritu del grande Arquitecto ha dicho: «El hombre no vive con sólo pan, sino con todo lo que procede de la palabra». Las buenas obras son el nutrimiento de todos los Masones; pero han menester además la doctrina; aquella doctrina sublime, a cuya profesión se han obligado para ilustrar a sus hermanos: deben propagarla dondequiera que consideren con fundamento que puede hacer prosélitos.

Luego que vislumbré que el suelo español podía venturosamente fecundarse con la simiente de esta doctrina, no vacilé un punto en sembrarla en su capital, como paraje el más a propósito para dar razonados frutos, bajo la protección de un gobierno ilustrado. Por lo cual he reunido conmigo un corto número de obreros celosos, quienes se asociaron con anhelo a mi empresa, y de común acuerdo elevamos este Templo modesto sin otro designio por entonces más que el de sostenerse con el favor de un título recomendable, pero que luego se ha engrandecido de una manera tan satisfactoria.

El grande Arquitecto del universo ha bendecido nuestras intenciones, porque a las puertas de nuestro taller se han abocado muchísimos neófitos ansiosos de participar de nuestra gloria. De todos ellos habemos escogido a los que nos han parecido más animados del espíritu de la verdad; los habemos alentado en sus primeros ensayos, y muy en breve han venido a parar en unas fuertes columnas, capaces de sostener las bóvedas del edificio. Desde entonces acá varios ilustres maestros, empleados en lo más sublime, no han tenido a menos el venir a adornar los estrados de nuestro oriente, y con sus miradas ilustrar nuestros trabajos.

No puedo menos de manifestar aquí mi reconocimiento a esos caballeros distinguidos que con sus luces han contribuido a dar tanto esplendor a este taller, que ya va caminando al más alto grado posible de actividad. Y ¿lo diré? Apenas hay tres meses cumplidos desde el momento de nuestra reunión, y ya contamos un número de hermanos mayor del que se necesitaría para componer diez Logias regulares de maestro. Permítaseme por tanto citar los carísimos SS. PP. Turcan y Le Baillif, miembros del gran consistorio de Francia, a los muy ilustres hermanos Le Barlier, Freire, Bonnard, De Ricard, Granet, Borelly, Bori de S. Vicent, Clermont-Tonnerre, y a tantos otros que sería prolijo enumerar, que han tenido a bien incorporarse a nuestra familia para contribuir a su prosperidad.

Bajo tales auspicios ha resultado que la Respetable Logia tiene un capítulo soberano que la equipara con todos los orientes extranjeros. Y aprovechándose de su poder supremo, se ha organizado un gran tribunal de los 31 grados, regulador primitivo de las operaciones de mayor gravedad de la Orden. Por último, nada se ha omitido de cuanto podía eternizar el buen éxito de nuestra empresa, que muy luego va a ser consagrada por un título nuevo, y por unos reglamentos de mayor extensión en su objeto.

Carísimos hermanos. La Francmasonería cubre la sobrehaz de la tierra, pero tiene unos puntos de reunión en los que se reconcentra la dirección general de sus tareas; y esto con la mira de prevenir cualquier abuso que pudiera introducirse en la doctrina, si fácilmente se propagase sin sujeción a vigilancia ninguna. En consecuencia de este principio se han establecido una Gran Logia en Inglaterra, un Gran Oriente en Francia, varias logias-Matrices en Alemania y en Prusia, y para igual objeto se han establecido Grandes Orientes en Milán y en Nápoles. Así que organizando Logias en España, debíamos conocer que no se sostendrían sin tener, del mismo modo que aquéllas un punto central de correspondencia.

Este punto de perfección, carísimos hermanos, ha sido el objeto de mis tareas para que nuestro edificio sea duradero; y atendiendo a su solar y a su composición, lo he considerado de antemano como la piedra angular de todos los establecimientos de este linaje que ya se hubieran formado o que en lo sucesivo podrán formarse en España.

He creído que el primer Templo erigido por masones españoles en la capital de su país, cuyo título es en cierto modo una dedicatoria al Soberano que lo gobierna, estaba por lo mismo autorizado a constituirse en Gran Logia. Y añado que lo he reputado digno de ello, así por las circunstancias civiles de sus arquitectos como por sus talentos eminentes y lo profundo de sus conocimientos.

Agitado con lo grande de este pensamiento, he trabajado sin cesar en la formación de unas constituciones que asegurasen nuestra independencia y nuestra gloria. Tal vez no tenía yo todos los conocimientos indispensables para merecer la confianza de los grandes maestros de la Orden; pero alentado en mis esfuerzos por los muy ilustres caballeros arriba mencionados, ayudado con las luces de maestros muy ilustrados, y con notas tomadas de los reglamentos generales, he logrado al fin concluir estas Constituciones que han sido aprobadas por nuestro Gran Tribunal de los 31, que han de ser el cimiento de todos los sucesos felices del Arte Real en España.

Ahora se os leerán, y esta sesión es con el objeto de proclamarlas, y para recibiros el juramento que debéis hacer de tenerlas para en lo sucesivo por vuestro único regulador.

Notaréis que he procurado campee la posible precisión y claridad en esta especie de Código para dirigir nuestras tareas interiores y las relaciones que tengamos por fuera. He creído deber dividirlo en títulos como lo acostumbran los otros Orientes, bien que no he sido tan dilatado en algunos, como por ejemplo en el título de los castigos, que he reducido a un solo artículo de precaución, haciéndome cargo que unos hermanos escogidos por excelencia desde el nacimiento de nuestra reunión no eran merecedores de que se previesen las circunstancias en las cuales pudieran hacerse indignos de nuestro aprecio: y me lisonjeo que el Tribunal del 31 nunca jamás ha de verse en el caso de suplir las omisiones que adrede he cometido en este punto por un movimiento de orgullo bien perdonable a un padre de familia que ya se ha identificado en un espíritu mismo con sus hijos.

Finalmente, encaminándose única y esencialmente nuestras instituciones a fortificar todas las virtudes, a disipar los errores del fanatismo, a propagar el amor a nuestros semejantes, a predicar la sumisión a las leyes y aficionar y unir los súbditos a su Soberano, daremos fin a la inauguración de la nueva Logia Matriz con un solemne homenaje al Rey amado, cuyo nombre tiene; y el soberano capítulo deliberará si será conveniente nombrar una comisión encargada de llevar a los pies del trono la declaración de los principios que animan a todos los miembros indistintamente, tales cuales acabo de enunciarlos. Quizás no sea compatible el paso que propongo con el acceso a S. M.; pero un Príncipe que ha creído honrarse con tener el primer martillo de la Orden en Francia, por lo menos apreciará los quilates de nuestro entusiasmo, en él verá y leerá los votos que todos hacemos por la prosperidad de su reinado y por la conservación de su Augusta Persona.

¡Viva José Napoleón!

(Archivo General de Palacio, Madrid, *Papeles reservados de Fernando VII*, t. 15, folios 244-247.)

## DOCUMENTO 7

**Coplas cantadas en el banquete del día de la instalación de la logia militar española «José Napoleón», en el depósito de Châlons-Sur-Marne (1813)**

De la Francmasonería
Celebremos la bondad
La unión la fraternidad
El buen orden y harmonía

*El Suceso ha coronado*
*Los fines de nuestra unión*
*Pues la logia se ha instalado*
*De Josef Napoleón*

Tengamos pues como hermanos
La amistad más verdadera
Sirviendo de esta manera
De modelo a los profanos

*Estribillo*

Virtud muy recomendada
Nos es la sabiduría
Pues que en ella está fundada
Toda la maçonería

*Estribillo*

Sé buen Padre, buen Esposo
Sigue la recta razón
Ayuda al menesteroso
Y serás buen franc-masón

*Estribillo*

Debes ser buen ciudadano
Las leyes obedecer
Y así puedes socorrer
Qualquier desgraciado hermano

*Estribillo*

Del más grande Emperador
Celebramos la memoria
Ofreciendo nuestro amor
Por monumento a su gloria

*Estribillo*

Al Gran Maestre su hermano
Es muy justo festejar
Por ser nuestro Soberano
A quien debemos amar
Y así todo francmasón
Diga con voz expresiva
Viva, viva, siempre viva
Viva el Rey Napoleón

Pues que ya hemos celebrado
Al Rey y al Emperador
El Venerable de honor
No ha de quedar olvidado

## DOCUMENTO 8
**Carta de la Logia Los Verdaderos Amigos de la Virtud, de Cádiz** (1822)

Al Grande Oriente de Francia

*Cádiz, 27 de agosto de 1822*

Queridos Hermanos:

Es bien doloroso deber escribir contra Hermanos y en contra mía públicamente. No obstante, la decencia y el decoro de esta augusta Sociedad nos obligan a ello por deber. Es una desgracia sí, pero mayor aún no clamar contra los abusos cuando se los conoce y cuando existen los medios de poner remedio para hacerlos cesar. Los abajo firmantes, impulsados del celo de procurar nuevos prosélitos a nuestra respetable Orden sobre todo en este país en el que la Masonería está todavía en las tinieblas más espesas, nos reunimos para formar una logia. Pero a nosotros se añadieron los llamados Jean La Fontan, conocido como Lafon, y algunos de sus amigos, llamados Rodríguez Ballesteros y Peverelli. De común acuerdo hicimos una demanda de Constituciones masónicas al Grande Oriente de Francia el 29 de mayo de 1822. Pero de entonces acá, en el que hicimos el honor de encargar esta representación, hemos descubierto abusos sin número que harán enrojecer a todo buen masón, sobre todo los cometidos por el primero aquí citado, al que habíamos admitido entre nosotros con toda la buena fe. Pero en lugar de tratar con ciudadanos honestos, en una palabra, con verdaderos hermanos, nos hemos encontrado con sujetos ya privados de sus derechos sociales por sentencia judicial en todos los países en los que han vivido, tanto por su conducta civil como por una vergonzosa depravación de sus costumbres. Tan pronto como nos informamos de la realidad hemos hecho todo lo posible por volverles al buen camino de la virtud. Pero todo fue inútil al no dar ellos ningún paso. Todo lleva a decir que corazones maleados y corrompidos raramente pueden volverse sanos.

Y para venir a la enumeración de los hechos, hemos sabido que el llamado La Fontan había comunicado los seis primeros grados a los dos mencionados Ballesteros y Peverelli, este último no menos mal intencionado que Ballesteros, porque Peverelli no ha seguido otra cosa que su ejemplo teniendo mejores sentimientos que ellos, pero de carácter débil. El dicho La Fontan es el origen de todas estas profanaciones por haber recibido en derecho a personas de la última clase de la sociedad, los peores súbditos que haya encontrado en el país. Sobre todo que tuvieran que entregarle dinero. Finalmente no se puede hacer más cuando ha concedido los tres grados simbólicos por una media piastra. Inmediatamente nos presentó a estos personajes como buenos súbditos y hombres virtuosos e ilustrados y contra todo reglamento masónico ha continuado este comercio, incluso después de que empezáramos a trabajar regularmente. Es decir, desde que solicitamos las Constituciones al Grande Oriente, cuya demanda firmaron los tres, siendo así que de ellos sólo Jean La Fontan era masón regular, habiendo firmado los otros como verdaderos masones a pesar de su impostura. Por consiguiente, pedimos que no se envíe ninguna Constitución, pues si ella cayera en sus manos ya no sería suficiente el número de masones regulares para obtenerlas según los reglamentos, puesto que sólo quedaría el susodicho Jean La Fontan, que debe ser —sin hacerle injusticia— declarado indigno no sólo de pertenecer a una sociedad respetable como la Masonería, sino incluso de vivir en sociedad.

Éste es el sujeto que se comía y acaparaba todo el dinero que se hubiera podido hacer para el establecimiento de la logia al recibir a los miembros de la misma. Pero nadie se extrañará de esto sabiendo que el Sr. La Fontan ha sido expulsado ignominiosamente y como ladrón de Gibraltar y Málaga; que hoy día goza de una no muy alta reputación; que el cónsul francés le ha denegado el pasaporte, no queriendo reconocerlo como francés; y que el susodicho Ballesteros tiene sobre él diversos juicios por delitos cometidos en el tiempo en que los franceses asediaban Cádiz. Finalmente, al ser tales sujetos con los que nos habíamos reunido para trabajar en la propagación de los principios más puros y más dignos del hombre, todos nuestros esfuerzos han sido inútiles para volverlos al sendero de la virtud. Hasta que finalmente, cansados de nuestras tentativas y nuestras advertencias, se han separado de nosotros para formar logia aparte y consumar más fácilmente sus crímenes. Todo ello nos ha decidido a los abajo firmantes a prevenir al Grande Oriente para que si todavía no ha deputado las Constituciones, no lo haga, puesto que la dirección, al ser la de Peverelli, caería en sus manos y serían fuente de nuevos escándalos. Y si ellas hubieran sido ya enviadas que se tomen medidas y den órdenes para interrumpir los trabajos. Este escándalo es tanto más dañoso cuanto que sucede en una nación tan atrasada en la Masonería, y viéndola tan envilecida no serviría para otra cosa que para concebir una mala idea de ella.

(Biblioteca Nacional de París, Mss. FM2 558.)

## DOCUMENTO 9
### El origen de la masonería española conectado con la invasión napoleónica

He creído mi deber, en el momento en que Vuestra Excelencia tiene puesta la mirada en las Sociedades Secretas que se han establecido o que se forman en los diversos Estados de Europa, recoger documentos, los más numerosos y seguros que me ha sido posible sobre el nacimiento y los progresos de estas asociaciones en España. Estos extractos, si bien no dan luz sobre las nuevas sociedades que actualmente se están creando, podrán al menos ayudar a seguir el hilo de las maniobras que se traman en diversos puntos de la Península.

La Francmasonería data en España solamente de la Guerra de Invasión (Guerra de la Independencia); antes era, por así decir, desconocida. Las primeras logias se establecieron en Cádiz, mientras los franceses asediaban esta plaza. En un principio apenas crecieron, y se limitaron durante cierto tiempo a la práctica de las ceremonias y ritos masónicos, y a dar preferencia a los principios filantrópicos que son la pretendida base de su Institución; pero a fines de 1811 y en 1812, esta secta se había extendido bastante y se convirtió en una secta política participando mucho en los asuntos públicos. Los adeptos se multiplicaron y su contacto con los ingleses y los franceses introdujo los más altos grados en las numerosas logias que se habían creado. Los ambiciosos no tardaron en conocer cuánto podía favorecer esta asociación a sus pretensiones, y los revolucionarios hicieron de ella la palanca más poderosa para sus proyectos.

En 1814 los masones eran numerosos y poderosos; su influencia se notaba en todas partes, y todos los hombres ligados al Gobierno provisional se hacían iniciar en la Secta. Al regresar el Rey fue restablecido el Tribunal de la Inquisición que detuvo los progresos de la Masonería siendo proscrita. Pero a pesar de las amenazas, los castigos, y las delaciones, continuó celebrando sus misterios ocultos, y haciendo nuevos prosélitos.

En estos conventículos secretos se prepararon las insurrecciones de Porlier, de Lacy, de Richard, y la revuelta de la Isla de León. Al introducirse la Masonería en el ejército de expedición se llegó a corromperlo. Los Cuerpos de Artillería y de Ingenieros estaban ya seducidos, así como los Regimientos diseminados en las Plazas Fuertes; y la Guardia del Rey contaba también con muchos masones, cuando estalló la revolución. Los sectarios de La Coruña, de Zaragoza, Barcelona y Madrid unieron sus esfuerzos con los sublevados en Las Cabezas, y el Rey se vio obligado a aceptar la Constitución. La lengua masónica se hizo, desde este momento, la de la Revolución. La Secta se apoderó de las riendas del Gobierno y de la Administración. Era preciso ser masón para ser Ministro, al igual que para obtener una plaza de funcionario; pero pronto los hermanos se dividieron entre ellos, y en 1821 nació una nueva Sociedad, que bajo el nombre de asociación de caballeros comuneros, se anunció como reformadora de la Masonería. Compuesta, en su origen, por una docena de individuos desertores de las logias masónicas, vio multiplicar sus adeptos con una rapidez tan espantosa que diariamente se hacían afiliar centenares de individuos.

Las dos sectas se convirtieron en enemigos irreconciliables, pero a pesar de que los comuneros fueron mucho más numerosos, los masones conservaron el poder, y la dirección de los asuntos. Se ha calculado en efecto que el número de masones no alcanzó en España más allá de 80 000 caballeros. La Masonería solamente ha penetrado en ciertas clases de la Sociedad, mientras que la Comunería lo invade todo; los únicos que formaban parte de la Sociedad eran los notables de la Sociedad y de la Revolución, los Jefes, los Oficiales y algunos sub-oficiales de los Regimientos; los comuneros se reclutaban entre los Generales y los soldados, entre los propietarios ricos y entre los más pobres obreros.

La Masonería había encontrado además en las creencias religiosas un obstáculo invencible a su propagación entre las clases inferiores de la Sociedad, a causa de sus Ritos, de sus Ceremonias y de sus principios filosóficos, mientras que la Comunería, despojada de toda apariencia de Misticismo y anunciando solamente una doctrina que se decía patriótica, aunque tendía abiertamente a la subversión total del orden social, no asustaba en modo alguno la conciencia de una Nación religiosa incluso en sus excesos.

La lucha siempre existente entre estas dos Sociedades no les permitió jamás manifestar enteramente los secretos de sus doctrinas, incluso a los hombres que admitían en los Grados Superiores; pero estas divisiones, que se han perpetuado hasta Cádiz, y de las que los Realistas han tenido a menudo la habilidad de sacar partido, han servido infinitamente a la causa monárquica.

Forzados después del asesinato del Canónigo Vinuesa, que fue obra suya, a rodearse de las tinieblas más profundas, los masones no volvieron a aparecer ostensiblemente en la escena política hasta la jornada del 7 de julio, que había sido preparada por ellos y en la que debían matar al Rey y a la familia real; pero los Comuneros rompieron todas sus medidas al contrariar el movimiento comenzado.

Una tercera secta, surgida de los Carbonarios napolitanos refugiados en Madrid, nació en 1821. Siempre ha sido poco numerosa, pero solamente admitía en su seno a los Revolucionarios más destacados, más atrevidos y a los hombres que habían ya probado que no sabían retroceder ante el crimen. Acabó por reunirse a la Comunería de la que se convirtió en la compañía escogida, pero, no obstante, conservó sus ritos particulares.

También ha existido en España, en las provincias ocupadas por el ejército francés, una Masonería insignificante que solamente estaba compuesta de los partidarios de la familia de Bonaparte, y que dependía del Grande Oriente de Francia. Desapareció con el Rey José, y fue reemplazada por la que acabo de informar a Vuestra Excelencia, y que es conocida bajo el nombre de Masonería regular de España.

## DOCUMENTO 10
**Edicto contra la Francmasonería**

*Madrid, 8 de julio de 1751*

EDICTO.

Manda el Rey Nuestro señor y en su Real nombre los alcaldes de Casa y Corte: Que en consequencia de hallarse informado S. M. de que la invención de los que se llaman Franc-Masones, es sospechosa a la Religión y al Estado, y que como tal, está prohibida por la Santa Sede, baxo de Excomunión, y también por las Leyes de estos Reynos, que impiden las Congregaciones de muchedumbre no constando los fines de sus Institutos a Su soberano; y deseando atajar tan graves inconvenientes, desde luego prohíbe S.M. en todos sus reynos las congregaciones de los Franc-Masones, debaxo de la pena de su Real Indignación y de las demás que tuviere por conveniente imponer, mandando al Consejo haga publicar esta prohibición por Edictos en estos Reynos, con encargo para su observancia, a los Intendentes, Corregidores, y Justicias, a fin de que se aseguren a los Contraventores, dándose cuenta a S. M. de los que fueren, por medio del mismo Consejo, para que sufran las penas que merezca el escarmiento; en inteligencia de que se ha prevenido de esta Real resolución a los Capitanes Generales; a los Gobernadores, Y Plazas; Gefes Militares, e Intendentes de los Exércitos, y Armada Naval, hagan notoria, y celen la citada prohibición, imponiendo a qualquier Oficial, o Individuo de su Jurisdicción, mezclado o que se mezclare en esta Congregación, la pena de privarle, y arrojarle de su Empleo con ignominia: Lo que se manda publicar por este Edicto para que llegue a noticia de todos, y no puedan alegar ignorancia, y que para su mayor observancia, y notoriedad, después de publicado en los parages acostumbrados de esta Corte, se fixen Copias autorizadas del Escribano de Gobierno de la Sala en los mismos parages públicos, y demás que se acostumbran. Y lo señalaron en Madrid, a ocho de julio de mil setecientos cinquenta y uno. Está rubricado.

Es Copia del Edicto original, que queda en la escribanía de mi cargo, de que certificó yo Don Cipriano Ventura de Palacio, Escribano de Cámara del Rey nuestro Señor, en el Crimen de su Corte, y de Gobierno, en la Sala de los Señores Alcaldes de ella, y lo firmo en Madrid, a ocho de julio de mil setecientos cinquenta y uno.

## DOCUMENTO 11
## Decreto del rey de España Fernando VI prohibiendo la Masonería

*Madrid, 13 de julio de 1751*

Real decreto prohibiendo las Congregaciones de los Franc-Masones.

Aranjuez, 2 Julio 1751

> (*Nota marginal:* Copia (manuscrita) del Real Decreto de S. M. de donde se sacó que original por ahora queda en mi poder para pasar al Archivo del Consejo de que certifico. Es para remitirla al Gobernador de la Sala de Alcaldes de esta villa, lo firme en Madrid a siete de Julio de mil setecientos cinqueentta y uno.
>
> Firmado: Joseph Antonio de Yarza.)

Hallándome informado de que la invención de los que se llaman Franc-Masones, es sospechosa a la Religión, y al Estado, y que como tal esta prohibida por la Santa Sede debaxo de Excomunión, y también por las leyes de estos Reynos, que impiden las Congregaciones de muchedumbre, no constatando sus fines, e institutos a su Soberano: He resuelto atajar tan graves inconvenientes con toda mi autoridad; y en consecuencia prohíbo en todos sus Reynos las Congregaciones de los Fran-Masones, debaxo de la pena de mi Real indignación, y de las demás que tuviese por conveniente imponer a los que incurrieren en esta culpa: Y mando al Consejo, que haga publicar esta prohibición por Edicto en estos mis Reynos, encargando en su observancia, al zelo de los Intendentes, Corregidores, y Justicias, aseguren a los contraventores, dándoseme cuenta, de los que fuere, por medio del mismo Consejo, para que sufran las penas que merezca el escarmiento: En inteligencia, de que he prevenido a los Capitanes Generales, a los Gobernadores de Plazas, Gefes Militares e Intendentes de mis Exércitos, y Armada Naval, hagan notoria, y zelen la citada prohibición, imponiendo a cualquier Oficial, o Individuo de su jurisdicción, mezclado o que se mezclare en esta congregación, la pena de privarle y arrojarle de su empleo con ignominia. Tendrase entendido en el consejo, y dispondrá su cumplimiento en la parte que le toca.

En Aranjuez a dos de Julio de mil setecientos y cinquenta y uno. Al Obispo Gobernador del Consejo.

El copia del Real Decreto de S. M., que original, por ahora, queda en mi poder, para ponerle en el Archivo del Consejo, que publicado en él, acordó su cumplimiento: Y mando que para su puntual observancia se participase a la Sala de Alcaldes de Casa, y Corte, a fin de que le hiciese publicar en ella. Y para que se executasse los mismo en todas las Ciudades, Villas, y Lugares del Reyno, se comunicasse con la mayor brevedad a sus Corregidores y Justicias, de que certifico yo Don Joseph Antonio de Yarza, Secretario del Rey nuestro Señor, su Escribano de Cámara más antiguo, y de Gobierno del Consejo, en Madrid a tres de Julio de mil setecientos y cinquenta y uno.

(AHN, *Osuna 3117; Consejos, Alcaldes de Casa y Corte.* Año 1751, fols. 314-315; *Consejos,* Libro 1480, fols. 355-356; *Consejos,* Libro 1516, n.º 66.)

## DOCUMENTO 12
**Plancha de quite de Francisco Ferrer y Guardia, anarquista e impulsor de acciones terroristas como el atentado contra Alfonso XIII de 1906**

*Barcelona, 30 de diciembre de 1884*

A la Resp. . Log. . *Verdad*
S. . F. . U. .
Ven. . M. . y qquer. . hh. . :

Habiendo tenido que trasladar mi domicilio a Granollers, por haberme destinado allí la Compañía de la cual soy empleado, me veo en la triste necesidad de pedir plancha de quite.

Lo siento más porque, por las pocas veces que he podido asistir a trabajos, no tan sólo no he sido censurado, sino muy al contrario, he recibido muestras de deferencia por todos los hermanos del taller.

Nulos son los beneficios que la Masonería ha experimentado al admitirme en su seno, en cambio, grato es el recuerdo de ella; no dejando de hacer votos para que mis ocupaciones profanas me permitan cuanto antes concurrir con todas mis fuerzas a la sublime obra de regeneración de que la Masonería está encargada.

Recibid, Venerable Maestre y queridos hermanos, el abrazo fraternal ofreciéndome al taller y a cada hermano en particular para que en donde sea que me encuentre puedan disponer de su humilde hermano.

Francisco Ferrer, *Cero,* gr. . 3.º

Barcelona, 30 de diciembre de 1884.

(Tusquets, *Orígenes de la revolución española*, Barcelona, 1932, p. 30.)

## DOCUMENTO 13

**Protesta por el fusilamiento del hermano Ferrer y Guardia, cursada por la Logia Morayta n.º 284, de Tánger, al gran consejo del Grande Oriente español, de Madrid**

*Tánger, 17 de octubre de 1909*

Ilustre Gran Maestre y Venerables hermanos Consejeros.

Os comunicamos que en tenida celebrada anoche, en que procedimos a la reapertura de Trabajos, este taller ha tributado una triple batería de duelo a la memoria de nuestro desgraciado hº. Francisco Ferrer Guardia, y acordó elevar una protesta por el procedimiento tan inicuo cual ilegal con que los detractores del progreso y la difusión de la verdad han llevado a cabo un proceso tan vergonzoso para ellos y una sentencia tan cruel como injusta.

Veremos con gusto suméis esta nuestra enérgica protesta a la que hagáis ante quien corresponda.

Recibir Ilustre Gran maestre y venerables Hermanos Consejeros el triple abrazo y ósculo de paz que os envían por nuestro conducto todos los obreros de este taller.

(Archivo de Servicios Documentales, Salamanca, leg. 760 A, 7.)

## DOCUMENTO 14
## Conferencia de Léo Taxil descubriendo el fraude

Mis reverendos Padres,

Señoras,

Señores,

Antes que nada, quiero dirigir mi agradecimiento a aquellos de mis cofrades de la prensa católica, que —emprendiendo de repente, hace seis o siete meses, una campaña de resonantes ataques— han producido un resultado maravilloso, que constatamos esta tarde y que se constatará todavía mejor mañana: el resplandor completamente excepcional de la manifestación de la verdad en una cuestión cuya solución habría podido quizá, sin ellos, pasar absolutamente desapercibida.

A estos queridos colegas, pues, ¡mi primera felicitación! Y en seguida comprenderán cuán sincero y justificado es este agradecimiento.

En esta charla intentaré olvidar lo que de injusto e hiriente contra mi persona ha sido publicado en el curso de la polémica a la que acabo de aludir; o al menos, si me veo forzado a ilustrar ciertos hechos con una luz que, para muchos, es insospechada, diré la verdad descartando de mi pensamiento incluso la sombra del más ligero resentimiento.

Tal vez, tras estas explicaciones, cuya hora finalmente ha sonado, esos colegas católicos no cesarán en sus ataques ante mi pacífica filosofía; pero si mi buen humor, en lugar de clamarles, les irrita, les aseguro que nada me hará abandonar esta placidez de alma que he adquirido desde hace doce años y en la que soy infinitamente feliz.

Por lo demás, si es verdad que este auditorio está compuesto de los elementos más dispares —puesto que se ha convocado indistintamente a todas las opiniones—, estoy convencido de que no carece del sentimiento de la más dulce tolerancia en materia de examen. En una palabra: estamos aquí entre gente de buena compañía. Todos sabemos juzgar lo que es serio, y lo examinamos con la gravedad necesaria, sin cólera; pero no nos enfademos cuando el hecho que se nos somete es ante todo divertido. Más vale reír que llorar, dice el proverbio.

Ahora, me dirijo a los católicos, y les digo: cuando supisteis que el doctor Bataille, que se decía entregado a la causa católica, había pasado once años de su vida explorando los antros más tenebrosos de las sociedades secretas, logias y tras-logias, e incluso Triángulos luciferinos, le aprobasteis sin rodeos; encontrasteis su conducta admirable. Recibió una verdadera lluvia de felicitaciones. Tuvo artículos elogiosos, incluso en los periódicos de aquellos que, hoy día, no tienen suficientes rayos para pulverizar a Miss Diana Vaughan, tratándola de mito, aventurera y echadora de cartas.

Hoy podríamos recordar aquellas aclamaciones que acogieron al doctor Bataille; pero ya no tienen lugar; y, sin embargo, fueron ostentosas. Ilustres teólogos, elocuentes predicadores, eminentes prelados, le cumplimentaron a porfía. Y no digo que no tuvieran razón. Constato pura y simplemente. Y esta constatación tiene también como finalidad el que me permitáis decirlo todo:

No os enfadéis, mis reverendos Padres, reíd más bien de buena gana, al saber hoy que lo que ocurrió es exactamente lo contrario de lo que habéis creído. No hubo, en modo alguno, ningún católico que se dedicara a explorar la Alta Masonería del palladismo. Sino al contrario, hubo un librepensador que para su provecho personal, *en modo alguno por hostilidad*, vino a pasearse por vuestro campo, no durante once años, sino doce; y... es vuestro servidor.

No hay el menor complot masónico en esta historia y os lo voy a probar inmediatamente. Es preciso dejar a Homero catar los éxitos de Ulises, la aventura del legendario caballo de madera; ese terrible caballo no tiene nada que ver en el caso presente. La historia de hoy es mucho menos complicada.

Un buen día, vuestro servidor se dijo que, habiendo partido demasiado joven hacia la irreligión y quizás con demasiado ímpetu, podía muy bien no tener el sentido exacto de la situación, y entonces, obrando por cuenta propia, queriendo rectificar su manera de ver, si había lugar, no confiando su resolución en un principio a nadie, pensó haber encontrado el medio de mejor conocer, de mejor darse cuenta, para su propia satisfacción.

Añadid a esto, si queréis, un fondo de farsante en el carácter; ¡uno no es impunemente hijo de Marsella! Sí, añadid ese delicioso placer, que la mayor parte ignoran, pero que es bien real; esta alegría íntima que se experimenta frente a un adversario, sin malicia, sólo por divertirse, por reír un poco.

Y bien, debo decirlo ahora mismo; esta mixtificación de doce años me ha proporcionado, desde el mismo inicio, una precisa enseñanza: que había actuado verdaderamente sin medida; que debía haber permanecido siempre en el terreno de las ideas; que en la mayoría de los casos no pretendía atacar a las personas.

Esta declaración, tengo el deber de hacerla, y debo decir también que no me cuesta hacerla. En estos doce años pasados bajo la bandera de la Iglesia, y aunque enrolado como histrión, adquirí la convicción de que se imputa injustamente a las doctrinas la malignidad que es propia de ciertas personas. Todo esto es bueno. El que es malo permanece malo; de la misma forma que el que es bueno obra con bondad tanto si permanece creyente como si pierde la fe. Hay gente mala por todas partes, y hombres buenos por todas partes.

He hecho, personalmente, un estudio que ha traído sus frutos. Es ese estudio el que me ha dado esta serenidad de alma, esta filosofía íntima de la que hablaba al comienzo.

Así llegué a asegurarme dos colaboradores; dos, ni uno más. Uno, un antiguo camarada de niñez, que yo mismo mixtifiqué al principio dándole el pseudónimo de Dr. Bataille; la otra, Miss Diana Vaughan, protestante francesa, más bien librepensadora, mecanógrafa de profesión, y representante de una de las fábricas de máquinas de escribir de Estados Unidos. Uno y otro eran necesarios para asegurar el éxito del último episodio de esta alegre broma, que los periódicos americanos llaman «la más grande mixtificación de los tiempos modernos».

He aquí algunas confesiones de mis principios en esta noble carrera: En primer lugar, en mi villa natal. Nadie ha olvidado en Marsella la famosa historia de la devastación de la rada por una bandada de tiburones. De varias localidades de la costa llegaban cartas de pescadores narrando cómo habían escapado a los más terribles peligros. El pánico se extendió a los bañistas y los establecimientos de baños de mar, desde los Catalanes hasta la playa del Prado quedaron desiertos durante semanas. La Comisión municipal se asustó; el alcalde emitió la opinión muy juiciosa, que esos tiburones, azote de la rada, habían verosímilmente venido de Córcega siguiendo algún navío que, sin duda, había arrojado al agua alguna carga estropeada de carnes ahumadas. La Comisión municipal votó un escrito al general Espivent de la Villeboisnet —entonces estaba bajo el régimen de estado de sitio— pidiéndole pusiera a su disposición una compañía armada de fusiles, para una expedición en un remolcador. El bravo general, no deseando otra cosa que ser agradable a los administradores que él mismo había escogido para la querida y buena ciudad en la que vi el día, el general Espivent, hoy senador, concedió, pues, cien hombres, bien armados, con una amplia provisión de cartuchos. El navío liberador abandonó el puerto, saludado con los bravos del alcalde y sus adjuntos; la rada fue explorada en todas direcciones, pero el remolcador volvió con el rabo entre las piernas; ¡ni un solo tiburón! Una encuesta ulterior demostró que las cartas de queja emanadas de diversos pescadores de la costa eran todas fruto de la fantasía. En las localidades en las que estas cartas habían sido depositadas en correos, no existían esos pescadores; y al reunir las cartas se observó que parecían haber sido escritas todas por la misma mano. El autor de la mixtificación no fue descubierto. Lo tenéis delante de vosotros. Era 1873, entonces tenía diecinueve años.

Espero que el general Espivent me perdonará de haber, por un barco, comprometido momentáneamente su prestigio a los ojos de la población. Había suprimido la *Marrote, diario de locos*. El asunto de los tiburones fue, pues, una muy inofensiva venganza.

Unos años más tarde, estaba en Ginebra huyendo de algunas condenas de prensa. La *Fronde*, después el *Frondeur* había sucedido a la *Marotte*.

Un buen día, el mundo erudito fue sorprendido al conocer un maravilloso descubrimiento. Quizás alguno, en este auditorio, se acordará del hecho: se trataba de la ciudad sub-lacustre que se divisaba —se decía— bastante confusamente, en el fondo del lago Leman, entre Nyon y Coppet. Fueron enviadas relaciones a todos los rincones de Europa, teniendo los periódicos al corriente de las pretendidas excavaciones. Se había dado una explicación muy científica apoyada en los *Comentarios de Julio César.* La ciudad debió de ser construida en la época de la conquista romana, en un tiempo en el que el lago era tan estrecho que el Ródano lo atravesaba sin mezclar con él sus aguas. Brevemente, el descubrimiento hizo por todas partes mucho ruido, por todas partes excepto en Suiza, por supuesto. Los habitantes de Nyon y de Copet se extrañaron no poco con la llegada de algún turista, que, de vez en cuando, pedía ver la ciudad sub-lacustre. Los remeros del lugar acabaron por decidirse a llevar sobre el lago a los turistas más insistentes. Se extendió aceite sobre el agua para ver mejor; y, en efecto, hubo quienes distinguieron algo..., restos de calles bastante bien alineadas, encrucijadas, ¿qué sé yo? Un arqueólogo polaco, que había hecho el viaje, se volvió satisfecho y publicó un informe en el que afirmaba haber distinguido muy bien restos de una plaza pública, con alguna cosa informe que bien podía ser restos de una estatua ecuestre. Un instituto delegó a dos de sus miembros; pero éstos, a su llegada, se dirigieron a las autoridades, y al enterarse que la ciudad sub-lacustre era sólo una broma, volvieron como habían venido, y no vieron nada, ¡lástima! La ciudad sub-lacustre no sobrevivió a la visita científica.

El padre de la ciudad sub-lacustre de Leman, que está aquí presente, tuvo un precioso auxiliar en la propagación de la leyenda, en la persona de uno de sus compañeros de exilio —¿es necesario decir que también era marsellés?—, mi cofrade y amigo Henri Chabrier, aclimatado hoy, como yo, a orillas del Sena.

Estas dos anécdotas, entre cien que podría citar, han sido traídas a fin de establecer que el gusto de vuestro servidor por la grande y alegre farsa remonta a más de doce años.

Se comprenderá sin dificultad que no era demasiado cómodo, con el formidable bagaje de mis escritos irreligiosos, ser recibido en el regazo de la Iglesia sin una desconfianza todavía más formidable.

Para alcanzar el resultado que me había propuesto, era necesario, indispensable, no confiar mi secreto a nadie, absolutamente a nadie, ni siquiera a mis más íntimos amigos, ni siquiera a mi mujer, al menos en los primeros tiempos. Era preferible pasar por loco a los ojos de los que me conocían. La menor indiscreción podía hacer fracasar todo.

Así, tras la publicación de mi carta por la que me retractaba de todas mis obras irreligiosas, los grupos parisinos de la Liga Anticlerical se reunieron en asamblea general, para votar mi expulsión.

Entre el día de abril en el que hice a un sacerdote la confidencia de mi conversión, y el día de sesión de mi expulsión del librepensamiento, tuvo lugar en Roma un Congreso anticlerical, del que yo había sido uno de los organizadores. Nada me hubiera sido más fácil que desorganizarlo y hacerlo fracasar completamente. Este Congreso tuvo lugar en los primeros días de junio. Todos los librepensadores saben que hasta el fin me entregué con todas mis fuerzas al éxito del mismo; sólo la muerte de Victor Hugo, que sobrevino en aquel momento, derivó la atención pública de este Congreso.

Más tarde, cuando se supo que había tratado a sacerdotes desde el mes de abril, se dijo y se imprimió que, con la excusa de este Congreso, había ido a Roma a negociar mi traición, que había recibido una fuerte suma; se dice que «un millón».

Yo dejé decir, pues todo esto me importaba poco, y yo mismo me reía.

Pero hoy tengo el derecho de decir todo lo que sucedió de otra forma. Entre las invitaciones distribuidas para esta conferencia se encuentra la de un antiguo amigo que efectuó conmigo ese viaje, que me acompañó por todas partes, que no me dejó un instante. Él está aquí y no me desmentirá. ¿Me dejó un segundo? ¿Acaso me ausenté de su compañía para hacer cualquier gestión sospechosa? ¡No!

Y eso no es todo. A lo largo de ese mismo viaje, al volver a Francia, nos detuvimos en Génova. Tenía que hacer una visita a alguien, con el que estaba unido por amistad: el general Canzio Garibaldi, el yerno de Garibaldi.

En esta visita fui acompañado por el amigo en cuestión, y por otro que vive todavía: el doctor Baudon, que recientemente ha sido elegido diputado de Beauvais.

Los dos pueden certificar esto: y es que, en el transcurso de esta visita, me retiré un momento aparte con Canzio. Y Canzio podrá, a su vez, certificar que le dije:

—*Mi querido Canzio, tengo que declararos, bajo el sello del secreto, que dentro de poco voy a hacer una ruptura completa y pública. No os extrañéis de nada. Y mantenedme fielmente vuestra confianza.*

Tampoco insistí más, e incluso más tarde temí haberle dicho demasiado.

Canzio, durante dos o tres años, me envió su tarjeta para año nuevo, a pesar de nuestra ruptura. Después juzgó, sin duda, que la cosa duraba demasiado; se abandonó y ya no me dio más señales de vida.

Ahora llegamos a la mixtificación en sí, a esta mixtificación a la vez divertida e instructiva.

Y en primer lugar no tiene relación con el buen hombre, el vicario, un sacerdote con alma sencilla, que tuvo la primera confidencia del golpe de gracia que yo había recibido, como Saulo en el camino de Damasco.

«Este bloque enfarinado no me dice nada que valga la pena», se pensaba entonces entre la gente de la Iglesia.

Fue entonces decidido, el día anterior a mi carta de retractación, que debería hacer un buen pequeño retiro en una casa de los reverendos padres jesuitas, y se escogió a uno de los más expertos en el arte de indagar y escrutar almas. La elección no se hizo al azar. Se me hizo esperar una larga semana al gran escrutador que me estaba destinado.

Un anciano capellán militar que se hizo jesuita, ¡un maligno entre los malignos! Su apreciación iba a tener un gran peso.

¡Ah! ¡Fue una dura partida la que jugamos los dos! Todavía tengo dolor de cabeza cuando pienso en ello... el querido director me hizo practicar, entre otras cosas, los *Ejercicios espirituales de San Ignacio*. Apenas pensaba en estos ejercicios; pero, al menos, necesitaba recorrer las páginas, a fin de dar la impresión de haberme sumergido en estas extraordinarias meditaciones. No era el momento de dejarme coger en falta.

Era mi confesión general la que me iba a hacer ganar la batalla.

Esta confesión general no duró menos de tres días. Para el fin había guardado un golpe fulminante.

Dije todo, esto y aquello, y todavía más; pero mi *partner* comprendía que no obstante había un gran pecado, muy gordo, muy gordo, que era duro de confesar; un pecado más penoso de decir que la confesión de mil y mil impiedades. Finalmente, fue preciso decidirse a hacer salir aquel monstruoso pecado.

A vosotros, señoras y señores, no os quiero hacer esperar tanto: mi gran pecado era un crimen, pero un crimen de primer orden, un asesinato de los mejores preparados. ¡No había degollado a toda una familia, no! Pero sin ser un Tropmann, ni un Dumolard, la guillotina me esperaba sin remedio si se hubiera descubierto.

Había tenido cuidado de buscar algunas desapariciones señaladas en los periódicos tres años antes, y sobre una de ellas construí una pequeña novela; pero mi reverendo padre no quiso dejarme exponer todos sus detalles. Me había juzgado capaz de los más horribles sacrilegios, y además le había causado agradables sorpresas; en cuanto a tener un asesino arrodillado ante él, no se lo esperaba de ninguna forma.

Cuando las primeras palabras de la confesión salieron de mis labios, el reverendo padre tuvo un sobresalto muy significativo. ¡Ah! Ahora comprendía mi indecisión, mis dificultades, mi forma de diferir ciertos pecados menos embarazosos. ¡Y era que tenía vergüenza de confesar mi crimen! No solamente tenía vergüenza, sino que estaba turbado, espantado... Había una viuda en este asunto; el reverendo padre me hizo prometer que entregaría a la viuda de la víctima una renta por un medio indirecto, muy ingenioso, a fe mía... No quiso conocer ningún nombre; pero lo que le interesaba era saber si había sido asesino con o sin premeditación... Tras largas dudas, hundido bajo el peso de la vergüenza, confesaba la premeditación, una verdadera insidia.

Tengo el deber de rendir homenaje a este reverendo padre jesuita. Jamás fui inquietado por los magistrados. Mi superchería me permitió, pues, poner a prueba el secreto de la confesión. Si cuento un día con detalle la historia de estos doce años, lo haré, como hoy, con la más estricta imparcialidad, y con calma, ¡señor, abate Granier!

Lo que de momento retengo es el hecho de mi primera victoria, cómo entré en campaña. Si alguien hubiera osado decir al reverendo padre que yo no era el más serio de los convertidos habría respondido con aspereza.

No entraba en mi plan el apresurarme en visitar al Soberano Pontífice. Ciertamente, mi confesión de asesinato había tenido un magnífico éxito; pero el director de mi retiro en Clamart guardaba el secreto para él. Evidentemente no pudo menos de decir al superior jerárquico que le había confiado el mandato de investigar las profundidades de mi alma:

—¿Léo Taxil? ¡Yo respondo de él!

Las desconfianzas del Vaticano quedaban descartadas; ¿cómo hacerme agradable? Pues para llevar la mixtificación al máximo que yo soñaba y que tenía la indecible alegría de alcanzar, necesitaba realizar alguno de los puntos del programa de la Iglesia más queridos a la Santa Sede.

Esta parte de mi plan había sido estudiada desde el principio, desde mi primera resolución de captar exactamente el contenido del catolicismo.

El Soberano Pontífice se había señalado, un año antes, por la Encíclica *Humanae genus*, y esta encíclica respondía a una idea muy fija en los católicos militantes. Gambetta había dicho: «El Clericalismo, ¡he ahí el enemigo!» La Iglesia por su parte decía: «¡El enemigo es la Francmasonería!»

Hurgar sobre los masones era, pues, el mejor medio de preparar las vías a la colosal farsa de la que saboreaba de antemano toda su agradable dicha.

Al principio los masones se indignaron; no preveían que la conclusión, pacientemente preparada, sería una universal carcajada. Me creían alistado de veras.

Había constatado, desde los primeros tiempos de mi conversión, que un cierto número de católicos que estaban convencidos de que el nombre de «Gran Arquitecto del Universo» adoptado por la Masonería para designar al Ser Supremo sin pronunciarse en el sentido particular de ninguna religión; estaban convencidos —digo— de que este nombre servía en realidad para velar hábilmente al señor Lucifer o Satán, ¡el diablo!

Acá y allá se citan algunas anécdotas, según las cuales el diablo hace de repente su aparición en logias masónicas y preside la sesión. Esto es admitido por los católicos.

Aunque no sea creído, hay gente honrada que se imagina que las leyes de la naturaleza son a veces trastornadas por espíritus buenos o malos, e incluso por simples mortales. Yo mismo oí con estupor que se me pedía hiciera un milagro. Un buen canónigo de Friburgo, cayendo en mi presencia como una bomba, me dijo textualmente:

«¡Ah!, señor Taxil, ¡sois un santo! ¡Para que Dios os haya apartado de un abismo tan profundo, es preciso que tengáis una montaña de gracias sobre la cabeza! (sic). En cuanto conocí vuestra conversión tomé el tren y heme aquí. Es preciso que a mi regreso pueda decir no solamente que os he visto, sino que habéis obrado un milagro ante mí.»

No esperaba semejante petición.

«Un milagro», respondí, «no os comprendo, señor canónigo».

«Sí, un milagro», repetía, «no importa cuál, a fin de que pueda dar testimonio... ¡El milagro que queráis!... ¿Qué sé yo?... Tomad, por ejemplo..., esta silla...; cambiadla en bastón, en paraguas...».

Estaba perplejo. Rehusé dulcemente realizar semejante prodigio. Y mi canónigo volvió a Friburgo diciendo que, si no hacía milagros, era por humildad.

Unos meses más tarde me enviaba un inmenso queso de Gruyère; sobre su corteza había grabado con un cuchillo inscripciones piadosas, jeroglíficos de un misticismo desmelenado; un excelente queso, por otra parte, que jamás se terminaba, y que comí con infinito respeto.

Mis primeros libros sobre la Masonería fueron, pues, una mezcla de rituales con pequeños añadidos anodinos, con interpretaciones en apariencia insignificantes; cada vez que un pasaje era oscuro, lo ilustraba en sentido agradable para los católicos que veían en el señor Lucifer al supremo Gran Maestre de los francmasones.

Tras dos años de este trabajo preparatorio, me trasladé a Roma. Recibido primero por el cardenal Rampolla y el cardenal Parocchi, tuve la dicha de oírles, a uno y a otro, decirme que mis libros eran perfectos. ¡Ah!, sí, desvelaban muy exactamente lo que se sabía muy bien el Vaticano, y era verdaderamente una fortuna que un convertido publicara sus famosos rituales.

El cardenal Rampolla me dio la clave del asunto. ¡Cómo lamentaba que no hubiese sido más que un simple aprendiz en masonería! Pero, desde el momento que había conseguido tener los rituales, nada era más legítimo que su reproducción. Reconocía todo, incluso lo que, inventado por mí, tenía el mismo valor que los tiburones de Marsella o la villa sub-lacustre.

En cuanto al cardenal Parocchi, lo que le interesaba más particularmente era la cuestión de las hermanas masonas; a él también mis preciosas revelaciones no le enseñaban nada.

Había venido a Roma improvisadamente, ignorando que para obtener una audiencia particular del Soberano Pontífice era necesario solicitarlo de antemano con mucho tiempo; pero tuve la agradable sorpresa de no tener que esperar nada, y el Santo Padre me recibió durante tres cuartos de hora.

El informe verbal que el cardenal Rampolla debió hacer al Santo Padre me valió la acogida que deseaba.

Cuando el Papa me preguntó:

—Hijo mío, ¿qué deseáis?

Le respondí:

—¡Santo Padre, morir a vuestros pies, ahora, en este momento, sería mi mayor dicha!

León XIII se dignó decirme, sonriendo, que mi vida era más útil todavía para los combates de la fe. Y abordó la cuestión de la Masonería. Tenía todas mis nuevas obras en su biblioteca particular; las había leído de cabo a rabo, e insistió en la dirección satánica de la secta.

Habiendo sido sólo Aprendiz, tenía un gran mérito al haber comprendido que «el diablo estaba ahí». Y el Soberano Pontífice insistía en esta palabra *el diablo* con una entonación que me es fácil recordar. Me parece que le oigo todavía, repitiendo: «¡El diablo!, ¡el diablo!»

Cuando marché había adquirido la certeza de que mi plan podría ser puesto en ejecución hasta el fin. Lo importante era no adelantarme hasta que el fruto estuviera maduro.

El árbol del luciferismo contemporáneo comenzaba a crecer. Lo había cuidado con esmero durante algunos años... finalmente, rehíce uno de mis libros, introduciendo en él un ritual palládico, por supuesto obtenido en comunicación, y de mi total invención, desde la primera línea hasta la última.

Esta vez el Palladismo o Alta Masonería luciferina había nacido.

El nuevo libro tuvo las más entusiastas aprobaciones, comprendidas las de todas las revistas dirigidas por los Padres de la Compañía de Jesús.

Entonces había llegado la hora de esfumarse; sin lo cual la más fantástica superchería de los tiempos modernos habría fracasado estrepitosamente.

Me puse a buscar el primer colaborador necesario. Era preciso alguno que hubiera viajado mucho y pudiera contar con una misteriosa información sobre los Triángulos luciferinos, los antros de este Palladismo presentado como dirigiendo secretamente todas las Logias y Tras-logias del mundo entero.

Justamente, un antiguo camarada de colegio, que reencontré en París, había sido médico de la marina. Al principio no le puse al corriente del secreto de la mixtificación. Le hice leer diversos libros de autores que se habían entusiasmado a raíz de mis miríficas revelaciones. La más extraordinaria de estas obras es la de un obispo jesuita, Monseñor Meurin, obispo de Port-Louis (Isla Mauricio), que vino a verme a París, y me consultó. ¡Pueden pensar que fue bien informado!...

Este excelente Monseñor Meurin, erudito orientalista, no podría ser mejor comparado que con aquel arqueólogo polaco que había distinguido tan bien los restos de una estatua ecuestre en medio de las ruinas de una plaza pública de mi villa sub-lacustre.

Siempre me acordaré, como una de las horas más felices de mi vida, aquellas en las que me leería su manuscrito. Su gran volumen, *La Francmasonería sinagoga de Satán*, me sirvió admirablemente para convencer a mi amigo el doctor que existía, en verdad, un sentido secreto luciferino en todo el simbolismo masónico.

Había realmente estudiado el espiritismo, como aficionado curioso; sabía que existen por el mundo algunos creyentes en manifestaciones sobrenaturales, en fantasías, en aparecidos, en duendes, etc. Sabía que, en pequeños grupos de ocultistas, amables histriones hacen ver espectros a la buena gente demasiado olvidada de Robert

Houdin. Pero ignoraba que en la masonería se entregaban a semejantes operaciones; ignoraba que hubiera un rito especial de ocultismo luciferino y masónico; ignoraba el Palladismo y sus Triángulos, los Magos Elegidos y las Maestras Templarias, y toda esa extraña organización suprema que yo había imaginado y que Monseñor Meurin y otros confirmaban científicamente.

A causa de libros tales como el de Monseñor Meurin, el doctor creyó en el Palladismo y en diversos personajes que ya comenzaban a aparecer, héroes de mi mixtificación. Pero no intenté por nada del mundo hacerle creer en la realidad de las manifestaciones sobrenaturales que pretendía contar.

En definitiva, he aquí cómo recurrí al concurso del doctor, mi amigo.

—¿Quieres colaborar en una obra sobre el Palladismo? Yo conozco la cuestión a fondo; pero publicar rituales no ofrece el mismo interés que contar aventuras en calidad de testigo, sobre todo si esas aventuras son alucinantes... Además, para enternecer mejor a los cándidos, es preciso que el narrador sea él mismo un héroe; no un palladista convencido, sino un celoso católico que ha adoptado la máscara luciferina para hacer esta tenebrosa encuesta con peligro de su vida...

Mi amigo el doctor aceptó, y a fin de entretenerle con el pensamiento de que el Palladismo existía, a pesar de la simulación de hechos maravillosos atribuidos por nosotros a sus Triángulos, le hice recibir algunas cartas de Sophia Walder; Sophia se indignaba de que pretendiera conocerla.

El doctor me traía fielmente estas cartas.

A la tercera o cuarta que recibió, me dijo:

—Verdaderamente tengo miedo que esta mujer nos haga un escándalo y demuestre por A más B que lo que vendemos en su nombre es pura fantasía.

Le respondí:

—Tranquilízate. Ella protesta por la forma; en el fondo le divierte leer que ella tiene el don de pasar a través de los muros, y que posee una serpiente que con la punta de su cola escribe profecías en las espaldas. Me he puesto en contacto con ella; he sido presentado a ella; es una buena mujer. Es una palladista farsante; se ríe a carcajadas de todo esto... ¿Quieres que te la presente?

¿Cómo, pues?... ¡Ah! ¡Era feliz de establecer conocimiento con Sophia Walder!... Algunos días después envié a mi amigo una carta de la gran maestra palladista; consentía en su presentación. Concertamos la entrevista en mi casa; de ahí debíamos ir al encuentro de Sophia Sapho que nos invitaba a cenar... Mi amigo llegó vestido de etiqueta como si hubiera sido invitado al Elyseo. Le mostré la mesa servida en mi casa y, esta vez, le conté todo, o al menos casi todo.

¡Sophia Walder, un mito! ¡El Palladismo, mi más bella creación, sólo existía sobre el papel y en algunos millares de cerebros! No acababa de reponerse. Me fue preciso darle pruebas... Cuando se convenció, encontró que la mixtificación era divertida, y me ofreció su concurso.

Pero mi amigo el doctor no era suficiente para la realización de mi plan. *El Diablo en el siglo XIX*, en mi proyecto, debía preparar la entrada en escena de una Gran Maestra luciferina que se convertiría.

La obra que había firmado presentaba a Sophia-Sapho, pero bajo los colores más negros. Me había empeñado en hacerla lo más simpática posible a los católicos: era el tipo perfecto de la diablesa encarnada, encenagada en el sacrilegio, una verdadera satanizante, tal como se ve en las novelas de Huysmans.

Sophia-Sapho, o la señorita Sophia Walder, sólo estaba ahí para servir de contraste frente a otra luciferina, pero ésta simpática, una criatura angélica que vivía en este infierno palladista por azar de nacimiento, y que yo reservaba a la obra firmada por Bataille el cuidado de hacerla conocer al público católico.

Así pues, como esta luciferina excepcional debía convertirse en un momento dado, era preciso tener a alguien de carne y hueso, caso de que su presentación fuera indispensable.

Poco tiempo antes de encontrar a mi camarada de infancia, el doctor, las necesidades de mi profesión me habían hecho buscar una copista mecanógrafa, que era representante en Europa de una de las grandes fábricas de máquinas de escribir de los Estados Unidos. Tuve que darle para pasar a máquina un buen número de manuscritos en aquella época, vi que era una mujer inteligente, activa, que a veces viajaba por sus negocios; además, era de un carácter alegre, y de una elegante simplicidad, como es general en nuestras familias protestantes.

Nadie, mejor que la señorita Vaughan, podía secundarme. Toda la cuestión radicaba en si ella aceptaría o no.

No le hice la proposición a quemarropa. Primero la estudié. Poco a poco la fui interesando en la demonología con la que ella se divertía mucho. Me dije: ella es más librepensadora que protestante.

Hice con ella un trato: 150 francos por mes, a cuenta de la copia a máquina de los manuscritos, así como por las cartas de primera mano.

*El Diablo en el siglo XIX* fue escrito principalmente para acreditar a Miss Vaughan, a la que destinaba desde entonces un gran papel en la mixtificación.

Nos limitamos a hacerla americana, a pesar de su accidental nacimiento en París. Situamos a la familia en Kentucky. Esto nos permitía hacer a nuestro personaje lo más interesante posible al multiplicar en torno suyo fenómenos extraordinarios que nadie podía controlar. Otro motivo era que habíamos situado en los Estados Unidos, en Charleston, el centro del Palladismo, dándole como fundador al difunto general Albert Pike, Gran Maestre del rito escocés en la Carolina del Sur. Este masón célebre, dotado de una gran erudición, había sido una de las altas luces de la Orden; le convertimos en el primer papa luciferino, jefe supremo de todos los francmasones del globo, conferenciando regularmente, cada viernes, a las tres de la tarde, con el señor Lucifer en persona.

Lo más curioso del asunto es que hay francmasones que han subido espontáneamente a mi barco, sin ser solicitados lo más mínimo; y este barco del Palladismo se ha hecho un verdadero acorazado, frente al remolcador que utilicé para mis fines en la caza de los tiburones de la rada de Marsella.

Con el concurso del doctor Bataille, el acorazado se convirtió en toda una escuadra; y cuando Miss Diana Vaughan pasó a ser mi auxiliar, la escuadra se transformó en flota.

Sí, hemos visto en los diarios masónicos, como la *Renaissance Symbolique*, avalar una circular dogmática en el sentido del ocultismo luciferino, una circular del 14 de julio de 1889 escrita por mí en París, y revelada como traída de Charleston a Europa por Miss Diana Vaughan de parte de Albert Pike, su autor.

Cuando yo nombré a Adriano Lemmi el segundo sucesor de Albert Pike al soberano pontificado luciferino —pues no fue en el palacio Borghese, sino en mi despacho, donde fue elegido papa de los francmasones—, cuando esta elección imaginaria fue conocida, los masones italianos, y entre ellos un diputado al Parlamento, creyeron que era verdad. Se han sentido vejados al saber, por las indiscreciones de la prensa profana, que Lemmi guardaba el secreto, y que les tenía al margen de este famoso palladismo del que ya se hablaba en el mundo entero. Se reunieron en un Congreso en Palermo, constituyeron en Sicilia, Nápoles y Florencia tres Supremos Consejos independientes, y nombraron a Miss Vaughan miembro de honor y protectora de su federación.

Un auxiliar inesperado —pero en modo alguno cómplice, aunque se haya dicho lo contrario— es el señor Margiotta, francmasón de Palmi, en Calabria. Se enroló como mixtificado, y fue más que los otros; y lo que resulta más divertido es que nos contó que había conocido a la Gran Maestra palladista en uno de sus viajes a Italia. Es verdad que le había llevado dulcemente a hacerme esta confidencia. Le había metido en la cabeza que este viaje había tenido lugar; había creado alrededor de él una atmósfera de Palladismo; le había hecho encontrar en Roma con un chambelán de León XIII que había hecho cenar con Miss Diana algún tiempo antes. Después le sugerí que Miss Vaughan, durante su pretendido viaje de 1889, en el que trajo a Europa la susodicha circular dogmática de Albert Pike, había recibido, durante dos tardes, en el hotel Victoria de Nápoles, a numerosos masones por grupos.

Más tarde, cuando juzgaba que era preciso impedir que la mixtificación, adivinada en Alemania, se hundiera en el silencio de una Comisión; cuando me puse de acuerdo con el doctor para hacer sonar el grito de victoria de la locura de los cardenales mixtificados, cuando Bataille y yo, *siempre de acuerdo*, aparentamos que nos tirábamos los trastos a la cabeza, el señor Margiotta, habiendo abierto finalmente los ojos, temió el ridículo y prefirió declararse cómplice antes que alistado ciega y voluntariamente en nuestra flota.

Pero no conviene que parezcamos más numerosos de lo que éramos en realidad. Éramos tres, y ya es bastante.

No es banal, en efecto, haber hecho que en nuestro siglo XIX fueran admitidas nuestras miríficas historias. No obstante, me pregunto hasta qué punto los altos aprobadores del Palladismo desvelado tendrán el derecho de enfadarse hoy. Cuando se sepa que han sido mixtificados, lo mejor será reír con la galería. ¡Sí, señor abate Garnier!, porque enfadándoos vos, todavía daréis más risa.

Los mixtificadores del Palladismo pueden dividirse en dos categorías: Los que han estado de buena fe, totalmente de buena fe; los que han sido víctimas de su ciencia teológica y de sus estudios encarnizados contra todo lo que toca a la Masonería. He necesitado hundirme hasta el cuello en estas dos ciencias para imaginar todo, completamente todo, de forma que ni unos ni otros pudieran descubrir la supercheria.

Todo mi Palladismo había sido sólidamente construido en cuanto a la parte masónica propiamente dicha, puesto que los francmasones —¡los «treinta y tres», si os agrada más!— no han juzgado que el edificio era un vano milagro, y han pedido entrar.

Pero, aparte de esta primera categoría de mixtificadores, hay una segunda; y entre éstos no ha habido mixtificación absoluta. Los buenos abates y religiosos que han admirado en Miss Diana Vaughan una hermana masona luciferina convertida tienen el derecho de creer que existen estas masonas. Jamás las han visto; jamás las han encontrado; pero pueden decir que no las hay en sus diócesis. En Roma tampoco hay; en Roma todas las informaciones están centralizadas; en Roma no pueden ignorar que no hay más masonas que las esposas, hijas o hermanas de los francmasones, admitidas a los banquetes, a las fiestas abiertas, donde incluso ellas se reúnen aparte, muy honestamente, en sociedades particulares únicamente compuestas de elementos femeninos, como ocurre en los Estados Unidos con las Hermanas de la Estrella de Oriente o las Damas de la Revolución.

Con un poco de reflexión, es fácil comprender que, si existieran Hermanas masonas tales como los antimasones se las imaginan, habría habido conversiones y confesiones desde hace tiempo. La rapidez con la que se acogió en Roma la pretendida conversión de Miss Vaughan es significativo. ¡Pensad que Monseñor Lazzareschi, delegado de la Santa Sede ante el Comité Central de la Unión Antimasónica, hizo celebrar un *Triduo de Acción de Gracias* en la iglesia del Sagrado Corazón de Roma!

El *Himno a Juana de Arco*, compuesto, por supuesto, por Miss Diana, letra y música, ha sido ejecutado en las fiestas antimasónicas del Comité romano; esta música, convertida casi en música sacra, ha sido oída con gran solemnidad en las basílicas de la Ciudad Santa. Es la melodía de la *Jeringa filarmónica*, parodia musical que uno de mis amigos, compositor y jefe de la orquesta del sultán Abd-ul-Aziz, compuso para las diversiones del serrallo.

Este entusiasmo romano debe hacer reflexionar.

Recordaré dos hechos característicos.

Bajo la firma del «Doctor Bataille» conté, y bajo la firma de «Miss Vaughan» confirmé, que el templo masónico de Charleston contiene un laberinto en cuyo centro está la capilla de Lucifer... (*Interrupciones.*)

Soy yo el que ha contado que en el templo masónico de Charleston una de las salas de forma triangular, llamada Sanctum Regnum, tiene por adorno principal la monstruosa estatua del Baphomet, a la que los Altos masones rinden culto; que otra sala posee una estatua de Eva que se anima cuando una Maestra Templaria es particularmente agradable al maestro Satán, y que esa estatua se convierte entonces en la demonio Astarté, viva por un momento, para dar un beso a la Maestra Templaria privilegiada. He publicado el pretendido plano de este inmueble masónico; este plano lo he dibujado yo mismo. Entonces Monseñor Northrop, obispo católico de Charleston, hizo un viaje a Roma con el solo objeto de certificar al Soberano Pontífice que estos relatos eran de la más pura fantasía. Este viaje habría pasado desapercibido si Monseñor Northrop no se hubiera dejado entrevistar durante el camino. Allí dijo: «Es falso, absolutamente falso, que los francmasones de Charleston sean los jefes de un rito supremo luciferino. Conozco muy especialmente a los principales de entre ellos; son protestantes animados de las mejores intenciones; ni uno solo sueña en entregarse a prácticas de ocultismo. He visitado su templo; no se encuentran allí ninguna de esas salas indicadas por el Doctor Bataille y Miss Vaughan. Ese plano es una broma.» Monseñor Northrop, al regresar de Roma ya no protestó; en adelante guardó silencio. Miss Diana Vaughan, por el contrario, replicó a la entrevista de Monseñor Northrop: ella dijo que el obispo de Charleston era francmasón, y ella había recibido la bendición del Papa.

Segundo hecho. Bajo las firmas de Bataille y Vaughan he contado y confirmado que en Gibraltar, en el subsuelo de la fortaleza inglesa, se encontraban inmensos talleres secretos en los que hombres monstruos fabricaban todos los instrumentos usados en las ceremonias del Palladismo; y Miss Diana Vaughan, interrogada a este propósito por altos dignatarios eclesiásticos de Roma, se divirtió respondiéndoles, con su más hermosa letra, que nada era más cierto, y que las forjas de estos misteriosos talleres de Gibraltar eran alimentadas por el mismo fuego del infierno. Monseñor el Vicario Apostólico de Gibraltar escribió, por otra parte, que él confirmaba, él, que se había visto en la necesidad de declarar a diversas personas; a saber, que la historia de estos talleres secretos era una audaz invención, que no tenía fundamento ninguno, y que estaba indignado de ver creer tales leyendas. El Vaticano no publicó la carta del Vicario Apostólico de Gibraltar, y Miss Vaughan recibió la bendición del Papa.

¡Es preciso recordar algunas otras cartas de aprobación que Miss Vaughan ha recibido! (*Interrupciones.*)

¡Cómo! ¡Os atrevéis a negarlo! Pues bien, ¡he aquí una carta de aprobación, y es de valor!... Es del cardenal Parocchi, Vicario de Su Santidad; está fechada el 16 de diciembre de 1895.

> Señorita y querida Hija en N. S.:
>
> Con una viva y muy dulce emoción he recibido vuestra querida carta del 29 de noviembre, con el ejemplar de la *Novena Eucarística*... Su Santidad me ha encargado enviaros, de su parte, una bendición muy especial...
>
> Desde hace tiempo, mis simpatías son para vos. Vuestra conversión es uno de los magníficos triunfos de la gracia que yo conozca... En este momento estoy leyendo vuestras *Memorias*, que son de un interés palpitante...

Entretanto, creed que no os olvidaré en mis oraciones, y especialmente en el Santo Sacrificio. Por vuestro lado, no ceséis de agradecer a Nuestro Señor Jesucristo la gran misericordia que Él ha usado con vos; así como del testimonio admirable de amor que os ha dado.

Ahora, aceptad mi bendición y creedme

Todo vuestro en el Corazón de Jesús

L. M. CARDENAL VICARIO

He aquí otra carta, en papel oficial del Consejo directivo general de la Unión Antimasónica, es decir, del más alto comité de acción contra la Francmasonería, comité consultado por el mismo Papa, comité que tiene a su cabeza un representante oficial de la Santa Sede, Monseñor Lazzareschi. Escuchad:

*Roma, 27 de mayo de 1896*

Señorita:

Monseñor Vinzenzo Sardi, que es uno de los secretarios particulares del Santo Padre, me ha encargado de escribiros, por orden expresa de Su Santidad.

Debo deciros también que Su Santidad ha leído con gran placer vuestra *Novena Eucarística.*

El señor Comendador Alliata ha tenido una entrevista con el Cardenal Vicario sobre la veracidad de vuestra conversión. Su Eminencia está convencido; pero ha manifestado a nuestro Presidente que no lo puede testimoniar públicamente. *«No puedo traicionar los secretos del Santo Oficio»*, es lo que Su Eminencia ha respondido al Sr. Comendador Alliata.

Soy todo suyo, muy afectísimo en Nuestro Señor

RODOLFO VERZICHI
*Secretario General*

El secretario particular de León XIII, ese mismo Monseñor Vicenzo Sardi, que acaba de ser mencionado, escribió a su vez, entre otras cosas:

*Roma, 11 de julio de 1896*

Señorita:

Me apresuro a expresaros los agradecimientos que os son debidos por el envío de vuestro último volumen sobre Crispi...

Se trata de un libro en el que, bajo la firma de Miss Diana Vaughan, conté que Crispi tenía un pacto con un diablo llamado Haborym; que Crispi había asistido en 1885 a una sesión palládica en la cual un diablo llamado Bitrú, presentando a Sophia Walder a un cierto número de hombres políticos italianos, les había anunciado que dicha Sophia daría al mundo, el 29 de septiembre de 1896, una hija que sería la abuela del Anti-Cristo. Había enviado este libro al Vaticano. El secretario particular del Papa lo agradecía y añadía:

> ¡Continuad, señorita, continuad escribiendo y desenmascarando la inicua secta! La providencia ha permitido, por esto mismo, que le hayáis pertenecido durante tanto tiempo...
>
> Me recomiendo de todo corazón a vuestras oraciones, y con una perfecta estima me declaro muy afectísimo.
>
> Monseñor VICENZO SARDI

La *Civiltà Católica*, la más importante de todas las revistas católicas del mundo, el órgano oficial del General de los Jesuitas, revista publicada en Roma, recogía estas líneas en su número 1 110 de septiembre de 1896:

> Queremos tener, al menos una vez, el placer de bendecir públicamente los nombres de los valores campeones que han entrado los primeros en el glorioso anfiteatro, entre los cuales la noble Miss Diana Vaughan.
>
> Miss Diana Vaughan, llamada de lo profundo de las tinieblas a la luz de Dios, preparada por la Providencia divina, armada de la ciencia y experiencia personal, se vuelve hacia la Iglesia para servirla, y parece inagotable en sus preciosas publicaciones, que no tienen parangón por la exactitud y utilidad.
>
> No sólo se consideraba a Miss Vaughan como una heroica polemista, entre los que rodeaban al Soberano Pontífice; se la ponía a la misma altura que los santos. Cuando comenzó a ser atacada, el secretario del Cardenal Parocchi le escribió desde Roma, el 19 de octubre de 1896:
>
> «Continuad, señorita, con vuestra pluma y vuestra piedad, a pesar de los esfuerzos del infierno, suministrando las armas para aplastar al enemigo del género humano. Todos los santos han visto sus obras combatidas; no es, pues, extraño que la vuestra no sea perdonada...»

Os ruego aceptéis, señorita, mis más vivos sentimientos de admiración y respeto.

A. VILLARD
*Prelado de la Casa de su Santidad*
*Secretario de S. E. el Cardenal Parocchi*

Estas cartas, sabéis bien, señores periodistas católicos, que han sido enviadas realmente a la señorita Vaughan. Es posible que estéis molestos hoy; pero son documentos históricos; no han sido fabricados; éstos y sus eminentes autores no lo renegarán.

Y no solamente ellos patrocinaban esta mixtificación, sino que empujaban a su corresponsal, creyéndola una cabeza exaltada, a entrar en su juego para la preparación de sus milagros.

El tiempo me falta hoy; no obstante quiero daros a conocer un hecho en este orden de ideas. Todo el mundo sabe que, *según la leyenda católica*, cuando Juana de Arco fue quemada, el verdugo quedó estupefacto al constatar que sólo el corazón de la heroína no había sido consumido; en vano, arrojó entonces pez encendida y azufre; el corazón no pudo arder. Entonces, por orden formal de los que mandaban el suplicio, el corazón de Juana fue arrojado al Sena. Ahora, el clero francés pide la canonización de Juana de Arco; pero es Roma la que canoniza y Roma está en Italia. El clero francés ha encontrado ya una reliquia de la que ajustició: es una costilla carbonizada. En Italia se preparan a tener algo mejor. Una terciaria ha tenido la idea extraordinaria de que ella encontrará el corazón de Juana de Arco; un ángel se lo traerá, sin duda. Esta terciaria ultramística ha escrito a Miss Vaughan, y es el mismo secretario del cardenal Vicario quien ha recomendado a Miss Vaughan que mantenga correspondencia con esta piadosa persona; que intercambie con ella sus impresiones sobre los hechos sobrenaturales relativos a Juana de Arco. Es fácil comprender lo que esto quiere decir. Estad seguros: un día, un ángel traerá el corazón, no a Francia, sino a Italia, de la misma forma que unos ángeles llevaron a Loreto la casa de Nazareth. Juana de Arco será canonizada, y todos los peregrinos franceses que irán a Italia no dejarán de visitar el convento italiano, poseedor del corazón milagrosamente encontrado; y estas visitas serán fructuosas, ¿no es así?

Miss Vaughan ha visto, pues, llover los favores de los príncipes de la Iglesia.

Los masones de Francia, de Italia, de Inglaterra reían bajo capa, y tenían razón. Por el contrario, un masón alemán, Findel, se encolerizó, y lanzó un folleto muy bien hecho. Gran emoción. Este folleto fue como una piedra en una charca de ranas.

Se trataba de tomar una resolución enérgica. Findel comprometía el éxito final de mi mixtificación: su gran error fue creer que era un golpe inventado por los jesuitas. ¡Desgraciados jesuitas! ¡Les había enviado un fragmento de la cola de Moloch, como pieza de convicción del Palladismo!

En el Vaticano hubo inquietud. Se pasó de un extremo al otro; enloquecieron. Se preguntaron si no estarían en presencia de una superchería que estallaría contra la Iglesia, en lugar de servirla. Se nombró una Comisión de encuesta que funcionó en secreto para saber a qué atenerse.

Desde ese momento el peligro se hacía grande; mi obra estaba en peligro, y yo no quería varar en el puerto. El peligro estaba en el silencio; sería el estrangulamiento de la mixtificación en los calabozos de la Comisión romana; sería la prohibición a los periódicos católicos de decir una sola palabra.

Mi amigo el doctor fue a Alemania; desde allí me hizo conocer la situación. Y yo partí para el Congreso de Trento prevenido, bien prevenido. A mi regreso, la primera persona que vi fue mi amigo. Le hice partícipe de mis temores de estrangulación por el silencio.

Entonces convinimos todo lo que ha sido escrito y hecho. Si los redactores del *Universo* dudan, puedo decirles cuáles son los pasajes que han suprimido en las cartas del doctor Bataille. Fui yo quien, de esta forma, aticé el fuego; pues era preciso que la prensa del mundo entera fuera puesta al corriente de esta gran y extravagante aventura. Y era necesario un buen lapso de tiempo para que el alboroto de los católicos furiosos, la polémica con los partidarios de Miss Diana Vaughan pudiera atraer la atención de la gran prensa, de la prensa que marcha con el progreso y que cuenta con millones de lectores.

Antes de terminar, debo un saludo a un histrión desconocido, a un perspicaz cofrade americano. Entre histriones uno se entiende de un extremo al otro del mundo, sin tener necesidad de intercambiar cartas, sin recurrir ni siquiera al teléfono. Saludos, pues, al querido ciudadano de Kentucky que tuvo la amable idea de ayudarnos sin ningún acuerdo previo, que ha confirmado al *Courrier-Journal* de Louisville las revelaciones de Miss Diana Vaughan, que ha certificado, a quien ha querido oírle, que él había conocido a la querida Miss íntimamente durante siete u ocho años, y que la había encontrado a menudo en diversas sociedades secretas de Europa y América... en las que ella jamás puso los pies.

Señoras, señores,

Os había anunciado que el Palladismo sería hundido hoy. Mejor que eso; ha sido ahogado; ya no existe.

En mi confesión general al padre jesuita de Clamart me había acusado de un asesinato imaginario. Bueno, ante vosotros, me confieso de otro crimen. He cometido un infanticidio. El Palladismo ahora está mudo y bien muerto. Su padre lo acaba de asesinar.

## Cartas y telegramas de diversas masonerías extranjeras felicitando a los masones españoles por la proclamación de la Segunda República Española

### DOCUMENTO 15

CHILE (15-4-31). Gran Logia Chile felicita entusiásticamente advenimiento República. Trataremos conseguir pronto reconocimiento. *Gran Logia de Chile.*

### DOCUMENTO 16

SANTO DOMINGO (16-4-31) (carta). Con mucho placer acusamos recibo de vuestro cablegrama de ayer, con el que nos das la buena nueva de tal ansiado establecimiento del Gobierno republicano, a la vez que pedís interceder cerca de nuestro democrático Gobierno para el pronto reconocimiento oficial de él, de cuyos pormenores hemos tomado las debidas satisfactorias notas.

Con esta misma fecha nos apresuramos a dirigirnos a nuestro

querido h. general Trujillo, presidente constitucional de nuestra República, en la solicitud dicha, no dudando recibir prontas noticias al respecto, que os transmitiremos en seguida.

Muy fraternalmente vuestros. *Doctor Heliodoro Quintero y Ortega*, Gran Secretario; *Eugenio A. Álvarez*, Gran Maestre.

## DOCUMENTO 17

PARAGUAY ( 17-4-31). Gestiones hechas ante Gobierno, reconocerá República española al recibir comunicación oficial. Felicitámosles. Abrazos fraternales. *Francisco Olivé Ballsells*, Gran Maestre.

## DOCUMENTO 18

KENTUCKY (17-4-31). He recibido su cable del 15 del corriente, y les envío los saludos de la Gran Logia de Kentucky, esperando que, bajo la forma republicana del gobierno, la Gran Logia Española prosperará y tendrá privilegios que no ha tenido en el pasado. Agradecemos su cable; quedo fraternalmente vuestro. *Fred W. Nardiwich*, Gran Secretario.

## DOCUMENTO 19

MÉXICO (17-4-31). Recibido suyo 15. México ya reconoció República española. Felicitámosles calurosa, fraternalmente. *Gran Logia Valle de México.*

## DOCUMENTO 20

PANAMÁ (18-4-31) (carta). ... Nuestro Gran Maestre adjunto, Venerable h. Héctor Valdés, en ejercicio de la Gran Maestría, por ausencia del Gran Maestre Irving Halman, se hizo cargo de gestionar verbalmente con el Gobierno de Panamá respecto al pronto reconocimiento del nuevo Gobierno español. *Valdés Oller.*

## DOCUMENTO 21

LUXEMBURGO (17-4-31). Compartimos vuestra alegría. Hemos practicado urgente diligencia para pronto reconocimiento nuevo Gobierno. *Daubelfeld.*

## DOCUMENTO 22

AUSTRIA (17-4-31). Intervención pedida, imposible, por sernos prohibida toda acción refiriéndose a política.

## DOCUMENTO 23

CUBA (17-4-31). Esperamos aviso confirmando noticias. Realizamos gustosos interesadas. Abrazos fraternales. *Walter y Castellanos*, Gran Logia Isla de Cuba.

## DOCUMENTO 24

CHECOSLOVAQUIA (18-4-31). Compartimos vuestra alegría. Obramos según deseo. Fraternal abrazo. Gran Logia Checoslovaquia. *Tchy Schvarz.*

## DOCUMENTO 25

ECUADOR (18-4-31). Entusiasmada, Masonería ecuatoriana felicita advenimiento nueva República, formulando votos prosperidad. Gobierno Ecuador reconoció el vuestro. Fraternal abrazo. *L. W. García Moreno*, Gran Secretario.

## DOCUMENTO 26

FRANCIA (20-4-31). El Consejo de la Orden del Grande Oriente de Francia, reunido en sesión plenaria, os envía todas sus felicitaciones y se asocia a vuestra alegría.

## DOCUMENTO 27

GUATEMALA (20-4-31). Buen éxito gestiones. Diéronse instrucciones inmediato reconocimiento República. Fraternales felicitaciones. *Gran Logia Guatemala.*

## DOCUMENTO 28

BÉLGICA (20-4-31) (carta). ... Por nuestro lado, no dejaremos de dar curso al deseo que expresáis, y pondremos todo cuanto sea necesario por nuestra parte para alcanzar el objeto deseado (...) Esta carta estaba ya escrita cuando nuestro Gran Maestre, Victor Charpentier, había ya dado los pasos necesarios. Os felicitamos por el reconocimiento de la República española. *Gran Oriente de Bélgica.*

## DOCUMENTO 29

GRECIA (20-4-31) (carta). Vuestro telegrama ha sido inmediatamente comunicado a los cinco hermanos ministros, miembros del Gabinete, y ha sido objeto de la más simpática acogida. El ministro de Negocios Extranjeros de la República Helénica ha tomado ya contacto con las autoridades republicanas españolas, lo que hace preverle rápido reconocimiento del nuevo régimen. *Gran Oriente de Grecia.*

## DOCUMENTO 30

SAN SALVADOR (21-4-31). Felicitámosles. Estamos gestionando reconocimiento. Fraternalmente. Gran Logia Cuscatlán. *Locayo Téllez.*

## DOCUMENTO 31

CUBA (22-4-31). Logia *Padilla* saluda alborozada República española, deseando estabilidad nuevo régimen. Fraternalmente. *Núñez,* Gran Maestre.

Logia *Minerva* suplica felicítese en su nombre Gobierno República. Votos perdure la libertad. *Augusto Feo,* Venerable.

## DOCUMENTO 32

PUERTO RICO (24-4-31) (carta). Ampliando los acuerdos anteriores, enviados por cable, la Gran Logia acordó dirigir al presidente del Gobierno provisional de la República el siguiente mensaje:

«Masonería portorriqueña, reunida asamblea general ciudad Guayam, saluda, felicita amanecer República española. *Rodolfo Ramírez Pavón,* Gran Maestre Supremo de Puerto Rico.»

## DOCUMENTO 33

**Petición de informes sobre los generales masones denunciados en el Congreso de los Diputados. Febrero-marzo de 1935**

La Gran Logia Simbólica Regional del Mediodía de España, de la Federación del Grande Oriente Español, a la Comisión Permanente del Gran Consejo Federal Simbólico.

Sevilla, 26 febrero 1935.

Il. Gr. Maestre Adjunto y Ven. HH. Consejeros:

Interesa a esta Gran Logia conocer si las personas que figuran en la adjunta Relación pertenecen a nuestra Orden, y a dicho efecto tenemos el honor de remitirla a este Alto Cuerpo, por si se digna informarnos en aquellos que pertenezcan a la Orden, su actual situación masónica y Taller a que pertenecen y con objeto de que no tengáis que poner los nombres de las personas, bastará con que lo sustituyáis con el n.º de orden que figura al margen de la relación.

Recibid Il. Gr. Maestre Adjunto y Ven. HH. Consejeros el testimonio de nuestro fraternal afecto.

***Relación que se adjunta***

*Generales de división*

1. D. Eduardo López de Ochoa y Portuondo
2. D. Miguel Cabanellas Ferrer
3. D. Agustín Gómez Morata
4. D. José Riquelme y López Bago
5. D. Miguel Núñez del Prado y Subielas
6. D. José Sánchez-Ocaña y Beltrán
7. D. Juan García Gómez Caminero
8. D. José Fernández Villa Abrile Calivara
9. D. Nicolás Molero Lobo

*Generales de brigada*

10. D. Juan Urbano Palma
11. D. Francisco Llano Encomienda
12. D. José Miaja Menant
13. D. Manuel de la Cruz Baoullona
14. D. Sebastián Pozas Perea
15. D. Toribio Martínez Cabrera
16. D. Leopoldo Jiménez García
17. D. Rafael López Gómez
18. D. Fernando Martínez de Monje
19. D. Luis Castelló Pantoja
20. D. Manuel Romerales Quintero
21. D. Jacinto Fernández Ampón

La Comisión Permanente del Gran Consejo Federal Simbólico a la Gran Logia Simbólica Regional del Mediodía de España. Madrid, 1 marzo 1935.

Ilustre Gra. Maestre y Ven. HH.:

Obra en nuestro poder vuestra fraternal plancha n.º 182, de 26 del pasado mes de febrero, la que tenemos el gusto de contestar.

En contra de nuestro buen deseo no podemos deciros con seguridad lo que deseáis, pues bien sabéis que durante más de un año y medio la preocupación constante de la Gran Secretaría fue la cuestión de estadística, pero como los Talleres no cumplieron entonces, no hubo manera de hacer un trabajo serio. Por referencias particulares podemos deciros lo siguiente:

N.º 1 Pertenece a la Gran Logia Regional del Nordeste. No sabemos si en el momento presente está activo o en sueños.

N.º 2 Es miembro activo de la Resp. Logia «Condorcet» de estos Valles.

N.º 4 Es miembro activo de la Resp. Logia «La Unión» de estos Valles.

En cuanto a los demás nada sabemos en este Gran Consejo.

Recibid, Ilustr. Gr. Maestre y Ven. HH. La expresión de nuestros fraternales afectos.

*Archivo de Servicios Documentales.*

Salamanca. Sección Masonería, legajo 67-28-36839-40.

## DOCUMENTO 34

**Extracto de la intervención del diputado Dionisio Cano López en el debate que precedió a la votación de la moción no de Ley prohibiendo a los militares pertenecer a la Masonería**

*15 de febrero de 1935*

Realmente en España se ha hablado mucho de la Masonería; la Masonería ha constituido uno de los puntos más fundamentales de la campaña electoral de todas las derechas, hasta el extremo de que desde el partido agrario hasta el partido tradicionalista llevaron como bandera y como lema el antimarxismo y la antimasonería; pero después de tanto hablar de la Masonería, yo no sé qué cosas misteriosas tiene, qué miedo tal vez produce al ocuparse de ella, que nadie se atreve nunca a concretar, como en este momento, una proposición acerca de ella; como si la Masonería fuera un «tabú» que indicara peligro de muerte; no hay nadie capaz de hablar de ella...

El carácter político de la Masonería, en mi concepto, está ampliamente demostrado por la intervención de la misma en todos los movimientos políticos y revolucionarios de los siglos XVIII y XIX en España. Se trata de algo muy claro, que está en la memoria de todos y que yo no he de concretar porque no quiero molestar en lo más mínimo a la Cámara con estos detalles. Únicamente voy a tratar de unos cuantos hechos esencialmente políticos del siglo XX, y empezaré por la Semana Trágica de Barcelona, hecho típicamente masónico. Después me referiré a la campaña criminal e inicua realizada en el extranjero contra España con motivo del fusilamiento de Ferrer, campaña internacional masónica, ligada con la de los traidores que teníamos dentro del territorio nacional, y además he de recordar la huelga del 17, que fue promovida y amparada por las organizaciones masónicas, como puede demostrarse con textos que tengo aquí de los Boletines oficiales masónicos...

El hermano Enrique Barea Pérez, en la Asamblea general del Gran Consejo Federal Simbólico de Sevilla, decía estas palabras: «La Masonería o es política o no es nada.» Esto lo decía también una gran autoridad masónica...

En Barcelona, alrededor del 12 de noviembre, se detuvo por la Policía a un individuo llamado Porvenir Ideal Ayerbe. Este individuo era presidente de la logia «Democracia» o «Fraternidad» y es un anarquista y separatista peligrosísimo; pero a las pocas horas de ser detenido, una orden de la Capitanía General, donde está el comandante Herrero, ayudante del general Batet, le puso en libertad inmediatamente.

Yo condeno el que la Masonería política intervenga en el Ejército. El Gobierno debe tomar medidas para aplicar rigurosamente el Decreto de 19 de julio a los militares. Hubo un militar, un general de División, que consultó al ministro de la Guerra, señor Hidalgo, si la Masonería era política y si debía aplicar las medidas del Decreto de 19 de julio a los militares masones, y con la cobardía con que se hacen las cosas en España, con la *sans façon* y la desidia con que se están haciendo las cosas desde el banco azul, el ministro de la Guerra no contestó, y aquel general no pudo aplicar las sanciones correspondientes a los generales y oficiales que todavía siguen siendo masones.

... La Masonería no puede existir cuando tenemos un artículo en la Constitución que, a virtud de un cuarto voto de obediencia a Roma, expulsa a una entidad religiosa de España. Mucho menos puede permitirse entonces una sociedad secreta, internacional, antiespañola y masónica...

(*Diario de Sesiones*. 15 de febrero de 1935.)

## DOCUMENTO 35
## Manifiesto de la Francmasonería de Cataluña al pueblo

*Barcelona, 8 de enero de 1937*

Ciudadano:

Por la prensa te habrás enterado de que por donde han pasado los fascistas, nuestros hermanos francmasones han sido ejecutados, muchas veces después de inicuas torturas. En Granada, Sevilla, Córdoba, Las Palmas, en todas partes, para las hordas sanguinarias de los Mola, Queipo, Cabanellas y Franco, ser francmasón significa una sentencia de muerte.

¿Por qué este odio del fascismo contra la Francmasonería? Porque ésta representa en el orden de las ideas la antítesis del fascismo. Porque sin ser un partido político, una religión, ni una asociación de clase, la Francmasonería ha sido siempre un obstáculo formidable contra toda clase de tiranías, una barrera contra el falso nacionalismo fascista, el cual, bajo la apariencia de un patriotismo exaltado, encubre solamente los viles apetitos de un capitalismo sin entrañas y el afán de dominio de los que, a pesar de decirse discípulos de aquel Cristo que muestran como un símbolo de los pobres y de los humildes, quieren mantener por la fuerza su dominio sobre las conciencias y acaparar todas las riquezas, apoyando sus privilegios, unos y otros, en un militarismo incivil y despótico...

La Masonería considera la LIBERTAD como una condición esencial en toda civilización y base de la dignidad humana.

Combate las desigualdades hijas del privilegio, y no admite entre los hombres más diferencias que las nacidas de las virtudes y méritos que cada cual haya contraído. Por eso la IGUALDAD es otro de sus lemas.

Rehúsa la guerra y la violencia como medio de expansión de los pueblos y por encima de las fronteras abre sus brazos a todos los hombres de conciencia libre y sentimientos honrados, sin distinción de razas ni de religión. No solamente predica la FRATERNIDAD, sino que la practica y hace de ella su base, la razón de su existencia.

Este lema triple de LIBERTAD, IGUALDAD y FRATERNIDAD, que la Revolución francesa hizo suyo, ha sido siempre la estrella que ha guiado sus pasos. Red inmensa que se extiende por todo el mundo, la Francmasonería ha trabajado para acercar los pueblos, uniendo a todos los hombres en una sola familia; para defender a los oprimidos y desenmascarar a los opresores. Por eso la han odiado y perseguido; por eso han salido de su seno los paladines de las libertades, y con el título de francmasón se honraron Washington, Franklin y Lafayette, los fundadores de la libertad norteamericana; Bolívar, el libertador de América Meridional; Garibaldi, el creador de la unidad italiana. Por eso también, al lado de espíritus selectos como Mozart, Goethe y Victor Hugo, han figurado en sus filas los teorizantes más destacados de las nuevas concepciones sociales como Proudhon y Anselmo Lorenzo, y los caudillos de las revoluciones libertadoras, desde Danton a Ferrer y Guardia y Fermín Galán...

En estas horas de prueba, cuando la sangre generosa de muchos francmasones riega los frentes de batalla, cuando la persecución reaccionaria contra nosotros llega a extremos de crueldad nunca igualados, la FRANCMASONERÍA DE CATALUÑA, haciéndose eco de la autorizada voz del GRANDE ORIENTE ESPAÑOL, suprema autoridad de la Masonería Española, reafirma una vez más su fe inquebrantable en el progreso humano y en los principios de libertad y de justicia, y su decisión de continuar la obra secular en pro de estos sublimes ideales.

Gran Logia Regional del Nordeste de España
Aviñó, 27, pral. BARCELONA
(*El Diluvio,* Barcelona, 8 de enero de 1937.)

## DOCUMENTO 36
**La masonería se adhiere al Gobierno del Frente Popular presidido por el socialista Negrín**

*Barcelona, 6 de julio de 1938*

Excelentísimo señor don Juan Negrín, presidente del Consejo de Ministros.

Señor Presidente:

Desde el comienzo de la rebelión asoladora de nuestra España, que hace derramar la sangre de la juventud, que destruye los hogares, las ciudades, las obras maestras de arquitectura, el acervo de nuestra riqueza histórica, nuestros niños, nuestras mujeres; mucho antes de que fuera plena demostración ante el mundo el salvaje y criminal modo de hacer la guerra el llamado hoy totalitario, que practican los facciosos, antes de que la guerra que sufrimos fuera reconocida como guerra de independencia, esta augusta institución a que pertenecemos, la masonería española, formuló declaraciones públicas, precisas y concluyentes de adhesión al Gobierno de la República, al Frente Popular y a la causa que Gobierno, Frente Popular y pueblo español defienden en común.

No hiciera falta tal declaración si todo el mundo supiera que los fundamentos de la Orden Francmasónica y su razón de ser son: la Fraternidad, la Justicia, la Libertad, la tolerancia, la Igualdad de derechos, la abolición de todo privilegio, la Paz entre todos los hombres y todos los pueblos; si todo el mundo conociera que los medios que propugnamos para defensa de nuestros principios son: lealtad y obediencia al poder del individuo, enemigos de toda violencia; enemigos de la explotación del hombre por el hombre; propaganda por la palabra, por la conducta y por la ejemplaridad que nos esforzamos en llevar cada día a mayor depuración; dignificación por el trabajo y la cultura; armonía con los progresos sociales y políticos más avanzados que tienen como meta la que siempre se estableció la Masonería que es: fraternidad y colaboración entre todos los hombres de buena voluntad. Ni hiciera falta formular nuestra expresa adhesión si todo el mundo supiera que los francmasones, aunque no pretenden ser hombres perfectos, porque adolecen de las debilidades comunes a todos, tienen como norte de su vida el perfeccionarse constantemente. Con esa base de doctrina y de conducta, que no es improvisada hoy sino que está grabada en nuestros Estatutos y es obligada y permanentemente practicada, se deduce inmediatamente que habíamos de estar unidos íntimamente a la causa que defiende nuestro pueblo y nuestro Gobierno. Pero en aquel excepcional momento y en práctica desusada, porque la Francmasonería hace su labor sin buscar popularidad, publicidad ni renombre, hicimos la declaración aludida para enterar a quienes no estuvieran enterados o lo fueren torcidamente por los enemigos sempiternos de la Libertad y la tolerancia.

Muchos sucesos han ofrecido posteriormente oportunidad para que toda suerte de Organizaciones enviaran adhesiones al Gobierno de la República. Nosotros no tuvimos necesidad de nuevas adhesiones. La nuestra era definitiva y sus fundamentos inmutables, como lo es la línea de nuestra doctrina, fija e invariable, que conduce a la fraternidad entre todos los hombres a través de los vaivenes y veleidades de la política o las religiones. Por tanto, seguíamos, seguimos y seguiremos en adhesión íntima al Gobierno de la República y a los principios que defiende y por los que se sacrifica lo mejor de nuestro pueblo. Nuestros afiliados cumplen ejemplarmente en sus puestos de lucha, o de mando, o de técnica, en proporción tal que no se pueden contar excepciones, si no es la inutilidad física total. Nuestros cuadros han dado víctimas en proporción que ninguna otra organización puede superar.

Si excepcionalmente hoy reiteramos nuestras anteriores manifestaciones de adhesión, justifícase ello por la importancia que contienen los llamados trece puntos que dio V. E. a la publicidad universal, porque estimamos es propósito firme su realización, y porque los principios que los informan están refrendados en el discurso que V. E. pronunció días pasados desde el Madrid heroico, sagrado y ejemplar, unidos a expresión práctica del resurgimiento de nuestro país, pleno de dignidad, mereciendo el respeto de todos los pueblos libres y desenvolviendo sus inagotables fuentes de riqueza.

En nombre de innumerables hombres de buena voluntad que están en nuestras filas, suyos afectísimos servidores.

El supremo Consejo del Grado 33 para España.

(*La Vanguardia*, Barcelona, 6 de julio de 1938.)

## DOCUMENTO 37
**Ley de 1 de marzo de 1940 sobre represión de la masonería y del comunismo**

Jefatura del Estado

Acaso ningún factor, entre los muchos que han contribuido a la decadencia de España, influyó tan perniciosamente en la misma y frustró con tanta frecuencia las saludables reacciones populares y el heroísmo de nuestras Armas, como las sociedades secretas de todo orden y las fuerzas internacionales de índole clandestina. Entre las primeras, ocupa el puesto más principal la masonería, y entre las que, sin constituir una sociedad secreta propiamente, se relacionan con la masonería y adoptan sus métodos al margen de la vida social, figuran las múltiples organizaciones subversivas en su mayor parte asimiladas y unificadas por el comunismo.

En la pérdida del imperio colonial español, en la cruenta guerra de la Independencia, en las guerras civiles que asolaron a España durante el pasado siglo, y en las perturbaciones que aceleraron la caída de la Monarquía constitucional y minaron la etapa de la Dictadura, así como en los numerosos crímenes de Estado, se descubre siempre la acción conjunta de la masonería y de las fuerzas anarquizantes movidas a su vez por ocultos resortes internacionales.

Estos graves daños inferidos a la grandeza y bienestar de la Patria se agudizan durante el postrer decenio y culminan en la terrible campaña atea, materialista, antimilitarista y antiespañola que se propuso hacer de nuestra España satélite y esclava de la criminal tiranía soviética. Al levantarse en armas el pueblo español contra aquella tiranía, no cejan la masonería y el comunismo en su esfuerzo. Proporcionan armas, simpatías y medios económicos a los opresores de la Patria, difunden so capa de falso humanitarismo, las más atroces calumnias contra la verdadera España, callan y escuchan los crímenes perpetrados por los rojos, cuando no son cómplices en su ejecución y, valiéndose de toda suerte de ardides y propagandas, demoraron nuestra victoria final y prolongaron el cautiverio de nuestros compatriotas.

Son muy escasas y de reducido alcance las órdenes y disposiciones legales adecuadas para castigar y vencer estas maquinaciones...

## DOCUMENTO 38
## Manifiesto de la masonería española de fidelidad a la Constitución republicana de 1931

*México, 15 de marzo de 1975*

Francmasonería Universal. Familia Española.

A las Obediencias de nuestra Augusta Orden en todo el mundo.

A nuestros hermanos del interior y del exilio.

A las conciencias de los hombres que defienden sin desmayos su dignidad ciudadana y su libertad.

Salud. Fuerza. Unión.

Las dos ramas de la Masonería Española, filosofismo y simbolismo, representadas por el SUPREMO CONSEJO DEL GRADO 33 PARA ESPAÑA y el GRANDE ORIENTE ESPAÑOL, preocupadas por la marcha de los acontecimientos político-sociales que vienen sucediéndose en España y por las graves situaciones conflictivas que estos días entenebrecen el panorama universal, se sienten obligadas a expresar públicamente su posición respecto a los problemas que afectan a la humanidad en general y a España en particular.

En consecuencia,

DECLARAMOS:

Nuestra fidelidad inalterable al principio de acatamiento y de respeto a todos los regímenes políticos democráticos que hayan sido instaurados por la libre voluntad del pueblo en pleno ejercicio de su soberanía.

Este sentimiento de fidelidad nos lleva a reiterar hoy, como lo hicimos ayer, que la Masonería Española sigue considerando a la Constitución Republicana de 1931, promulgada en su país por el pueblo español a través de sus legítimos representantes, y defendida siempre en nuestras logias, como la expresión más auténtica de la última manifestación libre de la soberanía del ciudadano español en el marco legal dela vida política del...

## DOCUMENTO 39
**Incautación de la documentación correspondiente a la masonería**

Con carácter general se ordene o reitere a todas las Autoridades a cuyo cargo estén las Divisiones orgánicas, auditorías, Centros o Dependencias en que existan documentos, insignias, emblemas u otros objetos pertenecientes a Sectas Secretas, la urgente remisión de ellos con las seguridades debidas y bajo inventario a esta Delegación Nacional de Servicios Especiales en Salamanca, y también que se intensifiquen las gestiones para el rescate de cuantos documentos u objetos de dicha clase obren en poder de particulares, para el mismo fin.

V. E., no obstante, resolverá lo que estime más acertado.

El Delegado Nacional

*Archivo de Servicios Documentales.*

(Salamanca. Sección Masonería, leg. 357 A-0.)

APÉNDICE II

# Lista alfabética de diputados «masones» en las Cortes Constituyentes de 1931

Abad Conde (D. Gerardo). Lugo.
** Alba Bonifaz (D. Santiago). Zamora.
Albert Pey (D. salvador). Gerona.
Albornoz Liminiana (D. Álvaro de). Oviedo.
Alcázar González Zamorano (D. Manuel). Albacete.
Almagro Gracia (D. Aurelio). Cuenca.
Álvarez Angulo (D. Tomás). Jaén.
Álvarez González (D. Melquíades). Valencia.
Aragay Davi (D. Amadeo). Barcelona.
** Aramburu Inda (D. Francisco). Cádiz.
** Aranda Fernández Caballero (D. Fermín). Cádiz.
** Araquistain Quevedo (D. Luis). Vizcaya.
Arauz Pallardo (D. Eugenio). Madrid.
Armasa Briales (D. Pedro). Málaga.
Artigas Arpón (D. Benito). Soria.
* Azaña Díaz (D. Manuel). Valencia.
Azorín Izquierdo (D. Francisco). Córdoba.
** Aspiazu y Artazu (D. Ubaldo de). Lugo.
** Balbontín y Gutiérrez (D. José Antonio). Sevilla.
* Ballester Gozalvo (D. José). Toledo.
Banzo Urrea (D. Sebastián). Zaragoza.
Bargallo Ardevol (D. Miguel). Guadalajara.
Barriobero Herrán (D. Eduardo). Oviedo.
* Beade Méndez (D. Ramón). Coruña.
Bello Trompeta (D. Luis). Madrid.
* Berenguer Cros (D. José). Tarragona.

* Blasco y Blasco (D. Sigfrido). Valencia.
Botella Asensi (D. Juan). Alicante.
Calot Sanz (D. Juan). Valencia.
Cámara Cendoya (D. Miguel de). Alicante.
** Campalans Puig (D. Rafael). Barcelona.
** Campoamor Rodríguez (Srta. D.ª Clara). Madrid.
** Canales González (D. Antonio). Cáceres.
Cano Coloma (D. José). Valencia.
Cardona Serra (D. José). Murcia
Carreras Pons (D. Ramón). Córdoba.
Carreras Reura (D. Francisco). Baleares.
Casares Quiroga (D. Santiago). Coruña.
Casas Jiménez (D. Hermenegildo). Sevilla.
Castro Bonell (D. Honorato de). Zaragoza.
Castrovido Sanz (D. Roberto). Madrid.
Coca González Saavedra (D. Fernando). Albacete.
*** Company Jiménez (D. Juan). Almería
Companys Jover (D. Luis). Barcelona.
Cordero Bel (D. Luis). Huelva.
Crespo Romero (D. Ricardo). Sevilla.
*** Cuesta y Cobo de la Torre (D. Ramón de la). Burgos.
Chacón de la Mata (D. Adolfo). Cádiz.
De Francisco Jiménez (D. Enrique). Guipúzcoa.
Dencas Puigdollers (D. José). Barcelona.
Díaz Fernández (D. José). Oviedo.
Domingo Martínez (D. Andrés). Jaén.
Domingo Sanjuán (D. Marcelino). Tarragona.
Domínguez Barbero (D. José). Sevilla.
Esplá Rizo (D. Carlos). Alicante.
Fabra Ribas (D. Antonio). Albacete.
** Fernández Clérigo (D. Luis). Madrid.
** Fernández de La Poza (D. Herminio). León.
Fernández Ecocheaga (D. Eladio). Sevilla.
Ferrer Domingo (D. Benigno). Almería.
Franco Bahamonde (D. Ramón). Barcelona.
** Franchy Roca (D. José). Las Palmas.
Galarza Gago (D. Ángel). Zamora.
** García Berlanga Pardo (D. José). Valencia.

García Hidalgo Villanueva (D. Joaquín). Córdoba.
García Prieto (D. Antonio). Málaga.
Gasset Lacasaña (D. Fernando). Castellón
Giral Pereira (D. José). Cáceres.
Gomáriz Latorre (D. Jerónimo). Alicante.
Gómez Sánchez (D. Pedro Vicente). Ciudad Real.
González López (D. Emilio). La Coruña.
González Sicilia (D. Ramón). Sevilla.
Granados Ruiz (D. Miguel). Almería.
Guerra del Río (D. Rafael). Las Palmas.
** Gusano Rodríguez (D. César). Palencia.
** Hernández Rizo (D. Vicente). Córdoba.
Iglesias Ambrosio (D. Emiliano). Pontevedra.
Iranzo Enguita (D. Vicente). Teruel.
Jaén Morente (D. Antonio). Córdoba.
Jiménez de Asúa (D. Luis). Granada.
Jiménez Jiménez (D. Antonio). Barcelona.
*** Juliá Perelló (D. Francisco). Baleares.
Just Jimeo (D. Julio). Valencia.
** Kent y Siano (Srta. D.ª Victoria). Madrid.
** Largo Caballero (D. Francisco). Madrid.
Layret Foix (D. Eduardo). Barcelona.
Lerroux García (D. Alejandro). Madrid.
** López Doriga Meseguer (D. Luis). Granada.
López Orozco (D. Julio María). Alicante.
López Varela (D. José) Pontevedra.
Lozano Ruiz (D. Juan). Jaén.
Llopis Ferrándiz (D. Rodolfo). Alicante.
** Madariaga Rojo (D. Salvador). La Coruña.
* Manteca Roger (D. José). Valencia.
Marcial Dorado (D. José). Sevilla.
Marco Miranda (D. Vicente). Valencia.
* Marcos Escudero (D. Agustín). Huelva.
*** Marial Mundet (D. Melchor). Madrid.
Martín González del Arco (D. Marcelino). Guadalajara.
Martínez Barrio (D. Diego). Sevilla.
Martínez Gil (D. Lucio). Jaén.
* Martínez Jiménez (D. José María). Málaga.

Martínez Torner (D. Florentino). Huelva.
Menéndez Fernández (D. Teodomiro). Oviedo.
Menéndez Suárez (D. Ángel). Oviedo.
** Mirasol Ruiz (D. Esteban). Albacete.
Molpeceres Ramos (D. Pedro). Cádiz.
Moreno Galvache (D. José). Murcia.
* Moreno Mateo (D. Mariano). Sevilla.
Moreno Mendoza (D. Manuel). Cádiz.
Morón Díaz (D. Gabriel). Córdoba.
* Muiño (D. Manuel). Badajoz.
Muñoz Martínez (D. Manuel). Cádiz.
* Navarro Vives (D. Ramón). Cartagena.
** Negrín López (D. Juan). Las Palmas.
*** Nelken Mansbergen (D.ª Margarita). Badajoz.
** Nicolau d'Olwer (D. Luis). Barcelona.
Nistal Martínez (D. Alfredo). León.
Oarrichema Genaro (D. César). Alicante.
Olmedo Serrano (D. Manuel). Sevilla.
Ortega y Gasset (D. Eduardo). Ciudad Real.
Palacín Soldevilla (D. Ricardo). Lérida.
Palanco Romero (D. José). Granada.
Palomo Aguado (D. Emilio). Toledo.
Pascual Leone (D. Álvaro). Castellón.
Peñalba Alonso de Ojeda (D. Matías). Palencia.
Pérez de Ayala (D. Ramón). Oviedo.
Pérez Díaz (D. Alonso). Santa Cruz de Tenerife.
Pérez Madrigal (D. Joaquín). Ciudad Real.
Pérez Torreblanca (D. Antonio). Alicante.
Pérez Trujillo (D. Domingo). Santa Cruz de Tenerife.
Piqueras Muñoz (D. José). Jaén.
Pittaluga Faterini (D. Gustavo). Badajoz.
Portela Valladares (D. Manuel). Lugo.
Poza Juncal (D. Joaquín). Pontevedra.
* Prieto Jiménez (D. Luis). Murcia.
*** Puig de Asprer (D. José). Gerona.
Puig Martínez (D. César). Alicante.
** Ramos y Ramos (D. Enrique). Málaga.
* Rey Mora (D. Fernando). Huelva.

Rica Avello (D. Manuel). Oviedo.
Rico López (D. Pedro). Madrid.
Ríos Urruti (D. Fernando de los). Granada.
Rivera Ruiz (D. Miguel). Murcia.
Rizo Bayona (D. Ángel). Cartagena.
** Rodríguez Cadarso (D. Alejandro). La Coruña.
Rodríguez de Vera (D. Romualdo). Alicante.
Roma y Rubíes (D. Antonio). Cádiz.
Royo Gómez (D. José). Castellón.
** Ruiz del Río (D. Jesús). Logroño.
Ruiz del Toro (D. José). Murcia.
** Ruiz-Funes García (D. Mariano). Murcia.
Sabras Gurrea (D. Amós). Logroño.
Salazar Alonso (D. Rafael). Badajoz.
Salmeron García (D. José). Badajoz.
Samblancat Salanova (D. Ángel). Barcelona.
Samper Ibáñez (D. Ricardo). Valencia.
** San Andrés Castro (D. Miguel). Valencia.
Santander Carrasco (D. Juan Antonio). Cádiz.
* Sarmiento González (D. Ángel). Oviedo.
Sarriá Simón (D. Venancio). Zaragoza.
Saval Moris (D. Francisco). Málaga.
Sbert Massanet (D. Antonio María). Barcelona.
Sediles Moreno (D. Salvador). Barcelona.
** Serrano Batanero (D. José). Guadalajara.
Simó Borafull (D. Jaime). Tarragona.
** Solá y Ramos (D. Emilio de). Cádiz.
Terrero Sánchez (D. José). Huelva.
Torres Campaña (D. Manuel). Madrid.
Tuñón de Lara (D. Antonio). Almería.
Ulled Altemir (D. Rafael). Huesca.
* Usabiaga Lasquivar (D. Juan). Guipúzcoa.
Valera Aparicio (D. Fernando). Valencia.
Vaquero Cantillo (D. Eloy). Córdoba.
Vargas Guerendiain (D. Pedro). Valencia.
Vázquez Lemus (D. Narciso). Badajoz.
*** Vázquez Torres (D. Narciso). Badajoz.
Vega Barrera (D. Rafael). Lugo.

Ventosa Roig (D. Juan). Barcelona.
Vergara Castrillón (D. Isidoro). Valladolid.
Vidarte Franco (D. Juan Simeón). Badajoz.
** Villa Gutiérrez (D. Antonio de la). Cáceres.
Villarias López (D. Gregorio). Santander.
Viñas Arcos (D. Rodolfo). Albacete.
*** Zulueta Escolano (D. Luis). Badajoz.

(*Archivo de Servicios documentales*. Salamanca. Fichero.)

Con un asterisco figuran los personajes que en abril de 1931 no eran todavía masones, pero serían iniciados posteriormente.

Con dos asteriscos figuran los personajes cuya iniciación en la masonería no está atestiguada documentalmente aunque fueran considerados como tales.

Con tres asteriscos figuran los personajes iniciados en la masonería pero de los que se ignora alguna circunstancia concreta.

Sin asterisco figuran los personajes cuya identidad masónica resulta completamente documentada.

APÉNDICE III

# Porcentajes de diputados masones según las agrupaciones políticas

| | | % |
|---|---|---|
| Socialistas | 44 de 113 | 38,89 |
| Radicales | 48 de 89 | 53,95 |
| Radicales-socialistas | 34 de 54 | 62,96 |
| Acción Republicana | 19 de 28 | 67,85 |
| Esquerra Republicana de Catalunya | 10 de 26 | 38,46 |
| Derecha Liberal Republicana | 2 de 23 | 8,69 |
| Agrarios | 1 de 25 | 4,00 |
| Federales (de diversas tendencias) | 9 de 17 | 52,99 |
| Vasconavarros | 0 de 15 | 0,00 |
| Agrupación al Servicio de la República | 3 de 14 | 21,42 |
| Lliga Catalana | 0 de 3 | 0,00 |
| Federación Republicana Gallega | 7 de 21 | 33,33 |
| Varios partidos catalanistas | 1 de 6 | 16,66 |
| Independientes | 3 de 18 | 16,22 |
| Liberales demócratas | 1 de 2 | 50,00 |
| Unión Socialista de Cataluña | 1 de 4 | 25,00 |
| TOTAL | 183 de 458 | 39,08 |

(Fuente: J. A. Ferrer Benimeli, *La masonería y la Constitución de 1931*, Madrid, 1980.)

APÉNDICE IV

# Composición de la comisión parlamentaria de la Constitución de la Segunda República

Jiménez de Asúa, Luis (socialista), presidente, masón.
Araquistain Quevedo, Luis (socialista), masón.
Gómez San José, Trifón (socialista).
Bugeda Muñoz, Jerónimo (socialista).
De Francisco Jiménez, Enrique (socialista), masón.
Iglesias Ambrosio, Emiliano (radical), vicepresidente, masón.
Samper Ibáñez, Ricardo (radical), masón.
Campoamor Rodríguez, Clara (radical), masona.
Villanueva Gómez, Justo (radical).
García Alas, Leopoldo (radical-socialista).
Botella Asensi, Juan (radical-socialista), masón.
Valera Aparicio, Fernando (radical-socialista), secretario, masón.
Alomar Villalonga, Gabriel (Esquerra Catalana).
Xirau Palau, Antonio (Esquerra Catalana).
Ruiz Funes García, Mariano (Acción Republicana), masón.
Rodríguez Pérez, Antonio (Federación Republicana Gallega).
Valle García, Bernardino (federal).
Castrillo Santos, Juan (republicano-progresista).
García Valdecasas, Alfonso (Agrupación al Servicio de la República), secretario.
Gil Robles y Quiñónez, José María (agrario).

TOTAL: 9 masones
12 no masones.

APÉNDICE V

# Algunas diferencias doctrinales entre la masonería y el cristianismo

## I. JESUCRISTO

### *A. Masonería*

Jesús es únicamente un maestro más, un hombre bueno más que puede situarse a la altura de otros grandes iniciados de la Historia.

«Y el Sabio Intelecto Divino envió maestros a los hombres... Enoc, y Noé, y Abraham, y Moisés el hijo de Imram, y los profetas, y Pitágoras, y Platón, y Jesús el hijo de José, el Señor, el Mesías, y sus Apóstoles, y después de éstos Mahoma, el hijo de Abdullah, con su ley, que es la ley del islam; y los discípulos de la verdad siguieron la ley del islam» (Albert Pike, *Morals and Dogma*, 25 grado, p. 34).

### *B. Cristianismo*

Jesús es hombre y Dios, segunda persona de la Trinidad, consumación de la revelación de Dios a lo largo de los siglos, único camino al Padre y único salvador.

«Jesús le dijo: yo soy el camino, la verdad y la vida; nadie viene al Padre sino por mí» (Juan 14, 6).

«Y Tomás le dijo (a Jesús): Mi Señor y mi Dios» (Juan 20, 28).

«Porque no hay salvación en ningún otro, porque no existe otro nombre (salvo el de Jesús) bajo el cielo dado a los hombres en el que podamos ser salvos» (Hechos 4, 12).

«El que tiene al Hijo tiene la vida, el que no tiene al Hijo de Dios no tiene la vida» (I Juan 5, 12).

«Porque hay un solo Dios y un solo mediador entre Dios y los hombres, Cristo Jesús hombre» (I Timoteo 2, 5).

## II. LA BIBLIA

### *A. Masonería*

La Biblia es sólo uno de los libros sagrados a semejanza del Corán o las escrituras sagradas del hinduismo o de los filósofos griegos.

«Las doctrinas de la Biblia no están vestidas a menudo en el lenguaje de la verdad estricta, sino en el que es más adecuado para gente ruda e ignorante» (A. Pike, *Morals and Dogma*, 14 grado, p. 224).

«La masonería de la logia azul no tiene nada que ver con la Biblia. No está fundada en la Biblia porque si así fuera, no sería masonería, sino otra cosa diferente» (*Chase's Digest of Masonic Law*, p. 209).

«La masonería es una búsqueda de la Luz. Esa búsqueda nos lleva hasta... la Cábala... los filósofos herméticos, los alquimistas, todos los pensadores antipapales de la Edad Media y Enmanuel Swedenborg» (A. Pike, *Morals and Dogma*, 28 grado, p. 741).

### *B. Cristianismo*

La Biblia es la Palabra de Dios, inspirada por Él y que contiene lo suficiente para garantizar la salvación.

«Desde niño conoces las Sagradas Escrituras, las cuales pueden hacerte sabio para la salvación por la fe en Cristo Jesús. Toda la Escritura es inspirada por Dios y provechosa» (2 Timoteo 3, 15-16).

«Hemos nacido de nuevo, de semilla no corruptible, sino incorruptible, de la Palabra de Dios, que vive y permanece para siempre» (1 Pedro 1, 23).

## III. REDENCIÓN

### *A. Masonería*

La redención deriva de la mejora personal ligada a la iniciación que incluye indefectiblemente la obediencia a las directrices de la masonería.

«Los estúpidos que guiaron el cristianismo... han tenido éxito en ocultar en tinieblas los antiguos descubrimientos de la mente humana, de manera que ahora nos debatimos en la oscuridad para encontrar de nuevo la clave...» (A. Pike, *Morals and Dogma*, 28 grado, p. 732).

«Paso a paso los hombres deben avanzar hacia la perfección; y cada grado masónico es uno de esos pasos» (A. Pike, *Morals and Dogma*, 8 grado, p. 136).

*B. Cristianismo*

La redención es obtenida por Cristo mediante su sacrificio expiatorio en la cruz. El ser humano puede recibir los beneficios de ese sacrificio por el pecado mediante la fe.

«Porque tanto amó Dios al mundo que dio a Su Hijo unigénito de manera que aquel que crea en él no se pierda sino que tenga vida eterna» (Juan 3, 16).

«Todos pecaron y se hallan privados de la gloria de Dios, siendo justificados gratuitamente por su gracia, mediante la redención que se da en Cristo Jesús» (Romanos 3, 23-4).

«Concluimos pues que el hombre es justificado por la fe sin las obras de la ley» (Romanos 3, 28).

«Porque por gracia sois salvos a través de la fe; y eso no es de vosotros, es un don de Dios; no por obras, para que nadie se glorie» (Efesios 2, 8-9).

## IV. EL DIABLO

*A. Masonería*

No existe como ser personal. Por lo que se refiere a Lucifer, es un personaje positivo, que lleva la Luz.

«El verdadero nombre de Satanás, según dicen los cabalistas, es el de Yahveh al revés; porque Satanás no es un dios negro... para los iniciados no es una Persona, sino una Fuerza, creada para el bien, pero que puede servir para el mal. Es el instrumento de la Libertad o Voluntad libre» (Albert Pike, *Morals and Dogma*, 3 grado, maestro masón, p. 102).

«No existe un demonio rebelde del mal, o príncipe de las tinieblas coexistente y en eterna controversia con Dios, o el príncipe de la Luz» (A. Pike, *Morals and Dogma*, 32 grado, p. 859).

«¡LUCIFER, el que Lleva-Luz! ¡Extraño y misterioso nombre

para dárselo al Espíritu de la Oscuridad! ¡Lucifer, el Hijo de la Mañana! ¿Acaso es él quien lleva la Luz, y con sus esplendores intolerables ciega a las almas débiles, sensuales o egoístas? ¡No lo dudéis! Porque las tradiciones están llenas de Revelaciones e Inspiraciones Divinas: y la Inspiración no es de una Era o de un Credo» (A. Pike, *Morals and Dogma*, grado 19, p. 321).

*B. Cristianismo*

El Diablo, también denominado Satanás y Lucifer, es un ser personal, un ángel caído que busca la perdición del género humano y que será derrotado definitivamente al final de los tiempos.

«Y el gran dragón fue arrojado fuera, la serpiente antigua, llamada el Diablo, y Satanás, que engaña a todo el mundo: fue arrojado del cielo a la tierra, y sus ángeles fueron arrojados con él... el acusador de nuestros hermanos ha sido arrojado...» (Apocalipsis 12, 9-10).

«Y Jesús lleno del Espíritu Santo regresó del Jordán, y fue guiado por el Espíritu al desierto para ser tentado por el Diablo» (Lucas 4, 1-2).

«Vosotros sois de vuestro padre, el Diablo... él es mentiroso y padre de la mentira» (Juan 8, 44).

«Porque éste es el propósito para el que se manifestó el Hijo de Dios, para destruir las obras del Diablo» (1 Juan 3, 8).

«Vuestro adversario el diablo ronda como un león rugiente buscando a quien devorar» (1 Pedro 5, 8).

# Notas

## Capítulo I

1. Hemos utilizado la edición de 1984.
2. C. Knight y R. Lomas, *Uriel's Machine.*
3. C. Jacq, *La masonería. Historia e iniciación*, Barcelona, 2004.
4. C. Jacq, ob. cit., pp. 21 ss.
5. Ídem, ibídem, p. 32.
6. Ídem, ibídem, pp. 37 ss.
7. Ídem, ibídem, p. 32.
8. Ídem, ibídem, p. 12.
9. Hemos utilizado la versión contenida en *The Writings of Thomas Paine*, Nueva York, 1896.
10. www.freemasonry.bcy.ca/history/payne.

## Capítulo II

1. F. L. Nick y G. N. Knight, *The Pocket History of Freemasonry*, Londres, 1983, c. I.
2. En el mismo sentido se pronunció ya en 1923 el autor masón Lionel Vibert en su estudio «Anderson's Constitutions of 1723», *The Builder*, agosto, 1923.

## Capítulo III

1. J. Ridley, *The Freemasons*, Nueva York, 2002, p. 42, ha señalado cómo el aliciente esotérico tuvo tanto peso en el crecimiento de la masonería como el de sentarse al lado de un duque. No se equivoca.

2. J. Ridley, ob. cit., p. 70.
3. A. E. Waite, ob. cit., p. 376.
4. A. E. Waite, ob. cit., p. 375.
5. Véase al respecto en la Biblia, por ejemplo, I Reyes 18, 17 ss.

**Capítulo IV**

1. La bibliografía sobre Casanova es relativamente numerosa. Por supuesto, la fuente principal la constituye la *Historia de mi vida.* Entre los estudios sobre él añadamos: M. Buck, *Casanova*, 1977; L. Flem, *The Man Who Really Loved Women*, 1997; E. Guy, *Casanova: His Known and Unknown Life*, 2001; J. Masters, *Casanova*, 1969; E. Maynial, *Casanova and His Time*, 2003; P. Nettl, *The Other Casanova*, 1949; J. Rivers Childs, *Casanova: A New Perspective*, 1960; F. Roustang, *The Quadrille of Gender: Casanova's Memoirs*, 1988.

2. Algunos autores han apuntado a viajes de Casanova a Turquía y a Corfú en esta época, pero no están, desde nuestro punto de vista, suficientemente documentados.

3. El proceso se encuentra en el manuscrito 245 de la Biblioteca Nacional Vittorio Emanuelle de Roma.

4. A. E. Waite, ob. cit., pp. 89 ss.

**Capítulo V**

1. A. E. Roberts, *Freemasonry in American History*, Richmond, 1985, pp. 6 ss.

2. Francovic, ob. cit., pp. 468 ss.

3. La bibliografía relativa a los verdaderos orígenes de la Constitución de Estados Unidos es abundante aunque, de manera paradójica, no muy conocida. Un estudio enormemente interesante sobre sus orígenes en el pensamiento colonial del siglo XVII puede hallarse en P. Miller, *The New England Mind. The 17th Century*, Harvard, 1967.

La relación entre el pensamiento reformado y la democracia puede examinarse en R. B. Perry, Puritanism and Democracy, Nueva York, 1944, y, de manera más específica, en D. F. Kelly, *The Emergence of Liberty in the Modern World. The Influence of Calvin on Five Governments from the 16th Through 18th Centuries*, Phillipsburg, 1992, y J. J. Hernández Alonso, *Puritanismo y tolerancia en el período colonial americano*, Salamanca, 1999.

Los acercamientos desde una perspectiva teológica —directa o indirecta— resultan indispensables para analizar este tema. Pueden hallarse de forma más o menos concreta en J. A. Froude, *Calvinism*, Londres, 1871, y L. Boettner, *The Reformed Doctrine of Predestination*, Phillisburg, 1932.

Finalmente, debo hacer mención a un ensayo notable debido a J. Budziszewski, *The Revenge of Conscience. Politics and the Fall of Man*, Dallas, 1999, en el que se retoman desde una perspectiva filosófica algunos de los aspectos más relevantes del análisis político de los puritanos.

**Capítulo VI**

1. Sobre el tema de especial interés son M.C. Jacob, Living the Enlightement, Oxford, 1991, y D. Mornet, *Les origines intellectueles de la Révolution française*, París, 1933.

2. En ese sentido, véase el análisis profunda y documentadamente sugestivo en P. Gaxotte, *La revolución francesa*, Madrid, 1975.

3. J. A. Ferrer Benemeli, *La masonería española en el siglo XVIII*, Madrid, 1974, pp. 301 ss.

4. Sobre este aspecto, véase: C. Vidal, *Paracuellos-Katyn*, Madrid, 2004, c. I y II.

**Capítulo VII**

1. Sobre el tema, véase: Tuckett, «Napoleón I and Freemasonry» en *AQC*, 8, 188 y 27, 115.

2. Chevallier, 2, p. 48.

3. Chevallier, 2, 36 ss.

4. Sus nombres eran Daroca, Florit, Moreno, Zurita y Reyes. Los dos últimos eran franciscanos.

5. Recepción de la logia Santa Julia en 1811.

6. He abordado el tema de manera novelada en C. Vidal, *El año de la libertad*, Madrid, 2002.

**Capítulo VIII**

1. La misiva de 23 de mayo de 1833 puede encontrarse en J. Q. Adams, *Letters on the Masonic Institution*, pp. 163-165.

2. C. G. Finney, *Why I Left Freemasonry*, varias ediciones.

3. Sobre el tema, con bibliografía, puede verse C. Vidal, *Lincoln*, Madrid, 2002.

## Capítulo IX

1. J. M. Mateos, *Historia de la masonería en México*, México, 1884, pp. 10 ss.

2. Sobre el tema, véase: D. Aponte, «Bolívar, masón y revolucionario», *Mediodía*, 24 de julio de 1983; P. A. Barboza de la Torre, «Simón Bolívar francmasón», *Mediodía*, 24 de julio de 1983; A. Cacua Prada, *Los hijos secretos de Bolívar*, Bogotá, 1992; A. Carvicelli, *La masonería de la independencia de América*, Bogotá, 2 vols.; E. E. Stolper, «Más luz sobre Bolívar francmasón», *Mediodía*, 24 de julio de 1983.

3. La obra de J. Pacífico Otero, *Historia del libertador general San Martín*, comenzó a publicarse en 1932 y es una de las obras de referencia obligada para el estudio del prócer argentino.

4. Las obras de Enrique Gandía, *Historia crítica de los mitos de la conquista americana*, Buenos Aires, 1929; *Historia de la conquista del Río de la Plata*, 1931; *Bolívar y la libertad*, 1959, y *San Martín. Su pensamiento político*, Buenos Aires, 1964, resultan prácticamente indispensables.

5. Sobre el tema, véase: G. Furlong, *El general San Martín. ¿Masón, católico, deísta?*, Buenos Aires, 1920, y A. Tonelli, *El general San Martín y la masonería*, Buenos Aires, 1944.

6. Reproducida en B. Vicuña Mackenna, *El ostracismo del general O'*Higgins, Valparaíso, 1860.

7. Seal-Coon, «Spanish-American Revolutionary Masonry» en *AQC*, 94, 98-103.

8. Sobre Brown, puede consultarse Levi-Castillo, «Admiral William Brown» en *AQC*, 102, 16-24 y, muy especialmente, H. R. Ratto, Almirante Guillermo Brown, Buenos Aires, 1961.

## Capítulo X

1. En el mismo sentido, J. A. Ferrer Benimeli, *Masonería española contemporánea*, Madrid, 1980, p. 134.

2. Sobre el tema, véase: M. Lafuente, *Historia de España*, t. V, p. 335; AGP, *Papeles reservados de Fernando VII*, t. 66.

3. B. Pérez Galdós, *Episodios Nacionales*, Madrid, 1981, t. II, p. 452.

4. Ídem, p. 448.

5. Ídem, p. 420.

6. Ídem, p. 435.

7. Ídem, p. 436.

## Capítulo XI

1. Chevallier, ob. cit., vol. II, pp. 255 ss y 283 ss.

2. Chevallier, ob. cit., pp. 355 ss.

3. Chevallier, ob. cit., vol. II, p. 441.

4. Chevallier, ob. cit., pp. 492 ss.

## Capítulo XII

1. Citado en B. Larson, ob. cit., p. 309.

2. Las citas al respecto son claras. Por ejemplo, «No os volváis a los encantadores ni a los adivinos; no los consultéis, contaminándoos con ellos» (Levítico 19, 26) o «*No sea hallado en ti quien haga pasar a su hijo o a su hija por el fuego, ni quien practique adivinación, ni agorero, ni sortilegio, ni hechicero, ni encantador, ni adivino, ni mago, ni quien consulte a los muertos. Porque es abominación para con el Señor cualquiera que hace estas cosas, y por estas abominaciones el Señor tu Dios echa estas naciones delante de ti.*Perfecto serás delante de el Señor tu Dios. Porque estas naciones que vas a heredar, a agoreros y a adivinos oyen; mas a ti no te ha permitido esto el Señor tu Dios» (Deuteronomio 10, 8-14).

3. D. O. McKay, *Gospels Ideals*, Salt Lake City, 1953, p. 85.

4. John A Widtsoe, *Joseph Smith-Seeker After Truth*, Salt Lake City, 1951, p. 19.

5. *Improvement Era*, julio de 1961, p. 490.

6. Jerald y Sandra Tanner, *The First ision Examines*, Salt Lake City, 1969. La obra constituye un clásico en el estudio de las fuentes de la secta.

7. F .C. McElveen, *The mormon illusion*, Ventura, 1977, pp. 24-25.

8. Véase: *Messenger and Advocate*, vol. I, pp. 78-79.

9. *Journal of Discourses*, Salt Lake City, 1966, vol. 13, pp. 65-66.

10. *Pearl of Great Price*, Salt Lake City, 1958, p. 48, §17.

11. Bruce R. McConkie, *Doctrines of Salvation*, Salt Lake City, 1954, vol. I, p. 4.

12. D. Whitmer, *An Address to All Believers in Christ, searcy*, 1960.

13. Estudios sobre el tema en A. Budvarson, *Book of Mormon, True or False?*, Concord, 1959; M. W. Cowan, *Mormon Claims Answered*, ed. autor, 1975, y J. y S. Tanner, *Mormonism, Shadow or Reality*, Salt Lake City, 1975.

14. Cf. F. C. McElveen, ob. cit., pp. 48 ss.

15. *Times and Seasons*, vol. I, p. 81; *Elders Journal*, p. 59; *Senate Documents*, 189, pp. 6, 9.

16. Smith, *History of the Church*, vol. 3, p. 232.

17. Una reproducción fotográfica de las minutas judiciales originales en J. y S. Tanner, *Joseph Smith's 1826 Trial*, Salt Lake City, 1971.

18. J. y S. Tanner, *Mormonism Shadow or Reality*, Salt Lake City. 1975, p. 57.

19. Dialogue: A Journal of Mormon Thought, «Mormons and Archaeology: An Outside View», verano de 1973, pp. 41-42, 46 .

20. Dialogue, ob. cit., verano de 1969, pp. 77-78.

21. Una narración más extensa del mismo en Ed. Decker y D. Hunt, *Los fabricantes de dioses*, Minneapolis, 1987, pp. 78 ss.

22. Durante años se ha defendido la tesis de que el *Libro de Mormón* no fue siquiera obra de Joseph Smith, sino que éste la plagió de un tal Solomon Spaulding. Al parecer, éste había escrito una novela histórica sobre una familia judía que emigraba al Nuevo Mundo. Esta explicación del origen del *Libro de Mormón* es, a nuestro juicio, la más satisfactoria por tres razones. Primero, explica la utilización de la Biblia del Rey Jaime de 1611. Es lógico que un protestante del siglo XIX la utilizara para citar de las Escrituras al ser la de mayor difusión en las naciones de habla inglesa. Segundo, explica la falta de base histórica ya que se trata sólo de novelar y no de historiar. Tercero, la tesis viene apoyada por multitud de testigos que afirmaron haber leído o escuchado fragmentos de la obra de Spaulding que eran idénticos a la que Smith presentaba como *Libro de Mormón*. No hace falta decir que de ser cierta esta teoría, el profeta Smith saldría aún peor parado en sus pretensiones, pero ése no es un problema para el investigador imparcial.

23. Los egiptólogos fueron A. H. Sayce, de la Universidad de Oxford, William M. F. Petrie, de la Universidad de Londres, A. C. Mace, del departamento de egiptología del Museo Metropolitano de Nueva York, J. Peters, director de la expedición babilónica de la Universidad de Pennsylvania; S. A. B. Mercer, del Western Theological Seminary de

Chicago, E. Meyer, de la Universidad de Berlín, y B. V. Bissing, de la Universidad de Munich.

24. Dee Jay Nelson, *The Joseph Smith Papyri*, part. 2, y *The Eye of Ra.*

25. *The Contributor*, vol. 6, n. 4, enero de 1885, p. 131.

26. *Historical Record*, p. 15, una fuente mormona da por verídico el dato.

27. Reproducida en E. Decker y D. Hunt, ob. cit., p. 139.

28. Cf. E. Decker y D. Hunt, ob. cit., pp. 139 ss.

29. Dr. Wyl, *Mormon Portraits*, 1886, pp. 70-72.

30. Tal como fue el caso de un tal H. B. Jacobs.

31. Cf. *No man knows my story*, Fawn M. Brodie, 1945.

32. Carta fechada el 22 de julio de 1844 de Sarah Scott en la que se describen las pretensiones de Smith.

33. *History of the Church*, vol. 6, p. 408.

34. Ídem, vol. 5, p. 467.

35. Ídem, vol. 6, p. 78.

36. Citado por J. y S. Tanner, *Mormonism — Shadow or Reality?*, pp. 415-416.

37. L. Gentry, *A History of Alter Day Saints in Northern Missouri form 1836-1839*, UBY, 1965, p. 32.

**Capítulo XIII**

1. E. G. White, *The Great Controversy*, 1911, p. 317.

2. Ídem, p. 318.

3. J. White, *Life incidents*, 1868, p. 223.

4. E. G. White, *The Great Controversy*, 1911, pp 360-361.

5. Ídem, p. 362.

6. Véase E. G. White, *Early Writings*, pp. 74-75.

7. Ídem, p. 368.

8. La obra clásica al respecto sigue siendo Francis D. Nichol, *The Midnight Cry*, pp. 457 ss.

9. J. White, *Life incidents*, 1868, p. 192.

10. B. Blandre, *Les Témoins de Jéhova*, París, 1985, pp. 13 ss. Cf. del mismo autor, *Des Adventistes a Russell*, París, 1985.

11. Uno de estos autos de fe celebrado en España bajo la presidencia del actual presidente de la secta en España, Carlos Puyol, se halla recogido en *Revista Adventista*, marzo de 1979, p. 18.

12. Citado en W. Rea, *La mentira White, Zaragoza*, 1989, pp. 98-99.

13. E. G. White, *Selected Messages*, vol. 1, p. 37.
14. E. G. White, *Testimonies for the Church*, vol. 4, pp. 147-148.
15. Dem, vol. 5, p. 66.
16. E. G. White, *Selected Messages*, vol. 1, p. 27.
17. E. G. White, *Early Writings*, p. 64.
18. E. G. White, *Selected Messages*, vol. 1, p. 27.
19. E. G. White, *Christian Experience and Teachings. Mountain View*. 1922, pp. 13-19.
20. *Adventist Currents*, vol. 3, n.1, 1988.
21. Citado en Martin Gardner, *The New Age*, Nueva York, 1988.
22. W. Rea, *La mentira White*, Zaragoza, 1989, p. 46.
23. Comité de Glendale, «Ellen G. White and Her Sources», cintas 28 y 29, enero de 1980.
24. W. Rea, *La mentira White*, Zaragoza, 1989, p. 46.
25. Ídem. pp. 142 ss.
26. Declaración firmada de M. G. Kellogg.
27. *Statement regarding the experiences of Fannie Bolton in relation to her work for Mrs. Ellen G. White*, Washington, p. 8.
28. Vesta J. Farnsworth a Guy C. Jorgensen, 1 de diciembre de 1921, pp. 33-34.
29. «An authentic interview between Elder G. W. Amadon, Elder A. C. Bourdeau and Dr. Hohn Harvey Kellogg in Battle Creek, Michigan, on October 7th, 1907», pp. 23-39.
30. *Los Testigos de Jehová en el propósito divino*, Brooklyn, 1959, pp. 8 ss.
31. *Watchtower*, 1916, pp. 10-11.
32. Página 170 de la versión inglesa.
33. Página 129 de la edición en inglés.
34. César Vidal, *El infierno de las sectas*, Bilbao, 1989, pp. 67 ss.
35. *Studies*, vol. VII, p. 53.
36. Ídem.
37. *Atalaya* del 1 de noviembre de 1917, p. 6159
38. *Atalaya* del 15 de febrero de 1918, p. 6212.
39. *Atalaya* del 1 de mayo de 1922, p. 132.
40. *Atalaya* del 15 de septiembre de 1910, p. 4685.
41. *Atalaya* del 15 de septiembre de 1911, p. 4885.
42. Ídem.
43. *Atalaya* del 15 de septiembre de 1910, p. 4685.
44. *Los Testigos de Jehová en el propósito divino*, p. 17.
45. B. Blandre, *Les Témoins de Jéhova*, pp. 39 ss.

46. Existe transcripción de las actas del proceso, pero puede hallarse un estudio profundo sobre el mismo en el artículo de R. Toupin, «Le dossier du pasteur Russell», *Sciences Ecclesiastiques*, octubre de 1958, pp. 497-519.
47. El interrogatorio recogido en G. Hebert, *Los Testigos de Jehová*, Madrid, 1973, p. 39.
48. La narración más completa de este proceso se halla en *The Hanilton Spectator* de 9 de diciembre de 1912, 7 de febrero de 1913, 17 de marzo de 1913 y 18 de marzo de 1913.
49. Página 279 de la edición española del libro de 1964.
50. *Studies*, vol. 2, primeras ediciones, pp. 76-78.
51. *Studies*, vol. 2, pp. 98-99.
52. *Studies*, vol. 2, primeras ediciones, p. 101.
53. *Studies*, vol. 3, p. 126.
54. *Studies*, vol. 3, p. 153.
55. *Studies*, vol. 3, p. 228. Edición de 1913.
56. *Studies*, vol. 3, p. 342. Edición de 1903.
57. *Sermons*, p. 676.
58. *Atalaya* del 15 de julio de 1894, p. 1677.
59. *Studies*, vol. 2, pp. 98-99. Ediciones posteriores.
60. *Studies*, vol. 2, p. 101. Ediciones posteriores.
61. *Studies*, vol. 3, p. 342. Edición de 1923.
62. *Studies*, vol. 7, p. 128.
63. *Studies*, vol. 7, p. 398.
64. C. Vidal, *El infierno...*, 1989, pp. 72 ss.
65. *Atalaya* de 1916, p. 338.
66. Ídem. Cf. También *Los Testigos de Jehová en el propósito divino*, p. 64.

**Capítulo XIV**

1. A. *Pike, Morals and Dogma*, s./d, p. 207.
2. Ídem, p. 224.
3. Un análisis sobre la contraposición entre la cosmovisión cristiana y la gnóstica en C. Vidal, *Los Evangelios gnósticos*, Madrid, en prensa.
4. A. Pike, Ídem, p. 248.
5. Ídem, p. 275.
6. Ídem, p. 282.

7. Ídem, p. 353.
8. Ídem, p. 358.
9. Ídem, pp. 369 ss y 379 ss.
10. Ídem, p. 382.
11. Ídem, p. 839.
12. Ídem, p. 697.
13. Ídem, p. 718.
14. Ídem, p. 393.
15. Ídem, p. 399.
16. Ídem, p. 734.
17. Ídem, p. 779.
18. Albert Pike, *Morals and Dogma*, 3.er grado, maestro masón, p. 102.
19. A. Pike, *Morals and Dogma*, 32.º grado, p. 859.
20. Ídem, p. 321.
21. Caubet, *Souvenirs*, París, 1893, p. 4.
22. El pseudónimo Papus arranca del *Nuctemeron* de Apolonio de Tiana, donde denomina al genio asociado con los médicos.
23. Sobre madame Blavatsky con bibliografía, véase: C. Vidal, *Los incubadores de la serpiente*, Madrid, 1997.
24. *La Doctrina secreta*, sección IV.
25. Esteban Cortijo es desde hace años el gran estudioso de la muy sugestiva biografía de Roso de Luna. Sobre el tema, véase: Esteban Cortijo, *Mario Roso de Luna. Estudios y opiniones*, 1989; Ídem, *Mario Roso de Luna. Imágenes de una vida. Cartas al hijo*, Mérida, 1990.
26. Un buen estudio sobre los repetidos contactos de Crowley con la masonería en M. P. Starr, «Aleister Crowley: Freemason!», *Ars Quatuor Coronatorum*, vol. 108, 1995.
27. R. Miller, *Bare-faced Messiah*, pp. 112-130.
28. L. Ron Hubbard, «Conditions of Space-Time-Energy», cassete 18 5212C05.

**Capítulo XVI**

1. Exactamente en el mismo sentido, J. Ridley, ob. cit., capítulo 18.
2. Chevallier, ob. cit., III, 10.
3. En ese mismo sentido, J. A. Ferrer Benimeli, *Masonería española...*, t. II, p. 6.
4. La expresión es de J. A. Ferrer Benimeli, *Masonería española...*, t. II, p. 9.

5. Sin duda abundante. Citemos, a título de ejemplo, la alocución *Quibus quantisque* de 20 de abril de 1849 en la que señala a la masonería como causa principal de los males padecidos por la Iglesia católica; la encíclica *Quanta cura* de 8 de diciembre de 1864; o la alocución *Multiplices Inter* de 25 de septiembre de 1865.

6. Una descripción excelente del proceso y sus antecedentes puede hallarse en R. de la Cierva, *Alfonso y Victoria. Las tramas íntimas, secretas y europeas de un reinado desconocido*, Madrid, 2001, pp. 199 ss.

## Capítulo XVII

1. Misiva de 15 de noviembre de 1955.

2. Datos concretos en C. Vidal, *La ocasión perdida*, Barcelona, 1997, e ídem, *Paracuellos-Katyn*, Madrid, en prensa.

3. En el mismo sentido, J. Ridley, ob. cit., p. 229.

4. A. Piatigorsky, *Who's Afraid of Freemason*, Londres, 1997, p. 263.

5. La bibliografía sobre la masonería en México es realmente muy extensa. Al respecto, puede consultarse: L. Frau Abrines, *Diccionario enciclopédico de la masonería*, México, 1977, 5 vols; J. M. Mateos, *Historia de la masonería en México desde 1806 hasta 1884*; A. Uroz, *Los hombres de la Revolución*, México, 1969.

## Capítulo XVIII

1. De manera bien significativa, el personaje es omitido por J.A. Ferrer Benemeli en su *Masonería española contemporánea...* Se trata de una circunstancia cuando menos llamativa teniendo en cuenta la importancia de Rizo. Un estudio, por el contrario, excelente al respecto es el de H. Franco, *Por el camino de la revolución*, Madrid, 2004.

## Capítulo XIX

1. En el mismo sentido, J. A. Ferrer Benimeli, *Masonería...*, t. II, p. 107.

2. Al respecto, véase: C. Vidal, *Durruti. La furia libertaria*, Madrid, 1996, pp. 131 ss.

3. Según el anarquista Ángel Pestaña, *Leviatán*, Madrid, 1934, n. 1, p. 62, de abril de 1931 a junio de 1932, la CNT expidió 1 200 000 carnets de los que, como mínimo, un millón era de nuevos afiliados.

4. Así quedaría establecido en el curso de un proceso con jurado y acabaría teniendo consecuencias que examinaremos más adelante. Véase: pp. ss.

5. Se ha discutido repetidamente la dirección en que se decantó el voto femenino. Ciertamente, no puede negarse que, en buena medida, se dirigió hacia las derechas impulsado por la influencia clerical y el temor inspirado por ésta hacia normas como la Ley del Divorcio. Con todo, tal desplazamiento no fue uniforme. Así, en Madrid (con más del 52 por ciento de mujeres en el censo electoral) se produjo un triunfo socialista. Más significativo resulta el hecho de que el derecho de sufragio concedido a las mujeres viniera impulsado desde el partido radical —que pertenecía al centro-derecha— ya que el PSOE y los republicanos de izquierdas temían que las mujeres, influidas por el clero, votaran a favor de las derechas.

6. Esto se tradujo en 204 escaños para las derechas, 168 para el centro (incluida la Lliga) y 94 para la izquierda (61 socialistas).

7. En paralelo, los anarquistas continuaban su búsqueda de la revolución. En diciembre de 1933 volvieron a provocar una insurrección armada en la que murieron 11 guardias civiles, 3 guardias de seguridad y 75 paisanos, llegando los heridos a casi doscientos. Al respecto, véase C. Vidal, *Durruti...*, pp. 157 ss.

8. *El Socialista*, 3 de enero de 1934.

9. *El Socialista*, 29 de julio de 1934.

10. *Renovación*, 25 de agosto de 1934.

11. Texto íntegro reproducido en F. Aguado Sánchez, *La revolución de octubre de 1934*, Madrid, 1972, pp. 485 ss.

12. En especial, *Los orígenes de la guerra civil española*, Madrid, 2000 y 1934, Madrid, 2004.

13. J. S. Vidarte, *El Bienio Negro y la insurrección de Asturias*, Barcelona, 1978, pp. 141 ss.

14. El décimo fue san Manuel Barbal Cosán (hermano Hilario Jaime), salesiano martirizado en Tarragona en 1937.

15. Reproducido íntegramente en F. Aguado Sánchez, ob. cit., p. 500.

**Capítulo XX**

1. Citado por J. Pabón, *Cambó*, Barcelona, 1952, vol. II-b, p. 449.

2. Así lo indicaba *Claridad* el 2 de noviembre de 1935.

3. Lo que no implica que no tuviera una posición clara en medio de la radicalización de la vida política. Así, en mayo de 1935, en una reunión de la plana mayor de Falange celebrada en el parador de Gredos, José Antonio afirmó claramente que su deber era «ir, por consiguiente, y con todas sus consecuencias, a la guerra civil».

4. El relato es del mismo Gil Robles en *No fue posible la paz*, Barcelona, 1968, pp. 364-367.

5. *ABC*, enero de 1936.

6. *El Liberal de Bilbao*, 20 de enero de 1936.

7. *El Liberal de Bilbao*, 21 de enero de 1936, p. 21.

8. *El Liberal de Bilbao*, 11 de febrero de 1936.

9. J. S. Vidarte, ob. cit., pp. 141 ss.

10. En Cataluña adquirió la forma de Front d'Esquerres e incluyó a la Esquerra, Acció Republicana Catalana, P. N. Republicano Catalá, Unió Socialista de Catalunya y las organizaciones de la Alianza Obrera.

11. En él se incluía la amnistía de los presos políticos y la aplicación de la legislación republicana suspendida por los gobiernos de centro-derecha (reforma agraria, estatutos de autonomía, etc).

12. Hemos seguido para estas cifras el estudio de R. Salas Larrazábal, *Los datos exactos de la guerra civil*, Madrid, 1980, pp. 42 ss. que corrige muy acertadamente los errores deslizados en la obra de J. Tusell, *Las elecciones del Frente Popular*, Madrid, 1971.

13. *Journal de Geneve*, 17 de enero de 1937.

14. En ella estaban presentes, entre otros, Franco, Saliquet, Mola, Varela, Villegas y Rodríguez del Barrio.

15. Una exposición más completa del tema en C. Vidal, *Checas de Madrid*, Barcelona, 2003, pp. 74 ss.

16. Minuta 23-III-1936, FO 371-20561 W2015 y 371-20520 W2387.

17. Chilton a Eden, 24 y 25-III-1936, FO 371-20520 W2868, W2678.

18. FO 371-20522 W5693. Los textos en bastardilla son subrayados en el original.

19. *News Chronicle* de 9 de julio de 1936; *The Times*, 14 de julio de 1936, y *The Morning Post* de 13 de julio de 1936.

20. M. De Paz Sánchez, *Militares masones de España. Diccionario biográfico del siglo XX*, Valencia, 2004.

21. (AHN — CG, 1530 (1) Pieza 4 Checas Ramo 23, folios 187-190).

22. Al respecto son de especial interés los testimonios de Manuel Rascón Ramírez que fue miembro de uno de los tribunales de la checa y de Julio Diamante Menéndez. Diamante era un ingeniero afiliado a Izquierda Republicana y decidió abstenerse de participar en las tareas del Comité al comprender que éste iba a entregarse sin control alguno a la práctica del asesinato político. Al terminar la guerra, fue juzgado por un consejo de guerra y, precisamente, su voluntad de salir del Comité le aseguró una sentencia relativamente leve.

23. Hemos examinado el tema en C. Vidal, *Checas de Madrid*, Madrid, 2002.

24. Sobre este y otros aspectos de la actuación de la checa de Fomento, véase CG, pp. 71 ss.

25. El número de brigadillas no fue inferior al medio centenar, es decir, no menos de cinco por cada grupo del Frente Popular. En ese mismo sentido, véase R. Casas de la Vega, ob. cit., p. 113.

26. Testimonio de Manuel Rascón Ramírez, AHN- CG — Legajo 1530 (1) Pieza 4 Ramo separado 3 Folio 91.

27. Ídem, ibídem.

28. Sobre el tema, C. Vidal, *Paracuellos-Katyn*, Madrid, 2005.

29. Por ejemplo, en nuestro estudio *Paracuellos-Katyn*, Madrid, 2005, para establecer la responsabilidad de Santiago Carrillo en las matanzas de noviembre de 1936.

## Conclusión

1. P. Burnat y C. de Villeneuve, *Les francs-maçons des années Mitterrand*, París, 1994, p. 57.

2. Ídem, p. 72.

3. Ídem, pp. 229 ss.

4. Ídem, pp. 197 ss.

5. A. de Miguel y J. L. Gutiérrez, *La ambición del César*, Madrid, 1993, pp. 139 ss.

6. Ídem, p. 140.

# Bibliografía

Acker, J. W., *Strange Altars: A Scriptural Appraisal of the Lodge,* St. Louis, 1959.

Adam, Hargreave L., *Trial of George Chapman,* Edimburgo y Londres, 1930.

Adams, John Quincy, *Speeches before Massachusetts Legislature,* 1826.

— *Letters on the Masonic Institution,* Boston, 1847.

Ahiman Rezon, *The Constitutions of Freemasony: or Ahiman Rezon: The Antient Charges of the Free and Accepted Masons,* Dublín, 1858.

Akerren, B. O. Y., «The Swedish Rite in England and HRH Albert Edward Prince of Wales, a member of the Grand Orient of Sweden», *AQC,* cx, 208-220, Londres, 1998.

Akey, Denise S., *Encyclopedia of Associations.* 2 vols. Detroit, 1993.

Aldridge, A. O., *Allgemeine und General Reformation der ganzen weiten Welt,* Kassel, 1614.

— *Benjamin Franklin, Philosopher and Man,* Filadelfia y Nueva York, 1965.

— *The All-England Law Reports,* Londres, 1998-1999.

Allen, Raymond Lee, et al., *Tennessee Craftsmen or Masonic Textbook,* 14th edition. Nashville: Tennessee Board of Custodians Members, 1963.

Altamira, R., *«Spain»* (in *Cambridge Modern History, x. 205-43),* Cambridge,1907-1910.

Anderson, J., *Ars Quatuor Coronatorum,* Transactions of Quatuor Coronati Lodge No. 2076, vols i-cx, Londres, 1881-1998.

— *The Constitutions of the Free-Masons Containing the History, Charges, Regulations etc of that most Ancient and Right Worshipful Fraternity,* Londres, 1723.

Anderson, James., *Book of Constitutions of 1723.*

Ankerberg, John, William Mankin y Walter Martin, *Christianity and the Masonic Lodge: Are They Compatible?* «The John Ankerberg Show». Transcripción, 1985, The John Ankerberg Evangelistic Association, Chattanooga, Tennessee.

Ankerberg, John, Jack Harris, William Mankin, Walter Martin y Paul Pantzer, *The Masonic Lodge: What Goes On Behind Closed Doors?* «The John Ankernerg Show». Transcripción, 1986, The John Ankerberg Evangelistic Association, Chattanooga, Tennessee.

— *The Case for Jesus the Messiah: Incredible Prophecies that Prove God Exists,* Chattanooga, Tenn.: Ankerberg Theological Research Institute.

— *The Facts on Astrology,* Eugene, Oreg.: Harvest House, 1989.

— *The Facts on False Teachings in the Church,* Eugene, Oreg.: Harvest House, 1989.

— *The Facts on the Jehovah's Witnesses,* Eugene, Oreg.: Harvest House, 1989.

— *The Facts on the Masonic Lodge,* Eugene, Oreg.: Hasrvest House, 1989.

— *When Does Life Begin? And 39 Other Tough Questions about Abortion,* Brentwood, Tenn.: Wolgemunt & Hyatt, 1990.

Anónimo, Españoles: *La Antorcha del Francmasón dividida en dos partes,* Burdeos, 1822.

— *Católicos y masones. La Masonería y el Catolicismo. Estudio comparado,* Montevideo, 1884.

— «Condena de la Masonería, Franco frente a la Masonería. Razones que condenan a la Masonería...», *Documentación,* Ministerio de Información y Turismo, cuaderno núm. 510, Madrid, 20 de octubre de 1950.

— *Examen crítico de causas de la persecución que han experimentado los Francmasones,* Madrid, 1820.

— «La Franc-Masonería. Fundamentos legales de la lucha contra el marxismo y las Sociedades Secretas», *Boletín de Información Antimarxista,* Dirección General de Seguridad, 1 de agosto de 1941, núm. 2.

— *La iglesia y la masonería. Querella del Grande Oriente Español contra «La Verdad», Revista católica mensual,* Valencia, 1890.
— *La Tercera Internacional revolucionaria de Moscú y la Francmasonería* (tres conferencias), Barcelona, 1921.
— *La Virgen del Pilar de Zaragoza y los Francmasones,* Barcelona, 1866.
— *Solución para la unión de los católicos contra el Masonismo y Liberalismo,* Barcelona, 1899.
— *Unión y alerta. Extracto de un papel cogido a los masones cuyo título es como sigue: Máximas e instrucciones políticas que el Grande Oriente Español ha mandado poner en ejecución a todas las logias de la masonería egipciana,* Córdoba, 1824.
Arbeola, V. M., «La masonería en Vitoria», *Scriptorum Victoriense,* 22 (1975), pp. 329-340.
— *La masonería en Navarra (1870-1945),* Pamplona, 1976.
Avon, Earl of, *The Bardon Papers: Documents relating to the Imprisonment & Trial of Mary Queen of Scots,* Londres, 1909.
— *The Eden Memoirs: Facing the Dictators,* Londres, 1952.
Bailey, Foster, *The Spirit of Masonry,* Hampstead, Londres, 1972.
Barrett, D. V., *Secrets Societies,* Londres, 1997.
Barruel, Abbé, *Mémories pour servir à l'histoire du Jacobinisme,* Londres, 1797-1798.
Batham, C. N., «Chevalier Ramsay: A new appreciation», *AQC,* 1xxxi, 280-315, Londres, 1969.
— «More about the Compagnonnage», *AQC,* 1xxxvii, 242-246, Londres, 1975.
— «Note on Edward VII's initiation as a Freemason», *AQC,* xci, 10-27, Londres, 1979.
— «The Compagnonnage and the Emergence of Craft Masonry in France», *AQC,* 1xxxvi, I-28, Londres, 1974.
— «The Origin of Freemasonry (A New Theory)», *AQC,* cvi, 16-50, Londres, 1994.
Beck, R. T., «Anthony Sayer, Gentleman: the truth at last», *AQC,* 1xxxviii, 65-84, Londres, 1976.
Beha, Ernest, *A Comprehensive Dictionary of Freemasonry,* Citaldel Press, Nueva York, 1963.
Benemell, J. A. F., *La Masonería Española en el Siglo XVIII,* Madrid, 1974.

Bernard, E. D., *Light on Masonry,* Utica, 1829.

Bernheim, A., «Note on Early Freemasonry in Bordeaux (1732-1769)», *AQC*, ci, 33-132, Londres, 1989.

— «The *Mémoire Justificatif* of La Chausée and Freemasonry in Paris until 1773», *AQC*. civ, 95-120, Londres, 1992.

Berry, H. E., «Some Historical Episodes in Irish Freemasonry 1790-1830», *AQC*, xxvi, 241-270, Londres, 1913.

Biografías Navales, Buenos Aires, 1963.

Birkenhead, F. E. Smith, Earl of, *Famous Trials of History,* Londres, 1926.

Blackmer, Rollin C., *The Lodge and the Craft*, Richmond, 1976.

Blanchard, Charles A., *Modern Secret Societies,* National Christian Association, Chicago, 1938.

Blanchard, J., *Blue Lodge Enligs'ment* (sic)*: A Ritual of the Three Masonic Degrees*, Chicago, 1964.

— *Scottissh Rite Masonry Illustrated The Complete Ritual of the Ancient and Accepted Scottish Rite,* Chicago, 1979.

Boor, J., *(General Franco) Masonería*, Madrid, 1952.

Box, Hubert S., *The Nature of Freemasonry,* Londres, 1952.

Bradley, H., «Bro. Mozart and the some of his Masonic Friends», *AQC*, xxvi, 41-70, Londres, 1913.

Brioschi, Pedro A., *La Francmasonería*. Colección de artículos publicados en *El Hebdomadario*, periódico católico de Cartagena, Milán, 1894.

Broadhurst, H., *Henry Broadhurst M.P.: The Story of his Life from a stonemason's bench to the Treasury bench. Told by himself,* Londres, 1901.

Brodsky, M. L., «Eugène Goblet D'Alviella: Freemason & Statesman: Belgium's Foremost Freemason of the XIXth Century», *AQC*, c, 61-87, Londres, 1988.

Bryce, J. (Viscount Bryce), *Modern Democracies,* Londres, 1921.

Buck, J. D., *Symbolism or Mystic Masonry*, Chicago, 1925.

Bullock, Harris, et al., *Masonic Manual of the Grand Lodge of Georgia*, Free and Accepted Masons, The Grand Lodge of Georgia, 1983.

Bullock, S. C., *Revolution Brothehood: Freemasonry ant the transformation of the American Social Order 1730-1840*, Williamsburg, Va., 1996.

Bultzo, A. C. J., «English Masonry in Greece», *AQC*, 1xxxi, 225-227, Londres, 1969.
Byers, Dale A., *I Left the Lodge*, Schaumburg, I11.: Regular Baptist, 1988.
Caballero de Puga E., *Francmasonería. Ritual del maestro francmasón... seguido de la Historia de la Francmasonería y de la segunda parte de la Jurisprudencia Masónica*, Madrid, 1888.
Cabanés, Dr., *Calendar of State Papers (Foreing Series) of the reign of Elizabeth (1558-1589)*, Londres, 1863-1950 (cit. como «*For.Cal.Eliz*», vol. Xviii), *Marat Inconnu*, París, 1891.
Cahill, E., *Freemasonry and the Anti-Christian Movement*, Dublín, N. H., 1952.
Callaway, «Benedict Arnold and Freemasonry: correction of a long-standing error», *AQC*, 1xxx, 120-122, Londres, 1968.
Callejas, R. F. «A Report on Masonry in Cuba in 1969», *AQC*, 1xxxii, 101-103, Londres, 1970.
Calvert, A. P., *Cambridge Modern History*, Cambridge, 1907-1910.
— *The Grand Lodge of England 1717-1917*, Londres, 1917.
Campbell-Everden, William Preston, *Freemasonry and Its-Etiquette*, Weathervane, Nueva York, 1978.
Cárcel Ortí, V., «Masones eclesiásticos españoles durante el trienio liberal (1820-1823)», *Archivium Historiae Pontificiae*, 9, pp. 240-277, Roma, 1971.
Carlavilla (Karl), Mauricio, *Asesinos de España: Marxismo, Anarquismo, Masonería*, Madrid, 1945.
— *Borbones Masones*, Barcelona, 1967.
— *El enemigo: Marxismo, Anarquismo, Masonería*, Madrid, 1935.
— *Masonería española. Páginas de su Historia, de Miguel Morayta. Ampliaciones y refutaciones de* ***, Nos, Madrid, 1956.
Carr, H., «The Foundation of the Great Lodge of Iran», *AQC*, 1xxxi, 266-279, Londres, 1969.
— «Review of professor Jacob Katz's book *"Jews and Freemasons in europe 1723-1939"*», *AQC*, 1xxxiii, 322-328, Londres, 1971.
Carrington, F. A. y Payne J., *Reports of Cases argued and ruled at Nisi Prices*, Londres, 1827-1841.
Castle, E. J., «Proceedings against the Templars in France and England for Heresy etc. AD 1307-11», *AQC*, xx, 47-70, Londres, 1907.

Castell, Emili, *Claves de la Masonería*, Barcelona, 1978.
Castells, F. de P., *English Freemasonry in the Period of Transition, AD 1600-1700*, Londres, 1931.
Caywood, D., «Freemasonry and the Knights of Malta: A Post Preface?», *AQC*, cvi, 186-196, Londres, 1994.
*Ceremonies of Installation and Dedication*, rev. The Ancient and Accepted Scottish Rite of Freemasonry, Southern Jurisdiction U.S.A., 1954.
Cerf, A. J. W., «How Frederick the Great of Prussia became a Freemason», *AQC*, x, 188, Londres, 1897.
Cerza, Alphonse, *Anti-Masonry*, Fulton, Mo., Missouri Lodge of Research, 1962.
Anti-Masonry, *AQC*, 1xxx, 241-270, Londres, 1962.
— *Let There Be Light: A Study in Anti-Masonry*, Silver Spring, Md.: The Masonic Service Association, 1977.
— *Let There Be Light: A Study in Anti-Masonry*, Silver Spring, Md.: The Masonic Service Association, 1983.
— «The American War of Independence and Freemasonry», *AQC*, 1xxxix, 169-175), Londres, 1977.
— «The Boston Tea Party and Freemasonry», *AQC*, xcviii, 207-209, Londres, 1986.
«Checking It Out» (Masonic Affiliates), August, 1986.
Chevallier, P., *Histoire de la FrancMaçonnerie Française*, París, 1974-1975.
Churchill, W. S. «Zionism versus Bolshevism», 8 febrero1920 (artículo inédito de los archivos de Churchill CHAR 8/36, pp. 92-93).
Clarke, J. R. «John Locke and Freemasonry», *AQC*, 1xxviii, 168-171, Londres, 1969.
— «The Change from Christianity to Deism in Freemasonry», *AQC*, 1xxviii, 49-73, Londres, 1966.
— «The Establishment of the Premier Grand Lodge: why in Londres and why in 1717?», *ACQ*, 1xxxi, 1-9, Londres, 1969.
— «Was Sir Christopher Wren a Freemason? A re-appraisal of the evidence», *ACQ*, 1xxviii, 201-206, Londres, 1966.
Clarke, J. R. y Jones, G. P., «Why was James Boswell a Freemason?», *ACQ*, 1xxix, 90-92, Londres, 1967. Ver también Jones, G. P.

Claudy, Carl H., *Foreign Countries: A Gateway to the interpretation and Development of Certain Symbols of Freemasonry*, Richmond, 1971.

— *Introduction to Freemasonry*, Washington, D.C., 1984.

— *The Master's Book*, Washington, D.C., 1985.

Clausen, Henry C., *Beynd the Ordinary: Toward a Better, Wiser and Happier World*, Washington, D.C.: The Supreme Council, 33d Degree, Ancient and Accepted Scottish Rite of Freemasonry, 1983.

— *Clausen's Commentaries on Morals and Dogma*, 1976.

— *New Age Magazine*, Washington, D.C.: House of the Temple, *Practice and Procedure for the Scottish Rite*, Washington, D.C., 1981.

— *What Is the Scottish Rite?* Washington, D.C.: House of the Temple, 1992.

Clymer, R. Swinburne, *The Mysticism of Masonry*, 1900.

Coil, Henry Wilson, *A Comprehensive View of Freemasonry*, Richmond, 1973.

— *Freemasonry Through Six Centuries*, Richmond, 1967.

*Coil's Masonic Encyclopedia*, Nueva York, Macoy, 1961.

Comín Colomer, E., *Historia secreta de la Segunda República*, Madrid, 1954, 2 vols.

— *La Masonería en acción. ¿Cómo exterminarla?*, Madrid, 1942.

— *La Masonería en España. Apuntes para una interpretación masónica de la historia patria*, Madrid, 1944.

— *Lo que España debe a la Masonería*, Madrid, 1956.

Committee on Secret Societies of the Ninth General Assembly of the Orthodox Presbyterian —church (meeting at Rochester, N.Y., junio 2-5, 1942.

— *Christ or the Lodge?*, Filadelfia: Great Commission, s/f.

Conder, E., «The Hon. Miss St leger and Freemasonry», *ACQ*, viii, 16-23, Londres, 1895.

Conder., Jr., E., *Le Constitutionnel*, París, 1870.

— *Records of the Hole Crafte and Fellowship of Masons with a Chronicle of the History of the Worshipful Company of Masons of the City of Londres*, Nueva York, 1894.

Cook, C. y N., *Blueprint for Revolution*, Thomaston, 1996.

Cooper-Oakley, Isabel, *Masonry and medieval Mysticism: Traces of a Hidden Tradition*, Wheaton, I11.: Theosophical, 1977.

Craig, William Lane, *The Son Rises*. Chicago, 1981.
Crawley, W. J. C., «General George Washington and Lodge, No. 227», *ACQ*, xxiii, 95-97, Londres, 1910.
— «The Chevalier d'Edon», *ACQ*, xvi, 231-251, Londres, 1903.
— «The Hon. A. Wesley and the Lodge at Trim», *ACQ*, xv, 108-124, Londres, 1902.
— «The Rev. Dr. Anderson's Non-Masonic Writings 1702-1739», *ACQ*, xviii, 28-42, Londres, 1905.
— «The Templar Legends in Freemasonry», *ACQ*, xxvi, 45-70, Londres, 1913.
Creus y Corominas, T., *La Masonería y su intervención en los principales sucesos de los tres últimos siglos,* Barcelona, 1899.
*Crime without Punishment: Genocide against the Serbs*, Belgrado, 1931.
Crowe, F. J. W., «A Curious Carbonari certificate», *ACQ*, xvi, 163-170), Londres, 1903.
Cryer, B., «The Church's Concern with Freemasonry», *ACQ*, xcv, 1-20, Londres, 1983.
— «The De-chistianizing of the Craft», *ACQ*, xcvii, 34-74, Londres, 1985.
Custos, Dr., *Freimaurer der Weltvampyr*, Berlín, 1931.
D'alviella, Count G., *Fifty Yars of Masonic Life in Belgium (1870-1920)*. *ACQ*, xxxiii, 231-241, Londres, 1920.
— «The Papal Bulls of Freemasonry in Belgium», *ACQ*, xxv, 81-87, Londres, 1912.
Daniel, William W., et al., *Masonic Manual of the Grand Lodge of Georgia*, 9$^{th}$ ed. Free and Accepted Masons, Grand Lodge of Georgia, 1973.
Dawson, F. J., «The Chevalier Bartholomew Ruspini 1728-1813», *ACQ*, 1xxxvi, 87-89, Londres, 1974.
Denslow, W. R., *10 000 Famous Freemasons*, Columbia, Missouri, 1957-1960.
Demerson, Georges, «Une loge maçonique espagnole à Brest (1799-1802)», *Bull, Hispanique, LVII* (1955), pp. 375-400.
De Poncis, Vicomte Leon, *Freemasonry and the Vatican: A Struggle for Recognitio,* Britons, Londres, 1968.
De Rafael, *La Masonería pintada por si misma*, Madrid, 1883.
DeVelde Jr., Everett C., «A Reformed View of Freemasonry», en

*Christianity and Civization Vol I: The Failure of the American Baptist Culture*, Tyler, Tex., Geneva Divinity School, 1982.

Díaz, Ramón, *La verdad de la Francmasonería. Réplica del libro del presbítero*, Tusquets, Barcelona, 1932.

Díaz y Pérez, Nicolás, *La Francmasonería española. Ensayo histórico crítico de la Orden de los Francmasones en España desde su origen hasta nuestros días*, Madrid, 1894.

Dillon, George E., *Freemasonry Unmasked*, Britons, Londres, 1959.

Djilas, A., *The Contested Country*, Cambridge, Mass., 1991.

Dodsley, D. R., «Doctor Edward Jenner and some other eminent physicians and surgeons in Freeasonry», *ACQ*, civ, 139-149, Londres, 1992.

Domenech, E., *L'empire au Mexique et la candidature d'un Prince Bonaparte au trone Mexicain*, París, 1862.

Dove, John, comp., *Virginia Textbook (containing "The Book of Constitutions, Ilustrations of the Work, Forms and Ceremonies of the Grand Lodge of Virginia*), Grand Lodge of Virginia, s/f.

Draffen, G., «Prince Hall Freemasonry», *ACQ*, 1xxxix, 70-91, Londres, 1977.

Draffen, G. S., «The Mason Word», *ACQ*, 1xv, 54, Londres, 1953.

Ducos, Luis, *Historia cierta de la secta de los Francmasones, su origen y máxima, con la descripción de algunas logias, y lo que pasa en ellas al recibirse uno de Francmasón... cotejando las máximas de éstos con las de los templarios.. y con otras varias notas, todas relativas al trastorno que se ve hoy día en Europa,* por el presbítero ***. Madrid, 1815.

Dumenil, Lynn, *Freemasonry and American Culture*, Chicago, 1951.

Duncan, Malcom C., *Duncan's Masonic Ritual and Monitor*, Chicago, 1952.

— *Masonic Ritual and Monitor*, Nueva York: David McKay, s/f.

Durr, A., «Ritual of Associations and the Organizations of the German People», *ACQ*, c, 88-108, Londres, 1988.

Durrah, Delmar Duane, *History and Evolution of Freemasonry*, Chicago, 1951.

Dyer, C. F. W., «The Women have their Way: Ladies Nights etc of the 1790s», *ACQ*, 1xxxviii, 193-194, Londres, 1976.

*Early Masonic Pamphlets*, Manchester, 1945.

Eckert, E. E., *Der Freimaurer-Orden in seiner wahren Bedeutung*, Desden, 1852.

*El Libro Rojo 1520-1867*, México City, 1905-1906.

*Enciclopedia Universal Ilustrada Europa-Américana*, Barcelona, 1887-1999.

Eugénie de Grèce, Princess, *Pierre Napoleón Bonaparte*, París, 1963.

Eybert, Aurèle, *Les Martyrs de la Franc-Maçconnerie en Espagne en 1853*, París, 1854.

Fahey, Denis, *The Kingship of Christ and Organized Naturalism*, Holy Ghost Missionary College, Dublín, 1949.

*Fama Fraternitatis und Die Chemische Hochzeit*, Kassel, 1615.

Fava, Armando José, *Discurso sobre el secreto de la francmasonería*, Barcelona, 1883.

Fava, Mgr. A. J., y L. Taxil, *L'Existence des Loges de Femmes affirmée par Mgr Fava Ëveque de Grenoble et par Léo Taxil*, París, 1892. Ver Taxil.

Fay, B., *La Franc-Maçonnerie et la révolution intellectuelle du XVIII siècle*, París, 1961.

Fenton, S. J., «The Military Services and Freemasonry», *AQC*, 1x, 3-25, Londres, 1950.

— «Richard Carlile: His life and Masonic Writing», *AQC*, x1ix, 83-121, Londres, 1939.

Ferguson, Charles W., *Fifty Million Brothers*, Nueva York, 1937.

Ferminger, W. K., «The romances of Robinson and Barruel», *AQC*, 1, 31-699, Londres, 1940.

Ferrari Billoch, F., *Entre masones y marxistas*, Madrid, 1939.

— *La Masonería al desnudo. Las logias desenmascaradas*, Madrid, 1939.

— *¡Masones! Así es la secta. Las logias de Palma e Ibiza*, Palma de Mallorca, 1937.

Ferrer Benimelli, José A., *Bibliografía de la masonería. Introducción histórico-crítica*, Caracas, 1974 (2.ª ed. Madrid, 1978).

— «Dos logias masónicas de Cádiz: "La Double alliance", de 1807, y "LesVrais Amis Reunís", de 1822», *Actas del I Congreso de Historia de Andalucia* (diciembre de 1976), vol. I: *Andalucía contemporánea (siglos XIX y XX)*, tomo I, Córdoba, 1979, pp. 89-100.

— «Franco contra la masonería», *Historia 16* (Madrid), núm. 15, julio de 1977, pp. 37-51.

— «Judaísmo y masonería», *Historia 16* (Madrid), extra IV, noviembre de 1977.

— «La masonería bonapartista en Aragón», *Cuadernos de Investigación* (Logroño), t. I, fasc. 2 (diciembre de 1978), pp. 91-108.

— «La masonería bonapartista en Cataluña», Zaragoza, *Estudios en homenaje al Dr. Eugenio Frutos*, Facultad de Filosofia y Letras, 1977, pp. 119-144.

— «La Masonería como problema histórico-social», *Sistema*, Madrid, núm 10, julio de 1975, pp. 51-75.

— *La masonería en Aragón*, Zaragoza, 1979, 3 vols.

— «La masonería en las dos primeras series de los *Episodios nacionales* de Galdós», *Actas del Segundo Congreso Internacional de Estudios Galdosianos* (agosto-septiembre de 1978), vol. I, Las Palmas de Gran Canaria, 1979, pp. 60-118.

— «La masonería en la historia contemporánea española», *Historia 16*, Madrid, extra IV, noviembre de 1977, pp. 56-76.

— *La masonería española en el siglo XVIII,* Madrid, 1974.

— «La masonería española en el siglo XVIII. ¿Fundó el conde de Aranda el Grande Oriente de España?», *Historia 16*, Madrid, extra IV, noviembre de 1977, pp. 45-46.

— «La masonería española en el siglo XVIII», *Historia de la Iglesia*, de Preclin-Jerry, vol. XXI: *Luchas políticas*, Valencia, 1977, pp. 503-517.

— «La masonería y la Constitución de 1931», *Cuadernos de Investigación Histórica*, Madrid, núm. 5 (1980).

— «La primera logia masónica de Canarias: "Los Comendadores del Teyde". Santa Cruz de Tenerife, 1817-1820», *Historia Canaria*, La Laguna, t. XXXVII, núm. 173, 1980.

— «La Segunda República española y la masonería», *Spicilegio Moderno* (Bolonia), núm. 9, 1978, pp. 35-63.

— «"Les Amis Reunís de Saint Joseph." La primera logia masónica de Vitoria (1810)», *Cuadernos de Investigación Histórica,* Madrid, núm. 3 (1979), pp. 187-216.

— «Léxico masónico», *Historia 16*, (Madrid), extra IV, noviembre de 1977, pp. 147-151.

— «Los "Hermanos Unidos" de San Sebastián (1809-1812). La primera logia masónica del País Vasco», *Boletín de Estudios Históricos sobre San Sebastián*, núm. 13, 1979, pp. 251-293.

— «Lo que no se ha dicho del general Aranda. Un ejemplo de represión masónica», *Tiempo de Historia*, Madrid, núm. 53, abril de 1979, pp. 34-49.
— «Masonería española», Diccionario de Historia Eclesiástica de España, Madrid, 1973, t. III, pp. 1445-1447.
— *Masoneria 74", Hechos y Dichos* (Zaragoza), núm 452, junio de 1974, pp. 10-11.
— «Masonería española: Mito o realidad», *Tiempo de Historia* Madrid, núm. 2, enero de 1975, pp.18-49.
— «Masonería española. Siglos XIX y XX», *Tiempo de Historia*, Madrid, núm. 11, octubre de 1975, pp. 4-34.
— «Notas para una historia de la masonería española en los siglos XIX y XX», Valencia, *Homenaje al Dr. Juan Reglá*, Facultad de Filosofia y letras, 1975, vol. II, pp. 439-457.
— «¿Qué es la masonería?», *Historia 16*, Madrid, extra IV, noviembre de 1977, pp. 5-19.
— «Satanismo y masonería», *Historia 16*, Madrid, extra IV, noviembre de 1977.
— «Voltaire y la masonería», *Cuadernos de Investigación* (Logroño), núm. 1, mayo de 1975, pp. 65-89.
Findel, J. G., *The History of Freemasonry*, 2.ª ed., Londres, 1869.
Finney, Charles, *The Character, Claims, and Practical Workings of Freemasonry*, Chicago.
—*The Character, Claims, and Practical Workings of Freemasonry*, 1869.
—*The Character, Claims, and Practical Workings of Freemasonry*, Chicago, National Christian Association, 1948.
Fisher, Paul A., *Behind the Lodge Door: Church, State & Freemasonry*, Washington, D.C., 1987.
Fisher, W. G., «John Nontague, second Duke of Montagu: the first noble Grand Masrer», *AQC*, 1xxix, 90-92, Londres, 1967.
Fleming, T., *Liberty! The American Revolution*, Nueva York, 1997.
Flynn, K., «Fremasons at War», *AQC*, cv, 172-182, Londres, 1993.
Foottit, C. R. S., «English Royal Freemasons» *AQC*, cv, 172-182, Londres, 1993.
*For.Cal.Eliz.* See Calendar of State Papers.
Foxe, J., *The Acts and Monuments of John Foxe*, Londres, 1877, y Nueva York, 1965.
— *The Book of Martyrs France*, Londres, 1941.

Franco, Francisco. Ver Boor.
Francovich, C., *Storia della Masonería in Italia dalla origine alla Rivoluzione Francese*, Florencia, 1974.
Franklin, B., *The Autobiography of Benjamín Franklin*, New Haven, 1964.
Frau, Lorenzo, y Rosendo, Arus, *Diccionario enciclopédico de la masonería*, Buenos Aires, 1962, 3 vols.
*Freemasonry: An Approach to Life* (United Grand Lodge of England, Londres, 1999).
«Freemasons at Canterbury in 1732», *AQC*, xxxiii, 186-187, Londres, 1920.
*Funeral Ceremony and Offices of a Lodge of Sorrow of the Ancient an Accepted Scottish Rite of Freemasonry*, 1946.
Gagern, C. von, *Todte und Lebende*, Berlín, 1884.
García, G., y C., Pereyra, *El General Paredes y Arrillaga: los Gobiernos de Alvarez y Comonfort*, Ciudad de México, 1974.
García de Mendoza, Adalberto, «El socialismo y el fascismo frente a la situación actual de España», *Símbolo* (México), agosto-noviembre de 1936, pp. 49-68.
Garibaldi, G., *Celia ovvero Il gobernó del monaco*, Milán, 1870.
Gasson, Raphael, *The Challenging Counterfeit*, Plainfield, 1970.
Gauna, E., «Review of *Giuseppe Mazzini Uomo Universale* by Carlo Gentile», *AQC*, 1xxxvi, 298-300, Londres, 1983.
Gibbon, E., «The Masonic Certificate of Edward Gibbon», *AQC*, xvii, 22, Londres, 1904.
Gillespie, H. W., «Goethe in Zurich», *AQC*, xc, 284-286, Londres, 1978.
Gimpel, J., *Globus*, Zagreb, 1999.
— *The Catedral Builders*, Londres, 1983.
Goethe, J. W. von, «Campagne in Frankreich 1792», Goethes Werke (Weimar, 1887-1916).
González, Ceferino, *La Francmasonería universal frente a la gran tragedia de España*, Uruguay, 1937.
González Blanco, Pedro, «Rectificaciones históricas», *Latomia*, Madrid, I (1932), pp. 79-90; II (1933), p. 107-119; III (1933), pp. 151-160.
Goodwin, S. J., *Mormonism and Masonry*, Washington, D.C., Masonic Service Association, 1924.

Gotch, C., «The Role of the Innkeeper in Masonry», *AQC*, ci, 213-223, Londres, 1989.
Gould, F. R., *A Concise History of Freemasonry*, Londres, 1903.
— «Freemasonry in Mexico», *AQC*, x, 16-69, Londres, 1897.
Graebner, Theodore, *A Handbook of Organizations*, St. Louis, 1948.
— *Is Masonry a Religion?*, St. Louis, 1946.
Grande Oriente Español, *Reseña histórica del Grande Oriente Español*, Sevilla, 1926.
Grundmann, R. R., «Some Aspects of Freemasonry on Polish Soil», *AQC*, civ, 205-215, Londres, 1992.
Guarner Vivanco, Vicente, *Historia del Supremo Consejo del Grado 33 para España y sus Dependencias y de la masonería española*, México, Supremo Consejo del Grado 33, 1961.
Hall-Johnson, A. S., «A Century of English Freemasonry in Argentina», *AQC*, 1xv, 98-106, Londres, 1953.
Hall, Manly P., *An Encyclopedic Outline of Masonic Hermetic Qabbalistic and Rosicrucian Symbolical Philosophy*, Los Ángeles, 1977.
— *The lost Keys of Freemasonry or the Secret of Hiram Abiff*, Richmond, 1976.
Hamer, D., y Clarke, J. R., «An Anti-Masonic Declaration by Six Doctors of the Sorbone in 1745», *AQC*, 1xxxvi, 20-34, Londres, 1974.
Hamill, J., *The Craft*, Wellongborough, 1985.
— «The Earl of Moira, Acting Grand Master 1790-1813», *AQC*, xciii, 31-48, Londres, 1981.
— «The Sins of our Masonic Fathers», *AQC*, ci, 133-159, Londres, 1989.
Hamill, J., y R., Gilbert, *Freemasonry: A Celebration of the Craft*, Londres, 1992.
— *World Freemasonry*, Londres, 1991.
Hannah, W., *Christians by Degrees*, Londres, 1954.
— *Darkness Visible*, Londres, 1952.
Harris, Jack, *Freemasonry: The invisible Cult in Our Midst*, Towson, 1983.
Haywood, H. L., *Famous Masons and Masonic Presidents*, Richmond, Virginia, 1945.
— *Freemasonry and Roman Catholicism*, Chicago, 1943.

— *The Great Teachings of Masonry*, Nueva York, 1923.
— *The Great Teachins of Masonry*, Richmond, 1971.
— *The Newly-Made Mason: What He and Every Mason Should Know about Masonry*, Richmond, 1973.
Haywood, H. L., y James E., Craig, *A History of Freemasonry*, Nueva York, 1927.
Heaton, R. E., *Masonic Membership of the Founding Fathers*, Silver Spring, Maryland, 1974.
Heineman, J. W., «An Early Pronouncement of the Church A.D. 1326?», (*AQC*, 1xxxvii, 239-242), Londres, 1975.
Henderson, Kent, *Masonic World Guide*, Richmond, 1984.
Henderson, K., y T., Pope, *Freemasonry Universal: A New Guide to the Masonic World*, Williamstown, Victoria, Australia, 1998-2000.
Heron Lepper, J., «Freemasonry in Spain under Fernando VII», *AQC*, lxi, 212-237 (1948), y lxii, 292-323 (1949), Londres.
Hertling, S., «A Brief History of Danish Freemasonry», *AQC*, xc, 277-283, Londres, 1978.
Hessey, John H., Bruce H. MacDonald y William F. Peitz, *Masonic Burial Service, Masonic Memorial Service*, Baltimore, 1960.
Hewitt, A. R., «Craftsmen in Captivity: Masonic Activies of Prisioners of War in World War I, World War II in europe and the Far East», *AQC*, 1xxvii, 79-108, Londres, 1965.
Hills, P.G., «Women and Freemasonry», *AQC*, xxxiii, 63-77, Londres, 1920.
*History of Grand Master's Lodge No. I*, Londres, 1958.
Hobss, J. W., «An Irish Lodge Minute Book 1782-1797», *AQC*, xxxiv, 74-124, Londres, 1921.
Holyoake, G. J., «Carlile, Richasrd», *Dictionary of National Biography*, iii, IOIII.
Hooker, A. H., «The Knights Templars — Fact & Fiction», *AQC*, xcvi, 204-211, Londres, 1984.
Horne, A., «The Saints John in the Masonic Tradition», *AQC*, 1xv, 76-102, Londres, 1953.
Hory, L., y M. Broszat, *Der kroatische Ustacha-Staat 1941-1945*, Stuttgart, 1964.
Howe, H., «The Collapse of Freemasonry in Nazi Germany 1933-5», *AQC*, xcv, 23-36, Londres, 1983.

Huertas Lozano, José, *¡Yo he sido impío! Revelaciones espiritistas y masónicas*, Madrid, 1892.

Hughan, W. J., «King Edward VII Past Grand Master and Protector of the Craft», *AQC*, xxiii, 101-103, Londres, 1910.

Huidobro, Leopoldo, *Masonería y otros temas*, Madrid, 1952.

Ivanoff, B., «Cagliostro in Eastern Europe, (Courland, Russia & Poland)», *AQC*, x1, 45-80, Londres, 1928.

Jackson, A. C. P., «Our Predecessors: Scottish Masons of about 1660», *AQC*, xci, 10-27, Londres, 1979.

— «Rosicrucianism and its effects on Craft Masonry», *AQC*, xcvii, 115-150, Londres, 1985.

Jarvis, C. M., *Grand Stewards 1728-1978*, Londres, 1978.

Jellinek, F., *The Paris Commune of 1871*, Londres, 1937.

Jinarajadasa, C., *Los ideales de la Masonería*, Barcelona, 1930.

Johnson, David, *Dogs, Cats, and Communism*, 1977.

Johnson, Shildes, *Is Masonry a Religion?*, Oakland, N.J.: Institute for Contemporary Christianity, 1978.

Johnston, Humphrey J. T., *Freemasonry: A Short Historical Sketch*, Londres, 1952.

Johnston, S. P., «Seventeenth Century Descriptions of Solomon's Remple», *AQC*, xii, 135-149, Londres, 1899.

Jones, Bernard E., *Freemason's Guide and Compendium*, Londres, 1950.

Jones, G. P., y J. R., Clarke, «A Chaplain in a Lodge in Liverpool in 1754», *AQC*, lxxvii, 143-4, Londres, 1965. Ver Clarke y Jones.

*Journals of Congress containing their Proceedings from September 5, 1774, to January I, 1776*, Filadelfia, 1800.

Kaulback, M. S., «The First Knights Templars in the United states», *AQC*, cvii, 224-227, Londres, 1995.

Keane, J., *Tom Paine*, Londres, 1995.

Kelly, Clarence, *Conspiracy Against God and Man*, Belmont, Mass., Western Islands, 1974.

Kendall, G., «"Crimea Simpson": War Artist and Freemason», *AQC*, cv, 195-201, Londres, 1993.

— «Freemasonry during the Anglo Boer War 1899-1902», *AQC*, xcvii, 20-33, Londres, 1985.

Kennedy, W., «Freemasonry. A possible origin», *ACQ*, cvii, 196-200, Londres, 1995.

Khambatta, R. B., «The influence of the Prince of Wales (Edward VIII) on the Administration and Development of the Craft», *AQC*, cviii, 81-121, Londres, 1996.
Kipling, Rudyard, «Poesía y músicas masónicas. Mi logia Madre». trad. de Ginés de los Ríos, de la logia «Unión», *Latomia*, Madrid, I (1932), pp. 99-101.
Knight, C., y R. Lomas, *The Second Messiah*, Londres, 1997.
Knight, Stephen, *Jack the Ripper: The Final Solution*, Londres, 1976.
— *The Brotherhood: The Explosive Exposé of the Secret World of the Freemasons*, Londres, 1983 y 1984.
— *The Brotherhood: The Secret World of the Freemasons*, Stein and Day, Nueva York, 1984.
Knoop, D., «The Mason Word», *AQC*, li, 194-211, Londres, 1940.
Knoop, D., y G. P., Jones, «An Anti-Masonic Leaflet of 1968», *AQC*, lv, 152-154, Londres, 1944.
— «Prolegomera to the Mason Word», *AQC*, lii, 139-154, Londres, 1941.
— *The Genesis if Freemasonry*, Manchester, 1947.
Knoop, D., G. P., Jones y D., Hamer, *The Two Earliest Masonic MSS*, Manchester, 1938.
Knoop, Douglas, G. P. Jones y Douglas Hamer, trans. y eds., *The Early Masonic Catechims*, Londres: Quatuor Coronati Lodge no. 2076, 1975.
Koch, Kurt E., *Between Christ and Satan*, Kregel, 1962.
— *Demonology Past and Present*, Kregel, 1973.
— *Satan's Devices*, Kregel, 1978.
Kurtz, H., *The Trial of Marshal Ney*, Londres, 1957.
— *L'Express*, París, abril de 2001.
Lady Queensborought, *Occult Theocracy*, Christian Book Club of America, 1931.
Lafontaine, E. C. de, «Paul Jones», *AQC*, xliv, 203-222, Londres, 1934.
Lafuente, Vicente de, *Historia de las sociedades secretas antiguas y modernas en España, especialmente de la francmasonería*, Lugo, 11870-11872, 2 vols.
Lane, R. F., *The Outwith Londres Guilds of Great Britain*, Londres, 1994.

Lange, A. J., «A Sketch of Norwegian Masonic History», *AQC*, xiii, 35-36, Londres, 1900.
Larudan, Abbé, *Les Francs-Maçons ecrasés*, Amsterdam, 1747.
Laval, P., *Laval parle*, París, 1948.
Layiktez, C., «Sultan Murad V, Kleanti Skalyeri, Sultan Abdulhamit II: Young Turks and Freemasons», *AQC*, cvii, 230-232, Londres, 1995.
Le Franc, Abbé, *Le voile levé pour les curieux, ou Le secret de la révolution revéle à l'aide de la franc-maçonnerie*, París, 1791.
*Le voile levé poir les Curieux, ou Histoire de la Franc-Maconnerie depuis ses origines jusqu'à nos jours, par M. l'Abbé Lefranc... tombé sous la hache des assassins à Paris le 2 septembre 1792*, Lieja, 1826.
*Leaves from Georgia Masonry*, Educational and Historical Commission of the Grand Lodge of Georgia, 1947.
Lefebvre, G., R., Guyot y P. Sagnac, *La Révolution Française*, París, 1930.
Lepper, J. Herron, *Famous Secret Societies*, Londres, 1938.
Levi-Castillo, J. R., «Admiral William Brown: His capture and masonic rescue in Guayaqui», *AQC*, xcii, 16-24, Londres, 1980.
Lindsay, Hal, *The 1980s Countdown to Armageddon*, Nueva York, 1980.
Linnecar, R., «Studies in Masonry» (*The Miscellaneous Works of Richard Linnacar of Wakefield, 247-62*), Leeds, 1769.
*Little Masonic Library*, Richmond, 1977.
*Liturgy of the Ancient and Accepted Scottish Rite of Freemasonry for the Southern Jurisdiction of the United Satates, Part Two*. Washington, D.C.: The Supreme Council, 33d Degree of the Ancient and Accepted Scottish Rite of Freemasonry of the Southern Jurisdiction of the U.S.A., 1982.
Litvine, J., «Anti-Masonry: A Neglected Source», *AQC*, civ, 121-138, Londres, 1992.
Ludendorff, E., *Vernichtung der Freimaurerei durch Enthüllung ihrer Geneimnisse*, Munich, 1927.
Luis y Díaz, Francisco de, *La masonería contra España*, Burgos, 1935.
Luzio, A., *La Masonería e il Risorgimento Italiano*, Bolonia, 1925.
Macdonald, Fergus, *The Catholic Church and the Secret Societies in the United States*, Nueva York, 1946.

Mackay, A. M., «Sir Walter Scott as a Freemason», *AQC*, xx, 209-220, Londres, 1907.
Mackenzie, Norman, ed., *Secrets Societies*, Nueva York, 1967.
Mackey, Albert., *Mackey's Masonic Ritualist: Monitorial Instructions and the Degrees form Entered Apprentice to Select Masters,* n.p.: Charles E. Merril, 1867.
— *Mackey's Revised Encyclopedia of Freemasonry*, Rev. and enl. By Robert I. Clegg. 3 vol., Richmond, 1966.
— *The Manual of the Lodge*, Nueva York, 1870.
— *The Symbolism of Freemasonry: Ilustrating and Explaining Its Scienceand Philosophy, Its Legends, Myths, and Symbols*, Chicago, 1975.
— *A text Book of Masonic Jurisprudence*, Nueva York, 1859.
— *Encyclopedia of Freemasonry*, Richmond, 1879.
— *Encyclopedia of Freemasonry*, Filadelfia, 1887.
— *Jurisprudence of Freemasonry*, 1872.
— *Lexicon of Freemasonry*, Nueva York, 1871.
— *Manual of the Lodge*, Nueva York, 1970.
— *Masonic Ritualist*, Nueva York, 1869.
— *Symbolism of Freemasonry*, revised by Robert I. Clegg, Chicago, 1946.
Macoy, Robert, *Masonic Burial Services with General Instructions*, Chicago, 1954.
Maesso Campos, Eduardo, *Cartas al Oriente y Venerables de la Masonería española, 1872*, Málaga, 1872.
Magnus, P., *King Edward the Seventh*, Londres, 1964.
Malczovich, L. de, «A Sketch of the earlier history of Masonry in Austria and Hungary», *AQC*, iv, 20-24, 181-193; v, 15-19, 181-192; vi, 85-91; vii, 18-24, 77-82, 184-189; viii, 180-188; ix, 129-144), Londres, 1891-1896.
Mañé y Flaquer, Juan, *La Masonería. Artículos publicados en el Diario de Barcelona*, 1883.
Marie Antoinette, *Letters de Marie-Antoinette*, París, 1896.
Maris, L. G., «English Freemasonry in germany (1821-1929, 1945-71)», *AQC*, lxxxiii, 274, Londres, 1971.
Markham, A. G., «Further Views on the Origins of Freemasonry in England», *AQC*, ciii, 78-123, Londres, 1991.
— «Some Problems of English Masonic History», *AQC*, cx, 1-19, Londres, 1998.

Martin, Malachi, *Hostage to the Devil: The Possession and Exorcism of Five living Americans*, Nueva York: Bantam, 1977.
Martínez Pastor, Eugenio, *Orígenes de la masonería en Cartagena*, Cartagena, 1971.
Martínez Zaldúa, Ramón, *¿Qué es la masonería? Pasado, presente y futuro*, México, 1973.
*Maryland Manual of Ancient Craft Masonry*, 1935.
Masaryk, T. G., «Svobodní zednári», *Nase Doba*, xiii, 30-35, Praga, 1906.
*Masonic Bible*, Chicago.
Masonic Monitor of the Degrees of Entered Apprentice, Fellow Craft and Master *Mason*, 7yh ed. Free and Accepted Masons of Arkansas, 1983.
McClain, Alva J., *Freemasonry and Christianity*, Winona Lake, 1977.
McDowell, B., *The Revolutionary War*, Washington, D.C., 1967.
McGavin, E. Cecil, *Mormonism and Masonry*, Salt LakeCity, 1956.
McLeod, W., «The Hudibrastic Poem of 1723», *AQC*, cvii, 9-52, Londres, 1995.
McQuaig, C. F., *The Masonic Report*, Columbiana, Ohio, 1976.
McReavy, Lawrence L., *Forbidden and Suspect Societies*, Londres, 1956.
Mellor, A. «Eighteenth-Century French Freemasonry and the French Revolution», *AQC*, xcvii, 105-114, Londres, 1985.
— «The Roman Catholic Church and the Craft», *AQC*, lxxxix, 60-69, Londres, 1977.
Mellor, Alec, *Our Separated Brethren: The Freemasons*, Londres, 1964.
Michaelsen, Johanna, *The Beautiful side of Evil*, Eugene Oreg.: Harvest House, 1982.
Monitor of the Lodge: Monitorial Instructions in the Three Degrees of Symbolic *Masonic*, Grand Lodge of Texas, 1982.
Montgomery, John Warwick, ed. *Demon Possession*, Minneapolis, 1976.
Morales, Juan, *Polémica crítica sobre el masonismo en Málaga*, Málaga, 1872.
Morayta, Miguel, *Masonería española. Páginas de su historia. Memoria leída en la Asamblea del Grande Oriente Español*, Madrid, Est. Tip., 1915.

— *Mensaje a la Asamblea de representantes del Gran Oriente Español*, Madrid, 1912.

Meurin, León, *Filosofía de la masonería*, Nos, Madrid, 1957.

— *Simbolismo de la masonería. Continuación de filosofía de la masonería*, trad. de Mauricio Carlavilla, Nos, Madrid, 1957.

Morgan, Captain William, *Illustrations of Masonry by One of the Fraternity*, n.p., 1827.

— *Principalities and Powers*, Minneapolis, 1973.

Morgan, William, *Freemasonry Exposed*, Batavia, N.Y., 1827.

Muir, R. F. «The Morgan Affair and its Effect on Freemasonry», *AQC*, cv, 217-234, Londres, 1993-1994.

Mulhall, M. G., *The English in South America*, Buenos Aires, 1878.

Muller-Ruegg, E., «Swiss Freemasonry's Fight for Life 1933-1937», *AQC*, lx, 211-226, Londres, 1950.

Musa, F. B., «The First Indian Freemason, Rt. Wor. Bro. Manockjee Cursetjee», *AQC*, lxxi, 317-321, Londres, 1969.

Nasser, C. J., «The Boston Tea Party», *AQC*, cii, 248-249, Londres, 1990.

Naudon, P., *Historie générale de la Franc-Maçonnerie*, París, 2nd edn. 1987.

Navarro, Juan, A., *Historia de la Masonería española*, Burgos, 1938.

Nelson, Claire M., «The Masonic Connections of Haydn's Impresario Johann Peter Solomon», *AQC*, cx, 177-191, Londres, 1998.

Nelson, Horatio, Lord, *The Despatches and Letters of Vice Admiral Lord Viscount Nelson*, (ed. Sir N. H. Nicolas), Londres, 1845-1846.

Neustadt, Katherine D., *Carperters'Hall: Meeting Place of History*, Filadelfia, 1981.

*Never Again*, Belgrado, 1991.

Newman, A., «Politics and Freemasonry in the Eighteenth Century», *AQC*, civ, 32-54, Londres, 1992.

Newton, Joseph Fort, *The Bible and Masonry*.

— *The Builders: A Story and Study of Freemasonry*, Richmond, 1951.

— *The Religion of Masonry: An Interpretation*, Richmond, 1969.

Nickel, Theodore F., y James G., Manz, *A Christian view of Freemasonry*, St. Louis, 1957.

Nilus, S., *The Protocols of the Wise Men of Zion*, Nueva York, 1920.
North, Gary, *Unholy Spirits: Occultism and New Age Humanism*, Ft. Worth: Dominion, 1986.
O'Meara, B. E., *Napoleón at St. Helena*, Londres, 1888.
*Original Letters relative to the English Reformation*, Cambridge, 1846-1847.
Orthodox Presbyterian Church, *Christ or theLodge*, Filadelfia, 1942.
Ottenheimer, G., y E. Lecadre, *Les Frères invisibles*, París, 2001.
Ough, A., «The Origin and Development of Royal Arch Masonry», *AQC*, cviii, 188-195, Londres, 1996.
Ousby, I., *Occupation: The Ordeal of France 1940-1944*, Londres, 1997.
Owen, R., *The Life of Robert Owen written by Himself*, Londres, 1858.
Packer, J. I., *God's Words: Studies of Key Bible Themes*. Downers Grove, Ill.: InterVasity, 1981.
Parry, D. L. L., «Friends in High Places: the Favours sought by the Freemasons of Orléans, 1890-1914», *French History*, xii (ii), 195-212, Oxford, 1998.
— «The Political Culture of the Third Republic» (manuscrito inédito).
Patrick, W. D., «Making a Mason at Sight», *AQC*, xciv, 196, Londres, 1987.
Pearmain, A., «Music and Masonry», *AQC*, ciii, 130-134, Londres, 1991.
Pérez Galdós, Benito, *Episodios nacionales. El Grande Oriente*, Madrid, 1950, *Obras completas*, t. I, pp. 1443-1536.
Peters, H., «Sir Isaac Newton and the Holy Flame», *AQC*, ci, 207-213, Londres, 1989.
— «Sir Isaac Newton and "The Oldest Catholic Religion"», *AQC*, c, 192-196, Londres, 1988.
Peyre, D. C. Van, «Prince Frederick (Great Master 1816-1831) and the Higher Degrees in the Netherlands», *AQC*, cx, 95-105, Londres, 1998.
Philon, N., «Freemasonry in Greece», *AQC*, xi, 100-1, Londres, 1898.
Piatigorsky, A., *Who's Afraid of Freemasons?*, Londres, 1979.

Pick, Fred L., y G. Norman, Knight, *The Pocket History of Freemasonry*, Nueva York, 1953.
Pierson, *Tradition of Freemasonry*.
Pike, Albert, *Morals and Dogma*, Nueva York, 1878.
— *Morals and Dogma*, Charleston, S.C., supreme Council of the 33d. degree for the Southern Jurisdiction of the United States, 1881.
— *Morals and Dogma of Ancient and Accepted Scottish Rite of Freemasonry*, Charleston, S.C.: The Supreme Council of the 33d Degree for the Southern Jurisdiction of the United States, 1906.
Pirtle, Henry, *Kentucky Monitor: Complete Monitorial Ceremonies of the Blue Lodge*, Louisville, Ky., 1921.
Plot, R. *The Natural History of Stafford-shire*, Oxford, 1686.
Polo y Peyrolón, Manuel, *Intervención de la Masonería en los desastres de España*, Valencia, 1889.
— *La Masonería española*, Granada, 1890.
Pozzi, H., *Black Hand over Europe*, Zagreb, 1994. (Primera edición de 1935).
Preuss, Arthur, *A Dictionary of Secret and Other Societies*, St. Louis, 1924.
— *A Study in American Freemasonry*, 2nd ed., St. Louis, 1908.
Prichard, S. *Masonry Dissected*, Londres, 1730.
Quigley, Joseph A. M., *Condemned Societies*, Washington, D.C., 1927.
Quistgaard, H., «King Charles XIV John of Sweden as a Freemason», *AQC*, lxxiv, 71-72, Londres, 1962.
Rabes, L., «Beethoven and his Masonic Song "Murerfragen"», *AQC*, lxxx, 144-150, Londres, 1968.
Radice, F. R., «An Introduction to theHistory of the Carbonari», *AQC*, li, 63-136; lii, 63-136; liii, 48-143; liv, 35-67, 122-177, Londres, 1940-1943.
— «The French Charbonnerie in the Nineteenth Century», *AQC*, lx, 106-116, Londres, 1950.
Randouyer, Françoise, «Une loge fondée à Cartagène par un missionnaire protestant espagnol pedant la "Crise Révolutionnaire, 1868-1873"», *Iberica*, París, I, 1977, pp. 259-268.
Raschke, Carl A., *The Interruption of Eternity. Modern Gnosticism and the Origins of New Religious Consciousness*, Chicago, 1980.

— «Satanism and the Devolution of the "New Religions"», SCP Newsletter, otoño, 1985.

Ratto, H. R., *Almirante Guillermo Brown*, Buenos Aires, 1961.

Read, Conyers, *Lord Burghley and Queen Elizabeth*, Londres, 1960.

Read, W., «The Church or Rome and Freemasonry (1738... 1917... 1983)», *AQC*, civ, 51-94, Londres, 1992.

Reig Casanova, Enrique, *Sacrílegos y traidores. La Masonería contra la Iglesia y contra España*, Sevilla, 1897.

Reisser, Paul, M. D., «Teri Reisser, and John Weldon», *New Age Medicine*, Downers Grove, 1988.

Reinalter, H., «Freemasonry in austria in the Eighteenth Century», *AQC*, c, 197-207, Londres, 1988.

— *Joseph II und die Freimaurerei*, Viena, 1987.

*Revised Knigth Templarism*, Chicago, 1944.

*Revised Knight Templarism Illustrated*, Chicago, 1986.

Rice, John R., *Lodges Examines by the Bible*, Murfreesboro, TN: Sword of the Lord Foundation, 1931.

— *Lodges Examines by the Bible*, Wheaton, Ill., Sword of the Lord Publishers, 1943.

Ridley, J., *The Freemasons*, Nueva York, 2001.

Riegelmann, H., *Die Europäischen Dynastien in ihrem Verhältnis zur Freimauerei*, Berlín, 1943.

Riera y Comas, José M., *Misterios de las sectas secretas, o el francmasón proscrito* (novela), Barcelona, 1864, 2 vols.

Rizopoulos, A. C., «Lord Byron: Freemason», *AQC*, cix, 247-249, Londres, 1997.

— «Sultan Murad V and Freemasonry: A Political Dream of the Nineteenth Century», *AQC*, civ, 187-195, Londres, 1992.

Robbins, A. F., «Dr. Anderson of the "Constitutions"», *AQC*, xxiii, 6-34, Londres, 1910.

— «Frederick, Prince of Wales, as a Freemason», *AQC*, xxix, 326-329, Londres, 1916.

— «The Earliest Years of English Organized Freemasonry», *AQC*, xxii, 67-89, Londres, 1909.

Roberts, Allen E., *Freemasonry in American History*, Richmond, 1985.

— *The Craft and Its Symbols: Opening the Door to Masonic Symbolism*, Richmond, 1974.

Robinson, J. J., *A Pilgrim's Path: Freemasonry and the Religious Right*, Nueva York, 1993.
— *Born in Blood: the Lost Secrets of Freeasonry*, Londres, 1990.
Robison, J., *Proofs of a Conspiracy against all the Reliions and Goverments of Europe carried on in the secret meetings of Free Masons, Illuminati and Reading Societies*, Edimburgo y Londres, 1797, 2.ª ed., Londres y Edimburgo, 1797, 4.ª ed, Londres y Edimburgo, 1798.
Roeder, R., *Juárez and his Mexico*, Nueva York, 1947.
Rogers, N., «Lancashire Military Lodges», *AQC*, lxxvi, 101-120, Londres, 1964.
— «The Lodge of Elias Ashmole, 1646», *AQC*, lxv, 35-53, Londres, 1953.
Ronayne, Edmond, *Chapter Masonry*, Chicago, 1984.
— *Freemasonry at a Glance*, Chicago, 1904.
*Ronayne's Handbook of Freemasonry*, Chicago, 1955.
*Ronayne's Handbook of Freemasonry with Appendix (Mahhah-bone)*, Chicago, 1976.
— *The Master's Carpet*, Chicago, 1879.
— *The Master's Carpet or Masonry and Baal-Worship — Identical*, n.p., n.d., distributed by Missionary service and Supply.
Rose, C., *Freye Bemerkungen über die politische Verfassung des Ordens der freyen Maurer von dem Bruder Christian Rose*, Leipzig, 1787.
Rose H., «The Second Coalition», *Cambridge Modern History*, viii, 633-664, Cambridge, 1907-1910.
Rosen, Peter, *The Catholic Church and Secret Societies*, Milwaukee, 1902.
Rosenthal, B., *Salem Story: Reading the Witch Trials of 1692*, Cambridge, 1995.
Rottenbury, R. H. S., «The Pre-Eminence of the Great Architect in Freemasonry», *AQC*, xcvii, 34-74, Londres, 1985.
Royal Archives: RA: VIC/J 102/102.
Runciman, R. T., «Sir Arthur Conan Doyle, sherlock Holmes and Freemasonry», *AQC*, civ, 178-187, Londres, 1992.
Rutton, W. L., «Sandgate Castle AD 1539-40», *Archaelogia Cantiana*, xx, 228-257, Londres, 1893.
Saintsbury, G., «Voltaire» (*Encyclopaedia Britannica*, IIth edn, xxviii, 199-205), Londres y Nueva York, 1910.

Sanahufa, J., *El masonismo de Maciá*, Barcelona, 1933.
Schnoebelen, William J., y James Spencer, *Mormonisn's Temple of Doom: Mormonism, Magick, Masonry*, Idaho, 1987.
Schwarz, Ted, y Duane Empey, *Satanism*, Grand Rapids: Zondervan, 1988.
*Scotch Rite Masonry Illustrated*, Chicago, 1953, 2 vols.
Seal-Coon, F. W., «The Birth of Freemasonry (Another Theory)», *AQC*, xcii, 199-202, Londres, 1980.
— «Modern Anti-Masonry at Home and Abroad», *AQC*, cii, 170-177, Londres, 1990.
— «Simon Bolivar, Freemason», *AQC*, xc, 231-248, Londres, 1978.
— «Spanish-American Revolutionary Masonry: the Mythical Masonry of Francisco de Miranda», *AQC*, xciv, 83-106, Londres, 1982.
Serra y Causa, Nicolás, *Masonería al derecho y al revés. Estudio sobre la naturaleza y fines de la misma*, Barcelona, 1907, 2 vols.
Sharp, Allan M., «Australia's Oldest Masonic Document: A Factual Interpretation», *AQC*, civ, 150-165, Londres, 1992.
— «Some Aspects of Operative Masonry in New South Wales, Australia: 1788-1850», *AQC*, c, 208-219, Londres, 1988.
Sharp, Arthur, «Masonic Songs and Song Books of the late Eughteenth Century», *AQC*, lxv, 84-95, Londres, 1953.
— «Mozart's Masonic Music», *AQC*, lxix, 15-30, Londres, 1957.
Shaw, Jum, y Tom McKenney, *The Deadly Deception: Freemasonry Exposed by One of its Top Leaders*, Lafayette, La.: Huntington House, 1988.
Sherman, J. M., «The Negro "Narional" or "Compact" Grand Lodge», *AQC*, xcii, 148-171, Londres, 1980.
— Review of C. H. Wesley's *Prince Hall: Life and Legacy*, *AQC*, xc, 306-322, Londres, 1978.
Sheville, John, y James Gould, *Guide to the Royal Arch Cahpter: A Complete Monitor with Full Instructions in the Degrees of Mark Master, Past Master, Most Excellent Master and Royal Arch Together with the Order of High Priesthood*, Richmond, 1981.
Shore, W. T., *The Baccarat Case*, Edimburgh y Londres, 1932.
Short, M., *Inside the Brotherhood: Further Secrest of the Freemasons*, Londres, 1989.

— *Lundy: the Destruction of Scotland Yard's Finest Detective*, Londres, 1991.

Simmons, George, y Robert Macoy, *Standard Masonic Monitor of the Degrees of Entered Apprentice, Fellow Craft and Master Mason*, Richmond, 1984.

Simmons, J., *A letter to His Grace the Duke of Northumberland on the very Extraordinary Transactions of the Society for the Encouragement of Arts, Manufactures, and Commerce Relative to His Royal Highness the Duke of Sussex*, Londres, 1824.

Smith, S. N., «The so-called "Exposure" of Freemasonry of the Mid-Eighteenth Century», *AQC*, lvi, 4-36, Londres, 1946.

Smyth, F., «Brother Mozart of Vienna», *AQC*, lxxxvii, 37-75, Londres, 1975.

— «Freemasonry in Finland», *AQC*, lxxvii, 87-98, Londres, 1965.

— «Worshipful Brother George Washington of Virginia», *AQC*, lxxxviii, 181-184, Londres, 1976.

Solf, H. H., «The Revival of Freemasonry in Post-War Germany», *AQC*, xcii, 1-17, Londres, 1985.

S. P., *The Secrets of Masonry Made know to all Men by S.P., late Member of a Constituted Lodge*, Londres, 1737/1738.

Spotlight Staff, *Spotlight Newspaper*, Washington, D.C.: 23 August 1980.

Spurr, M., «William Stukeley: Antiquarian and Freemason», *AQC*, c, 113-130, Londres, 1988.

Starr, M. P., «Alastair Crawley: Freemason!», *AQC*, cviii, 150-161, Londres, 1996.

*Statutes at Large*, vols. xvii, xviii, Londres, 1798-180.

— *The Statutes of the Realm*, vols. i-iv(i), Londres, 1810-1819.

Stemper, W. M., «Conflicts and Developments in Eighteenth Century Freemasonry: the American Context», *AQC*, civ, 198-205, Londres, 1992.

Stevens, Albert C., *The Cyclopaedia of Fraternities*, Nueva York, 1907.

Steward, Johnny, *Who Is Responsible?*, Waco, TX: F.R.E.E.

Steward, Thomas Milton, *Symbolic Teachings on Masonry and Its Message*, Cincinnati, Ohio, 1914.

Stillson, Henry Leonard, *History of the Ancient and Honorable Fraternity of Free and Accepted Masons and Concordant Orders*, Boston, 1912.

Stolper, E. E., «Freemasonry in Naples in the Eighteenth Century», *AQC*, xciii, 77-97, Londres, 1981.
— «Garibaldi: Freemason», *AQC*, cii, 1-23, Londres, 1990.
— «Napoleonic Freemasonry in Italy», *AQC*, c, 164-178, Londres, 1988.
Suárez Guillén, Antonio, *Los Masones en España*, Madrid, 1932.
Tallentyre, S. G., *The Friends of Voltaire*, Londres, 1906.
Tanner, Jeral and Sandra, *Mormonism, Magic and Masonry*, Salt Lake City, 1983.
Tatsch, J. H., «An American Masonic Crisis: the Morgan Incident of 1826 and its Aftermath», *AQC*, xxiv, 196-209, Londres, 1921.
Taxil, L., *La France Maçonnique: Nouvelles divulgations*, París, 1888.
— *Le Culte du Grand Architecte*, París, 1886.
— *Les Frères Trois-Points*, París, 1886.
— *Célebre conferencia dada en el Salón de la Sociedad Geográfica de París*, Madrid, Fuencarral, 119, s. f.
— *Confesiones de un exlibrepensador*, Barcelona, 1887.
— *El Vaticano y los Masones*, Barcelona, 1887.
— *La España masónica, según documentos oficiales*, Barcelona, 1888.
— *La Francmasonería descubierta y explicada*, Barcelona, 1887.
— *La Leyenda de Pío IX Francmasón. Historia de una mentira*, Barcelona, s. f.
— *La Masonería tal cual es*, Alicante, 1888.
— *Las Mujeres en la Francmasonería*, Barcelona, 1891.
— *Los admiradores de la luna*, Barcelona, 1888.
— *Los asesinatos masónicos*, Barcelona, 1889.
— *Los misterios de la Francmasonería*, Barcelona, 1887.
— *Retejador masónico universal*, Barcelona, 1929.
Taxil, L., y P. Verdun, *Les Assassinats Maçonniques*, París, 1889. Fava.
Tekton Lodge No. 4696. *Consecration by VW Bro. Colville Smith CVO Grand Secretary… at Carpenters'Hall, Throgmorton Avenue, EC2, on Thursday, 29th January, 1925*, Londres, 1925.
Telepneff, B., «Ashort Note on Polish Freemasonry», *AQC*, lix, 192-195, Londres, 1948.
— «Freemasonry in Russia», *AQC*, xxv, 261-292, Londres, 1922.
— «Some Aspects of Russian Freemasonry during the reign of the Eperor Alexander I», *AQC*, xxxviii, 6-66, Londres, 1925.

The General Grand Chapter of Royal Arch Masons International, Comité on Revisión of the Ritual, William F. Kuhn, et al., *The Manual of Ritual for Royal Arch Masons*, 45th ed., 1983.
*The Gentleman's Magazine*, Feb. 1798, pp. 140-8, Londres, 1798.
*The History of English Freemasonry: A Souvenir of a permanent exhibition in the Library and Museum of the United Grand Lodge of England at Freemason's Hall, Londres*, Londres, 1986.
*The Signers of the Constitution of the United Sates*, Bloomington, Ill., 1976.
«The South African Commission of Enquiry into Secret Organizations», *AQC*, lxxviii, 74-82, Londres, 1966.
*The Times*, Londres, 1870-1999.
*The Worshipful Company of Masons*, Londres, 1989.
The Worshipful Society of Free Masons. *An Introduction to the Society*, Londres, 1997.
— *Constitutions, Rules and Regulations*, Londres, 1998.
Thorp, J. T., «An Early Will of Philip, Duke of Wharton», *AQC*, xxxi, 160-168, Londres, 1918.
Timmons. W. H., «José María Morelos: Agrarian Reformer», *Hispano-American Historical Review*, xlv, 183-95, Durham, North Carolina, 1965.
Tirado y Rojas, Mariano, *La Masonería en España. Ensayo histórico*, Madrid, 1893, 2 vols.
— *Las Traslogias*, Madrid, 1895.
*To All Godly People in the Citie of Londres*, Londres, 1698.
Torras y Bagés, Ilmo. Sr. Joseph, *¿Què és la Maçonería?*, Barcelona, 1932.
Tucker, Ruth A., *Another Gospel: Alternative Religions and the New Age Movement*, Grand Rapids: Academie/Zondervan, 1989.
Tuckett, J. E. S., «Napoleón I and Freemasonry», *AQC*, xxvii, 96-141, Londres, 1914.
«The Early History of Freemasonry in France», *AQC*, xxxi, 7-30, Londres, 1918.
Tunbridge, P., «The Climate of European Freemasonry 1730 to 1750», *AQC*, lxxxi, 88-128, Londres, 1969.
— «Field Marshal the Duke of Kent as a Freemasons», *AQC*, lxxviii, 17-48, Londres, 1966.
Tusquets, Juan. *El Espiritismo y sus relaciones con la Masonería*, Serra de Martínez, J. María, Barcelona, 1934.

— *José Ortega y Gasset propulsor del sectarismo intelectual. Lista de talleres masónicos españoles en 1932*, Barcelona, 1932.
— *La dictadura masónica en España y en el mundo*, Barcelona, 1934.
— *La Francmasonería crimen de lesa patria*, Burgos, 1937.
— *La Masonería descrita por un grado 33*, Barcelona, 1932.
— *La Masonería y la pérdida de las colonias* (Ibáñez, Primitivo), Burgos, 1938.
— *Los poderes ocultos de España. Los protocolos y sus aplicaciones en España. Infiltraciones masónicas en el catalanismo. ¿El señor Maciá es masón?*, Barcelona, 1932.
— *Masonería y Separatismo*, Burgos, 1939.
— *Masones y pacifistas*, Burgos, 1939.
— *Orígenes de la revolución española*, Barcelona, 1932.
— *Vida política de un grado 33*, (Ojeda, J. Manuel), Burgos, 1937.
Umbert Santos, Luis, *Irradiaciones sublimes. Racionalismo-Masonería*, Barcelona, 1938.
— *Los grandes maestros de la masonería*, México, 1974.
— *¿Por qué soy masón?*, México, 1973.
— *¿Se puede ser francmasón y comunista?*, México, 1950.
Unger, Merrill, *Biblical Demonology*, Wheaton, Ill: Scripture, 1971.
— *Demons in the World Today*, Wheaton, Ill: Tyndale, 1972.
Usero, Matías, *Mi respuesta al P. Tusquets*, La Coruña, 1933.
Utor y Fernández, Juan, *Masones y Ultramontanos*, Manila, 1899.
Valdelomar, marqués de, *Carlismo y masonería. Tácticas alucinantes*, Madrid, Prensa española, 1972.
— *El Estado y la masonería. Doctrina pontificia vigente*, Prensa Española, Madrid, 1972.
— *El partido fernandino y la masonería. Godoy, un hombre máquina*, Prensa Española, Madrid, 1974.
— *Fernando VII y la masonería. Españoles: Unión y alerta*, Prensa Española, Madrid, 1970.
— *Liberalismo y masonería. Fraudes intelectuales*, Prensa Española, Madrid, 1973.
— *Política y masonería. El viento de la historia.*, Prensa Española, Madrid, 1971.
Van Cott, Charles, *Freemasonry: A Sleeping Giant*, Minneapolis, T.S., 1959.

Van Deventer, Fred, *Parade to Glory: The Story of the Shriners and Their Hospitals for Crippled Children*, Nueva York, 1959.

Vatcher, S. A., «A Lodge of Irishmen at Lisbon, 1738: An Early Record of Inquisition Proceedings», *AQC*, lxxxiv, 75-109, Londres, 1972.

Vaughn, W. P., *The Anti-Masonic Party in the United States 1826-1843*, Lexington, Kentucky, 1983.

Vibert, L., «The Compagnonnage», *AQC*, xxxiii, 191-228, Londres, 1920.

Villari, L., «Caracciolo» (*Enciclopedia Británica,* Iith edn, v. 299-300), Londres y Nueva York, 1910.

— «Naples, Kingdom of» (*Encyclopaedia Britannica*, Iith edn. xix, 182-190), Londres y Nueva York, 1910.

Vincent, E. S., *A Record of Freemasonry in the Province of Cornwall 1751-1959*, Truro, 1960.

«Vindex», *Light Invisible, the Freemason's Answer to Darkness Visible*, Londres, 1952.

Voorhis, Harold V. B., «Benjamin Franklin's Reprint of Anderson's Constitutions of 1723», *AQC*, lxxxiv, 69-74, Londres, 1972.

— *Masonic Organizations andAllied Orders and Degrees*, Red Bank, N.J., Henry Emmerson, 1952.

— «The Morgan Affair of 1826 in the USA», *AQC*, lxxvi, 197-203, Londres, 1964.

Wagner, Martín L., *Freemasonry: An Interpretation*, Chicago.

— *Freemasonry: An Interpretation*, n.d., n.p. (distributed by Missionary Service and Supply).

Waite, Arthur Edward, *A New Encyclopedia of Freemasonry*, Nueva York, 1970.

— *The Real History of the Rosicrucians*, Londres, 1887.

Walkes, Joseph A., Jr., *Black Square & Compass: 200 Years of Prince Hall.*

— *Freemasonry*, Richmond, 1979.

Ward, E., «Anderson's Freemasonry not Deistic», *AQC*, lxxx, 36-57, Londres, 1968.

— «William Hogarth and his Freemasonry», *AQC*, lxxvii, 1-20, Londres, 1965.

Ward, G. C. *The Civil War*, Nueva York, 1990.

Ward, J. S., *Freemasonry: Its Aims and Ideals*, Filadelfia, 1925.

Ward, J. S. M., *The Masonic Why and Wherefore*, Baskerville Press, Londres, 1929.
Washizu, Y., «Anti-Masonry in Japan: Past and Present», *AQC*, cvii, 85-116, Londres, 1995.
Webb, J., «John George Lambton, the First Earl of Durham», *AQC*, cix, 115-153, Londres, 1997.
— «Joseph Haydn: Freemasonand Musician», *AQC*, xciv, 83-106, Londres, 1982.
— «Robert Burns, Poet and Freemason», *AQC*, ciii, 213-229, Londres, 1991.
— *Rudyard Kipling: Man, Poet, Mason*, Addlestone, 1988.
Webster, Nesta, *Secret Societies*, Christian Book Club of America, 1924.
— *Secret Societies and Subversive Movements*, Londres, 1924.
— *World Revolution: the Plot against Civilization*, Londres, 1921.
Webster, Nesta H., *Secret Societies and Subversive Movements*, Londres, 1955.
Wellington, Arthur Wellesley, Duke of., *Supplementary Despatches*, Londres, 1858-1872.
*Wellington at War: A Selection of his Wartime Letters*, Londres, 1961.
Wesley, C. H., *Prince Hall: Life and Legacy*, Wasington D.C., y Filadelfia, 1977.
Weygand, M., *Mémoires: Rappelé au Service*, París, 1950.
Whalen, William J., *Handbook of Secret Organizations*, Milwaukee, 1966.
White, M., *Isaac Newton: the Last Sorcerer*, Londres, 1997.
Williams, Loretta J., *Black Freemasonry and Middle-Class Realities*, Columbia, Mo., University od Missouri Press, 1980.
Williams, W. J., «Alexander Pope and Freemasonry», *AQC*, xxxviii, 111-146, Londres, 1925.
Williamson, B., y M. Baigent, «Sir Christopher Wren and Freemansory: New Evidence», *AQC*, cix, 188-190, Londres, 1997.
Williamson, Harry, *The Prince Hall Primer*, Chicago, 1957.
Wilmshurst, W. L., *The Meaning of masonry*, Nueva York, 1980.
Wilson, H. C. Bruce, «Miraneau's Scheme for the Political Penetration of Freemasonry», *AQC*, lvii, 138-194, Londres, 1947.
Winterburgh, E., «Prague: a Centre of Freemasonry», *AQC*, lxxvii, 65-78, Londres, 1965.

Wonnacott, W., «Doctor Dodd, Grand Chaplain», *AQC*, xx, 382-385, Londres, 1907.
Wriothesley, C., *A Chronicle of Englad during the reigns of the Tudors*, Londres, 1875-1877.
Yates, Frances, *The Rosicrucian Enlightenment*, Londres, 1972.
Zavala, Iris M., *Masones, comuneros y carbonarios*, Madrid, Siglo XIX de España, 1971.

# Índice onomástico